国家社会科学基金青年项目"增长与分享有机协同推动共同富裕的逻辑及路径研究"(21CJL008)成果

国家社科基金丛书
GUOJIA SHEKE JIJIN CONGSHU

增长与分享有机协同
推进共同富裕：
逻辑、事实与路径

Growth and Sharing Organically Promote Common Prosperity：
Logic, Facts and Paths

张磊 著

人民出版社

策划编辑：郑海燕
封面设计：石笑梦
版式设计：胡欣欣
责任校对：周晓东

图书在版编目（CIP）数据

增长与分享有机协同推进共同富裕 ：逻辑、事实与
路径 ／ 张磊著. -- 北京 ：人民出版社，2024.10. -- ISBN
978－7－01－026695－4

Ⅰ．F124.7

中国国家版本馆 CIP 数据核字第 20248N6Z33 号

增长与分享有机协同推进共同富裕：逻辑、事实与路径
ZENGZHANG YU FENXIANG YOUJI XIETONG TUIJIN GONGTONG FUYU LUOJI SHISHI YU LUJING

张 磊 著

人民出版社 出版发行
（100706 北京市东城区隆福寺街 99 号）

中煤（北京）印务有限公司印刷 新华书店经销

2024 年 10 月第 1 版 2024 年 10 月北京第 1 次印刷
开本：710 毫米×1000 毫米 1/16 印张：24
字数：340 千字

ISBN 978－7－01－026695－4 定价：122.00 元

邮购地址 100706 北京市东城区隆福寺街 99 号
人民东方图书销售中心 电话 （010）65250042 65289539

序　言

　　共同富裕是中国特色社会主义的本质要求,是中国式现代化的重要特征。中国共产党领导全体人民不断解放和发展社会生产力,坚持消灭剥削消除两极分化,持续推进共同富裕。尤其是党的十八大以来,经济发展与社会民生二者迈向更高质量的协调统一,为实现全体人民共同富裕奠定了良好基础。共同富裕是一个长期的历史过程,这一宏伟目标的实现仍需在中国式现代化征程上接续奋斗。习近平总书记明确要求"要抓紧制定促进共同富裕行动纲要,提出科学可行、符合国情的指标体系和考核评估办法",确保到2035年全体人民共同富裕取得更为明显的实质性进展。本书研究增长与分享有机协同推进共同富裕的逻辑、事实与路径,其中一些思想、观点和结论对新时代新征程"扎实推进共同富裕"具有较大的参考价值。

　　本书主要解决三个核心问题:一是系统论证中国共同富裕的理论逻辑、实践逻辑和历史逻辑。即中国共同富裕的生成逻辑、实践特征和历史经验是什么? 二是科学构建共同富裕的评价体系和测度方法,呈现中国共同富裕的事实特征。即增长与分享有机协同的共同富裕如何测算,呈现何种格局? 三是切实提出现阶段扎实推进共同富裕的思路和建议。即在客观分析中国共同富裕的薄弱环节和难点、堵点基础上,明确如何更好地促进共同富裕。根据上述思路,作者主要从两个方面展开:一方面,从人类社会解决生产和分配这两个基本经济问题的历史演进过程概括出共同富裕的基础制度逻辑及权利配置内涵,在此基础上对我国社会主义革命和建设时期、改革开放和社会主义现代化建设新时期和中国特色社会主义新时代共同富裕实践的政策导向、制度逻辑和权利配置特征进行梳理，并系统地总结出我国推进共同富裕的历史经验。另一方面，从增长与分享协同的总体视角以及共同富裕的权利配置维度，全面测度改革开放以来我国共同富裕的动态演进及区域分布特征，并深入论证社会主义分配制度、规范资本行为、公共支出利益归宿、地区机会不平等与共同富裕的内在联系及现实问题，为客观认识中国共同富裕的既有基础提供重要的事实依据。

共同富裕是增长与分享有机协同的结果，它本质上要求更好发挥市场激励、政府调节、社会规范多重逻辑的作用，优化要素所有者的参与权、收入权、保障权配置，促进人人参与、人人尽力、人人享有，从而在发展中平衡效率与公平。作者分析指出，人类调动生产资源和分配产品的方式主要体现为传统（社会）逻辑、权威（政府）逻辑、市场逻辑，要素参与生产（参与权）、获得收入激励（收入权）和社会保障（保障权）是实现生产增长和成果分享的基础。市场、政府、社会逻辑的动态融合有助于促进参与权更加平等、收入权更加公平、保障权更加充分，其中参与权、收入权关乎增长及效率，收入权、保障权决定分享及公平。由此，作者构建出"制度逻辑—权利配置—增长与分享有机协同的共同富裕"这一理论分析框架。这一理论逻辑对中国共同富裕实践变迁具有较强的解释力。

中国共同富裕实践持续沿着多重逻辑融合、权利配置优化、效率与公平更加协调的良性路径进行，取得了丰富的历史经验。作者研究发现：社会主义革命和建设时期（1949—1978 年），我国生产和分配都主要体现为单一的政府逻辑，采取计划调拨和行政定价的方式配置资源和分配产品，缺乏增长效率，同时平均主义也导致真正的公平损失；改革开放和社会主义现代化建设新时期（1979—2012 年），市场逻辑深化且逐渐起到基础性作用，过去的等级规则逐渐被竞争规则所取代，要素所有者的参与权、收入权大幅提升，保障权普遍覆盖，实现效率与公平的双重收益；中国特色社会主义新时代（2013 年以来），市场、政府、社会三重逻辑趋于融合，参与权更加平等、收入权更加公平、保障权更加充分,增长效率与分享公平二者逐步走向动态平衡。历史经验表明,共同富裕进程是自发演化和改革设计的统一,市场激励、政府协调、社会规范三重逻辑有助于实现平等的参与权、公平的收入权、适当充分的保障权,平衡增长与分享,实现第一要务(发展)与人民性(分享)的有机统一。

作者提供了与其理论逻辑相一致的共同富裕测度思路,科学测度和分析论证中国共同富裕的总体特征及区域差异。研究发现,改革开放以来,中国共同富裕程度不断提升,增长与分享趋于协同化,但共同富裕存在区域差异,呈现"差序富裕"特征。将增长嵌入不平等测算得到中国共同富裕的逆向指标不平等提取率,发现我国不平等提取率不断下降,表明增长与分享协同程度持续提升。进一步从增长与分享统一的权利配置视角测度发现,我国共同富裕总体形成"差序富裕"格局,具体表现在:全国及各地区共同富裕的权利子系统配置不平衡,参与权和保障权配置相对滞后,各省份之间收入权、保障权子系统差距较大;全国及各地区共同富裕指数逐年提升,但各省份之间差距较大,其中东部省份共同富裕程度最高,中部省份共同富裕程度略高于西部省份,但西部省份增速最快,而东北地区共同富裕程度增长后劲最小;全国共同富裕程度的区域差异主要来源于区域间而非区域内,尤其是东部地区与其他三大地区之间的差异最大;全国及四大地区共同富裕程度均呈现"高—高""低—低"的空间聚集模式,且各省共同富裕滞后指数与邻省指数正相关,存在"先富带后富"的空间辐射效应。上述测度及结论图景式地呈现了中国共同富裕的演化格局,为认识共同富裕现状提供了重要的事实基础。

此外,作者还进行了多个深入的专题研究,视角新颖,呈现出诸多创见。首先,作为促进共同富裕的基础性制度,中国特色社会主义分配制度在思想基础、理念遵循、权利赋予、资源配置、激励效果等诸多方面克服了资本主义分配制度的弊病,具有巨大的优越性。其次,规范资本行为可以通过缓解财富不平等、优化资源配置渠道,推动生产持续增长和成果公平共享,促进共同富裕。中国规范和引导资本健康发展的制度设计要充分考虑我国经济发展实际,排除国际资本税收竞争的干扰,充分发挥资本作为生产要素创造价值财富的积极作用,缓解其作为财富形态及无序扩张的消极作用,引导资本健康有序发展,推动共同富裕。再次,在社会主义市场经济中,政府参与或影响经济发展而产生的公共支出具有典型的利益转移分配效应,是理解政府在共同富裕中作用的一个重要视角。作者基于马克思主义社会阶级结构视角,对中国改革开放以来政府公共支出的群体利益归宿进行测算分析,提出要持续完善公共支出利益分配格局,进而提高增长成果共享的公平性、促进共同富裕。最后,地区之间的机会不平等会阻碍全国统一大市场的要素资源配置优化以及共同富裕的区域平衡。作者验证和估算了中国不同省份之间地区优势溢价的存在及大小,分析了地区优势溢价对劳动力迁移决策的影响,并指出国家可通过向后发省份给予政策性补偿以促进劳动力优化配置和区域平衡发展,从而提升共同富裕的平衡性和协调性。

新时代新征程亟须实现从"先富"向"共富"的思路转变。改革开放以来,我国长期坚持效率优先、兼顾公平的原则以及"允许一部分人、一部分地区先富起来"的政策,造就了一大批"先富者",推动了社会生产力水平大幅度提高,为扎实推进共同富裕创造了良好条件。但同时目前我国共同富裕格局也存在明显的"差序"富裕特征,不同地区之间的共同富裕程度及未来主要着力点都存在较大差异,新时代新征程要特别注重提高我国共同富裕的平衡性、协调性、整体性。

总的来看,本书研究视角新颖,为理解共同富裕提供了一个兼具学理性和实践性的分析框架,较好地实现理论、历史和实践的有机统一。作者构建的共同富裕分析框架具有较强的理论创新性和现实解释力,论证思路及逻辑较为系统、严谨,方法科学,见解独到,研究结论和路径建议较有启发性。

是为序。

2023 年 11 月于复旦大学

目　　录

绪　　论

第一节　研究背景和价值

一、研究背景

中国的共同富裕是一个动态向前发展的长期过程。① 百余年来,中国共产党领导中国人民不断解放和发展社会生产力,坚持消灭剥削和两极分化的价值导向,持续推进共同富裕。改革开放以来我国实行"允许一部分人、一部分地区先富起来"的政策,推动了社会生产力水平大幅度提高。特别是党的十八大以来,党中央把逐步实现全体人民共同富裕摆在更加重要的位置,将共同富裕上升为国家重大战略,为新时代扎实推进共同富裕创造了良好条件。在庆祝中国共产党成立 100 周年大会上,习近平总书记庄严宣告:"我们实现了第一个百年奋斗目标,在中华大地上全面建成了小康社会,历史性地解决了绝对贫困问题,正在意气风发向着全面建成社会主义现代化强国的第二个百年奋斗目标迈进。"②2021 年 8 月,习近平总书记主持召开中央财经委员会第

---

① 李实、杨一心:《面向共同富裕的基本公共服务均等化:行动逻辑与路径选择》,《中国工业经济》2022 年第 2 期。
② 习近平:《在庆祝中国共产党成立 100 周年大会上的讲话》,人民出版社 2021 年版,第 2 页。

十次会议研究促进共同富裕问题，强调"共同富裕是社会主义的本质要求，是中国式现代化的重要特征"，"坚持以人民为中心的发展思想，在高质量发展中促进共同富裕"[1]。党的二十大报告进一步确立到2035年"人的全面发展、全体人民共同富裕取得更为明显的实质性进展"[2]的阶段性目标。因此，系统地厘清中国共同富裕的理论逻辑、实践特征和历史经验，对新时代扎实推进共同富裕具有重大理论和现实意义。

目前，中国社会主义仍然处于并将长期处于社会主义初级阶段的基本国情没有改变，从社会主义初级阶段到高级阶段即共产主义仍有一段漫长的道路。共同富裕作为社会主义的本质要求，其实现进程也是长期、复杂且艰巨的。新时代我国社会主要矛盾中的"发展不平衡"主要指财富创造（生产增长）及分配的差异，即在空间结构上存在较大的地区、群体、行业等差距；"发展不充分"则主要指成果共享不充分，表现为社会保障和基本公共服务供给的不充分。人民日益增长的美好生活需要的满足，在很大程度上要求加快实现增长与分享有机协同的共同富裕。当前，我国总体上已形成"差序富裕"格局。正如习近平总书记所说，共同富裕"不是所有地区同时达到一个富裕水准"，时间上会有先有后，"不同地区富裕程度还会存在一定差异"[3]，但共同富裕又是一个对全社会而言的总体概念，不是分割城乡、区域的"各自富裕"。因此，科学测度我国共同富裕格局的动态演化及空间特征，并清晰指出我国推进共同富裕的相对薄弱环节，对因地制宜和有效提高我国共同富裕的平衡性、协调性、整体性具有重要的参考价值。

鉴于此，本书旨在系统研究社会主义中国共同富裕的理论逻辑、实践逻辑和历史经验，"提出科学可行、符合国情的指标体系和考核评估办法"[4]，科学

---

[1] 习近平：《扎实推动共同富裕》，《求是》2021年第20期。
[2] 习近平：《高举中国特色社会主义伟大旗帜 为全面建设社会主义现代化国家而团结奋斗——在中国共产党第二十次全国代表大会上的报告》，人民出版社2022年版，第24页。
[3] 习近平：《扎实推动共同富裕》，《求是》2021年第20期。
[4] 习近平：《扎实推动共同富裕》，《求是》2021年第20期。

测度并图景式呈现中国共同富裕的现实格局,清晰考察我国推进共同富裕的既有基础,进而明确下一步努力的方向和路径。

二、研究价值

(一)学术价值

本书的学术价值主要体现在:推动构建中国自主的共同富裕知识体系。

一是构建"制度逻辑—权利配置—共同富裕"的理论逻辑。现有文献主要聚焦于共同富裕的概念范畴,而本书在增长和分享有机协同的共同富裕内涵基础上,从人类社会解决生产与分配基本问题的方式出发,提炼出市场、政府、社会三重制度逻辑和参与权、收入权、保障权三维权利配置,系统地构建出共同富裕的生成逻辑,为共同富裕提供一个具有较强学理性的分析框架。

二是厘清中国共同富裕的实践逻辑和历史经验。本书遵循历史唯物主义分析方法,结合共同富裕理论框架及我国共同富裕实践,系统梳理出社会主义革命和建设时期(1949—1978年)、改革开放和社会主义现代化建设新时期(1979—2012年)、中国特色社会主义新时代(2013年至今)三大阶段的政策导向、制度逻辑和权利配置特征,发现我国共同富裕实践总体上朝着"在发展中平衡效率与公平"的方向演进,增长与分享二者不断趋于协同。中国共同富裕有关制度安排既有自发演化的成分,又有系统设计的成分。在已长期坚持"先富"导向、扎实推进共同富裕的当前阶段,政府制度供给对促进下一阶段的共同富裕至关重要。市场、政府的偏向型逻辑难以缓解效率和公平的矛盾,共同富裕有赖于市场激励、政府调节、社会规范三重逻辑的动态平衡,在此基础上才能形成合理的权利配置,从而实现效率与公平、增长与分享协同的共同富裕。

三是提出一套理论、实践与历史逻辑一致的共同富裕测度方法。本书基于增长与分享协同视角，将生产增长水平嵌入不平等测度中，对中国共同富裕进行总体测度。同时，进一步从增长与分享协同的权利配置视角构建了共同富裕的评价指标体系和测度方法。本书的共同富裕测算方法符合理论、实践和历史逻辑，弥补了既有共同富裕度量方法割裂增长与分享统一关系、缺失系统性理论支撑的不足。

（二）实践价值

本书的实践价值主要体现在：为扎实推进共同富裕提供基本依据和参考。

一是图景式呈现我国共同富裕格局的动态演化及区域特征。区别于既有研究惯常地从富裕度、共享度和可持续性三个维度测度共同富裕的做法，本书从增长与分享协同的总体测度以及权利配置的分维度视角，科学构建量化共同富裕格局的指标体系和方法，较为全面地呈现了改革开放以来我国共同富裕格局的长期变化及区域差异，以便更好地研判推动共同富裕的主要着力点。这有助于正确认识我国共同富裕的现实格局，为"制定促进共同富裕的行动纲领"提供重要的事实依据。

二是为强化共同富裕的平衡性、协调性、整体性提供经验证据。不少文献提出了共同富裕的衡量指标体系但未进行测算，少数基于实际数据测度共同富裕程度的研究也难以反映中国共同富裕的整体格局和区域差异，而本书对共同富裕的区域差异及在子维度层面所做的量化分析正是现有研究所欠缺的，它有助于我们从宏观整体和具体维度更好把握共同富裕演化的特征事实，分析不同地区进一步推动共同富裕的薄弱环节及相应的发力点。本书还表明，空间上的地区优势溢价会固化劳动力要素的区域配置，若要实现劳动力及人才资源在更大市场范围内的充分流动，必须进一步打破不由个人努力所决定的地域性特殊优势溢价，缩小地区发展差距。总之，本书有助于提高我国推进共同富裕政策的平衡性、协调性和整体性。

三是为新时代新征程扎实推进共同富裕提供思路借鉴。中国共同富裕实践逐步实现"第一要务"（发展）与"人民性"（分享）的有机统一，新时代新征程扎实推进共同富裕也必须更好地在发展中平衡效率与公平。本书关于共同富裕现实格局以及分配制度优越性、规范资本行为、公共支出利益转移、地区机会不平等与共同富裕关系的分析为进一步促进共同富裕提供关键"问题导向"。扎实推进共同富裕，核心是要实现市场激励、政府调节、社会规范多重制度逻辑的互动平衡，不断完善要素所有者权利配置，促进参与权平等、收入权公平、保障权充分，实现起点公平、过程公平、结果公平，促进机会均等、缩小分配差距、提高保障和改善民生水平，从而推动人人参与、人人尽力、人人享有，逐步实现增长效率与分享公平有机统一的共同富裕。上述改革思路为制定共同富裕行动纲领、进一步推进共同富裕提供了一定的借鉴和参考。

第二节　文献述评

一、传统的收入分配研究未涉及共同富裕的生产力基础

现有的收入分配研究主要涉及分配公平性或不平等事实，而未考虑生产增长变迁。通常判定分配格局的不平等程度时，主要参照不同临界值，而并不考虑经济体所处的不同经济发展阶段及生产力水平。图1展示了代表性文献测度的中国收入基尼系数变化情况。[①]　现有的不平等格局测度分析主要从个体或群组收入差距[②]、

---

①　李实、罗楚亮：《我国居民收入差距的短期变动与长期趋势》，《经济社会体制比较》2012年第4期；罗楚亮、曹思未：《地区差距与中国居民收入差距（2002—2013）》，《产业经济评论》2018年第3期；徐映梅、张学新：《中国基尼系数警戒线的一个估计》，《统计研究》2011年第1期；程永宏：《改革以来全国总体基尼系数的演变及其城乡分解》，《中国社会科学》2007年第4期；胡志军、刘宗明、龚志民：《中国总体收入基尼系数的估计：1985—2008》，《经济学（季刊）》2011年第4期；龚志民、熊唯伊：《收入不平等测度方法选择研究与基于中国数据的检验》，《湘潭大学学报（哲学社会科学版）》2016年第4期；洪兴建：《一个新的基尼系数子群分解公式——兼论中国总体基尼系数的城乡分解》，《经济学（季刊）》2009年第1期。

②　罗楚亮、李实：《中国住户调查数据收入变量的比较》，《管理世界》2019年第1期。

多维贫困、要素收入份额①、代际传递或流动②、再分配不平等③等视角展开,大多未考虑生产增长水平对分配格局的影响:若一个国家在两个阶段的生产力水平不同而基尼系数相同,二者的不平等内涵显然迥异,况且生产增长模式及其包容性也直接影响分配格局。抛开增长谈分配格局,意味着未顾及共同富裕的生产力基础,共同富裕视角下的分配不平等研究需实现优化。换言之,"单就分配考察不平等"难以衡量成果分享与生产增长的协同性,更难以探究二者协同的共同富裕决定机制。

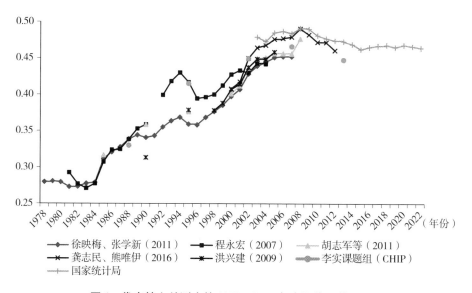

图1　代表性文献测度的1978—2022年中国收入基尼系数

注:李实课题组(CHIP)结果来自李实和罗楚亮(《我国居民收入差距的短期变动与长期趋势》,《经济社会体制比较》2012年第4期)、罗楚亮和曹思未(《地区差距与中国居民收入差距(2002—2013)》,《产业经济评论》2018年第3期)。

资料来源:笔者根据相关文献测算结果绘制。

———————

① Karabarbounis, L., Neiman, B., "Capital Depreciation and Labor Shares Around the World: Measurement and Implications", *NBER Working Paper*, No.w20606, 2014;Piketty, T., *Capital in the Twenty-first Century*, Cambridge: Harvard University Press, 2014.

② 朱诗娥、杨汝岱、吴比:《中国农村家庭收入流动:1986—2017年》,《管理世界》2018年第10期。

③ Fochesato, M., Bowles, S., "Nordic Exceptionalism? Social Democratic Egalitarianism in World-historic Perspective", *Journal of Public Economics*, Vol.127, 2015.

将收入分配与生产增长相联系是马克思主义经济学的独特分析视角。马克思主义经济学认为,生产与分配是一枚硬币的两面。生产资料所有制及与之适应的生产关系的性质和特征,决定着收入分配的制度特征,进而规定着收入分配的社会状态。① 生产资料所有制结构和相应的产权制度安排,从根本上决定经济体制活力和收入分配制度效率。② 在 70 多年的中国经济变迁过程中,生产与分配实现良好的互动:社会生产力水平的改善既提升了人民收入水平,也给收入不平等扩大提供了可能空间③;中国模式和道路的伟大探索历程,实现了生产持续增长,加快迈向共同富裕,深刻体现了中国特色社会主义道路的"人民性"④。现代西方经济学的增长模型则普遍将分配与增长二者割裂开来,重增长而轻分配,重效率而轻公平。尽管有大量研究从市场化等角度分析了分配格局的变化⑤,但尚未形成一个统一的分配理论⑥。资本主义制度的资本逻辑无法实现成果的共享。⑦ 中国特色社会主义的共同富裕目标要求我们重新将增长与分享纳入一个统一的理论框架,来解释中国经济社会的伟大变迁,推动新时代以人民为中心的高质量发展。当前,增长与分享有机协同的共同富裕研究尚有较大的理论探索空间。

---

① 刘伟:《当代中国马克思主义政治经济学新境界——学习习近平新时代中国特色社会主义政治经济学》,《政治经济学评论》2021 年第 1 期。

② 林岗:《论马克思理论的有效性》,《政治经济学评论》2017 年第 3 期;权衡:《收入分配经济学》,上海人民出版社 2017 年版。

③ 李实:《中国收入分配制度改革四十年》,《China Economist》2018 年第 4 期。

④ 逄锦聚、盛斌:《在改革与发展中探索收入差别变动的制度基础》,《经济社会体制比较》2019 年第 5 期;洪银兴:《进入新时代的中国特色社会主义政治经济学》,《管理世界》2020 年第 9 期;陈宗胜:《试论从普遍贫穷迈向共同富裕的中国道路与经验——改革开放以来分配激励体制改革与收入差别轨迹及分配格局变动》,《南开经济研究》2020 年第 6 期。

⑤ Huang, Z., Li, L., Ma, G., et al., "Hayek, Local Information, and Commanding Heights: Decentralizing State-Owned Enterprises in China", *American Economic Review*, Vol.107, No.8, 2017.

⑥ [英]安东尼·B.阿特金森、[法]弗兰科伊斯·布吉尼翁:《收入分配经济学手册》(第 1 卷),蔡继明译,经济科学出版社 2009 年版,第 23 页。

⑦ 冯金华:《以人民为中心和以资本为中心:两种发展道路的比较——基于劳动价值论的若干思考》,《学术研究》2020 年第 12 期。

二、共同富裕的理论内涵:共识与分歧并存

目前,社会各界对共同富裕的理论内涵展开了众多讨论,但仍然存在一些潜在误区。比如,简单片面地认为共同富裕通过财富分配就可以实现,甚至过于强调第三次分配,产生"劫富济贫"的偏向和误解。

总体上而言,关于共同富裕的理论内涵和实质的研究较为丰硕,既有共识也有分歧。改革开放以前,人们大多将共同富裕理解为同等富裕、平均富裕或同步富裕;改革开放以后的认识则更加理性,逐步承认和允许在富裕程度、速度、时间先后上存在合理差距。[①] 共同富裕是全局性的社会整体概念,国强民共富是社会主义的社会契约,其美好愿景是实现创富新格局、富裕新生活、共享新局面、乐富新氛围。[②] 现阶段既有研究对共同富裕已基本达成一个共识:共同富裕是社会主义的本质要求和中国式现代化的重要特征,不是平均主义和福利过度,而是社会整体实现普遍富裕基础上的差别富裕,是全民富裕、全面富裕、渐进富裕、共建富裕的有机统一[③],其核心实质和价值归属是促进人的全面发展和能力提升,最终实现人民美好生活[④]。

关于共同富裕理论内涵的相关分歧主要体现在:(1)一类研究侧重从"分配"层面认识共同富裕的内涵。例如有研究认为共同富裕涉及收入分配公平、机会均等、基本公共服务均等化等多重维度[⑤],这些维度则主要集中在分配及不平等方面;还有研究将共同富裕的推进视为社会系统在收入分配格局、

---

① 龚云:《论邓小平共同富裕理论》,《马克思主义研究》2012 年第 1 期;杨胜群:《邓小平对中国特色社会主义理论与实践的开创性贡献》,《党的文献》2021 年第 4 期。

② 刘培林、钱滔、黄先海、董雪兵:《共同富裕的内涵、实现路径与测度方法》,《管理世界》2021 年第 8 期;吴忠民:《论"共同富裕社会"的主要依据及内涵》,《马克思主义研究》2021 年第 6 期。

③ 李军鹏:《共同富裕:概念辨析、百年探索与现代化目标》,《改革》2021 年第 10 期;李海舰、杜爽:《推进共同富裕若干问题探析》,《改革》2021 年第 12 期。

④ 刘尚希:《论促进共同富裕的社会体制基础》,《行政管理改革》2021 年第 12 期;张占斌:《中国式现代化的共同富裕:内涵、理论与路径》,《当代世界与社会主义》2021 年第 6 期。

⑤ 张来明、李建伟:《促进共同富裕的内涵、战略目标与政策措施》,《改革》2021 年第 9 期。

中等收入群体富裕程度和居民收入差距方面的一致有序发展①。共同富裕的着力点和切入点是"提低",以克服相对贫困为重点,要着重从分配角度解决好效率与公平的包容问题②;推进共同富裕要构建协调配套的三大分配体系(李海舰和杜爽,2021)。李实(2021)则指出,随着即将迈入高收入国家的阶段,共同富裕要更加关注人的全面发展,教育、医疗、健康和人力资本积累应成为共同富裕的核心内涵③;本质上,这主要是从基本公共服务等再分配范畴认识共同富裕(李实和杨一心,2022)。(2)另一类研究则认为共同富裕涉及"富裕"和"共享"两个方面,总体上这一观点得到更多学者的支持。大多数学者认为,共同富裕可以分解为财富的创造和分配④。它要求既要持续创造和扩大财富,又要分好创造的财富而实现成果共享,包含国民总体富裕和全体居民共享成果两个维度⑤。我们同样认为,共同富裕以社会生产力的高度发展为前提,不是把发展成果"分完了事",共同富裕要求实现总体富裕与成果分享目标二者的有机结合。

在高质量发展的新时代,增长与分享二者缺一不可,更需有机统一。分配格局的变动将在很大程度上取决于生产增长方式的选择:经济生产及增长方式应更加有利于就业增加,让更多的要素平等地参与到经济生产中,并激励人们勤劳致富,这也是共建共享的应有之义(洪银兴,2020)。若增长模式不利于就业和初次分配,再分配目标不但难以实现而且会更加恶化⑥。要建立统

① 田雅娟、甄力:《迈向共同富裕:收入视角下的演进分析》,《统计学报》2020 年第 5 期。
② 洪银兴:《以包容效率与公平的改革促进共同富裕》,《经济学家》2022 年第 2 期。
③ 李实:《共同富裕的目标和实现路径选择》,《经济研究》2021 年第 11 期。
④ 张磊、韩雷、刘长庚:《中国收入不平等可能性边界及不平等提取率:1978—2017 年》,《数量经济技术经济研究》2019 年第 11 期。
⑤ 万海远、陈基平:《共同富裕的理论内涵与量化方法》,《财贸经济》2021 年第 12 期;Kakwani, N., Wang, X., Xue, N., Zhan, P., "Growth and Common Prosperity in China", *China & World Economy*, Vol.30, No.1, 2022.
⑥ 贾康、程瑜、于长革:《优化收入分配的认知框架、思路、原则与建议》,《财贸经济》2018 年第 2 期。

一劳动力市场，消除妨碍劳动与资本自由流动的制度性因素，实现更高质量的就业（权衡，2017），推动非公经济与公有经济协同发展（陈宗胜，2020），让市场主体都平等参与经济生产和竞争；赋予所有主体凭借市场贡献公平地获取报酬的权利（李实，2018），对劳动生产或经营形成强激励，进而推动下一轮生产增长；完善社会保障体系，促进基本公共服务均等化，不断提升人民群众的获得感和幸福感，加快实现共同富裕。促进增长与分享协同的共同富裕，需要推动综合配套改革，以实现人人"参与"、人人"尽力"、人人"享有"。

三、共同富裕的形成逻辑：尚缺乏统一的解释框架

共同富裕格局是如何形成的呢？现有研究中关于共同富裕的生成逻辑较为零散复杂，鲜有研究将相关驱动因素纳入一个统一的分析框架。目前关于共同富裕演化机理或生成逻辑的既有研究包括两类：

第一类文献较为粗线条地阐述共同富裕的演化模式。一支文献从初次分配、再分配和第三次分配的基础性分配制度层面切入分析（李海舰和杜爽，2021），认为经济社会发展成果可由市场、政府、社会"三轮驱动"，通过三层次分配体系向全体社会成员扩散并不断缩小差距和巩固贡献分配结果，从而推进共同富裕的动态演进。[①] 另一支文献从发达国家实现富裕的经验驱动模式和比较借鉴层面讨论，且要求注意发展阶段和体制的差异[②]，如北欧由高福利高税收体系驱动、德国由强势制造业驱动、日本由结构升级和分配均衡改革驱动[③]，美国则由创新导向驱动但居民共享富裕程度较低。

第二类文献则探讨一些具体因素对区域发展及差异、不平等（非共同富裕）的驱动影响。国内外相关研究从市场化（Huang 等，2017）、地理区位、二

---

① 唐任伍、李楚翘：《共同富裕的实现逻辑：基于市场、政府与社会"三轮驱动"的考察》，《新疆师范大学学报（哲学社会科学版）》2022 年第 1 期。

② 黄祖辉、叶海键、胡伟斌：《推进共同富裕：重点、难题与破解》，《中国人口科学》2021 年第 6 期；万海远：《新发展阶段推进共同富裕的若干理论问题》，《东南学术》2022 年第 1 期。

③ 魏伟、陈骁：《从全球视角探索共同富裕的实现路径与成效》，平安证券研究报告 2021 年。

元经济结构、城镇化和集群集聚①、技术进步②、区域开发和开放③、基本公共服务均等化④、基础设施等层面讨论某一具体因素对增长或不平等某方面的驱动影响(并不涉及共同富裕)。这些区域差异或分配不平等研究大多偏具体实证检验,没有将相关驱动力归类构建成一个统一的有解释力理论,直接关于共同富裕的演化机制框架则更是鲜见。

由于受到特定分析视角以及对增长或不平等其中一个向度分析的局限,学界尚未形成一个统一的共同富裕演化机制分析框架。既有研究要么简单地从三层次分配体系出发将共同富裕等同于分配公平,要么未触及共同富裕的制度性基础,对共同富裕驱动逻辑的系统性研究较为少见。

四、共同富裕格局的测度视角和方法:探索和争议阶段

传统的不平等测算方法忽视了共同富裕的生产力基础,难以反映共同富裕事实格局。现有研究中,单一"分配"视角的度量割裂了共同富裕的增长与分配关系,而共同富裕(区域)格局的量化测算研究较为鲜见。

目前,共同富裕量化研究日渐丰富,但技术方法仍有较大深化空间。近年逐渐有文献探讨"平衡发展程度""经济共享程度"以及"共享繁荣(富裕)"⑤,

---

① Bathelt,H.,"Clusters and Regional Development:Critical Reflections and Explorations", *Journal of Regional Science*,Vol.45,No.1,2010.

② Karabarbounis,L.,Neiman,B.,"The Global Decline of the Labor Share",*Quarterly Journal of Economics*,Vol.129,No.1,2013;Kehrig,M.,Vincent,N.,"The Micro-level Anatomy of the Labor Share Decline",*The Quarterly Journal of Economics*,Vol.136,2021.

③ Rey,S.J.,Janikas,M.V.,"Regional Convergence,Inequality,and Space",*Journal of Economic Geography*,Vol.5,No.2,2005.

④ 吕冰洋、毛捷、马光荣:《分税与转移支付结构:专项转移支付为什么越来越多?》,《管理世界》2018 年第 4 期。

⑤ 许宪春、郑正喜、张钟文:《中国平衡发展状况及对策研究——基于"清华大学中国平衡发展指数"的综合分析》,《管理世界》2019 年第 5 期;高质量发展研究课题组:《中国经济共享发展评价指数研究》,《行政管理改革》2020 年第 7 期;世界银行:《贫困与共享繁荣 2018:拼出贫困的拼图》,世界银行研究报告 2018 年;世界银行:《贫困与共享繁荣 2020:形势逆转》,世界银行研究报告 2020 年。

从平衡发展、共享发展(而非富裕与共享的结合)视角探讨区域协调发展和成果分配问题,为区域平衡和共同富裕研究提供了一些启发性思考。国际上与本书较为相关的代表性研究有:由斯蒂格利茨等专家组成的"经济社会进步测度委员会"曾提出从"面向生产"转向"关注当前和未来世代的幸福",围绕构建经济社会进步指标体系提出 12 项技术性建议[1];经济合作与发展组织构建了由物质生活条件、生活质量和幸福的可持续性三大支柱组成的面向更好生活的"幸福与进步的测量"体系[2];欧盟也建立了"8+1 生活质量"测量框架[3]。上述三项研究与我国"共同富裕"存在一定的共通性,但其主要内容与共同富裕有较大差异。总体来看,直接探讨"共同富裕"格局或程度测算的研究则仅有少数文献,可划分为两支:

一是基于多重函数关系式测度共同富裕程度。例如,万海远和陈基平(2021)利用人均国民收入和人均可支配收入基尼系数构建共同富裕函数关系式,发现我国共同富裕程度取得很大进步,社会主义推进共同富裕具有制度优越性。但该研究仍属于量化分析的初步探索,测算的共同富裕程度没有进行动态跟踪,且主要是国家之间的横向比较,没有涉及中国内部各区域富裕在时间、程度、速度上的差异比较。

二是基于多维指标体系衡量共同富裕程度。如刘培林等(2021)从总体富裕程度和发展成果共享程度(人群差距、区域差距、城乡差距)两个维度构建共同富裕的指标体系设想;李实(2021)从收入、财产和基本公共服务三个维度明确了 2035 年和 2050 年的共同富裕目标;陈丽君等(2021)、李金昌和余卫(2022)从发展性、共享性、可持续性三大评价维度提出相关指标,构建共同富裕指数模型[4]。

---

[1] Stiglitz, J.E., Sen, A., Fitoussi, J-P., *Report by the Commission on the Measurement of Economic Measurement and Social Progress*(CMEPSP), New York: The New Press, 2009.

[2] OECD, *How's Life? 2020: Measuring Well-being*, Research Report, 2020.

[3] European Union(EU), *Quality of Life Indicators-Measuring Quality of Life*, Research Report, 2020.

[4] 陈丽君、郁建兴、徐铱娜:《共同富裕指数模型的构建》,《治理研究》2021 年第 4 期;李金昌、余卫:《共同富裕统计监测评价探讨》,《统计研究》2022 年第 3 期。

268bhahrwfodxajitcvb

遗憾的是,除李金昌和余卫(2022)基于浙江一省数据分析了共同富裕实现程度外,上述研究都没有利用相关数据对中国共同富裕的现实基础和空间格局进行定量分析。有些测度则重点关注农民、原特困地区、城乡这类特殊群体或地区的共同富裕程度。[①] 卡瓦尼等(Kakwani 等,2022)的共同富裕则仅侧重底层群体的受益情况,且未进行连续动态跟踪和区域格局分析,李金昌和余卫(2022)、席恒等(2022)的测度研究则无法从宏观上把握中国共同富裕的区域差异及分布动态。[②] 此外,区域经济或地理经济类的相关文献则主要关联地区之间的增长或发展差距[③],鲜少直接涉及共同富裕格局。

总的来看,共同富裕格局的量化和测度尚处于初步探索阶段,仍有较大的深化研究空间。既有相关研究的测度方法和指标体系都存在较大的差异,主要原因是上述大多数测度研究缺乏一个系统性的理论分析框架,致使不同文献的共同富裕格局测度结果也都存在较大区别。本书将在提供一个理论逻辑、实践逻辑、历史逻辑相一致的分析框架基础上,系统性测度中国共同富裕的基本格局。

第三节　研究思路和方法

一、研究思路

本书研究增长与分享有机协同推动共同富裕的逻辑及路径,拟解决三个

---

① 谭燕芝、王超、陈铭仕、海霞、姚海琼:《中国农民共同富裕水平测度及时空分异演变》,《经济地理》2022 年第 8 期;罗蓉、何黄琪、陈爽:《原连片特困地区共同富裕能力评价及其演变跃迁》,《经济地理》2022 年第 8 期;陈宗胜、杨希雷:《共同富裕视角下全面综合测度城乡真实差别研究》,《财经科学》2023 年第 1 期。

② 席恒、王睿、祝毅、余澍:《共同富裕指数:中国现状与推进路径》,《海南大学学报(人文社会科学版)》2022 年第 5 期。

③ 张文彬、李国平:《中国区域经济增长及可持续性研究——基于脱钩指数分析》,《经济地理》2015 年第 11 期;樊杰、王亚飞、梁博:《中国区域发展格局演变过程与调控》,《地理学报》2019 年第 12 期;樊杰、赵浩、郭锐:《我国区域发展差距变化的新趋势与应对策略》,《经济地理》2022 年第 1 期。

核心问题:

一是系统论证中国共同富裕的理论逻辑、实践逻辑和历史逻辑。中国共同富裕的生成逻辑、实践特征和历史经验是什么? 本书基于唯物史观以人类解决生产和分配问题的制度逻辑为起点,以权利配置为基点,阐述增长与分享有机协同的共同富裕理论逻辑;以中国共同富裕实践历程为时间轴,全面梳理社会主义革命和建设时期、改革开放和社会主义现代化建设新时期、中国特色社会主义新时代三大阶段的政策导向和演化特征;结合共同富裕理论与实践,系统总结我国共同富裕的历史经验,提炼出系统化的中国特色社会主义共同富裕学说。

二是科学设计共同富裕指标体系和方法,并测度中国共同富裕的现实格局。增长与分享有机协同的共同富裕如何衡量,中国共同富裕呈现何种格局? 本书基于增长与分享协同的权利配置理论,构建共同富裕的指标体系和测度方法,从增长与分享协同的总体测度、权利配置视角的测度及区域差异等方面系统呈现中国共同富裕格局。理论逻辑为共同富裕指标体系设计和测度方法选择提供强有力支撑,实现理论框架与事实测度相一致。共同富裕测度全面呈现了中国总体、区域、省际共同富裕格局,有效识别各地区共同富裕的薄弱环节,以期为明确推进共同富裕的主要着力点提供事实依据。

三是明确新时代新征程扎实推进共同富裕的可行思路和路径。现阶段我国共同富裕有何薄弱环节和难点堵点,如何更好地促进共同富裕? 本书通过分析各地区共同富裕的权利配置差异以及规范资本行为、公共支出群体利益分配、地区机会不均等与共同富裕的关系,深入分析现阶段我国促进共同富裕的主要重点、难点、堵点,并基于共同富裕的理论逻辑和历史经验,提出新时代新征程进一步推动共同富裕的可行思路和政策建议。

由此,本书实现"理论逻辑—实践逻辑—历史逻辑—现实基础(格局测度和现实问题)—政策路径"的完整设计。具体思路如图2所示。

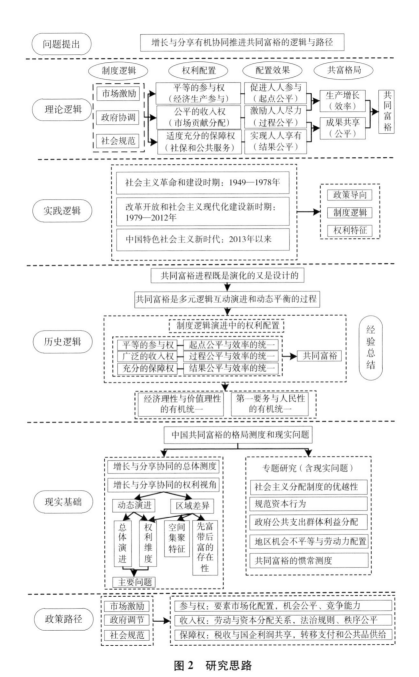

图 2　研究思路

资料来源:笔者根据本书研究思路整理。

二、研究方法

马克思主义唯物史观是本书的根本方法。它要求实事求是地研究社会主义初期阶段的重大理论与现实问题。本书始终坚持"以问题为导向，以理论为支撑，以历史为借鉴，以现实为基础"的原则，对我国共同富裕的逻辑与事实进行系统的分析论证。在解决具体问题时，主要遵循以下方法：

逻辑推断与演化分析相结合构建共同富裕理论框架并检验其解释力。在建构理论分析框架时，本书从人类社会解决生产和分配基本经济问题出发，结合制度变迁理论及共同富裕的权利内涵，概括出"制度逻辑—权利配置—增长与分享协同的共同富裕"这一理论链条。在此基础上，分阶段分析中国共同富裕实践的政策导向、制度逻辑和权利配置特征，以验证理论的科学性和解释力。

数理推导与经验分析相结合剖析中国共同富裕格局及有关现实问题。这一方法的应用主要体现在共同富裕程度、公共支出群体利益分配和地区机会不平等的分析方面。本书以基尼系数和塞尔指数为基础，通过数理推导严谨定义共同富裕的逆向指标，同时从权利配置视角构建共同富裕指标体系和测度方法，全面呈现中国共同富裕的整体格局、分维度指数及区域差异。本书还测算了共同富裕中的公共支出群体利益归宿和地区优势溢价，并利用多层线性模型分析了地区机会不平等对劳动力配置的影响。

理论、实践与历史相结合提炼共同富裕经验并明确下一步思路建议。本书从中国共同富裕的理论逻辑和实践历程系统地总结出共同富裕的历史经验，概括出一般化的规律性认识，提炼为中国特色的共同富裕学说。同时，基于现阶段中国共同富裕的事实格局和主要现实问题，本书提出新时代新征程扎实推进共同富裕的原则思路和政策路径，实现理论逻辑、实践逻辑和历史逻辑相一致。

第四节　主要创新之处

本书的创新之处主要体现在以下几个方面：

第一，增长与分享有机协同的共同富裕理论为"在发展中平衡效率与公平"提供了一个逻辑自洽的解释。共同富裕要求在发展中平衡效率与公平。本书从人类社会解决生产和分配问题的方式出发，提炼出解决这两个基本经济问题的制度逻辑和权利内涵，从增长与分享有机协同视角构建了"制度逻辑—权利配置—共同富裕"理论。进一步结合我国共同富裕实践历程，对社会主义革命和建设时期、改革开放和社会主义现代化建设新时期、中国特色社会主义新时代的政策导向、制度逻辑和权利配置特征进行了有效解释，由此总结出中国共同富裕的系统化历史经验。上述理论、实践与历史相一致的共同富裕研究，对目前到 21 世纪中叶的共同富裕进程具有重要的参考价值。中国特色社会主义分配制度是促进共同富裕的基础性制度，它具有改善资源配置、收入分配和福利分布的功能，有助于实现机会平等的参与权、公平的收入权和适当充分的保障权，促进人人参与、激励人人尽力、实现人人享有，从而推进增长与分享有机协同的共同富裕。

第二，提供了一种有坚实理论支撑的共同富裕测算方法，呈现了不同于既有惯常测度且内涵丰富的中国共同富裕格局。既有大多数共同富裕测度是基于"富裕""共同"两个维度或者"富裕度""共享度""可持续性"三个维度来进行的，缺乏深厚的学理基础。本书的共同富裕测度建立在"增长与分享协同的共同富裕"及权利配置内涵基础上，一方面，将增长嵌入不平等指标进行共同富裕的总体测度；另一方面，从参与权、收入权、保障权视角测度共同富裕程度，较好地实现理论逻辑与事实测度的内在一致性。从权利维度构建的共同富裕指标体系以客观事实为基础，既能够用于进行动态分析和空间比较分析，还避免了部分文献因采用德尔菲法或专家打分法、过度信任增长率指标、指标设置冗余等可能产生的主观臆断性、不具可比性等潜在问题（高质量发展研究课题组，2020；陈丽君等，2021）。共同富裕格局呈现了总体演进、权利分指数、空间集聚特征等丰富结果，并从地区层面初步验证了"先富带后富"的存在性，为因地制宜制定促进共同富裕的政策提供了重要的事实依据。

第三，在格局测度基础上，进一步从规范资本行为、公共支出利益归宿、地区机会不平等多重视角审视共同富裕的现实难点，为扎实推进共同富裕提供了有益启示。本书深刻阐述了规范资本行为促进共同富裕的作用逻辑及现实堵点，强调区分资本的财富积累功能和生产要素功能，更好发挥资本作为生产要素的积极作用，促进资本健康有序发展，服务于社会财富的再生产，从而夯实共同富裕的生产力基础。为理解政府在共同富裕中的作用，本书立足于马克思主义阶级结构理论，分析了政府再分配中公共支出的群体利益归宿，发现在不同收入群体和城乡之间存在较大差异，为更好地推动发展成果的公平共享提供了重要参考。为理解共同富裕中的地区机会不均等，本书借鉴米兰诺维奇（Milanovic，2019）①的思路验证并测算了中国不同省份的地区优势溢价，直观地反映出各省份居民的地区机会优势或劣势，在短期内中国地区差距难以大幅缩小的情况下，这为政府制定转移支付政策和其他补偿性优惠政策提供了依据；区别于从个体特征或流入地视角考察劳动力流动的文献，我们还从流出地视角验证了地区优势溢价这一"地域性特殊优势"对劳动力配置的空间固化效应，为从区域协调视角促进要素市场化配置提供了直接经验证据。

---

① ［美］布兰科·米兰诺维奇：《全球不平等》，熊金武、刘宣佑译，中信出版社2019年版。

第一章　中国共同富裕的理论逻辑：
制度分析框架

共同富裕研究需建立在一定的学理基础之上。本章结合制度变迁理论，从人类社会历史演进视角抽象出共同富裕制度变迁的系统理论观点。首先，简要回顾和梳理制度及制度变迁相关理论，提炼制度产生及变迁的基本逻辑；其次，分析人类社会制度逻辑的历史演进，并阐述现代社会的制度逻辑与共同富裕的关系；最后，在明确共同富裕制度的权利配置属性的基础上，从人类社会生产过程视野抽象概括共同富裕的权利内涵，并分析共同富裕格局的形成机理。

第一节　制度与制度变迁的理论回顾

共同富裕在根本上取决于一系列经济社会制度安排，因此有必要对制度及制度变迁相关理论进行简要梳理。马克思主义制度变迁理论、美国制度学派和新制度学派、新制度经济学及相关学者的制度研究取得了众多成果。本节以现有的理论为基础，概括分析制度及制度变迁的相关内容，为后文共同富裕的制度分析奠定了基础。

一、制度的内涵、成因及类型

关于制度的内涵。马克思主义经济学强调,制度是社会历史的客观存在物,可理解为一种社会形态、社会规范或意识形态,它是关于具体历史中社会关系的质的规定。在古典经济学家斯密(Smith,1972)①看来,市场这只"看不见的手"能实现资源的最优配置。这受到早期美国制度学派凡勃仑和康芒斯等的质疑。凡勃仑(Veblen,2012)②强调制度的本能和习惯等基础行为模式,康芒斯(Commons,1997)③则强调正式和强制性制度对经济体系的约束。美国制度学派的制度分析未涉及产权、交易费用等概念。新古典经济学模型把企业简化成生产函数的同义词,将经济制度视作当然④,尤其是严苛假设对交易费用的忽视受到科斯、诺思等新制度经济学学者的批判。诺思(North,2014)⑤从社会博弈视角提出,制度是一个社会的博弈规则,或者更规范地说,是一些人为设计的、形塑人们互动关系的约束。在最一般的意义上,制度可以被理解为社会中个人遵循的一套行为规则⑥。上述众多研究都从规则、约束角度分析了制度的内涵。

为什么需要制度?若市场交易无成本,则无论初始制度安排如何,新古典经济学的有效竞争能成立。⑦ 但这需要严格的完全和对称信息条件,现实中并不成立。正是由于人类互动过程中个体拥有的关于他人行为的信息是不完

---

① [英]亚当·斯密:《国民财富的性质和原因的研究》,王亚南译,商务印书馆1972年版。

② [美]托斯丹·邦德·凡勃仑:《有闲阶级论:关于制度的经济研究》,李华夏译,中央编译出版社2012年版。

③ [美]约翰·洛克斯·康芒斯:《制度经济学》,于树生译,商务印书馆1997年版。

④ Sweezy,P.M.,"Toward a Critique of Economics",*Review of Radical Political Economics*,Vol.2,No.1,1970.

⑤ [美]道格拉斯·C.诺思:《制度、制度变迁与经济绩效》,杭行译,格致出版社、上海三联书店、上海人民出版社2014年版,第6页。

⑥ Schultz,T.W.,"Institutions and the Rising Economic Value of Man",*American Journal of Agricultural Economics*,Vol.50,No.5,1968.

⑦ Coase,R.H.,"The Problem of Social Cost",*Journal of Law and Economics*,Vol.3,1960.

全的,才需要通过制度建立一个人们互动的稳定(不一定有效率)结构来减少这种不确定性,因此不确定性是制度的根本来源(诺思,2014)。林毅夫(2014)进一步总结了出于安全和经济功能的制度需要:生命周期、不确定性和有限理性的存在,使人们需要制度确保幼年和老年安全,拉平一生收入和消费水平,获得风险应对及保障;规模经济和外部性收益不能由个人单位内在化,其收益获取需要集体行动及制度。① 收入分配制度不能简单套用上述分析,它在根本上是出于平衡效率与公平的需要,这是因为:市场分配的效率无疑,但也必然导致收入差距过大,加之社会低收入群体的存在,使一个社会必须要有一套行之有效的收入分配制度,确保实现一定市场激励的同时,促进社会公平正义,以维护整个社会的稳定和发展。

　　一般来说,制度可被划分为正式制度、非正式制度这两种类型。其中,正式制度包括政治(司法)规则、经济规则以及契约,通常只占一个社会中的一小部分(尽管非常重要),而非正式制度包括行事准则(Codes of Conduct)、行为规范(Norm of Behavior)和惯例(Conventions),可具体体现为价值观、伦理规范、道德、习惯等。正式约束是非正式约束的基础,它能够强化和补充非正式约束的有效性,也可能修正或完全替代非正式约束;同时,非正式约束本身就是重要的且可以独立存在(而不只是作为正式约束的附属),正式规则即使完全改变,它仍可能以非正式约束形式遗留下来(诺思,2014)。

　　关于制度、制度安排、制度结构等几个概念的说明。首先,与制度相比,制度安排通常可理解为具体的、特定的制度;经济学家使用"制度"术语时,通常情况下指的是制度安排。共同富裕的制度范畴涵盖涉及增长与分享的一系列制度(安排),包括基本经济制度这类基础性制度,以及就业和户籍制度、土地制度、社会保障制度、基本公共服务体系等具体制度安排。其次,制度结构是

---

① 林毅夫:《关于制度变迁的经济学理论:诱致性变迁与强制性变迁》,见[英]罗纳德·H.科斯等主编:《财产权利与制度变迁——产权学派与新制度学派译文集》,格致出版社、上海三联书店、上海人民出版社2014年版。

正式的、非正式的制度安排的总和。由于本书研究共同富裕的逻辑和制度，制度结构的含义要比诺思的"结构"概念更狭义①。因此，在大部分情况下，制度变迁主要指特定制度安排的变迁（即制度结构中的其他制度安排不变或不全变），而通常不是指整个制度结构（每个制度安排）的变迁。在后文具体表述上，不再对制度、制度安排和制度结构等作严格区分。

二、制度变迁的内涵、原因、类型及方式

关于制度变迁的内涵。一些研究将制度的状态描述为制度均衡和制度非均衡②，而制度均衡主要在新古典最优化均衡和静态分析中存在，现实世界中制度非均衡是常态，即制度总是处于"均衡化"的过程中。这种制度非均衡或均衡化就是制度变迁的过程。因此，制度变迁指制度创立、变更及随着时间变化而被打破的方式，通常是对构成制度框架的规则、准则、实施组合或具体制度安排作出边际调整。③

对制度变迁原因的分析，角度较为多样。马克思主义经济学的分析视角较为宏大，侧重于整个社会制度变迁，认为生产力是制度变迁的终极动力，提出"生产力—经济结构（生产方式—生产关系）—上层建筑"辩证的制度变迁分析框架。诺思和托马斯（North 和 Thomas，1973）④从制度与经济绩效关系角度强调，要素或产品相对价格变化是制度变迁的源泉，因为相对价格变化产

① 制度结构即制度框架。诺思的制度结构包括"政治和经济制度、技术、人口和社会意识形态"。

② 简要地说，制度均衡指在所有当事人谈判能力给定时，没有人能够通过改变现行制度获得好处，即制度是稳定的，不会发生变化；而制度非均衡则指现行制度存在获利机会，从而会诱发制度变迁。

③ ［美］道格拉斯·C.诺思：《经济史中的结构与变迁》，陈郁、罗华平译，上海三联书店、上海人民出版社 1994 年版，第 46 页。

④ North, D. C., Thomas, R. P., *The Rise of the Western World: A New Economic History*, Cambridge: Cambridge University Press, 1973.林毅夫（2014）进一步概括了引起制度不均衡的四种原因：制度选择集合改变、技术改变、要素和产品相对价格变动、其他制度安排的变迁，制度不均衡产生获利机会，从而诱发制度变迁。

生了构建更有效率的制度的激励。诺思早期研究具有明显的新古典均衡分析范式的痕迹,20 世纪 90 年代前后转向注重演化分析①,强调个人的心智构念(Mental Constructs)对制度变迁的影响(诺思,2014);其后期的制度演化分析在一定程度上是对凡勃仑制度主义演化分析传统的回归,以"适应性效率"替代新古典的效率观,承认制度非均衡和无效率的可能性。② 马克思主义经济学制度变迁理论和"心智—制度演化"理论都从历史和演化的角度分析经济问题,主要区别是前者强调生产力的决定性作用和社会由低级向高级发展的历史必然,属于唯物哲学观,而后者强调心智的制度变迁源泉作用和演化的无目的性和无方向性,渗透着唯心论。③

　　制度变迁的类型划分与其动因密切相关。制度变迁一般可被分为诱致性制度变迁和强制性制度变迁两种类型。前文对制度变迁原因的分析主要针对的是诱致性制度变迁。诱致性制度变迁指现行制度(安排)的变更、替代或新制度(安排)的创造是由人们响应获利机会时自发倡导、组织和实行的;而强制性制度变迁则是由政府命令、法律引入和实施(林毅夫,2014)。前者必须由获利机会引起,后者则可以纯粹因强制力量而发生。杨瑞龙(1998)④结合

---

　　① 诺思在 1993 年诺贝尔经济学奖颁奖典礼上发言指出,"对于经济发展而言,构建一个动态的理论是十分重要的。令人吃惊的是,在第二次世界大战后的 50 年中,这个领域并没有取得多少进展。在分析促进经济发展的政策方面,新古典经济学的贡献乏善可陈。它所研究的是市场的运行,而不是市场的过程(发展)。我们如果不理解经济发展的本质,又如何制定政策呢?而正是因为新古典经济学家的研究方法限制了他们的研究主题,妨碍了他们对经济发展本质的理解。新古典理论一味追求数学般的精确和完美,但它构建的是一个无摩擦的静态世界。新古典理论隐含着'制度不起作用'和'时间不起作用'这两个错误的假设,这对理解真实世界的经济运行有百害而无一利"。另外,诺思在 1990 年原版《制度、制度变迁与经济绩效》中强调了心智构念(Mental Constructs)对制度变迁的影响。
　　② [美]道格拉斯·C.诺思:《理解经济变迁的过程》,钟正生、邢华译,中国人民大学出版社 2013 年版;张海丰:《回到凡勃伦制度主义:诺思的制度理论是演化的吗?》,《社会科学》2018 年第 8 期。
　　③ 黎贵才、王碧英:《制度变迁是自然无序的还是历史必然?——论演化思潮的复兴对马克思主义经济学发展的意义》,《当代财经》2011 年第 1 期。
　　④ 杨瑞龙:《我国制度变迁方式转换的三阶段论——兼论地方政府的制度创新行为》,《经济研究》1998 年第 1 期。

中国向市场经济过渡的实际,创新性地发现,在实现由需求诱致型制度变迁替代供给主导型(强制性)制度变迁的过程中,还存在一种"中间扩散型制度变迁",即利益独立化的地方政府成为制度供给主体中央权力中心与制度创新需求方微观主体之间的中介,由此提出我国制度变迁方式转换的三阶段论。实际上,现实中的制度变迁,可能难以单纯说是诱致性的或强制性的,而往往是其中某一类动因起主要作用。例如,自发的制度安排尤其是自发正式制度安排,通常也需要政府强制力量来进行规范和完善。收入分配制度更是如此,既有自发的符合市场效率的分配机制,又有政府力量促进公平的再分配机制,同时政府政策还对市场分配产生重要影响。

相应地,制度变迁的方式也可以总结为演化和设计两种。美国制度学派凡勃仑(2012)强调制度变迁的"循环累积因果"原则,即每一步制度演进都由以往制度所决定,从演化视角分析制度变迁过程。自由主义代表哈耶克(Hayek,1997a,1997b,2000)[1]强调人类通过市场机制传递和获取信息并据其作出决策,包括市场在内的规则系统都是自发演化的。青木昌彦和奥野正宽(1999)[2]也认为制度变迁是参与人主观博弈的过程,而不是人为设计的。诺思(1994,2014)则一方面强调制度是人为设计的,且需要国家强制力进行制度建构并保证实施;另一方面重视心智能力、意识形态对制度演化的影响。可见,不同学派对制度变迁的方式存在不同认识,但归纳起来,制度变迁主要有演化和设计两种方式,而制度本身也可以演化产生,或由强制力量设计产生。还值得一提的是,一般情况下,制度"改革"则是(在遵循历史演化规律前提下)由强制力量推动的。

---

① ［英］弗里德里希·冯·哈耶克:《通往奴役之路》,王明毅、冯兴元译,中国社会科学出版社1997a年版;［英］弗里德里希·冯·哈耶克:《自由秩序原理》(上),邓正来译,生活·读书·新知三联书店1997b年版;［英］弗里德里希·冯·哈耶克:《致命的自负》,冯克利、胡晋华译,中国社会科学出版社2000年版。

② ［日］青木昌彦、［日］奥野正宽:《经济体制的比较制度分析》,魏加宁译,中国发展出版社1999年版。

三、意识形态的制度性功能

意识形态①一直是马克思主义经济学关注的重要主题,或许正是因为马克思主义学者的长期坚持,西方主流经济学家在 20 世纪 60—70 年代以后才较多地关注这一问题②(诺思,1994;林毅夫,2014)。意识形态本身属于非正式制度的范畴,对整体制度变迁具有潜移默化的渐进性影响。倘若一个社会群体对某项制度在意识观念上没有达成统一的认识,则该制度必将很难执行或以很高的费用执行,甚至意味着这项制度本身就是不合理的。意识形态理论与产权理论、国家理论一起构成诺思制度变迁理论的三大基石(诺思,1994),其他很多研究也强调了意识形态的制度性功能。

一般认为,意识形态最重要的功能在于能够节约制度运行的交易成本。例如人们共同意识形成的惯例,尽管它从未经过精心设计,但遵守它对每个人都有利③,能够使交易自我实施(Self-enforcing)。意识形态具有以下三个特征(诺思,1994):(1)意识形态是一种节约人们与其所处环境达成协议的费用的机制,它以"世界观"形式导引并使决策过程简单化;(2)意识形态通常与个人观察世界领会的对公正的道德、伦理评判交织在一起,对收入分配的"合理"评价是意识形态的重要组成部分;(3)当个人的经验与其思想意识不一致时,他会改变意识上的观点,而实际上在此之前通常都会有一个经验与意识形态矛盾的累积过程。当一个社会中几乎所有人都依惯例行事时,惯例就凝聚了

---

① 这里的意识形态属于一般意义的哲学范畴,可以理解为对事物的理解、认知,是理念、观点、概念、价值观等感观思想要素的总和,而不局限于社会政治纲领主张、理论和目标等狭义范畴。

② Downs, A., *An Economic Theory of Democracy*, New York: Harper and Row, 1957; Lodge, G.C., *The New American Ideology*, New York: New York University Press, 1986; Behrma, J.N., "Ideology and National Competitiveness: An Analysis of Nine Countries", *Journal of International Business Studies*, Vol.19, No.1, 1988.

③ Hamlin, A., Sugden, R., *The Economics of Rights, Co-operation, and Welfare*, London: Palgrave Macmillan, 1986.

道德的力量;同时若个人遵从惯例且与其交往的其他人也都遵从惯例时,这一情形就对每个人都是有利的,这样"合作的道德"(Morality of Cooperation)就演化出来了(Hamlin 和 Sugden,1986)。因此,意识形态倾向于从道德上评判劳动分工、收入分配和社会现行制度结构,它具有评判现行制度结构是否"合乎义理"①(Perceived Legitimacy)或凝聚团体的功能(林毅夫,2014)。

一方面,在制度运行过程中,信息不对称提高了制度执行成本,利益最大化的个体或集团可能出现机会主义行为,而人们在意识形态、价值观念上的一致则有利于淡化这种机会主义,从而能够节省制度运行成本。另一方面,社会成员在意识观念上的长期矛盾和冲突——例如大多数成员对收入分配制度的合理标准、公正原则有不同的认识——意味着它不能持续存在下去,从而在一定程度上推动制度变迁。

意识形态使制度变迁呈现出一定的路径依赖性质,主要是因为意识形态通常是相对稳定、渐进演化的。惯例、社会规范等都是文化性质的。在短期,文化限定了个人处理和利用信息的方式;在长期,对包含于非正式约束中的信息进行文化处理,则意味着它在制度渐进演化中起到重要作用,成为路径依赖的根源(诺思,2014)。

四、制度产生及变迁的逻辑

一般地,一旦谈到制度变迁②,实际上不能简单地将其视为诱致性的或强制性的、自发演化的或人为设计的,因为制度变迁通常并不是由单一的因素或逻辑引起的。研究制度变迁,应当从其背后的原因或逻辑出发,研究是何种因素或什么逻辑形塑了这种制度并推动其变迁,从而导致这样的制度行为结果或绩效。

毋庸置疑,现有研究关于正式制度和非正式制度、诱致性制度变迁和强制

---

① 通过法律规章确认制度是否合法,通过观念规范确认制度是否合理或正当。
② 如前文提及的诺思观点,制度变迁包括制度的创立。

性制度变迁等类型划分有助于相关理论概念的明确界定。然而,现实世界的制度产生及变化是由多重因素和逻辑相互交织在一起的。自发性的制度尤其是正式制度的变迁往往也需要政府采取一定的行动来促进和推动(林毅夫,2014);同时,强制的制度变迁也会受到演化的、自发的因素和意识形态的影响。因此,从类型上明确界定制度及制度变迁可能并不是研究现实制度变迁的一个好选择,可行方法应是从变迁动因出发,注重制度变迁背后的逻辑或推动力量。

根据前文分析可以发现,诱致性的获利机会、强制性的权威力量、规范性的意识形态都是推动制度变迁的重要力量,这实际上涉及既有大多数研究所讲的现代社会的市场、政府与社会三者之间的关系。美国制度学派、演化经济学、自由主义等单纯强调制度自发演化的观点存在较大的片面性,制度的"人为设计"、强制的制度变迁也不能违背经济社会历史的、自发演化的客观规律,同时这一过程中社会成员之间基本达成统一的规范、观念等意识形态内容,也是制度变迁的动力。因此,本书上述关于制度变迁的系统动力学观点,是对现有制度变迁理论的一次折中和综合。

第二节　共同富裕的制度逻辑

增长与分享协同的共同富裕本质上要求回答效率与公平的平衡问题。那么什么样的力量影响效率与公平的协调性? 制度逻辑是能够形塑个人和组织行为的关于物质实践、设想、价值和信念的社会构念;从系统动力论和经济史角度来看,它是推动经济社会变迁的重要力量。本部分从人类经济社会变迁的整体逻辑出发,分析增长与分享协同下共同富裕的制度逻辑及其关系。

一、人类解决生产和分配问题的制度逻辑:社会、市场、权威

从人类经济社会的历史演进来看,所有社会都存在为社会提供物质福利

的过程。海尔布罗纳和米尔博格(Heilbroner 和 Milberg,2012)①指出,在最简单的意义上,经济学研究的问题就是人类如何确保日常生计,即一个社会如何解决生产与分配这两个基本问题:一是组成一个系统,以确保能够调动资源进而生产出人们生存所需要的产品和服务;二是安排社会生产成果的分配,以推动人们实施更多的生产活动。生产与分配这两个基本问题,实际上就是创造财富(生产增长)和分享财富(成果共享),只不过在共同富裕的语境下要求实现二者的有机协同。进一步地,回溯历史可以惊人地发现,在各阶段的人类社会,指导和决定其生产(增长)与分配(分享)经济过程的基本逻辑大体上只有三种:社会逻辑、权威逻辑、市场逻辑②。

第一,社会逻辑是整个社会共同遵循的习俗、信仰、伦理、观念等,大致对应海尔布罗纳和米尔博格(2012)的"传统"③。传统逻辑是最古老的解决经济问题的方式。例如,在原始的狩猎采集社会,部落成员共同成功狩猎一种猎物,在根据狩猎过程中的贡献大小来集体分配猎物后,各成员还可能由于血缘关系进一步私下分享食物。这是一种非常微妙而独特的"生存伦理观",在传统部落社会④的生产和分配过程中真正起主导作用,人与人之间相互帮扶以维持基本生存,林毅夫(2014)认为这种"生存伦理观"一直持续到前工业化社会。在奴隶社会、封建社会,世袭⑤和血缘关系等逻辑成为调动、配置人力从

---

① [美]罗伯特·L.海尔布罗纳、[美]威廉·米尔博格:《经济社会的起源》,李陈华、许敏兰译,格致出版社 2012 年版,第6—8 页。

② 我们认为,"因素"与"逻辑"的区别在于,"因素"单纯只是强调某个"变量"的影响,而"逻辑"则还包含如何影响等含义,例如权威逻辑天然地较注重维护稳定和社会公正,市场逻辑天然地注重激励、追求效率,社会逻辑则强调整个社会的规范、价值和理念等。

③ 海尔布罗纳和米尔博格(2012)的"传统"除包含习俗、信仰等一般的社会逻辑外,还强调血缘关系、世袭等配置方式,强调以某种身份连续性(Continuity of Status)来解决生产和分配问题,以血缘关系(Kinship System)之类的社会制度来分配报酬;而此处"社会逻辑"的称法偏现代化,主要为后文制度分析服务。二者存在一定的区别和联系。

④ 包括当今世界仍然少量、分散存在的丛林人社会等部落社会。

⑤ 在此之前,原始社会部落联盟首领由禅让制产生,而不是世袭制。禅让制是一种民主推举制度。

事生产并进行分配的重要传统,奴隶、平民被统治阶级利用迷信、宗教思想等所控制。在中世纪①末及资本主义萌芽、产生和发展阶段,14—16世纪文艺复兴运动、宗教改革运动和18世纪启蒙运动三大思想运动,孕育产生了西方国家的人文主义意识形态,18世纪末法国大革命的《人权宣言》阐述的价值观,逐渐发展为当今欧美国家的价值观,欧洲社会民主国家的自由、平等、互助,自由民主国家——美国的自由、平等、博爱。在社会主义社会,意识形态建立在马克思主义的科学社会主义理论基础之上,社会逻辑主要有价值观、社会规范等形式,例如目前中国的社会价值观体现为自由、平等、公正、法治②。值得说明的是,传统逻辑是解决生产和分配问题的一种静态方式,其代价是缺乏大规模快速的经济进步和社会变革,而现代的社会逻辑一定程度上缓解了这一问题。

第二,权威逻辑也经历了一个长期演变的历史过程。在原始社会,部落和部落联盟③都形成于原始社会晚期,此时的领导力量主要来自部落(联盟)议事会;但这并不是真正的强制权威,原始社会生产与分配的逻辑仍以传统为主。到奴隶社会,奴隶主阶级完全占有生产资料,奴隶本身也成为其私有财产;奴隶生产的全部产品都归奴隶主占有和支配,奴隶主给奴隶提供人身安全和最低限度的生活资料。这时,整个经济社会制度体现的是奴隶主阶级的权威。到封建社会,尽管被统治阶级的农民、工商业者、城市平民等拥有了自由身份,但土地为地主阶级所占有,农民只能租种地主的土地,并上缴高额赋税,由此绝大部分劳动成果被地主阶级所剥削,地主阶级权威成为封建社会的权

---

① 一般认为中世纪开始于5世纪罗马帝国衰落,结束于15世纪前后的文艺复兴。
② 即社会主义核心价值观在社会层面的内涵。
③ 部落与部落联盟的区别是:部落指形成于原始社会晚期(即旧石器时代的中期和晚期),民众由若干血缘相近的宗族、氏族结合而成的集体;有较明确的地域、名称、方言、宗教信仰和习俗,有以氏族酋长和军事首领组成的部落议事会,部分部落还设最高首领。部落联盟是指原始社会末期若干近亲或邻近部落由于某种需要(主要是战争)结成暂时或永久性的联盟的社会组织;中国古籍记载的黄帝、蚩尤以及尧、舜、禹都是部落联盟的首领;部落联盟的性质和部落相同,其最高权力机关是联盟议事会,由参加联盟的部落的酋长组成。

威逻辑。进入资本主义社会之后，才产生了人类现代文明的国家政权、法律制度，形成与现代社会相适应的上层建筑的社会制度。在现代社会，政府权威成为影响经济社会生产过程的核心权威。在战争、饥荒等特殊时期，强制的权威命令是组织人力和分配产品的最有效方式。这一逻辑是前文提及的强制性制度变迁的最有力工具。

第三，市场逻辑实际上是三类制度逻辑中产生最晚的。首先需要明确的是市场（集市、买卖等）与市场社会（市场经济、市场机制等）的区别。尽管交易本身可以追溯至冰川时代后期的群落间贸易（海尔布罗纳和米尔博格，2012），但它在生产、分配经济过程中起到支配性作用，即进入市场社会、构成市场逻辑或市场制度，是在封建社会之后、进入资本主义社会才出现的。在封建社会，尽管存在一定程度的商品经济，但市场都只是生活的附属物，而不是经济社会的支配性逻辑。到资本主义社会，迎来机器化大生产，商品生产发展到最高阶段，市场逻辑才成为社会生产普遍的和决定性的制度形式。在社会主义计划经济中，几乎不存在市场机制；而在社会主义市场经济中，在发挥政府作用的同时，强调市场逻辑在生产和分配中的作用。总的来说，市场逻辑在现代社会制度中起着支配性、基础性、决定性的作用，竞争机制成为市场社会的核心机制。

上述三类制度逻辑的历史演进过程大体如表 1.1 所示。在该表中，我们还大致给出了各个社会中三类制度逻辑的力量对比，以方便认知人类社会中起主导作用的制度逻辑的变化。原始社会总体上是一种传统驱动型社会，而部落（联盟）议事会严格来说是一种年长传统（Age-old Tradition），部落（联盟）首领、氏族酋长等是为族众服务的公仆，并不存在改变政治过程的动机，不是真正的强制权威；奴隶社会才真正进入阶级社会①，直到封建社会，都是由个

---

① 在古代中国，夏启用暴力夺取部落联盟首领职位，并运用军队迫使联盟成员在政治上臣服、在经济上纳贡，标志社会性质变化，进入阶级社会——奴隶社会。古代中国的奴隶社会实行井田制和分封制的经济和政治制度；此后的封建社会实行的是租税制和郡县制的经济和政治制度。

人权威、阶级权威发挥主导作用。而资本主义社会出现以后的发展阶段与之前历史社会的制度逻辑的最主要区别是,旧式的传统逻辑进化为现代的社会逻辑,身份的社会让路于合约的社会,个人权威让位于集体权威、政府权威。

表 1.1　人类社会解决生产和分配问题的制度逻辑及其力量对比

社会类型	传统/社会逻辑		市场逻辑		权威逻辑	
	主要形式	力量	主要形式	力量	主要形式	力量
原始社会	信仰/血缘等	☆ ☆ ☆	—	—	部落(联盟)议事会	☆
奴隶社会	信仰/世袭/血缘等	☆ ☆	—	—	奴隶主权威	☆ ☆ ☆
封建社会	信仰/世袭/血缘等	☆ ☆	市场	(☆)	地主权威	☆ ☆ ☆
资本主义社会	信仰/人文主义/价值观等	☆	市场社会	☆ ☆ ☆	政府权威	☆
社会主义社会(计划经济)	价值观/社会规范等	(☆)	—	—	政府权威	☆ ☆ ☆
社会主义社会(市场经济)	价值观/社会规范等	☆ ☆	市场社会	☆ ☆	政府权威	☆ ☆

注:标号☆代表制度逻辑的相对力量比较,加( )表示几乎可忽略,—表示不存在。奴隶社会统治阶级包括奴隶主贵族、国王,封建社会统治阶级则包括地主、贵族、皇帝。
资料来源:笔者研究整理。

二、共同富裕不能脱离人类社会的整体制度逻辑

在现代社会,制度逻辑可以进一步明确概括为:市场逻辑、政府逻辑、社会逻辑。根据制度和制度变迁类型标准以及逻辑的产生发展形式,现代社会的三类制度逻辑分别具有如表 1.2 所示的特质。一般来说,市场逻辑下的交易可以是正式合约,也可以是非正式合约,但都是建立在自发激励性的基础上的,具有诱致性;政府逻辑则通常以正式规则和命令为表现形式,具有强制性和自上而下的特点;社会逻辑体现为社会共同达成的价值、理念和规范等,是一种自下而上的逻辑,尽管它最终可能上升为国家层面的意识形态,但一定是建立在社会民众广泛认同的价值基础之上。

表1.2 从制度和制度变迁类型标准看现代社会逻辑:制度逻辑的特质

制度逻辑	制度类型标准	制度变迁类型标准	产生发展形式
市场逻辑	正式、非正式	诱致性	自发性
政府逻辑	正式①	强制性	自上而下
社会逻辑	非正式	似诱致性	自下而上

资料来源:笔者研究整理。

经济学产生及发展至今,围绕市场、政府及二者关系的理论和实践探索一直在持续进行。古典经济学理论认为,国家职能是保卫公民财产和维护社会稳定,政府只需充当经济活动的"守夜人",而市场机制是配置资源的最有效手段,这奠定了自由放任政策的基础。古典经济学之后产生两大经济学理论分支:(1)新古典经济学强调资本主义制度完美无缺,市场通过供求、弹性、价格机制实现资源均衡配置,坚持自由放任;(2)马克思深刻揭露了资本主义制度的腐朽本质和资本主义消亡的历史必然,认为要通过制度变革破解垄断、危机、不平等等问题,马克思主义经济学也强调政府推动一系列关乎国计民生的改革。在长期的自由放任政策下,1929—1933年资本主义经济危机给以美国等国家沉重打击,凯恩斯主义强调市场自发调节不能实现资源最优配置从而达到充分就业水平,需要政府干预经济。20世纪70—80年代的"滞胀"危机让凯恩斯主义一度失灵,自此西方国家由新自由主义思潮占据主导地位,但同时学界也出现关于政府与市场呈嵌入和互补关系的观点。2008年国际金融危机以来,政府与市场的作用及其关系再次成为关注的焦点。历史经验发展表明,市场和政府两种逻辑偏废其一都是不可取的,厘清各自有效边界、恰当处理好二者关系才是关键。

我们认为,经济社会生产过程不单是由市场和政府力量两种制度逻辑决定的,社会逻辑也会发挥作用。这是因为现代社会是由政府或公共部门、市场

---

① 现代政府逻辑一般为正式制度形式;而非现代政府的其他权威逻辑则可能表现为非正式制度形式,如奴隶社会奴隶主和封建社会地主的个人权威等。

或私营部门、公民社群(不为任何人所有)三者共同组成的,来自社会整体(公民社群)的公认价值理念等在社会平衡运行中起到隐性的规范、引导功能。当代资本主义社会的不平等和失衡充分体现了社会逻辑无效的后果:例如美国尽管强调自由、平等、博爱的社会价值观,但受古典自由主义影响颇深,过分强调个人主义,导致社会保障制度实际运行中国家力量缺失,有效率而无公平,"博爱"成幻影;明茨伯格(Mintzberg,2015)①更直言,资本主义至少在最具代表性的美国已出现严重失衡,所谓的市场经济已变成"公司化社会",私营部门攫取了前所未有的特权而成为社会主宰,甚至达到任何政治力量无法驱逐的程度。由此说明,社会平衡发展归根结底要符合社会大众的公认逻辑,除要重视市场激励、政府治理外,还应强调社会层面价值观等规范性逻辑的作用。"人类社会发展的历史表明,对一个民族、一个国家来说,最持久、最深层的力量是全社会共同认可的核心价值观。"②

市场逻辑、政府逻辑和社会逻辑三者决定了一个社会的整体制度环境。分配(成果分享)问题是海尔布罗纳和米尔博格(2012)强调的人类社会的两个基本经济问题之一,是马克思指出的社会生产总过程的四个环节之一,也是共同富裕的重要方面。认识包括共同富裕在内的经济社会问题,都不能脱离人类社会变迁的整体制度逻辑,它在现代社会体现为"市场、政府、社会"三位一体的基础制度逻辑体系。

三、市场、政府、社会三元制度逻辑的相互关系

所有社会经济活动都离不开特定的制度环境,而整体制度环境通常并不是稳定不变的,它会因为市场激励(市场)、政策供给(政府)和价值规范(社会)等力量的影响而调整或变化,从而推动内在制度的变迁。分析市场逻辑、

---

① [加]亨利·明茨伯格:《社会再平衡》,陆维东、鲁强译,东方出版社 2015 年版,第 76 页。

② 《习近平著作选读》第一卷,人民出版社 2023 年版,第 238 页。

政府逻辑、社会逻辑与共同富裕的关系,有必要对三类制度逻辑本身的基本关系作适当的说明。

图1.1的外围实线箭头比较清晰地刻画了市场、政府、社会三重逻辑之间的相互关系(内部虚线箭头表示它们与共同富裕的关系,后文再表述)。

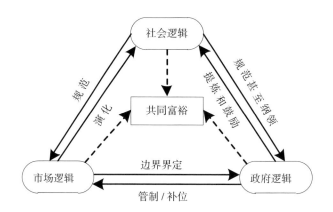

图1.1　市场、政府、社会三元制度逻辑的相互关系

资料来源:笔者研究整理。

首先,市场逻辑与政府逻辑的关系。市场制度本身是一种激励相容的经济制度,能够实现资源的帕累托有效配置,但在公共产品和服务供给等领域常常出现市场失灵。一般认为,市场与政府关系之间更多的是要合理划清边界,确保市场在资源配置中发挥决定性作用,市场管不了或管不好的,则由政府补位,弥补市场失灵。因此,在现代社会,市场逻辑本身起着决定性作用,一般谈不上市场逻辑对政府逻辑会有什么影响(如果不考虑市场决定性作用让政府"管得更少"的话);只是政府在经济社会运行和制度变革中居于主体地位,发现市场失灵则要主动补位,例如对过大的收入差距进行政策调节等。当然,在政府力量过于强势时,可能会对市场进行过多的干预和管制,即政府越位;而该管却没管,则是政府缺位。

其次,市场逻辑与社会逻辑的关系。一方面,市场运行过程中存在着一些隐性契约,例如自由、平等、讲规则等,这些观念性契约就是在市场交易中形成的,它们完全可能演化为整个社会共同遵守的价值规范。另一方面,社会逻辑下的价值理念也能够规范市场交易中的个体行为,例如法治("法"与政府逻辑相联系)使市场交易能有可遵循的强制而有效的"规则",具有默示规则所不具备的强制约束力;即便不与政府强制力相挂钩,若社会价值理念能够被更广泛地接受和进一步认同,那么市场交易也将大大节省交易成本。

最后,政府逻辑与社会逻辑的关系。一方面,政府可能从传统文化、公序良俗等方面提炼出社会的共同价值观,并鼓励社会成员按照社会共同价值理念行动,以实现社会和谐稳定。另一方面,政府强制性的行动和执行力也不能违反社会共同的基本价值理念,否则必将遭到社会群体的抵抗;广泛认同的社会价值观甚至可能上升或体现为国家治理层面的意识形态或纲领主张。与市场和社会逻辑一样,政府与社会逻辑也存在紧密的双向作用关系。

在现代社会,市场逻辑在社会经济发展中起着支配性、决定性的作用,社会逻辑具有协调市场和政府力量的独特功能,政府则在制度变迁中居于机动性的主体地位,是制度供给的主体。在一般意义上,包括完善分配格局、提高保障和改善民生水平在内,国家治理现代化除了要发挥政府和市场的作用、处理好二者关系,还不能脱离社会逻辑对群体成员行为的规范性道德约束。在社会经济制度变迁过程中,政府总是处于主体地位,改革不改革、改革到位不到位,直接决定制度的绩效。总的来看,正是由于三重逻辑之间的紧密联系,它们才共同决定了制度变迁①,包括共同富裕的实现进程。

四、市场、政府、社会对效率和公平统一的共同富裕的影响

市场逻辑、政府逻辑和社会逻辑对共同富裕具有重要影响。这三种制度

---

① 在某种程度上,本书提出的市场—政府—社会三元制度逻辑体系是诺思(1994)以产权理论、国家理论、意识形态理论为基石的制度变迁理论的一个"映射"。

逻辑由于各自内在驱动和目标偏向的不同,它们对共同富裕中增长(效率)与分享(公平)的影响也存在显著区别。

首先来看市场、政府、社会各自一元制度逻辑下的经济结果。第一,市场逻辑遵循经济激励原则实现资源的帕累托有效配置,认为由市场竞争机制所决定的分配结果就是合理的,强调经济效率而不关注分配结果公平。因而完全的市场逻辑必然导致收入差距过大问题,导致"高效率、低公平""高增长、低分享"。第二,政府逻辑的主要出发点是通过国家治理权威促进社会公平正义,从而实现社会和谐稳定和国家长治久安。过于强势的政府甚至可能实行高度集中的计划体制,为求极端的所谓公平而损失效率,结果可能是"低效率、绝对平均""低增长、重平均"。第三,社会逻辑强调整个社会群体都公认的价值理念等对增长和分享的引导、规范功能,以这种理念的统一来节省经济增长和成果分享过程中的制度成本。然而,以公认的公正分配价值标准来进行产品分配,是以产品生产为前提的,因此脱离市场逻辑的生产(增长、富裕)而单独以统一理念标准来谈社会的公正分配(分享)是不现实的。

由此可见,市场、政府、社会逻辑中任何单一的制度逻辑都不能实现共同富裕,从而有必要分析其中二元或三元逻辑下的共同富裕(见图1.2)。

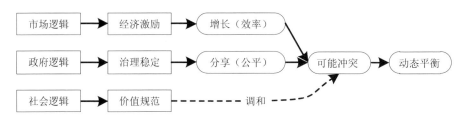

图1.2 市场逻辑、政府逻辑、社会逻辑对增长与分享协同的共同富裕的影响
资料来源:笔者研究整理。

市场和政府的二元制度逻辑关系是学界重点探讨的一对辩证统一关系。本书借鉴布鲁尔(Brewer,1991)、肖尔等(Shore等,2011)、王涛和陈金亮

(2018)等管理学领域从特性要素研究相对最优平衡点的矩阵分析框架①,阐述市场和政府二元制度逻辑下效率与公平(增长与分享)要素的相对平衡结合点。需强调的是,二元制度逻辑扭力的相对强弱决定了效率和公平(增长与分享)的偏向和相对平衡点;当两种制度逻辑存在一定冲突时,可能出现偏向其中一种制度逻辑的效果,而并不完全符合另一制度逻辑的要求,即出现对效率或公平(增长或分享)的有限的、偏向的响应结果。具体地,市场和政府二元制度逻辑下的共同富裕状况在理论上可呈现出三种类型(见图1.3):一是偏向效率的分配,如左图所示。市场逻辑发挥关键主导作用,政府逻辑对分配的强制调节力较弱,总体共同富裕格局体现增长效率原则,分享受限。二是偏向公平的分配,如中图所示。政府逻辑和力量相对强势,围绕促进社会公平正义出台一系列调节政策措施,这些调节手段甚至还可能对市场运行产生较大影响,使整体结果偏重公平甚至是并不真正意味着公平的平均主义。

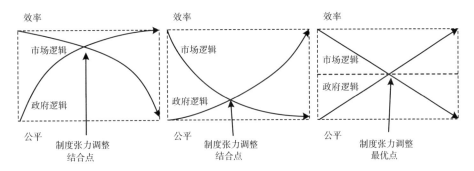

图1.3　市场和政府二元逻辑下效率、公平偏向及协调的共同富裕

注:在右图显示的效率与公平相协调的共同富裕中,达到最优点可能并不一定要求市场逻辑和政府逻辑二者在力量大小上完全均等,图形仅作理解参考。

资料来源:笔者根据布鲁尔(1991)、肖尔等(2011)、王涛和陈金亮(2018)的研究结果进行扩展研究绘制。

---

①　Brewer,M.B.,"The Social Self:On Being the Same and Different at the Same Time", *Personality & Social Psychology Bulletin*,Vol.17,No.5,1991;Shore,L.M.,Randel,A.E.,Chung,B.G., et al.,"Inclusion and Diversity in Work Groups:A Review and Model for Future Research",*Journal of Management*,Vol.37,No.4,2011;王涛、陈金亮:《双元制度逻辑的共生演化与动态平衡》,《当代经济科学》2018年第7期。

三是效率与公平相协调的分配，如右图所示。需指出的是，这一情形在市场和政府二元制度逻辑下难以真正实现，因为这两种力量是存在一定冲突的（尽管在关系上可以融合互补），二者目标存在偏差，逻辑力量总体处于一种"融而不合"的交锋状态。

实际上，促进共同富裕的主要难点在于：其中的分配既要保持一定的市场激励，以维持甚至提高生产能力（可能拉大收入差距），又要维护社会公平正义，而不能降低人们继续工作的意愿和积极性。更重要的是，由于人性中固有的不妥协性（Intransigence）（海尔布罗纳和米尔博格，2012），人们对上述两者目标均衡难以达成共识。因此，仅仅依靠市场逻辑和政府逻辑而不顾社会共同规范和价值作出具体制度安排，往往难以有效协调效率（增长）与公平（分享）的矛盾。

传统的市场和政府二元逻辑难以实现增长与分享的有机协同，应进一步加入社会逻辑视角进行考察，这一点在现有经济分析中鲜有涉及。社会逻辑表现为一种广泛认同的价值观念、文化形式和思想体系，能够把社会意志和力量凝聚起来，缓解甚至消除市场逻辑和政府逻辑下效率与公平的矛盾，形成社会对共同富裕合理性评判标准的最大公约数，即力求让所有社会群体对共同富裕的评判标准达成共识。

基于上述考虑，我们借鉴刘文勇（2007）①的研究，构建以市场—政府—社会三元制度逻辑为内生基础的共同富裕分析模型。如图 1.4 所示，横轴为市场逻辑，纵轴代表政府逻辑；从原点引出的两条虚线分别表示由市场自发激励和政府政策供给决定的效率和公平两个阈值，它们各自与最近坐标轴之间的区域 A 和区域 B 分别表示过于注重效率而有失公平、过于注重公平而有损效率的分配；两条临界值虚线之间的区域既具有一定市场效率又符合政府的社会公平目标，但二者处于一种"螺旋"交织状态；在社会逻辑发挥导向和规范

---

① 刘文勇：《城乡居民收入分配格局和谐演进的制度分析》，《经济评论》2007 年第 1 期。

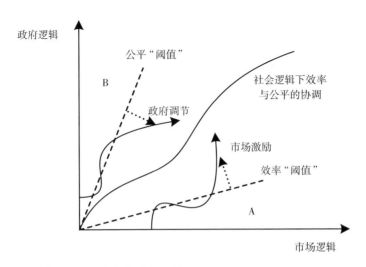

图 1.4 社会逻辑调和市场与政府二元逻辑实现效率(增长)和公平(分享)协同

资料来源:笔者借鉴刘文勇(《城乡居民收入分配格局和谐演进的制度分析》,《经济评论》2007 年第 1 期)研究绘制。

功能时,市场激励和政府调节均向对方逻辑"妥协"和融合,中间实线则表示社会逻辑引导市场和政府力量朝着社会公认的共同富裕标准演进而形成的效率与公平(增长与分享)的相对平衡点。这一共同富裕格局表示三种制度逻辑处于一种相对稳定或均衡的状态。

实现社会公认的共同富裕,必然要寻求社会多重逻辑目标的相对平衡点。然而,现代社会生产过程充斥着各种冲突性甚至对抗性的制度实践和逻辑,这就需要以社会共同的价值取向来引导生产增长和成果分享。以激励为核心的市场逻辑强调效率,以调节为核心的政府逻辑注重公平,以规范为核心的社会逻辑侧重价值观凝聚。完全自由的市场逻辑不能解决收入差距过大和公共品(含公共服务)供给不足的问题;极端强势的政府逻辑则由于对市场干预过多,实现低层次的公平或平均而不顾激励和效率。市场和政府二元逻辑由于内在的目标偏差而呈现"融而不合"。社会逻辑下的共同价值和规范则有利于减少信息不对称和个体自利性导致的机会主义行为,节约制度执行成本,引导市场和政府从社会整体视角出发寻求"保持做大蛋糕的积极性"和"实现分配蛋糕的公正性"之间的平衡,从而实现共同富裕。总的来看,市场—政府—社会的整体制度逻辑体系弥补了目前现有研究主要关注政府与市场治理边界的不足。市场激励、政府调节、社会规范的三元逻辑体系共同决定共同富裕的实现。

第三节 共同富裕的制度内涵

上述分析已经表明,制度逻辑能够形塑共同富裕格局。那么,它是如何决定共同富裕的呢? 更明确地说,制度逻辑是如何影响共同富裕的具体制度安排,进而决定共同富裕格局的? 由此,首先需要充分理解共同富裕本身的制度内涵。本部分将在阐述共同富裕的制度内涵——权利配置的基础上,进一步分析制度逻辑对权利配置的影响,最终形成"制度逻辑—权利配置—共同富裕"的基本理论链条。

一、共同富裕制度的权利配置属性

在简单意义上,共同富裕制度就是关于个人或组织在共同富裕(增长与分享)过程中的权利规定。需要说明的是,本书所指共同富裕制度的含义或范畴主要指与生产增长和成果分享相关的制度的总和。对共同富裕制度属性的认识,可以从所有制(所有权)、产权、权利与共同富裕的关系分析开始。

马克思深刻阐述了生产资料所有制及其与生产、分配的关系。所有制是生产关系的总和,它是马克思主义经济理论体系的核心概念①。围绕生产资料占有关系或占有权利而建立的社会经济制度就是生产资料所有制,即所有制反映的是经济社会生活中一定的个人或组织对生产资料或财产的独占或垄断。这种对生产资料的独占所形成的经济关系是生产关系的核心和基础。生产资料所有制关系是一种特殊的分配关系:"在分配是产品的分配之前,它是

---

① 西方主流经济学主要关注的是资源配置效率,而并不研究所有制问题。

(1)生产工具的分配,(2)社会成员在各类生产之间的分配(个人从属于一定的生产关系)——这是同一关系的进一步规定。这种分配包含在生产过程本身中并且决定生产的结构,产品的分配显然只是这种分配的结果"①。因此,所有制关系决定生产结构,进而决定产品分配结构。此外,马克思的观点还强调,所有制关系的历史性质决定了分配关系的历史性质,构成一个社会的基本分配制度的根本前提和基础。他对资本主义生产方式的分析证明,资本主义的分配关系和收入形式,与其生产关系本质上"是同一的,是生产关系的反面"②;资本主义所有制关系决定了资本、劳动力、土地等生产要素以私人所有权的形式参与产品分配,获得利润、工资、地租等形式的收入。他在分析共产主义社会第一阶段即社会主义社会的分配关系时指出,"在一个集体的、以生产资料公有为基础的社会中……每一个生产者,在作了各项扣除以后,从社会领回的,正好是他给予社会的。他给予社会的,就是他个人的劳动量"③。脱离生产方式和所有制关系,"公平的分配""平等的权利"都只是空话。然而,社会主义公有制下的按劳分配关系"对不同等的劳动来说是不平等的权利……它默认,劳动者的不同等的个人天赋,从而不同等的工作能力,是天然特权……这些弊病,在经过长久阵痛刚刚从资本主义社会产生出来的共产主义社会第一阶段,是不可避免的"④。

所有权、产权与权利。所有权是所有制的法律形态,但对所有制有决定意义的是具有排他性的独占或垄断权。恩格斯指出,"垄断就是财产所有权"⑤。所有权是主体对标的物的独占和垄断的财产权利,确定物的最终归属。它是同一物品不依赖于其他权利而独立存在的财产权利。在法律框架下,财产所有者可以自由行使他对财产享有的占有、使用、收益、处分的权能。产权概念

① 《马克思恩格斯文集》第8卷,人民出版社2009年版,第20页。
② 《马克思恩格斯选集》第2卷,人民出版社1995年版,第581页。
③ 《马克思恩格斯文集》第3卷,人民出版社2009年版,第433—434页。
④ 《马克思恩格斯文集》第3卷,人民出版社2009年版,第435页。
⑤ 《马克思恩格斯全集》第1卷,人民出版社1956年版,第613页。

则涵盖了所有权内涵,但含义更广泛。《新帕尔格雷夫经济学大辞典》将其定义为,"产权是一种通过社会强制而实现的对某种经济物品的多种用途进行选择的权利"①。因此,产权不单是一种权利,而是一组权利。其权利有效性取决于强制实现的可能性及其代价。产权区别于所有权,它是所有权主体在交易中形成的相对权利关系,不但包括物权,还包括股权、债权、知识产权、名誉权、商标权等形式。所有权通常与财产支配相关,产权则还包括个体是否有权利用财产对他人权益造成损害,例如张三的牛不经允许则无权去李四的水稻田吃禾苗,而这一规定并不影响张三对牛拥有的所有权。一般意义上,现代的"权利"内涵则更加广泛②。它最早体现为 16 世纪以后西方资本主义革命中作为一种"非道德的正当性"而出现的自由、平等的观念,强调"自主性"而非道德意义上的合理性,即只要人的行为不损害他人利益(或公共规则),他就有权做这些事,权利保证其行为的正当性③。马歇尔和吉登斯(Marshall 和 Giddens,2008)④将权利发展分为公民的、政治的和社会的三个阶段,公民权利包括个人的自由权、言论和思想自由、恰当的程序,政治权利即参与政治活动行使的权利,社会权利包括教育、健康和医疗服务及一般的福利国家的服务。权利可以是纯粹的法律概念,还可能出现道德化倾向,如生存权、分配平等(金观涛和刘青峰,2011)。总的来看,所有权、产权和权利大致存在如图 1.5 所示的关系。

---

① 《新帕尔格雷夫经济学大辞典》第 3 卷,陈岱孙主编译,经济科学出版社 1996 年版,第 1101 页。
② 中国古代"权""利"连用为"权利"一般为两类含义:一是指权势和货财或利益;二是作动词使用,意为权衡利害。如《荀子·劝学》《商君书·算地》以及汉代《盐铁论》等的"权利"均为上述含义,汉代以后主要用法仍泛指权势和利益。19 世纪西方现代观念传入中国。1864 年清政府《万国公法》刊印,"权利"出现 81 次,含义均为法律性的,此后"权利"成为重要的政治用语,对中国现代权利观的形成起到重要作用。
③ 金观涛、刘青峰:《中国现代思想的起源:超稳定结构与中国政治文化的演变》(第一卷),法律出版社 2011 年版,第 56 页。
④ [英]T.H.马歇尔、[英]安东尼·吉登斯:《公民身份与社会阶级》,郭忠华、刘训练译,江苏人民出版社 2008 年版,第 114 页。

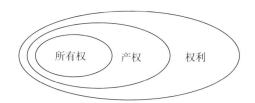

图 1.5　所有权、产权与权利的关系

资料来源：笔者研究绘制。

　　权利对经济增长、贫困缓解、收入分配和福利改善等"富裕"和"共享"维度具有重要影响。根据科斯（Coase，1960）的观点，当存在市场交易成本时，产权界定及配置对资源配置效率具有决定性影响，从而会在很大程度上决定国民收入初次分配格局。诺思（1994）揭示了产权制度对生产和分配等经济绩效的影响，与国家力量、意识形态等构成制度变迁的内在动力。企业内部的剩余控制权、剩余索取权配置结构也对企业内部分配及经营绩效具有重要影响[1]。森（Sen，2006，2012a，2012b）和国际货币基金组织、世界银行等国际组织都曾强调权利对收入分配、贫困和经济增长等的影响[2]。权利被剥夺导致饥荒和贫困（森，2006），权利不平等在决定物质资源获取和经济不平等方面始终发挥着核心作用[3]，不但加剧了日益严重的不平等[4]，还会切断人们走出贫困的路径[5]。现代再分配应当基于权利的逻辑，遵循人人都可获得基本公共服务的平等原则，至少通过医疗、教育、养老等领域公共服务替代收入来实

　　[1]　Hart, O., Moore, J., "Contracts as Reference Points", *Quarterly Journal of Economics*, Vol.123, No.1, 2008.

　　[2]　[印]阿马蒂亚·森：《论经济不平等：不平等之再考察》，王利文、于占杰译，社会科学文献出版社 2006 年版；[印]阿马蒂亚·森：《贫困与饥荒》，王宇、王文玉译，商务印书馆 2012a 年版；[印]阿马蒂亚·森：《以自由看待发展》，任赜、于真译，中国人民大学出版社 2012b 年版。

　　[3]　[美]沃尔特·沙伊德尔：《不平等社会：从石器时代到21世纪，人类如何应对不平等》，颜鹏飞、李醌、王今朝、曾召国、甘鸿鸣、刘和旺译，中信出版社 2019 年版，第 XI 页。

　　[4]　[美]约瑟夫·E.斯蒂格利茨：《不平等的代价》，张子源译，机械工业出版社 2015 年版，第 54 页。

　　[5]　[美]安格斯·迪顿：《逃离不平等：健康、财富及不平等的起源》，崔传刚译，中信出版社 2014 年版，第 177 页。

现社会公平(Piketty,2014)。上述研究都从广义视角深刻讨论了权利在生产绩效、贫困和收入、基本公共服务等维度上实现"共同富裕"的基础性作用。由此可见,我们从权利视角提炼共同富裕的制度内涵,具有较强的学理基础。

权利配置是共同富裕制度的根本属性。制度是对个人或组织的权利的规定。市场经济的交易归根结底也是权利束的交换,各类主体拥有的权利综合构成整个社会制度,个人或组织拥有的不同权利束则是权利配置的结果。权利配置先于市场交易而发生,是市场经济有效运行的前提,它决定着市场交易的结果,在很大程度上决定了生产增长和成果分享的结果。要素所有者凭借要素所有权获取收入,是以要素参与到社会生产过程为前提的。研究共同富裕问题,不能离开生产孤立地谈分配,应当从整个社会经济生产系统来考察共同富裕有关制度的具体权利配置内涵。中央在谋划 2020 年到 21 世纪中叶分阶段推进共同富裕和社会主义现代化的论述中鲜明提出,要让"人民平等参与、平等发展权利得到充分保障"[1],习近平总书记在阐述促进共同富裕的原则时也强调,要形成"人人参与的发展环境""人人享有的合理分配格局"[2],这在一定程度上赋予"人人参与""人人享有"以权利属性。这表明,从权利视角分析共同富裕的制度内涵,具有较强的现实导向。

二、共同富裕的权利抽象：人类社会增长与分享过程的演进

本部分从人类社会生产过程来看共同富裕的相关权利。共同富裕的权利内涵必然体现在生产增长与成果分享过程中。正如海尔布罗纳和米尔博格(2012)所言,生产与分配是人类社会维持生存的两个最基本问题。随着劳动分工的日益复杂,这两个问题越发难以协调解决。例如在原始的狩猎采集社会或传统的小型农耕社会,尽管人们忍受着较低生存水平和严重贫困,但他们

---

① 习近平：《决胜全面建成小康社会 夺取新时代中国特色社会主义伟大胜利——在中国共产党第十九次全国代表大会上的报告》,人民出版社 2017 年版,第 28 页。
② 《习近平著作选读》第二卷,人民出版社 2023 年版,第 502 页。

保持较高的经济独立性;而在当今社会,劳动分工深化导致社会经济脆弱性提高和独立性降低,不同生产部门及生产参与者之间的关联性、协作性加强,富裕社会作为一个整体而不是个人富裕存在,严重依赖于一系列的社会协调机制,从而使"社会的"生产和分配——共同富裕过程变得更为复杂。

首先,从人类社会演进中两个大的权利——人权和物权——的分析开始。人权和物权在很大程度上体现了社会(阶级)关系和所有制等根本性的问题。在原始社会,维持基本生存是首要问题,主要生产活动是狩猎采集,食物十分有限,但在生存伦理观下,分配活动中成员之间相互帮扶,主要体现人权。奴隶社会开始出现阶级,奴隶成为奴隶主的私人财产,农奴在奴隶主的庄园内劳动,除获得基本的生存资料外,其余产品均为奴隶主所有,奴隶、土地等物权决定分配结果。封建社会平民为自由人,但土地为地主所有,广大农民为地主阶级所剥削,仍是土地物权决定分配。资本主义社会的工业发展使相当一部分人可以脱离土地生存,开始从事工业生产,社会生产中出现资本雇佣劳动现象,资本物权对分配格局的决定越发重要①;现代资本主义尽管强调一定的公共服务保障,但力度十分有限——尤其是在现代自由资本主义国家——这在根本上是由资本主义生产资料私有制决定的。社会主义社会坚持公有制主体地位,一方面强调物质资本等物权的作用,另一方面还强调人是推动社会发展的根本力量,充分重视人权和物权的共同作用。马克思在《哥达纲领批判》中对资产者所声称的"平等的权利""公平的分配"的批判充分肯定了劳动者的作用,并强调"在共产主义社会高级阶段,在迫使个人奴隶般地服从分工的情形已经消失,从而脑力劳动和体力劳动的对立也随之消失之后……才能完全超出资产阶级权利的狭隘眼界,社会才能在自己的旗帜上写上:各尽所能,按需分配!"②因此,共产主义社会将全面强调人权的发展。

---

①　海尔布罗纳和米尔博格(2012)指出,资本积累和市场协调、有限政府构成资本主义的三个独有属性。

②　《马克思恩格斯选集》第3卷,人民出版社2012年版,第364—365页。

以上分析表明,不同社会发展阶段的物权形态存在较大差异。原始社会产品来自自然界,获取产品的最重要物权是对生产工具的共同占有;奴隶社会物权的标的物主要是奴隶、土地;封建社会则是土地;资本主义社会、社会主义社会的物权则主要表现为资本权以及后来的自然资源资产产权、知识产权等。不同社会的物权不但主要形态不同,其性质(如公有私有)、结构或比重也存在显著区别。人类社会演进中的人权与物权比较大致如表1.3所示。

表1.3 人类社会演进中的人权与物权比较

社会类型	原始社会	奴隶社会	封建社会	资本主义社会	社会主义社会	共产主义社会
人权与物权的比较	生存人权>物权	奴隶、土地等物权>人权	土地等物权>人权	资本物权>人权	人权、物权都重要,但人权处于支配地位	人权(共同体)

注:人权与物权比较是从社会整体看哪方面权利更受重视来考察的,物权终归为"人"所有,但仅是极
    少部分人。奴隶是奴隶主的私人财产,很大程度上是"物"而没有人权。
资料来源:笔者研究整理。

其次,进一步从以下三个维度抽象出人类社会生产过程的相关特征:一是社会成员所掌握要素的生产参与及其方式,这直接影响生产增长(效率),是获得产品或收入的基础;二是凭借要素参与如何获得产品或收入;三是是否具备基本的生存保障权利,或福利服务性质的社会权利和发展权益。

具体地,人类社会演进过程在上述三个方面具有如表1.4所示的特征。原始社会的生产力极为低下,群落、部落成员单独无力同自然界斗争,人们根据性别、年龄等自然分工和简单协作,为谋求生活资料共同劳动,生产资料共同占有,实行平均分配,只能依靠互助合作维持生存,无法提供有组织的保障。奴隶社会的奴隶完全在奴隶主的控制之下劳动,奴隶连同其劳动产品都归奴隶主占有,奴隶仅从奴隶主处获得完全以奴隶主意志为转移的生存资料。封建社会土地仍是最重要的生产要素,佃农迫于生存不得不租种地主的土地,上缴沉重赋税而为地主阶级所剥削,统治者仅提供有限的赈灾性质的临时救济。在资本主义社会早期,工人成为机器大生产中资本家雇佣的一个"零件",受

到"冷血的"资本家的无情压榨和剥削,工人阶级生活在贫困边缘,生活困顿而只能靠不确定的教会扶助和救济;在资本主义社会成熟化过程中,技术、管理等人力资本要素及其劳动越发重要,与资本要素地位差距缩小,甚至参与一定的利润分配,国家提供一定的社会福利保障,但不同类型国家存在程度差异①。在社会主义计划经济中,公有资本取代私人资本,与劳动力等要素按计划配置进行生产,国家公有资本在分配中占据绝对优势,劳动者收入受工资制度严格压缩,除部分公共部门单位职工享有一定福利外,其余社会成员几乎没有保障;社会主义市场经济仍坚持以公有制为主体,民营资本、劳动力及技术、管理等其他要素参与生产更加市场化,各类要素收入权随之扩大,充分调动市场主体和劳动者积极性,社会保障实现由部分居民享有到全民覆盖。在未来的共产主义社会,其他要素全部服务于劳动者的价值实现型劳动进行社会生产,实行按需分配,社会保障程度更加充分,人的自由全面发展达到最高水平。

表1.4　人类社会生产过程中的权利抽象及演进特征

社会类型	要素生产参与	产品或收入获取	生存或社会保障
原始社会	自然分工、简单协作	共同占有、平均分配	互助合作
奴隶社会	奴隶完全被奴隶主控制	奴隶主独占	无
封建社会	农民租种地主土地耕作	农民受地主严重剥削	赈灾救助
资本主义社会(早期)	私人资本雇佣劳动	私人资本收入权独大	教会扶助
资本主义社会(成熟)	私人资本雇佣劳动(较平等)	劳动者议价力有提高	一定的社会福利
社会主义社会(计划)	公有资本、劳动力计划配置	公有资本占优、计划分配	部分的单位保障
社会主义社会(市场)	国、民资本和劳动力自由参与	多种分配方式	优化的社会保障
共产主义社会	服从于价值实现型劳动	按需分配	充分的社会保障

资料来源:笔者研究整理。

――――――――――

①　例如自由民主的美国与社会民主的北欧、德国等国家之间的社会福利保障程度存在较大差异。

三、共同富裕的权利内涵及其关系

结合上述分析,可以进一步清晰地归纳总结出共同富裕的具体权利内涵。共同富裕要求实现增长与分享有机统一,生产与分配必然是不可割裂的关系,因此共同富裕的权利内涵也是从整个社会生产过程来进行认识。人类社会最根本的特征是合作和协作,共同富裕的目标应是在最大化合作产出的同时实现分配合理,从而实现增长与分享的有机协同。上述人类社会演进中的权利抽象过程实际暗含着将整个经济系统分为生产系统、非生产系统这一认识。具体地,共同富裕的核心内涵体现为以下三种权利:

一是参与权,即要素或要素所有者参与经济系统从事生产活动的权利。其权利归宿主体是"人",可以是自然人,也可以是法人(组织)。理论上,任何人都可以凭借其掌握要素自由平等地进入各个生产领域(法律限制除外)。这些要素形态不但包括劳动力、资本、土地,还包括人力资本、知识产权、其他自然资源资产等各类生产要素,从而在性质上可能是私有的,也可能是公有的。毋庸置疑,市场竞争机制有利于实现资源的自由流动和优化配置,而垄断等相关限制的存在则使参与权并不一定真正实现平等。在分工的专业化生产中,正是所有要素(所有者)的集体协作才使产品生产得以完成,推动生产效率提升和经济增长。市场参与也构成要素所有者获得市场初次分配收入的前提。

二是收入权,即所有参与社会生产过程的要素都有获取一定收入的权利。某类要素或某个要素所有者获得收入的多少,则取决于要素投入、具体分配方式和分配机制等多个方面的因素。最主要的要素分配关系体现为收入在劳动者、资本方(和政府)之间的分配,尤其劳动—资本收入分配格局始终是关注焦点。无论是从单个企业还是整个社会来看,市场初次分配必然要处理好提高生产积极性(激励)和扩大再生产(积累)的关系。尽管收入权归根结底与要素或要素所有者相关,但不完全止于形塑要素分配格局,还会影响生产增长和经济效率。不同个体或家庭之间基于各自掌握要素或资源禀赋的多寡及价值差异,以及不同性质要素的市场进入限制等,都直接决定居民个体或家庭、行业、地区之间的市场分配结果及收入差距。

三是保障权,即经济系统保障所有社会成员的基本生存和发展权益。与参与权、收入权主要涉及生产者不同,保障权的受益主体是所有社会成员,包括经济系统参与者,以及老弱病残等非生产者或弱势群体。因此,参与权、收入权主要涉及初次分配,而保障权主要涉及再分配。在社会生产力较低时,主要保障社会成员的基本生存和温饱;待生产力达到一定程度后,通常会提供广泛覆盖的社会福利。当然,即使社会生产力达到较高水平,不同国家之间社会价值的差异也会使社会保障表现出程度差异。例如,美国个体主义价值高于集体主义价值,认为社会福利保障只会导致对国家的依赖,反对以平等和福利为目的的再分配政策,从而其社会保障水平要远低于同为资本主义性质的一些欧洲国家[1]。可见,一个社会的保障权强弱会受到客观的生产力、主观的社会价值等多方面因素的影响。

因此,共同富裕有关制度本质上是对人们上述三项权利的规定,即参与权、收入权、保障权的权利配置决定了共同富裕格局。其中参与权、收入权主要涉及生产增长和初次分配,保障权同时涉及生产者和非生产者,属于再分配范畴。它们之间存在一定的相互影响和相互作用,其主要关系为:

首先,参与权和收入权的关系。参与权是收入权的前提和基础,要素(所有者)没有参与到生产系统就没有市场收入权,且参与权的强弱在很大程度上决定了机会公平和收入权大小。此处参与权的强弱可以指个人或组织所掌握的要素资源的多寡,也可以指要素所有者的市场参与能力是否受到跨地区、

---

① 斯蒂格利茨(2015)认为,美国的失业保险制度是发达工业化国家里最不慷慨的之一,根本做不到对失业者提供足够的支持。通常情况下,失业保险只提供 6 个月。2011 年年底《纽约时报》一项民意测验显示,只有 38% 的失业者得到失业救济金,而约 44% 的失业者从未领到过;在那些得到资助的人中,70% 的人认为在他们尚未找到工作之前,救济金就极有可能到期了;3/4 的人领取的救济金远远少于他们先前的收入。

行业流动或市场准入的限制或歧视;反过来,收入权是参与权的目的和意义。要素所有者若预见不具有收入权,即便参与市场生产也不能获得相应的收入,那么他可能不会将要素投入生产过程,从而影响增长。这也就是要素所有者收入权对其市场参与的激励作用,这种激励不仅体现为是否参与生产,更表现为要素所有者在生产过程中作出努力或贡献的程度。

其次,参与权和保障权的关系。经济社会成员包括生产者和非生产者,是否参与生产系统则对这两类群体进行了明确界定,而保障权既要保障非生产者的基本生存权益,还要保障包括非生产者在内的所有社会成员的福利性发展权益。所以,是否具备参与权在很大程度上区分了享有不同程度保障权的对象,普通生产者通常只需享有一般的社会福利保障,而老弱病残等非生产者或失业者则还应强化其最基本的生存权益;反之,保障权大小会影响要素所有者参与权的行使。一般来说,基本公共服务和社会保障不但能减少居民生活成本,还可能会提高个体人力资本,从而有利于提升个体参与权,实现更有效率和更高质量的增长。若福利性的保障权过于充分,则可能会导致要素所有者产生惰性、形成依赖,进而有意识地减少市场参与,影响个体的经济参与决策;若保障权很小甚至没有,则可能调动所有个体谋求基本生存的本能。因此,保障权存在一个度的把握,既要"尽力而为"又要"量力而行"。

最后,收入权和保障权的关系。所有个体和组织的收入加总构成整个社会的收入(总体富裕程度),以参与权为基础的收入权配置决定初次分配格局。市场化收入权激励的合作产出(社会产品总额)直接决定再分配环节社会保障的范围和层次:社会整体收入水平(总体富裕程度)提高,保障权(成果共享程度)才有可能进一步提升。同时,较高的市场化收入权还可能会由于提供社会保障而征收较高税收,从而被人为地削弱。对一些生产者而言,以自我缴费参与的社会保险形式的保障权,是以其收入权的存在为前提的。个体的收入权可以独立于保障权而存在;个体的保障权也可以独立于其收入权而存在,对社会整体则不能成立——社会层面成果共享以总体富裕为基础。收入权的重要功能是调动要素所有者的积极性和创造性,实现资源优化配置以最大化合作产出,保障权会影响参与权行使决策(如前所述)进而影响收入权。值得指出的是,收入权和保障权存在一定的补充或匹配关系,在现实中具有不同的匹配模式,典型的情况是二者此大彼小、此弱彼强,前者如美国、后者如北欧。

上述对权利配置之间的相互关系的阐释,使我们更加全面地认识了共同富裕的权利内涵。需强调的是,共同富裕进程是与社会生产力相适应的,所以需要历史地分析权利配置变化,即主要关心特定时期的制度逻辑如何导致权利配置(组合)变化,从而形塑共同富裕格局。接下来,将从理论上分析不同制度逻辑对权利配置的影响,为后文历史地分析我国共同富裕实践做准备。

第四节　增长与分享有机协同的共同富裕的生成机理

一、市场、政府、社会单一逻辑下的权利配置

基本制度逻辑决定了相应的生产和分配制度及制度安排。市场、政府、社会三重逻辑决定了共同富裕的权利配置,从而决定了共同富裕格局及其实现程度。本部分着重分析市场激励、政府调节、社会规范三重逻辑对权利配置的影响,阐述纯粹的一元制度逻辑影响下的权利配置特征。

第一,在纯粹的市场逻辑中,市场获利机会成为一种无形的激励,竞争机制全面发挥作用。参与权方面,个体或组织完全可以自由地决定是否将其具有所有权的要素资源投入生产以及何时投入何处生产,在竞争原则和价格机制作用下要素市场可以达到均衡。收入权方面,相应地实行完全市场化原则,

各要素根据市场贡献获得收入,在资本方取得剩余索取权和剩余控制权的情况下,收入差距畸高而不受市场之外的任何力量控制,体现为诺奇克式的"胜者为王"分配。保障权方面,纯粹的市场逻辑无法容许任何有违市场原则的保障权配置,市场个体或组织只能依靠完全商业化的保险来对冲和抵抗可能随时出现的不确定性或风险,以保障生产生活。

第二,在纯粹的政府逻辑中,计划或指令成为经济社会唯一的运作方式,命令权威起到绝对的作用。参与权方面,要素资源配置完全由政府计划和指令进行安排和组合,生产计划中要素人为"配比"难以实现资源的有效配置,因而存在较大的资源浪费和效率损失,在缺乏有效监督时无法避免偷懒行为。收入权方面,在维护社会稳定这一目标驱使下,社会整体收入分配都由政府主导,注重公平分配、平等分配,同时可能演变为平均主义分配(实际上产生新的不公平),这种计划性的收入权配置难以调动各类要素资源的积极性。保障权方面,社会保障主张由政府承担,当生产力条件低下时,一般按职位等级优先保障公共部门人员,而其他社会成员则难以享受福利保障,若生产力条件允许,则可能演变为高度的社会福利保障。

第三,单一的社会逻辑一般难以独立存在,它本身是社会绝大多数成员的价值观念的凝结,符合社会多元的、共同的利益。现代社会起主导性的制度逻辑是市场和政府逻辑或其中之一,而社会逻辑通常是非正式的、起辅助性作用的①,因而它不会脱离市场逻辑或政府逻辑(或权威逻辑)而独立存在。极端地,一个社会可能没有高度凝聚的社会价值发挥作用,但一般不会没有市场逻辑或强制权威,因为争取获利机会(市场逻辑)和争强好胜斗出强者(权威逻辑)是大部分生物的本能。总之,纯粹的市场、政府一元制度逻辑影响下的权利配置及分配特征如表1.5所示。

---

① 原始社会由传统逻辑主导例外。

表 1.5　纯粹的一元制度逻辑影响下的权利配置及分配特征

制度逻辑	权利	权利配置及分配特征
市场逻辑	参与权	自由化:要素资源配置完全的自由化,不存在流动壁垒或准入限制
	收入权	市场化:完全的市场化分配,收入差距势必畸高
	保障权	商业化:只能以商业化保险形式提供,而不允许公共福利性保障存在
政府逻辑	参与权	计划化:要素资源的流动及准入均由计划指令控制
	收入权	平均化:为维护稳定而推行所谓公平分配,可能导致极端的平均主义
	保障权	极端化:几乎没有(生产力低下)或高度福利化(生产力条件允许)
社会逻辑	参与权	权利及分配特征取决于特定的社会规范或价值理念内容; 社会逻辑通常与市场和(或)政府逻辑并存
	收入权	
	保障权	

注:市场、政府逻辑下的权利配置及分配特征是仅考虑一元制度逻辑而假定其他逻辑不存在的情况。
资料来源:笔者研究整理。

二、制度逻辑—权利配置—共同富裕

进一步地,市场、政府、社会三元制度逻辑交互的权利配置会呈现什么特征,如何推动形成共同富裕格局?

在市场、政府两种制度力量相结合时,共同富裕的权利配置表现出这两种逻辑各自的权利特征融合,但正如前文所述,由于市场和政府逻辑二者存在内在的目标偏差,这两种力量通常"融而不合";基于共同价值的社会逻辑则可能实现二者矛盾的调和,三元制度逻辑下的权利配置特征则取决于特定历史环境中市场、政府力量的相对大小以及社会价值或规范理念的具体内容。由于社会价值是基于社会共同利益的,因此三元逻辑将有利于实现市场和政府逻辑的平衡,实现权利配置更加优化。

市场激励、政府协调、社会规范三重逻辑融合,可以实现平等的参与权、公平的收入权、适度充分的保障权。前面多次提到,共同富裕不能离开生产增长孤立地来谈成果共享。从权利配置理论来看,平等的参与权、公平的收入权、充分的保障权之"三权"配置贯穿于社会生产全过程,系统地揭示了社会生产总过程的公平性。

平等的参与权确保"起点公平",促进"人人参与"。参与经济系统并从事社会生产活动是市场个体获取收入的基础。罗尔斯(Rawls,2002)①在论述"正义二原则"时强调,"每一个人对于一种平等的基本自由之完全适当体制都拥有相同的不可剥夺的权利,而这种体制与适于所有人的同样的自由体制是相容的",这是"公平的正义"的第一个原则,他在第二个原则中指出,社会和经济的不平等应该满足两个条件,其中"它们所从属的公职和职位应该在公平的机会平等条件下对所有人开放"的"机会公平原则"是条件之一。罗尔斯的"基本自由""机会平等"正是对平等的参与权的追求。这一方面要发挥市场的作用,另一方面也需要政府通过法治化手段来维护市场规则、规范市场秩序。中国特色社会主义的共享发展不是"干等""白拿",而是需要全体人民持续不断地艰苦奋斗,共同参与到社会主义市场经济的建设过程。平等的参与权,有利于实现"人人参与"。

公平的收入权实现"过程公平",激励"人人尽力"。参与经济系统的所有个体和组织都有获取"应得的"收入的需要和期待,这就需要构建公平有效的初次分配机制。平均主义不符合马克思主义的要求;单一的按劳分配存在着"形式上平等掩盖本质上不平等"的弊病②。随着居民个体所掌握要素禀赋的日益充裕以及公有制经济与非公有制经济的协同发展,分配方式和居民收入

---

① [美]约翰·罗尔斯:《作为公平的正义——正义新论》,姚大志译,上海三联书店 2002 年版,第 186 页。

② 周新城:《论毛泽东分配思想的现实意义——学习〈毛泽东读社会主义政治经济学批注和谈话〉》,《马克思主义研究》2013 年第 11 期。

来源、渠道、形式应更加多样化、广泛化。公平的收入权,有助于提升居民收入水平,尤其是普通居民劳动收入和财产收入渠道的拓展,可以提高广大中低收入者收入,进一步扩大中等收入群体规模,从而让有固定职业、有一定财产、有进取心态的"三有"中产者构成整个社会的中坚力量。因此,公平的初次分配机制设计,能够激发各部门、各环节、各领域劳动者投身于社会主义现代化建设的热情和斗志,充分调动其工作积极性、主动性和创造性。公平的收入权,助推"人人尽力"。

充分的保障权促进"结果公平",实现"人人享有"。在再分配环节,充分的保障权是以财政税收为基础的,因此它的具体落实还意味着政府对收入分配的税收调节,以避免过高的收入差距和贫富分化。合理的社会经济不平等"应该有利于社会之最不利成员的最大利益"(罗尔斯,2002);"应当把达到社会所能接受的生活标准的进路视作一种权利","在相当大的一批成员生活在财源无保障和物质贫困的条件下"而表现出的"冷漠和无情"有违于"社会的共同性",分配公正、经济不平等弱化都离不开社会和政府的经济保障①。显然,保障权同时涉及生产者和非生产者两类群体,主要通过税收、社会保障、转移支付等形式促进国民收入最终分配公正,在一定程度上缩小市场初次分配的收入差距,促进结果公平。充分的保障权,有利于实现"人人享有"。

从社会生产总过程来看,平等的参与权、公平的收入权、充分的保障权有利于促进起点公平、过程公平、结果公平,实现人人参与、人人尽力、人人享有,从而真正推动共同富裕。进一步地,结合前文论证,"人人参与""人人尽力"有助于推动生产增长和经济效率的提升,同时"人人尽力"的市场激励效果以及"人人享有"的结果适度公平有助于促进成果共享,从而推动共同富裕的最终实现(见图1.6)。

---

① [美]塞缪尔·鲍尔斯、[美]赫伯特·金蒂斯:《民主与资本主义——财产、共同体以及现代社会思想的矛盾》,韩水法译,商务印书馆2013年版,第267—268页。

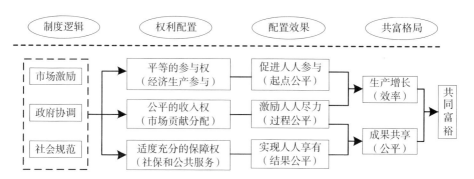

图 1.6 增长与分享有机协同:共同富裕的理论逻辑

资料来源:笔者研究整理。

　　共同富裕是一个历史范畴,更是一项系统性工程。目前,市场机制和价格体系不够完善、部分私人资本扩张不规范和劳动者权利保护不足、再分配政策力度不够等,是我国要素资源配置不优、收入差距拉大的最核心因素。新时代新征程从增长与分享协同视角促进共同富裕,应当在坚持市场激励、政府调节、社会规范逻辑的基础上,遵循"权利平等"原则,优化参与权、收入权、保障权配置,促进增长与分享有机协同的共同富裕。

第二章　中国共同富裕的实践逻辑：政策导向和演进特征

百余年来，中国共产党领导的共同富裕实践可以划分为新民主主义革命时期、社会主义革命和建设时期、改革开放和社会主义现代化建设新时期、中国特色社会主义新时代四个阶段。其中新中国成立之前的新民主主义革命时期在本书中不作过多讨论。本书结合共同富裕的理论框架，重点分析新中国成立之后的共同富裕实践，阐述其政策导向、制度逻辑和权利配置特征。

第一节　社会主义革命和建设时期（1949—1978 年）：优先发展生产、平均主义分配

中华人民共和国成立后，我国参照苏联模式并结合自身实际，建立了社会主义计划经济体制。这一时期的核心特征是工业化"谋富"，建立了比较独立、完整的工业体系和国民经济体系，确立了社会主义基本制度，为推进共同富裕奠定了重要的物质基础和制度基础。政府行政逻辑占据绝对主导，生产、分配等均由国家计划和指令控制，并逐渐形成国有制"一统天下"格局，社会生产力总体处于较低水平，按劳分配原则在各种认识偏差下不断被弱化直至遭实质放弃，收入分配平均主义倾向较严重，形成一个基本消灭了工农、城乡、

体力脑力劳动三大差别的相对"扁平化"的社会分配格局。

一、政策导向：优先发展重工业生产、平均主义分配

新中国成立到改革开放可以分为 1949—1956 年和 1956—1978 年两个阶段，其生产和分配政策导向存在较大差别，经历了从多种经济成分并存到单一公有制经济、从按劳分配走向平均主义的转变过程。

首先，1949—1956 年为新民主主义向社会主义过渡时期。新中国成立之初，百废待兴，"一穷二白"。根据《中华人民共和国发展国民经济的第一个五年计划（1953—1957）》，为了把我国从一个落后的农业国建设成为一个先进的工业国的宏伟目标，实行优先发展重工业的战略。在所有制结构上，当时我国社会多种经济成分共存；在经济建设上，实行"公私兼顾、劳资两利、城乡互助、内外交流的政策"①。农村方面，1950 年颁布的《中华人民共和国土地改革法（草案）》变封建地主土地所有为农民个体土地所有，生产积极性大大提高；1953 年开始，农业社会主义改造将生产资料农民所有变为集体所有，从农民互助组发展到初级合作社②，社员根据劳动情况和入社的生产资料获得劳动报酬和土地分红、租金利息收入等，实际体现按劳分配和按生产要素分配相结合的分配原则；1956 年春，全国农村掀起建立高级社的高潮③，土地等主要生产资料公有化，土地要素报酬取消，留存公积金和公益金后，仍实行类似初级社的按劳分配原则。城市方面，多种经济成分并存使收入分配政策集中体

---

① 参见 1949 年 9 月 29 日由中国人民政治协商会议第一届全体会议通过《中国人民政治协商会议共同纲领》。

② 初级农业生产合作社是在互助组的基础上，以主要生产资料私有制为基础的、个体农民自愿组织起来的半社会主义性质的集体经济组织。它的特点是土地入股，耕畜、农具作价入社，由社实行统一经营；社员参加集体劳动，劳动产品在扣除农业税、生产费、公积金、公益金和管理费用之后，按照社员的劳动数量和质量及入社的土地等生产资料的多少进行分配。

③ 高级农业生产合作社是以主要生产资料集体所有制为基础的农民合作的经济组织，在不承认私有产权的计划体制下强制实行的合约形式。1956 年 1 月发布的《一九五六年到一九六七年全国农业发展纲要（草案）》提出，"对于一切条件成熟了的初级社，应当分批分期地使它们转为高级社。不升级就妨碍生产力的发展"。

现为"公私兼顾、劳资两利""低工资、多就业"和"劳动致富",即允许私营企业和私人资本所有者获取一定报酬,要求保护工人合法权益,工资由劳资双方谈判协商决定;1950年工资制度改革为建立全国统一合理的工资制度奠定初步基础;自1953年开始进行社会主义改造、向单一公有制过渡,至1956年私营经济基本消失,剩下的极少私营部门职工的工资分配方案也开始完全按照国有企业方案执行;1956年对企事业单位、国家机关的工资制度进行统一改革。总体上而言,这一时期多种经济成分并存保持以一定的生产效率,收入分配也体现了按劳分配原则。

其次,1956年社会主义改造完成后,正式进入社会主义阶段,所有制结构变为单一公有制,相应地实施单一的按劳分配原则,但在实际执行中逐渐走向平均主义。1958年"大跃进"开始,社会主义建设也开始向共产主义跃进,当时在"极左"思潮和"资产阶级法权"言论的影响下出现了关于按劳分配的一些争论:按劳分配是否是资产阶级法权、是否应坚持按劳分配,实行供给制还是工资制,计件工资制是否应存在,政治挂帅应以精神激励为主还是坚持物质利益原则等①。这些讨论对人民公社及随后的分配制度产生了重要影响。

在"大跃进"和"人民公社化"运动中,社会主义改造中留存的少量个体经济、农民"自留地"、个体小业主在公私合营后的"自负盈亏"安排以及农副产品集市("自由市场"),均作为"资本主义尾巴"被消灭②。在农村,尽管中央规定人民公社的分配制度是"'按劳分配',并不是'各取所需'","实行工资

---

① 其中关于资产阶级法权和是否应该实行供给制的争论中最有影响力的是1958年10月张春桥在《人民日报》发表的《破除资产阶级的法权思想》一文,围绕这篇文章,《人民日报》连发几篇文章对供给制和工资制展开讨论,如《工资制在解放后势在必行》(《人民日报》1958年10月17日)、《供给制改工资制是一种倒退》(《人民日报》1958年10月18日)、《向共产主义过渡的最好的分配方式——试论部分供给制和部分工资制相结合的分配制度》(《人民日报》1958年10月22日)等。

② 吴敬琏:《当代中国经济改革教程》,上海远东出版社2018年版,第183页。

制和供给制相结合的分配制度"①，但实际上按工分取得劳动报酬的方式并未区分劳动数量和质量②，导致大量的"聊闲天""磨洋工"现象，"大锅饭"式的平均化使按劳分配地位不断弱化。受到"大跃进"的重创后，1961 年自留地、副业生产又回放给农民，并持续到 1977 年，但均分制的低效率始终未改变。城市部门方面，由于"极左"思潮泛滥，按劳分配原则遭到批判，计件工资制和奖励制度也受到极大冲击③。1960 年中央明确提出三五年内坚持职工工资标准不提高的方针，并降低十七级以上领导负责干部工资标准，体现按劳分配原则的计件工资制被逐渐取消④。1961 年党的八届九中全会正式提出国民经济实行"调整、巩固、充实、提高"的方针，在一定程度上恢复了国民经济和按劳分配原则，并于 1963—1965 年对城镇职工工资制度进行了一系列改革，如提高生产一线职工等部分职工的工资标准、恢复计件工资制和企业生产奖励制度、统一全国企事业单位工资标准等。

然而在 1966—1976 年"文化大革命"中，"极左"思潮成为主流的意识形态，按劳分配原则被诬蔑为"产生资产阶级的经济基础"，被视为"衰亡着的资本主义""资本主义的旧事物""资本主义的分配制度"而遭到全盘否定，以"精神激励"取代"物质激励"。尤其是 1975 年《哥达纲领批判》发表一百周年时，"极左"思潮借题发挥，将按劳分配原则认定为资产阶级法权思想而质疑、抛弃，导致按劳分配遭到毁灭性破坏。

---

① 参见 1958 年 8 月 29 日发布的《中共中央关于在农村建立人民公社问题的决议》和 1958 年 12 月中国共产党第八届中央委员会第六次全体会议通过的《关于人民公社若干问题的决议》。

② 工分在总量上取决于生产队的纯收入，于个体而言则按性别和年龄的不同分为成年男性、成年女性、青年、老年和少年等几个级别。在这一分配制度下，同一生产队里的任何劳动者，只要参与了相应的劳动，都能够获得与自己等级相对应的工分；任何同一等级的劳动者，不管其生产效率存在怎样的差别，也都能获得一致的报酬。

③ 1958 年全国工业、基本建设、铁路交通系统取消计件工资制达 230 万人，占原计件工资制工人总数 35 万人的 66%；到 1960 年年底，国营企业实行计件工资制的工人占生产工人比重已不足 5%。参见赵德馨：《中国经济通史》第 10 卷（上），湖南人民出版社 2002 年版，第 148 页。

④ 参见 1960 年 9 月 26 日发布的《中共中央转发国家计划委员会党组、劳动部党组〈关于当前劳动力安排和职工工资问题的报告〉的指示》。

1976 年"文化大革命"结束至 1978 年党的十一届三中全会之前,学界和政界对按劳分配原则进行了反思。1977 年 2 月,北京一些研究单位和高校共同发起召开经济理论讨论会,揭发批判"四人帮"对按劳分配的谬论;当年 4 月、6 月、10 月至 11 月举行三次按劳分配问题理论研讨会,驳斥了"极左"的绝对平均主义分配。随后,邓小平同志指示国务院政治研究室①起草并以特约评论员文章名义发表《贯彻执行按劳分配的社会主义原则》(《人民日报》1978 年 5 月 8 日),明确按劳分配不是资产阶级法权,不会产生资产阶级、不会导致两极分化;为计件工资制和奖金制度正名;强调物质利益原则,并要求兼顾国家、集体、个人之间的关系。但受时代局限,该文仍提出政治挂帅的口号。值得强调的是,此时再次提出按劳分配原则,不是将其作为分配平等的指导思想,其目的主要在于激发劳动者积极性和提高经济效率。

总的来看,1949—1978 年,除了新中国成立初期体现了一定的经济生产效率和按劳分配原则外,在社会主义改造完成尤其是"大跃进"和"人民公社化"运动开始之后,按劳分配地位不断弱化,生产积极性和创造性也严重受挫。

二、制度逻辑:单一的政府主导逻辑

1953 年开始社会主义改造之后,国家权力不断渗透,政府力量逐步由公共领域扩大到私人经济领域,并最终取代私人或市场在生产、分配等方面的自主权。个体农业、手工业和资本主义工商业的社会主义改造以及计划经济体制建立,使社会结构中仅主要存在集体经济中的农民阶级和各种"单位"职工组成的工人阶级,而资产阶级和小资产阶级走向灭亡,这为国家和政府力量的

---

①　1978 年 3 月 28 日,邓小平同志同国务院政治研究室负责人谈话时指出:"按劳分配就是按劳动的数量和质量进行分配。根据这个原则,评定职工工资级别时,主要是看他的劳动好坏、技术高低、贡献大小。政治态度也要看,但要讲清楚,政治态度好主要应该表现在为社会主义劳动得好,做出的贡献大。处理分配问题如果主要不是看劳动,而是看政治,那就不是按劳分配,而是按政分配了。总之,只能是按劳,不能是按政,也不能是按资格。"《邓小平文选》第二卷,人民出版社 1994 年版,第 101 页。

渗透提供了经济基础和条件。直至 1978 年经济改革之前,由于实行单一公有制和计划经济体制,政府力量不断强化,直接管理经济、全面管控社会,且各级强制力量缺乏有效监督,形成"全能型"政府。换言之,这一时期社会生产和分配坚持政府绝对主导的一元制度逻辑,尤其体现在以下几个方面:

第一,所有制结构从多种经济成分并存到单一公有制。新中国成立时,当时存在国营经济、合作社经济、农民和手工业者的个体经济、私人资本主义经济和国家资本主义经济(即国家资本与私人资本合作的经济)五种经济成分①。随着社会主义改造完成,私营经济比重急剧下降,私营企业职工和城镇个体劳动者急剧减少、几乎绝迹,1958 年"大跃进"、1966 年"文化大革命"后,个体和私营经济也受到极力压制,实行单一的公有制经济(见图 2.1)。1956 年年末私营经济职工为 2.8 万人,占全部职工比重仅为 0.12%;城镇个体劳动者从 1953 年的 898 万人降至 1956 年的 16 万人,后期有一定回升,但 1977 年又减至 15 万人(见表 2.1 和图 2.2)。

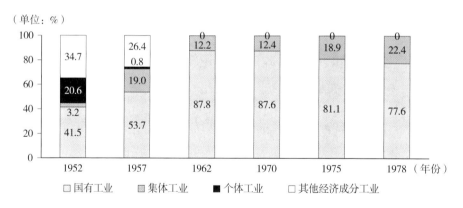

图 2.1　1952—1978 年中国工业部门总产值所有制结构

注:1952—1957 年其他经济成分工业为公私合营和私营工业的数据。

资料来源:中华人民共和国国家统计局:《中国统计年鉴》(1998),中国统计出版社 1998 年版,第 433 页。

---

① 参见 1949 年 9 月 29 日由中国人民政治协商会议第一届全体会议通过《中国人民政治协商会议共同纲领》。

表 2.1　1949—1957 年中国按经济类型划分的职工年末人数

（单位:万人）

年份	合计	国营	公私合营	合作社营	私营
1949	800.4	485.4	10.5	8.8	295.7
1950	1023.9	653.5	13.1	25.6	331.7
1951	1281.5	833.9	16.7	45.8	385.1
1952	1580.4	1079.7	25.7	107.7	367.3
1953	1825.6	1302.9	28.0	127.8	366.9
1954	1880.9	1358.8	54.9	178.0	289.2
1955	1907.6	1440.2	89.9	158.6	218.9
1956	2423.0	1879.4	352.6	188.2	2.8
1957	2450.6	1921.9	345.7	180.5	2.5

资料来源:国家统计局社会统计司。

（单位：万人）

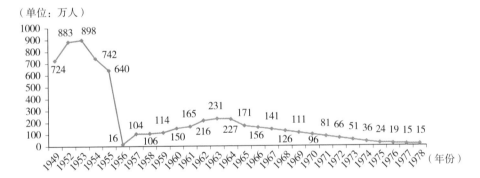

图 2.2　1949—1978 年全国城镇个体劳动者年末人数

资料来源:国家统计局社会统计司。

　　第二,分配方式从按劳分配与按要素分配等多种方式并存,到单一按劳分配直至实质放弃。新中国成立初至"文化大革命"之前,存在供给制和工资制的徘徊。新中国成立初企业实行多种分配方式并存的政策,各地分配制度不统一,工资计算单位和支付方式也不相同①,于是 1950 年开启工资

————————

　　①　如工资的计算单位,北京、天津用小米,上海、南京、西安、重庆、武汉用折实单位。这样就很难计算全国的工资总额,影响国民经济计划管理,对当时国民经济的恢复和发展十分不利。

制度改革，包括以"工资分"作为工资的基础计量单位、建立大体统一的工人等级工资制度、推广计件工资和奖励工资制等①，期望"在可能的范围内，把工资制度改得比较合理，打下全国统一的、合理的工资制度的初步基础"。当时军队、国家机关和事业单位则保留了新中国成立前的供给（包干）制，不符合按劳分配原则，平均主义严重；1955 年国家机关和事业单位实行工资制改革，取消供给制、实行工资制，并率先取消工资分制度、改行货币工资制。② 1956 年则对企业、国家机关和事业单位工资制度进行统一改革，包括取消工资分制度和物价津贴制度而直接实行货币工资制度，改进工资等级制度，推广和改进计件工资制、奖励工资制度、津贴制度等。③ 1958 年"大跃进"和"人民公社化"运动兴起时，毛泽东同志由于对资产阶级法权的认识出现偏差，办公共食堂、吃"大锅饭"，实行供给制为主、工资制为辅的分配制度。④ 此时供给制在较大程度上属于超越经济阶段的"按需分配"。1961 年开始在一定程度上恢复按劳分配，并于 1963—1965 年进行了城镇职工工资制度改革，但按劳分配原则又很快在"文化大革命"中遭到全盘否定。1957—1977 年，国民经济各部门职工平均工资不但没有增长，反而下降 7.69%（见图 2.3，按名义价格计算）。总之，在社会主义改造完成后，按劳分配原则不断弱化，实际没有得到真正贯彻，收入分配逐渐走向平均主义。

---

① 1950 年 8 月，中央劳动部和全国总工会联合召开全国工资准备会议，制定《工资条例草案》《工资条例说明书》《全国各主要地区"工资分"所含物品牌号及数量表草案》《各产业工人职员工资等级表草案》等文件。

② 参见 1955 年 8 月 31 日发布的《国务院关于国家机关工作人员全部实行工资制和改行货币工资制的命令》以及 1955 年 11 月 21 日发布的《国务院关于地方事业单位实行货币工资制和调整工资标准问题的通知》。

③ 参见 1956 年发布的《国务院关于工资改革的规定》《国务院关于工资改革中若干具体问题的规定》《国务院关于工资改革方案实施程序的通知》等文件。

④ 当时毛泽东同志认为"供给制是便于过渡的形式，不造成障碍，建设社会主义，为准备过渡到共产主义奠定基础"。参见曲庆彪：《超越乌托邦——毛泽东的社会主义观》，北京出版社 1996 年版，第 79 页。

（单位：元，当年价）

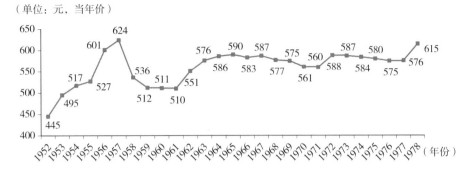

图 2.3　1952—1978 年中国国民经济各部门职工平均工资

资料来源:国家统计局社会统计司。

第三,从土地改革释放生产积极性,到农业社会主义改造、"人民公社化"降低经济生产效率。1950 年土地改革将封建地主土地所有制变为农民私人土地所有制,实行以家庭为经营单位的个体经济,农民由于拥有土地所有权而生产积极性高涨。社会主义三大改造过程中,农业生产从生产资料私有制为基础、农民自愿参与的互助组、初级社,转变为以生产资料集体所有制为基础、强制实行的高级社,所有制性质发生改变。互助组仅在农业生产上实行小规模的合作劳动;初级社中土地入股分红,农民仍有入社和退社自由;高级社则强制加入,生产资本不允许转让。并且,高级社支部书记由国家乡干部担任,不再单纯以经济发展为中心任务,具有一定的行政组织性质。人民公社则是在高级社基础上发展起来的新的政社合一的组织,既是农村的基层政权组织,又是农民集体所有制的社会主义经济组织;其特点是"一大二公",实行"三级所有、队为基础"的管理体制,生产队长掌握较大的"评分权",甚至对私人财产和公共财产进行侵占①,反而造成不公。上述过程中,计划指令等强制逻辑持续增强,降低了农民积极性和生产效率。

---

　①　在计划体制、等级安排和私有产权缺少法律保障的局限下,公社的当权者利用范围界定模糊不清的政策对私有财产和公共财产进行霸占的成本极小。

三、权利配置特征:参与不自由、收入寡而均、保障"单位化"

计划经济时期,在坚持政府绝对主导的一元制度逻辑下,经济发展服务于"赶超战略",总体呈现出"高积累、低工资、低消费"的发展特征。相应地,生产与分配视角下共同富裕的权利配置呈现以下特征:

第一,劳动力、资本、土地等要素配置遵照上级计划和指令进行,要素所有者的市场参与受到限制、基本没有自由。首先,劳动就业方面,国家对城镇劳动力实行统一计划管理,计划成为配置劳动力的基础手段,"招工指标"成为就业工作的出发点和落脚点,逐步形成招工的统包统配制度和用工的"固定工"制度。1949—1957 年,新中国成立前遗留下的失业问题逐步得到缓解(见图 2.4)。随后由于多项发展政策失误,城市青年劳动力过剩日益严重①,开展了长时期的知识青年"上山下乡"运动②。其"前身"是 1955—1956 年的边疆地区开发和志愿垦荒运动③,"大跃进"失败后城市青年下乡运动加速进行④,1964 年开始逐步制度化和长期计划化⑤,并于 1968—1976 年演变为大规模群众运动,直至 1980 年才终结⑥。1962—1979 年全国知识青年上山下乡

---

① 1966 年"文化大革命"开始后,经济受到极大破坏,工商业处于停滞状态,工厂停止招工,大学停止招生,城市初高中毕业生既不能升学也无法分配工作,城市失业及相关问题急剧严重起来。

② 知识青年"上山下乡"运动的目的不仅在于解决城市青年失业问题,还包括"培养革命接班人""对知识青年进行再教育""缩小三大差别"以及发展农村和边疆地区等。

③ 此时的一些"城市"青年并不是刚毕业的学生,甚至不是真正的城市人,而是京郊的青年农民干部,被动员去参加开发边疆地区。

④ 官方统计资料将城市知识青年上山下乡从 1962 年算起。但实际从 1960 年年底就有一些"黑五类"(地主、富农、反革命、坏分子和右派)、老"资本家"、与外国有联系的各类人等、知识分子的子女,因为"出身不好"在城市无法找到工作又不能依赖父母而无奈地下乡;当时由于国民经济和财政困难,更有一些刚毕业的以及前几年毕业但仍待业的"社会青年"被当局送下乡。

⑤ 1964 年 1 月 16 日,中共中央、国务院颁布《关于动员和组织城市知识青年参加农村社会主义建设的决定(草案)》,"中央安置工作领导小组"改为"中央安置城市下乡青年领导小组",由国务院时任副总理谭震林任组长,并下设"安置办公室"。

⑥ [法]潘鸣啸:《失落的一代:中国的上山下乡运动(1968—1980)》,欧阳因译,中国大百科全书出版社 2013 年版,第 64—186 页。

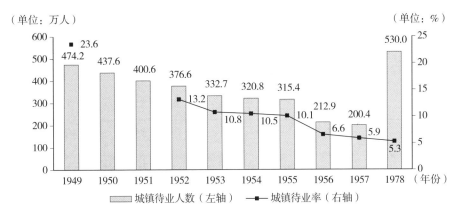

图 2.4　1949—1978 年全国城镇待业人员①人数和待业率

资料来源:国家统计局社会统计司。

人数累计达到 1776.48 万人(见表 2.2),同期通过招生、征兵、招工、病退和困退及其他方式调离农村的知识青年为 1490.46 万人②。农村劳动力则由于户籍制度而被限制流动③。因此,劳动力城乡分割严重,实行城乡隔离的就业制度。其次,资本、土地要素配置方面,随着社会主义改造完成,所有制结构逐渐单一化。私人资本几乎没有生存空间,公有资本在国家指令下实行计划配置、从事计划生产。农村土地等生产资料则在高级合作社兴起后,无偿收归集体所有。1958 年人民公社成立后土地等生产资料和公共财产全部收归公社所有,统一调拨和核算;自留地、副业生产也收归国有或集体所有,1961 年经济

---

①　该资料统计的城镇待业人员指劳动年龄以内,有劳动能力,无业而要求就业并在城镇基层政权组织进行登记的人员。包括城镇年龄在 16—25 岁的初高中毕业生中未能升学、参军的社会青年,以及 25—50 岁(女为 45 岁以下)的其他待业人员。

②　参见国家统计局社会统计司:《中国劳动工资统计资料(1949—1985)》,中国统计出版社 1987 年版,第 110 页。

③　新中国成立之初,为优先解决城市就业问题,保证社会稳定,中央政府多次发布文件劝阻农民盲目流入城市,规定各企事业单位招收人员应遵守先城市后农村的原则,未经劳动部门许可或介绍,不得擅自从农村招收工人。1958 年 1 月,全国人大常委会第 91 次会议讨论通过《中华人民共和国户口登记条例》,规定"公民由农村前往城市,必须持有城市劳动力录用证明、学校录取证明或者城市户口登记机关准予迁入证明,并向常住地户口登记机关申请办理迁出手续",正式确立城乡隔离的就业制度。

困难又回放给农民,直至 1978 年,但自留地和家庭副业规模较小,影响甚微。"文化大革命"中,中央仍坚持"三级所有、队为基础"的农业生产经营制度。广大农民失去了支配自己财产、劳动和产品的权利以及流动自由(吴敬琏,2018)。

表 2.2 1962—1979 年全国知识青年上山下乡人数 (单位:万人)

年份	合计	插队	到集体场队	到国营农场
1962—1966	129. 28	87. 06	—	42. 22
1967—1968	199. 68	165. 96	—	33. 72
1969	267. 38	220. 44	—	46. 94
1970	106. 4	74. 99	—	31. 41
1971	74. 83	50. 21	—	24. 62
1972	67. 39	50. 26	—	17. 13
1973	89. 61	80. 64	—	8. 97
1974	172. 48	119. 19	34. 63	18. 66
1975	236. 86	163. 45	49. 68	23. 73
1976	188. 03	122. 86	41. 51	23. 66
1977	171. 68	113. 79	41. 9	15. 99
1978	48. 09	26. 04	18. 92	3. 13
1979	24. 77	7. 32	16. 44	1. 01
总计	1776. 48	1282. 21	203. 08	291. 19

资料来源:国家统计局社会统计司。

第二,收入权主要为公有资本占有,按劳分配异化,居民收入"寡而均"。为把落后的农业国发展为先进的工业国,建立完整的工业体系,大力实施"重工业优先发展"战略,大量资本通过集体化或国有化集中在集体和国家手中。城市部门通过压低工人工资加速资本积累,按劳分配原则的工资制和绩效奖励的作用不断削弱,尤其是"文化大革命"中按劳分配原则遭到毁灭性打击,寄希望于用"精神激励"替代"物质激励"来提高生产效率,平均主义不断强化;基于等级制的分配与行政权力产生关联,"按资排辈、轮流坐庄"现象严重,城市职工收入仅在地区、行业、部门之间存在极小的差距,总体平均化、固定化,职工对企业经营效益漠不关心。农村"大锅饭"的供给制挫伤生产积极性,同样平均主义严重;在"统一收购、统一供应"("统购统销")政策下,农产品价格受到行政力量的极力压制,农业剩余通过工农产品价格"剪刀差"不断向工业领域转移,补贴城市职工,为此农民付出了极大的代价①,并阻碍了农业经济发展;由于农村劳动力流动受到严格限制,农民没有机会进入城市部门工作获取收入。因此,这一时期不管是城市居民还是农村居民,收入来源极为单一,且分配"寡而均"②。

第三,社会保障具有显著的城镇"单位"特征,城乡居民保障权被区别对待。1951 年 2 月,国家政务院颁布实施《中华人民共和国劳动保险条例》,形成由国家统筹、企业实施对职工及其家属的涵盖养老、医疗、工伤、生育、病假等全面的劳动保险制度,并由国有工业企业逐渐扩展至国有商贸等行业。这一制度实行现收现付,且由"单位"(机关、企事业单位等)负责实施③。与城市职工的"单位"保障不同,国家对农村居民基本不提供生活补贴、社会保障和福利,广大农村主要沿袭传统的家庭自我保障形式,辅之以针对鳏寡孤独等无人赡养的社员的"五保户"制度形式。"单位保障""企业保障"对农村居民和城市中没有在"国有单位"④就业的居民两类群体造成极大不公。并且,城

---

① 吴敬琏(2018)指出,1951—1978 年,农民以税收形式给国家提供 978 亿元,以工农业产品价格剪刀差形式提供 5100 亿元;同期国家对农业投资 1763 亿元,收支相抵,农民为工业化提供净积累 4340 亿元。

② 改革开放前夕,根据世界银行标准,仍有 76%的农村人口和 55%的城镇人口生活在贫困线以下。参见 Ravallion, M., Chen, S., "China's (Uneven) Progress Against Poverty", *Journal of Development Economics*, Vol.82, No.1, 2007, pp.1–42。另以年收入 100 元人民币为贫困标准,1978 年仍有 2.5 亿农民即农村居民的 30.7%处于贫困状态。参见国家统计局农调队:《中国农村贫困监测报告(2000)》,中国统计出版社 2000 年版,第 68 页。

③ "文化大革命"以前,企业单位按工资总额的一定比例提取附加工资,用于支付各项劳动保险费用。"文化大革命"开始后,由于老龄化及企业财力不足,1969 年财政部发布《关于国营企业财务工作中几项制度的改革意见(草案)》,规定企业停止提取劳动保险基金,而是将退休金、公费医疗和其他劳动保险津贴一律改在企业营业外收支中列支,由此社会保障完全变为企业保障。

④ 包括政府机构、国有企业和城市基层政府组织直至街道办事处兴办的"集体企业"(实为政府所有)。

镇单位职工的保障受益水平很大程度上取决于"单位"在计划配置体制中的资源获取能力，因而不同单位福利组合也存在较大差别，城市职工内部也"苦乐不均"；保障资金收支缺乏监督，容易滋长官僚主义，且不同等级职工受益基准不同、差距较大，受益人只能被动接受单位福利，不能自主选择福利组合。总之，城乡居民保障权利差异悬殊。

第二节　改革开放和社会主义现代化建设新时期（1979—2012 年）：从效率优先到重视公平

一、1979—1992 年：在效率提高前提下体现公平

计划经济时期平均主义分配导致生产低效率，成为"改革"的基本现实背景。1979—1992 年承包经济时期生产与分配制度改革的最显著特征为：一是农村实行家庭联产承包责任制，农业生产积极性大幅提高，农民收入快速增长，城乡居民收入差距有所减小；二是国有企业经历利润留成制度、承包经营责任制、两步利改税等改革，企业自主权实现扩大，经营绩效得到提高，同时民营经济破茧而出并逐步壮大；三是实行以财政承包制为中心的财税改革，调动了地方积极性，但中央财权下降过多，导致不足以支撑其履行社会职责。增量改革战略使计划和市场双轨并存，从而导致生产资料供应和价格的"双轨制"，总体收入差距拉大。

（一）政策导向：促进经济效率提高的前提下体现社会分配公平

1978 年 12 月，党的十一届三中全会抛弃"以阶级斗争为纲"，将党和国家的工作重心转向"以经济建设为中心"，成为开创改革开放新局面的重大转折。针对长期平均主义倾向导致的经济低效率积弊，党的十一届三中全会提出，"公社各级经济组织必须认真执行按劳分配的社会主义原则，按照劳动的

数量和质量计算报酬,克服平均主义",“城乡人民的生活必须在生产发展的基础上逐步改善"①。在此背景下,农村成为改革的突破口。1980 年 5 月 31 日,邓小平同志同中央负责工作人员谈话时明确肯定了“包产到户"和“大包干"试验②;同年 9 月《中共中央关于进一步加强和完善农业生产责任制的几个问题》指出,“允许有多种经营形式、多种劳动组织、多种计酬办法同时存在",“而不可拘泥于一种模式,搞一刀切"。1982 年 1 月关于农村经济政策的第一个“一号文件"③更明确强调,“一般地讲,联产就需要承包",包工、包产、包干三者中,包干“取消了工分分配,办法简便,群众欢迎",从此“包干制"具有正式的政策依据。一般认为,此时强调经济改革中要恢复和实施按劳分配原则,是从生产低效率的现实出发的,其主要目的是促进经济效率提升,并不是以平等分配为指导思想。

　　谈到经济效率,必然涉及整体的所有制结构问题。党的十一届三中全会强调,社员自留地、家庭副业和集市贸易是社会主义经济的“必要补充部分"。1981 年,党的十一届六中全会则正式提出,“一定范围的劳动者个体经济是公有制经济的必要补充"④。1982 年,党的十二大明确提出“发展多种所有制经济形式的问题"。1984 年,党的十二届三中全会《中共中央关于经济体制改革的决定》(以下简称《决定》)指出,“积极发展多种经济形式",“要在自愿互利的基础上广泛发展全民、集体、个体经济相互之间灵活多样的合作经营和经济联合",“利用外资,吸引外商来我国举办合资经营企业、合作经营企业和独资

---

①　中共中央文献研究室编:《改革开放三十年重要文献选编》,中央文献出版社 2008 年版,第 17 页。

②　《邓小平文选》第二卷,人民出版社 1994 年版,第 315 页。一般地,农业承包制度主要包括“包工到组"“包产到户"“包干到户"(“大包干")三种形式,通常称的“包产到户"实际是“包干到户"(“大包干")形式的承包制。周太和在其主编的《当代中国的经济体制改革》(中国社会科学出版社 1984 年版,第 269—270 页)中对此进行了详细分析。

③　1982 年 1 月,中共中央批转 1981 年 12 月在北京召开的《全国农村工作会议纪要》作为当年中央“一号文件"下发。

④　中共中央文献研究室编:《改革开放三十年重要文献选编》,中央文献出版社 2008 年版,第 213 页。

企业，也是对我国社会主义经济必要的有益的补充"。这成为公有制为主体、多种经济成分并存的决策雏形。1987 年，党的十三大进一步强调"社会主义初级阶段的所有制结构应以公有制为主体"，其他经济成分发展得"还很不够"。

伴随所有制结构多样化，分配政策导向也得到优化。1984 年《决定》强调，我国社会主义制度优越性"还没有得到应有的发挥"，一个重要原因就是经济体制僵化，"政企职责不分"，"分配中平均主义严重"，导致"企业缺乏应有的自主权"，社会主义经济失去活力；并承认"平均主义思想是贯彻执行按劳分配原则的一个严重障碍"，要"允许和鼓励一部分地区、一部分企业和一部分人依靠勤奋劳动先富起来"，"带动越来越多的人一浪接一浪地走向富裕"，达到共同富裕的目标。1987 年，党的十三大报告强调"社会主义初级阶段的分配方式不可能是单一的"，第一次提出必须坚持"以按劳分配为主体，其他分配方式为补充"的原则；允许"先富"，坚持共同富裕的方向，实施"在促进效率提高的前提下体现社会公平"的分配政策，这一表述明确地将提高效率置为前提性条件。

在 1978—1992 年这段时期，农村推行家庭联产承包责任制成为最初改革的突破点，党的十二届三中全会以后经济体制改革重点由农村转向城市，全民所有制之外的其他经济成分逐步发展，土地、劳动力及其他生产要素活力得以重新释放。总的来看，这一时期将提升经济效率摆在最突出位置，按劳分配原则得到恢复和实施，总体实行促进效率前提下体现公平的政策导向。

（二）制度逻辑：引入市场激励的二元制度逻辑

党的十一届三中全会拉开了改革开放大幕。当时摆在发展现实面前的一个重大问题是，亟须革除和改变被以往事实所证明的有碍于经济社会发展的体制机制。但究竟哪种体制机制好、适合中国国情，还需努力探索，因此"摸着石头过河"成为当时经济改革的一个重要工作方法①,从而基层探索、"试验"等发展空间得以扩大,市场自发逻辑被允许存在并不断渗透。从政府与市场关系变化来看,由"计划经济为主,市场调节为辅"到"有计划的商品经济",再到"计划与市场内在统一的体制",市场调节范围不断扩大。相应地,按劳分配和其他分配方式的激励作用逐渐彰显,生产效率得到提升,市场活力得以释放。总体上,这一时期市场激励机制在生产与分配中开始发挥重要作用,从改革前政府主导的一元制度逻辑转向改革后的政府、市场二元制度逻辑,集中体现在:

第一,在所有制结构上,个体和民营经济破茧发展,国有企业改革扩大自主权,外资开始进入。20 世纪 70 年代末,解放思想、引入市场机制成为改革的关键。对待一些思想障碍、民间探索,邓小平同志等采取了"不争论""放两年再看"的策略。当时,在农村承包制显现富余劳动力、知识青年回城增加就业压力的背景下,个体经济及随后的民营经济逐渐被放开并快速发展。从1979 年允许各级工商行政管理局"批准"有正式户口的闲散劳动力从事个体劳动("但不准雇工")②,到1981 年 6 月党的十一届六中全会正式承认个体经济的合法性,以及 1981 年 7 月个体经营户可以"请一至两个帮手""带两三个最多不超过五个学徒"(即雇工 8 人,个体、私营经济分界线),个体经济快速发展,从业人员由 1978 年的 15 万人增加至 1992 年的 2468 万人(见表 2.3)。80 年代初期,私人资本主义工商业仍被禁止,1982 年《中华人民共和国宪法》

---

① 2012 年 12 月,习近平总书记在十八届中央政治局集体学习时指出,"摸着石头过河,是富有中国特色、符合中国国情的改革方法"。

② 改革开放前,中国一直将"投机倒把"视为最重罪行;即使 1979 年《中华人民共和国刑法》仍将"投机倒把"列为刑事犯罪,直到 1997 年《中华人民共和国刑法修正案》才取消。1979 年2 月,国务院批转国家工商行政管理总局的报告,指示各级工商行政管理局"可以根据当地市场需要,在征得有关业务主管部门同意后,批准一些有正式户口的闲散劳动力从事修理、服务和手工业的个体劳动,但不准雇工"。1980 年 8 月《中共中央关于转发全国劳动就业会议文件的通知》确认了"劳动部门介绍就业、自愿组织起来就业和自谋职业相结合的方针"("三扇门"就业方针),要求"鼓励和扶植城镇个体经济的发展"。

表 2.3　1978—1992 年中国个体经济、私营经济发展状况

（单位:万户;万人）

年份	1978	1981	1984	1985	1986	1987	1988	1989	1990	1991	1992
个体工商户	—	182	933	1171	1211	1373	1453	1247	1328	1417	1534
个体从业人员	15	227	1303	1766	1846	2158	2305	1941	2093	2258	2468
私营企业	—	—	—	—	—	—	超 4	9.1	9.8	10.8	13.9
私营从业人员	—	—	—	—	—	—	72	164	170	184	232

注:私营经济在 1988 年 4 月宪法修正案中获得合法地位,当年从业人员数据为雇工数。

资料来源:王克忠:《非公有制经济论》,上海人民出版社 2003 年版,第 10 页。

强调城乡劳动者个体经济是"社会主义公有制经济的补充",而完全没有提及私营经济。但在允许雇工以后,雇工人数也突破了 8 人限额,邓小平同志认为可以"放两年再看"[1],1988 年,《中华人民共和国宪法修正案》正式规定,"国家允许私营经济在法律规定的范围内存在和发展。私营经济是社会主义公有制经济的补充"。这让民营经济也取得合法地位,随后也得到一定发展(见表 2.4)。国有企业方面,1979 年 7 月国务院推广扩大企业自主权和实行利润留成的改革措施,1983 年和 1987 年掀起两轮企业承包制的高潮。其间国有企业并未在产权明确的基础上享有充分的经营自主权,反而刺激普遍短期行为,出现经济秩序混乱、财政赤字剧增等问题。此外,1979 年颁布《中华人民共和国中外合资企业法》,标志着中国政府对待外商直接投资的态度由禁止、怀疑变为积极鼓励和吸引;针对利用外资存在的争论,1979—1988 年先后开办 5 个经济特区,确定 14 个沿海城市率先开放。计划、物资、商业管理体制和基本建设管理体制等也实现配套改革。

---

[1]　邓小平同志回忆说:"前些时候那个雇工问题,相当震动呀,大家担心得不得了。我的意见是放两年再看。"参见邓小平:《在中央顾问委员会第三次全体会议上的讲话》(1984),见《邓小平文选》第三卷,人民出版社 1993 年版,第 91 页。

表 2.4　1978—1992 年中国工业部门总产值所有制结构　　（单位:%）

年份	国有及国有控股工业	集体工业	城乡个体工业	其他经济成分工业
1978	77. 63	22. 37	0	0
1980	75. 97	23. 54	0. 02	0. 47
1985	64. 86	32. 08	1. 85	1. 20
1990	54. 60	35. 63	5. 39	4. 38
1992	51. 52	35. 07	5. 80	7. 61

资料来源:中华人民共和国国家统计局:《中国统计年鉴》(1998),中国统计出版社1998年版,第433页。

第二,家庭联产承包责任制解放农村生产力,乡镇企业得到快速发展,农村富余劳动力开始跨乡镇流动。从1978年"包产到户"的自发探索,到1980年邓小平同志明确肯定一些地方的"包产到户"和"大包干"试验,再到1982年包干制获得正式的政策依据,此后"包产到户"和"包干到户"经营形式快速推广,人民公社制度随之瓦解。1980年年底,实行包产或包干到户的生产队占全国生产队的20%[1];1982年年末进一步提升到93%,且其中大部分为"包干到户"[2]。"包干到户"成为家庭联产承包责任制的主流,标志着中国农业生产实现从人民公社集体经济制度过渡到农民承包土地的家庭农场制度(吴敬琏,2018)。1982—1986年连续五年中央"一号文件"将以家庭联产承包为主的责任制推向全国。农村改革的一个"完全没有预料到的最大的收获,就是乡镇企业发展起来了"[3],这是因为"包干到户"让一些剩余劳动力显现出来、转移到非农部门就业,"能人"可以自由发挥创造精神,且农业剩余可以转化为农村工业积累,从而推动"社队企业"、个体工商户演变为乡镇企业,并蓬勃发展(见表2.5)。《中共中央关于1984年农村工作的通知》指出,各省(自

---

①　邹东涛:《中国经济发展和体制改革报告 No.1——中国改革开放 30 年(1978—2008)》,社会科学文献出版社 2008 年版,第 56 页。

②　中国社会科学院农村发展研究所:《中国农村经济体制的改革》,见国家经济体制改革委员会主编:《中国经济体制改革十年》,经济管理出版社、改革出版社 1988 年版,第 89 页。

③　《邓小平文选》第三卷,人民出版社 1993 年版,第 238 页。

治区、直辖市)"可选若干集镇进行试点,允许务工、经商、办服务业的农民自理口粮到集镇落户"。20世纪80年代,政府强调乡镇企业应坚持"三就地"①原则,希望农民"离土不离乡,进厂不进城",因此这一时期劳动力转移仍主要在农村内部实现跨乡镇流动②;但部分沿海地区的乡镇企业往往在城镇(后来发展为大中小城市)中建立,其劳动力就业转移也逐步突破"三就地"原则和农村范围,进入城市,出现"农民工"③。

表 2.5 1978—1992 年中国乡镇企业发展状况

(单位:万户;万人;亿元)

年份	1978	1980	1985	1990	1992
户数	152.42	142.46	1222.2	1850.40	2091.60
职工人数	2826.56	2999.67	6979.03	9264.80	10624.60
总产值	495.13	665.10	2755.04	9581.11	17659.69

资料来源:中国乡镇企业年鉴编辑委员会:《中国乡镇企业年鉴》(1993),中国农业出版社1993年版,第6页。

第三,初次分配制度改革实现按劳分配的理性回归,"其他分配方式"地位提高。1984年党的十二届三中全会《决定》将经济体制改革重点转向城市,提出增强城市企业活力,建立责、权、利相结合的经济责任制,推动国家、集体、个人利益相统一,职工劳动所得与劳动成果相关联,具体包括:企业自行决定职工奖金;职工工资和奖金与企业经营绩效相挂钩;企业内部适当扩大工资差距和拉开档次,体现勤懒优劣及不同类型劳动之间的差别;国家机关、事业单位职工工资与其责任和劳绩相匹配。1987年党的十三大允许对收入分配方

---

① 乡镇企业发展就地取材、就地加工、就地销售。

② 吴敬琏(2018)指出,1983—1989年,跨乡镇流动劳动力数量从约200万人增加到约3000万人。

③ 1988年,我国农民工总量约1.2亿人,其中乡镇企业职工约9000万人,外出农民工约3000万人,跨省流动的人数为500万人左右。"农民工"一词最早出现在1984年中国社会科学院《社会学通讯》中,后来这一称谓因比较准确、简洁、符合我国国情,并且约定俗成而被广泛引用。参见《80年代农民工:3/4出自乡镇企业》,《南方日报》2011年7月1日。

式进行多样化尝试,第一次明确"其他分配方式为补充",例如肯定了企业债券利息收入、股份分红、企业经营者风险补偿收入以及私营企业雇佣劳动力带给企业主的部分非劳动收入等,并强调"以上这些收入,只要是合法的,就应当允许"。总的来看,承包经济时期恢复和实施了按劳分配原则,其他分配方式也逐渐被允许且其地位不断被拔高。初次分配中市场化的分配机制逐渐被认可和使用,成为这一时期收入分配方式和机制的最深刻变化、最显著特征。20 世纪 80 年代中期以后,我国居民之间的市场化收入差距快速拉大。

第四,财政税收方面,实行财政包干制,探索建立个人所得税制度,国有企业实行利改税。1980 年之前,中国财政管理实行中央统收统支的办法。在严峻的财政形势下,1979 年国务院决定除北京、天津、上海 3 个直辖市仍实行接近统收统支的"总额分成、一年一定"办法外,其他省(自治区、直辖市)从 1980 年开始全面推行"划分收支、分级包干"("分灶吃饭")办法,向地方政府下放财权;1988 年进一步发展为"财政大包干"制度①。个人所得税方面,1980 年颁布《中华人民共和国个人所得税法》,初步建立个税制度,统一适用于中国公民和在中国取得收入的外籍人员,但当时大部分中国公民工资收入很低,以致基本达不到纳税要求;随着居民收入差距拉大,1986 年国务院颁布针对个体工商户的《中华人民共和国城乡个体工商户所得税暂行条例》和仅适用中国公民的《中华人民共和国个人收入调节税暂行条例》,形成个人所得税、收入调节税和城乡个体工商户所得税"三税并存"格局。这一时期个人所得税制度仍处于初步探索阶段。1979 年实行国有企业利润留成,允许国企保留一定利润形成职工奖励基金、职工福利基金、生产发展基金"三项基金",由

---

① 1980 年实行"分灶吃饭"体制的 25 个省和自治区采取了 4 种不同办法;1988 年"财政大包干"将全国 37 个省(自治区、直辖市)和副省级计划单列市全部纳入"包干"体系,分别实行 6 类包干办法。参见吴敬琏:《当代中国经济改革教程》,上海远东出版社 2018 年版,第 277—280 页。

企业自行支配;1983—1984 年分两步全面实行"利改税"后,改以企业所得税、调节税等形式上缴部分利润,余下部分留归国有企业。

(三)权利配置特征:参与和分配逐步市场化、保障逐步社会化

党的十一届三中全会后,经济建设成为党和国家工作的中心任务。为促进经济效率提升,一些思想禁锢逐渐被打破,在"摸着石头过河"过程中自发的市场机制逐渐被引入,在生产和分配中开始发挥重要作用,过去由绝对的政府逻辑主导的情况发生改变。这一时期生产与分配的权利配置特征包括:

第一,要素参与逐渐打破没有自由度的计划传统。农民获得土地承包经营权,个体和民营资本获得市场参与空间,农村劳动力的控制流动、允许流动增加了自主择业权。农村土地家庭联产承包责任制的推行,改变了人民公社政社合一下农民被动接受生产和分配计划、"死分死记"导致劳动积极性低的问题;在保持土地集体所有制不变的情况下,让农民承包土地进行家庭经营,这种转变不但农民有得无失,而且其他社会集团利益也不会受到大的损害,极大地提高了农民的劳动积极性和生产收入。随着农业剩余劳动力的显现、城市就业压力的增加以及所有制政策的放松,城乡个体经济及私营经济得到较大程度发展,个体工商户从 1985 年突破 1000 万户发展到 1992 年的 1534 万户,私营企业从 1988 年获得合法地位的 4 万多户发展到 1992 年的 13.9 万户(见表 2.3)。随着个体和民营经济的相继合法化及发展,国有制"一统天下"的格局被打破,国有经济的绝对统治地位逐渐开始松动,并且解决了相当一批城镇待业人员的就业问题,1978—1983 年城镇登记失业率下降 3 个百分点,此后则维持在较低水平(见图 2.5)。在农村剩余劳动力转移方面,从 20 世纪 80 年代初期到中后期,劳动力政策由"严格控制流动"转变为"允许流动",一定程度上增加了农村劳动力的市场参与机会。尽管当时还未形成大规模跨省流动的局面,但改革前农村劳动力被完全束缚在土地上的状况开始改变。

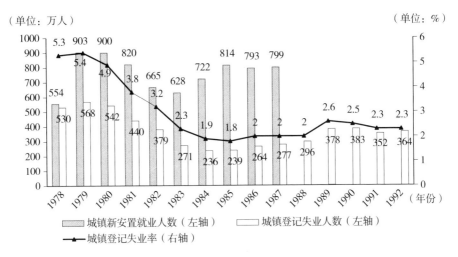

图 2.5 1978—1992 年中国城镇新安置就业及登记失业情况

资料来源:国家统计局网站及社会统计司。

第二,引入市场化分配机制,各要素(所有者)收入权随着参与权的扩大而提高。广大农村居民收入大幅增长,其家庭人均纯收入由 1978 年的 133.6元增加至 1992 年的 784 元①,这不但得益于家庭联产承包责任制中农业家庭生产经营积极性的提高,还源于农村劳动力流动限制的放松,使少部分农村劳动力可以通过从事非农生产获取务工收入;城市职工也受益于劳动工资制度改革,1978—1992 年各类所有制企业职工平均货币工资由 615 元上升到 2711元,其中国有企业、城镇集体企业职工工资分别从 644 元、506 元增加至 2878元、2109 元。个体、私营甚至外资等非公有资本有机会在市场上获得经营收入,国有资本完全垄断、独占收入权的情况不复存在;同时,由于允许"其他分配方式",相应地出现劳动工资收入、资本经营收入之外的其他收入形式,如股份分红、利息收入等,并且这一时期技术、管理等要素贡献逐渐开始被市场认可,也可以获得相应收入。因此,相比于改革开放之前,城乡居民不但收入水平大幅提升,而且收入来源也逐渐突破单一形式;当然,大部分居民仍处于

---

① 数据来自《中国统计年鉴》。后文若无特别说明,数据均源自国家统计局或其相关统计资料。

温饱水平,其资本等要素并不充分,仍主要以劳动获取收入。完全以计划指令进行分配的方式逐渐瓦解,按劳分配及其他分配方式得到认可和实施,逐步发挥市场分配机制的激励作用,摆脱了平均主义分配状态,合理适当地拉开了一定的收入差距。

第三,国家财力难以支撑政府履行社会职责,单位保障开始社会化试点改革,但农村居民仍处于基本无保障状态。财政包干制度放过多财权给地方政府,未能保证政府财力必要的集中程度和中央与地方财政收支间的合理分配,中央财政雪上加霜、积重难返,国家财力不足以支撑其履行社会职责(见图2.6)。20世纪90年代初期,中央政府将近一半靠举债维持,一些应由财政支出的项目(如行政机关开支、基础教育费用)甩给相关单位,靠"自筹"或"创收"解决资金问题,极大地助长了义务教育、基本医疗等公共服务"乱收费"现象,权力寻租和腐败加剧(吴敬琏,2018)。

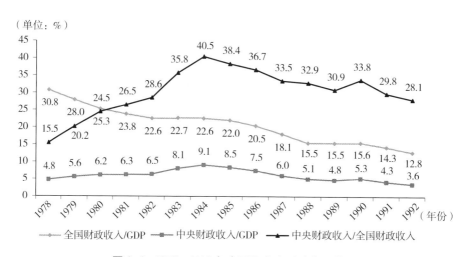

图2.6 1978—1992年全国和中央财政收入情况

注:财政收入数据不包括国内外债务收入。
资料来源:国家统计局网站。

由于传统计划经济体制下"国有企业办社会"的福利制度给国有企业发展带来沉重"包袱",这一时期逐步开始进行职工养老、失业、医疗等费用的社会统筹,但总体处于社会化改革的试点阶段,机关、国企、事业单位之外的其他城镇居民仍旧基本没有社会保障权。国家对老弱病残、鳏寡孤独等实行一定的社会救济,对老少边穷地区实施特殊的优惠政策①。财政支农支出实现较快增长(见图2.7),国家与农民分配关系得到改善,但农村社会保障制度仅开始初步探索试点②,且由于经济条件和制度设计问题,并未达到理想预期,总体上农村居民无社会保障的状态没有改变。因此,若撇掉财政税收,这一时期在社会保障方面基本没有建构新的收入再分配手段,社会化保障制度构建仍处于初步探索阶段,不同居民享有的保障程度仍存在明显差别。

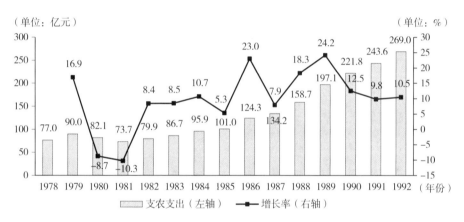

图 2.7　1978—1992 年中国财政支农支出及其增长率

资料来源:国家统计局网站。

二、1993—2002 年:效率优先、兼顾公平

20 世纪 90 年代初,经过前期的改革开放,传统计划经济体制已被打破,

---

① 1984年《中共中央关于经济体制改革的决定》指出,"对老弱病残、鳏寡孤独等实行社会救济,对还没有富裕起来的人积极扶持,对经济还很落后的一部分革命老根据地、少数民族地区、边远地区和其他贫困地区实行特殊的优惠政策,并给以必要的物质技术支援"。

② 1986 年 10 月,民政部在全国农村基层社会保障工作座谈会上提出,在农村经济发达和比较发达的地区,发展以乡镇、村为单位的农村养老保险。1992 年 1 月,民政部印发《县级农村社会养老保险基本方案(试行)》,并在江苏省张家港市召开全国农村养老保险工作会议;随后,一些地区进行了试点,但未取得理想效果。

短缺经济时代基本结束,新的经济体制初见端倪。至 21 世纪初,我国经济体制和分配制度变迁具有以下显著特征:一是确立经济体制改革的目标为建立社会主义市场经济体制;二是民营经济迅猛发展,劳动力转移加快,工业化和城市化加速推进;三是实行分税制等财政税收制度改革,城镇职工社会保险制度初步建立。总体上,生产、分配中的市场效率偏向较前一阶段(1979—1992年)更为突出,收入差距拉大。

(一)政策导向:生产效率优先、兼顾分配公平

1989—1992 年,国际上出现东欧剧变、苏联解体,社会主义制度遭遇挫折,国内受多重复杂因素影响,经济发展步伐放缓甚至出现回落。1992 年邓小平同志在南方谈话中指出,"计划多一点还是市场多一点,不是社会主义与资本主义的本质区别……计划和市场都是经济手段"[①]。这一精辟论断从根本上破除了将计划经济、市场经济视为社会基本制度范畴的思想禁锢,它是对政府(计划)与市场关系认识的历史性突破。

1992 年 10 月党的十四大明确提出,"经济体制改革的目标,是在坚持公有制和按劳分配为主体、其他经济成分和分配方式为补充的基础上,建立和完善社会主义市场经济体制",并强调"要使市场在社会主义国家宏观调控下对资源配置起基础性作用"[②]。1993 年党的十四届三中全会《中共中央关于建立社会主义市场经济体制若干问题的决定》进一步指出,"个人收入分配制度要坚持以按劳分配为主体、多种分配方式并存的制度,体现效率优先、兼顾公平的原则",将"其他分配方式"由原来的"补充"提升到"并存"地位,并首次明确提出"效率优先、兼顾公平"。1997 年党的十五大提出"充分发挥市场机制作用,健全宏观调控体系","公有制为主体、多种所有制经济共同发展,是我国社会主义初级阶段的一项基本经济制度",并第一次明确提出"把按劳分

---

① 《邓小平文选》第三卷,人民出版社 1993 年版,第 373 页。
② 《江泽民文选》第一卷,人民出版社 2006 年版,第 219 页。

配和按生产要素分配结合起来",将之前"其他分配方式"概括为"按生产要素分配",这一表述沿用至今。1999 年《中华人民共和国宪法修正案》再次强调,"国家在社会主义初级阶段,坚持公有制为主体、多种所有制经济共同发展的基本经济制度,坚持按劳分配为主体、多种分配方式并存的分配制度"。

实际上,在上述分配政策导向正式提出和发生变化之前,理论界的探讨起到重要的政策催化作用。早在 20 世纪 80 年代中后期,随着多种所有制经济出现,如何贯彻和解读按劳分配原则就已成为理论界的争论焦点。初期讨论中意识形态限制和辩护色彩较重,一些主流观点将本应归属于资本、技术、管理要素的收入归为劳动收入,而另一些观点则将劳动以外的要素收入均解释为"按资分配",这两种看法都忽视了技术、管理等非劳动力要素的作用。[1] 进入 90 年代后,随着建立社会主义市场经济体制改革目标的确立,在社会主义市场经济条件下如何贯彻按劳分配原则成为理论界关注热点,如何看待按生产要素分配成为争论焦点。按生产要素分配的提法最早源于谷书堂和蔡继明(1989)[2],这场争论中一些有价值的观点被相关部门吸收,形成按生产要素分配原则。这一原则成为"按劳分配为主体、多种分配方式并存"的分配原则的重要补充,即社会主义公有制实行按劳分配,非公有制经济则实行按生产要素分配。

总体上而言,这一时期"效率优先、兼顾公平"的政策导向以及按劳分配和按生产要素分配相结合的原则,对推动包括非公有制经济在内的各种所有制经济快速增长起到了重要的激励作用。然而,"效率优先、兼顾公平"的实质是将公平置于效率之后,优先为提升效率服务,且在实际执行过程中过分考虑效率优先,而较少考虑兼顾公平。按生产要素分配则充分肯定了非公有制

---

[1] 魏众、王琼:《按劳分配原则中国化的探索历程——经济思想史视角的分析》,《经济研究》2016 年第 11 期。

[2] 谷书堂、蔡继明:《按贡献分配是社会主义初级阶段的分配原则》,《经济学家》1989 年第 2 期。

经济中劳动力要素和(更重要的是)其他要素的贡献,劳动收入之外的其他要素收入大大提升。因此,居民个体所掌握的生产要素或资源的多寡,成为决定其收入水平及其与其他社会成员之间收入差距的重要因素。

(二)制度逻辑:偏向市场激励的二元制度逻辑

20 世纪 90 年代初期,我国非公有制经济得到一定发展,但直至 1992 年党的十四大明确提出建立社会主义市场经济体制的改革目标,其中一些阐释和民营经济发展仍然引起部分支持旧路线、旧体制的政治家和理论家的极大不满。同时,尽管明确了经济体制的改革目标,但离完善的社会主义市场经济体制还有相当的差距。社会主义市场经济究竟是什么样的经济,政府在其中应当扮演何种角色,政府和市场二者之间应当一种什么关系? 这些问题都有待回答。这一时期改革的本质特征可以概括为:关于政府与市场关系的一次"伟大创业"。具体地,市场主体加速扩大,注重培育全国统一市场体系和建立现代企业制度,逐渐形成市场经济框架雏形,并开始强调"转变政府职能"[①]。但总体上这一时期生产与分配体现的是偏向市场激励的政府、市场二元逻辑,具体体现在:

第一,所有制结构方面,"方针"提升为"基本经济制度",多种所有制经济共同发展格局形成。党的十四届三中全会强调"国家要为各种所有制经济平等参与市场竞争创造条件,对各类企业一视同仁"[②]。但这些阐述和民营经济发展引起了部分政治家和理论家的不满和争论,他们于 1995—1997 年先后写了四份"万言书"对改革开放以来的方针政策进行了强烈质疑,一些坚持市场

---

① 1992 年党的十四大报告指出,"加快政府职能的转变"。"转变的根本途径是政企分开。凡是国家法令规定属于企业行使的职权,各级政府都不要干预。下放给企业的权利,中央政府部门和地方政府都不得截留。政府的职能,主要是统筹规划,掌握政策,信息引导,组织协调,提供服务和检查监督。"
② 中共中央文献研究室编:《十四大以来重要文献选编》(上),人民出版社 1996 年版,第526—527 页。

改革取向的学者则对此给予了正面回应。[①] 1997 年党的十五大则对这场争论作出明确的最终结论,将"公有制为主体、多种所有制经济共同发展"确定为我国社会主义初级阶段的"基本经济制度",强调非公有制经济是"我国社会主义市场经济的重要组成部分","一切符合'三个有利于'的所有制形式都可以而且应该用来为社会主义服务"。针对国有经济比重下降的问题,1999 年党的十五届四中全会《中共中央关于国有企业改革和发展若干重大问题的决定》指出,国有经济在整个国民经济中的比重减少,不会影响中国的社会主义性质。1992—2002 年,非公有制工业企业快速发展,国有和集体工业比重则快速下降;城乡个体、私营企业及乡镇企业就业规模持续上升(见表 2.6 和表2.7)。在这一过程中,农业剩余劳动力大量转移,"农民工"群体规模扩大,城市化进程进一步加快。

表 2.6 1992—2002 年全国公有制与非公有制工业企业数和总产值

(单位:万个;亿元)

年份	工业企业单位数				工业企业总产值			
	合计	国有	集体	其他所有制	合计	国有	集体	其他所有制
1992	50.21	10.33	38.45	1.43	34599.0	17824.2	12135.0	4639.9
1993	52.01	10.47	38.33	3.21	48402.0	22724.7	16464.0	9213.3
1994	53.18	10.22	38.51	4.45	70176.0	26200.8	26473.0	17502.2
1995	59.21	11.80	41.36	6.05	91894.0	31220.0	33623.0	27051.0
1996	57.88	11.38	39.48	7.02	99595.0	36173.0	39232.2	24189.8
1997	53.44	9.86	35.79	7.79	113733.0	35968.0	43347.2	34417.8
1998	16.51	6.47	4.77	5.27	67737.1	33621.0	13179.7	20936.4
1999	16.20	5.07	4.26	6.87	72707.0	35571.0	12414.1	24721.9
2000	16.29	5.35	3.78	7.16	85674.0	40554.4	11907.9	33211.7

---

① 吴敬琏(2018)对相关过程进行了详细梳理。

年份	工业企业单位数				工业企业总产值			
	合计	国有	集体	其他所有制	合计	国有	集体	其他所有制
2001	17.13	4.68	3.10	9.35	95449.0	42408.5	10052.5	42988.0
2002	18.16	4.11	2.75	11.30	110776.5	45179.0	9619.0	55978.5

注:1992—1997 年企业单位数和总产值包括村及村以下工业;1996 年及之后年份国有企业为国有及国
　　有控股企业;1998—2002 年工业企业单位统计范围为全部国有及年产品销售收入在 500 万元以上
　　非国有企业。
资料来源:国家统计局国民经济综合统计司:《新中国 60 年统计资料汇编》,中国统计出版社 2010 年
　　版,第 40 页。

表 2.7　1992—2002 年中国城镇和农村个体、私营经济就业人员数

（单位:万人）

年份	全国就业合计	城镇就业			农村就业			
		合计	私营企业	个体	合计	乡镇企业	私营企业	个体
1992	66152	17861	98	740	48291	10625	134	1728
1993	66808	18262	186	930	48546	12345	187	2010
1994	67455	18653	332	1225	48802	12017	316	2551
1995	68065	19040	485	1560	49025	12862	471	3054
1996	68950	19922	620	1709	49028	13508	551	3308
1997	69820	20781	750	1919	49039	13050	600	3522
1998	70637	21616	973	2259	49021	12537	737	3855
1999	71394	22412	1053	2414	48982	12704	969	3827
2000	72085	23151	1268	2136	48934	12820	1139	2934
2001	73025	23940	1527	2131	49085	13086	1187	2629
2002	73740	24780	1999	2269	48960	13288	1411	2474

注:城镇就业、农村就业中的“合计”为加上其他所有制的结果。
资料来源:中华人民共和国国家统计局:《中国统计年鉴》(2003),中国统计出版社 2003 年版,第 146—147 页。

　　第二,国有企业的公司化改革和“抓大放小”战略性布局调整。1992—
1998 年,全国国有工业企业亏损面由 22.7% 上升至 47.4%,全部国有企业利
润由盈转亏,1998 年全年净亏损 78 亿元。[①] 1993 年党的十四届三中全会将

――――――――――

　　① 中国财政年鉴编辑委员会:《中国财政年鉴》(1999),中国财政杂志社 1999 年版,第
498—500 页。

国有企业改革的思路由之前的放权让利转向企业制度创新,要求建立"产权清晰、权责明确、政企分开、管理科学"的现代企业制度;但其中并未界定现代公司制度,甚至没有提及现代公司治理这一核心架构。直到1997年党的十五大尤其是1999年党的十五届四中全会才明确公司化改制,强调在多元持股基础上建立有效的法人治理结构,这时国有大中型企业的公司制改革才进入正式阶段。20世纪90年代中期,领导人逐渐认识到,把全部中小型国有企业都搞好是十分困难的,国有企业发展方针变为"分类指导""抓大放小",其重点在于"放小",即放开放活中小型国有企业①。1997年党的十五大后,"放小"在全国范围展开②。国有企业改制对抗击亚洲金融危机起到一定作用,但国有经济仍受到不小冲击。在此背景下,国有企业实施"下岗分流、减员增效"为主要内容的"三年脱困"(1998—2000)计划,1998—2001年有2550万国有企业职工"下岗"③,占到国有企业职工总数的1/4。1998年4月的一次研讨国有企业下岗职工分流问题的会议上,"以民营中小企业作为国企下岗职工分流问题的主渠道"的建议得到国务院采纳④。由此,民营经济又得到进一步发展。

第三,实行按劳分配为主体、多种分配方式并存的基本分配制度,市场激励特征明显。1993年实行全国机关、事业单位工资制度改革,机关、事业单位

---

① 江泽民同志在1995年党的十四届五中全会上的讲话中指出,"要研究制定国有经济的发展战略和布局,按照建立现代企业制度的目标积极推进国有企业改革,集中力量抓好大型国有企业,对一般小型国有企业进一步放开放活"。

② 具体方式包括:(1)将部分或全部产权转让给内部职工,成为股份合作制企业;(2)整体出售给非公有法人或自然人;(3)按《公司法》程序改制为有限责任公司或股份有限公司;(4)通过兼并或联合使之成为其他企业的组成部分或子企业;(5)将企业全部或部分资产(多数为国有土地、厂房等不动产)租赁给其他企业或本企业的管理人员、职工经营,后者向国家缴纳租费,自负盈亏。

③ 国有经济改组过程中失去工作的职工数量巨大,政府并未采取直接解雇的办法,而是让这些失去工作的职工留在企业内,并发给基本生活费。这些职工被称为"下岗职工"。

④ 同年6月下发《中共中央 国务院关于切实做好国有企业下岗职工基本生活保障和再就业工作的通知》。

相互分离地执行不同工资制度，机关的干部、工人和事业单位的管理人员、技术人员、普通工人分别执行各自工资标准，并引入竞争和激励机制，将工资增长与绩效考核挂钩，建立基于国民经济发展和生活费用价格指数变动而调整的增资制度，进一步强化了按劳分配地位。2001 年颁发《关于深化国有企业内部人事、劳动、分配制度改革的意见》，人事上，打破干部、工人的身份界限，推行竞聘上岗、优胜劣汰，解决国企领导"能上不能下"的问题；劳动用工上，按市场化要求进行动态管理，全面推行全员劳动合同制，改变职工"能进不能出"的现状；分配上，按岗位责任、劳动成果和企业经济效益来兑现工资，实行浮动工资制，建立有效的激励机制，拉开个人收入差距。2000 年 11 月劳动和社会保障部发布《进一步深化企业内部分配制度改革的指导意见》，一方面，强调建立健全企业内部工资收入分配激励机制，形成以岗位工资为主的基本工资制度，董事长、总经理可实行年薪制，科技人员收入根据岗位、任务、业绩确定，合理拉开科技人员与一般职工的工资收入差距；另一方面，试点按生产要素分配，如探索认购、奖励股份形式的职工持股，试行技术入股、劳动分红等。农村居民收入方面，来源逐渐多元化，有农业经营收入、土地流转收入、外出务工收入等多种形式。这一时期劳动力等要素的市场价格调节作用得到发挥，对其收入决定具有重要影响。

第四，以分税制取代包干制，统一改革个人所得税，建立城镇职工社会保险制度和城镇居民最低生活保障制度。财政税收方面，1992 年开始进行分税制改革试点，1994 年 1 月 1 日起各省（自治区、直辖市）和计划单列市实行分税制财政管理体制，调整中央与地方事权划分，按照税种将收入权划分为中央税、地方税和中央与地方共享税，为减小既得利益的富裕地区的改革阻力，实行税收返还的缓冲办法；1994 年 1 月 1 日起，个人所得税、收入调节税和个体工商户所得税合并为统一的个人所得税，进一步明确征缴对象、征税项目，1999 年 11 月 1 日开始征收储蓄存款的"利息税"。社会保障方面，初步建立城镇职工社会保险制度。1993 年党的十四届三中全会明确我国城镇职工社会保障制度改革的方向为社会统筹和个人账户相结合。1997 年 7 月、1998 年 12 月、1999 年 1 月分别颁布《国务院关于建立统一的企业职工基本养老保险制度的决定》《国务院关于建立城镇职工基本医疗保险制度的决定》《中华人民共和国失业保险条例》,相继建立城镇职工基本养老保险制度、基本医疗保险制度、失业保险制度。1998 年取消福利分房制度,推行住房公积金制度。1999 年颁布《城镇居民最低生活保障条例》,标志着城镇居民最低生活保障制度的建立。农村保障方面,1992 年民政部下发《县级农村社会养老保险基本方案(试行)》,广泛开展农村社会养老保险("老农保")工作,但 1999 年 7 月国务院指出农村尚不具备普遍实行社会保险的条件,决定对已有业务进行清理整顿,引导有条件的过渡为商业保险,由此农村社会养老保险基本停滞①;农村其他保障则仅限于"五保"和敬老院供养②。

(三)权利配置特征:市场化的参与和分配、"双轨制"保障

1992 年党的十四大明确我国经济体制改革的目标是建立社会主义市场经济体制,1993 年党的十四届三中全会提出坚持"以按劳分配为主体、多种分配方式并存"的制度,并首次明确要贯彻"效率优先、兼顾公平"原则。党和国家的中心工作具体集中在工业化和城镇化方面,农村发展及其公共产品和服务投入受到一定忽视。在市场、政府二元制度逻辑中,市场逻辑下竞争和激励机制的作用进一步强化。这一时期生产和分配具有以下权利配置特征:

首先,市场在国家宏观调控下对资源配置开始发挥基础性作用,各类要素

---

① 直至下一阶段 2009 年新型农村社会养老保险("新农保")试点之前,2007 年年末全国参加农村养老保险的人数仅为 5171 万人,年末农村养老保险基金累计结存 412 亿元。参见人力资源和社会保障部《2007 年劳动和社会保障事业发展统计公报》。

② 1994 年 1 月,国务院公布施行《农村五保供养工作条例》,规定"五保"供养的主要内容是"保吃、保穿、保住、保医、保葬(孤儿保教)","五保"供养走上规范化、法制化的管理轨道;1997 年 3 月,民政部颁发《农村敬老院管理暂行办法》,规范了农村敬老院的建设、管理和供养服务。

参与逐步市场化。劳动力要素方面,随着城市非国有部门迅速发展,国家推行城乡统筹的就业管理,要求消除城乡劳动力的身份差别,"外出务工"逐渐取代乡镇企业的就地转移,劳动力转移进入规范有序流动的加速阶段,1992—2002 年我国城镇化率由 27.5% 上升至 39.1%;相应地,土地要素使用权流转被政策允许①。这一时期对跨地区流动劳动力实施就业证卡管理制度,户籍管制仍较严,仅放松小城镇落户。城镇劳动力参与权配置也由于民营经济发展而更加合理,就业较为充分,但后期一些国企职工由于脱困计划而被迫"下岗"②。资本要素方面,非公有制资本的市场参与权不断扩大,出现"下海潮"。由表 2.6 可知,1992—2002 年,国有、集体工业企业单位占比分别由 20.57%、76.58% 下降至 22.63%、15.14%,其他经济类型工业企业单位占比则由 2.85% 增加至 62.22%;国有、集体工业总产值分别由 51.52%、35.07% 下降至 40.78%、8.68%,其他经济类型工业总产值占比则由 13.41% 上升至 50.53%。表 2.8 进一步显示,在全社会固定资产投资中,国有、集体经济占比分别从 68.06%、16.82 下降到 43.40%、13.76%,而其他经济类型占比则由 15.12% 上升到 42.84%。其他要素参与权方面,技术、管理等要素在生产中的地位不断提高,其市场贡献逐渐强化。

表 2.8　1992—2002 年城镇就业人员和固定资产投资的所有制结构

(单位:%)

年份		1992	1993	1994	1995	1996	1997	1998	1999	2000	2001	2002
城镇就业人员	国有	60.97	59.80	60.12	59.14	56.44	53.14	41.90	38.25	35.00	31.91	28.91
	集体	20.27	18.58	17.61	16.53	15.14	13.87	9.08	7.64	6.47	5.39	4.53
	其他	18.76	21.62	22.27	24.33	28.42	32.98	49.01	54.11	58.53	62.69	66.57

---

① 1993 年 11 月《中共中央、国务院关于当前农业和农村经济发展的若干政策措施》提出,"在原定的耕地承包期到期之后,再延长三十年不变",并"允许土地的使用权依法有偿转让"。

② 1993—2000 年城镇登记失业率始终处于 3.1% 以下,2001—2002 年才分别增至 3.6%、4%。

续表

年份		1992	1993	1994	1995	1996	1997	1998	1999	2000	2001	2002
固定资产投资	国有	68.06	60.63	56.42	54.44	52.40	52.49	54.10	53.42	50.14	47.31	43.40
	集体	16.82	17.72	16.19	16.43	15.94	15.44	14.76	14.53	14.59	14.19	13.76
	其他	15.12	21.64	27.39	29.13	31.67	32.07	31.14	32.05	35.28	38.50	42.84

注:由于四舍五入,部分年份各所有制占比加总并不精准等于100%。

资料来源:中华人民共和国国家统计局:《中国统计年鉴》(2003),中国统计出版社2003年版,第132—138页、第186页。

其次,分配机制的市场化特征明显,非公有资本收入权大幅提高,部分居民收入来源多元化、差异化,导致收入差距扩大。在"效率优先、兼顾公平"的政策导向下,收入分配机制的市场化特征更加突出。随着社会主义市场经济体制的初步建立,民营经济发展大大拓宽了农业剩余劳动力、城镇下岗职工及其他城镇居民的就业渠道,为化解农村贫困、提高城乡居民收入开辟了广阔道路。1992—2002年,城市和农村居民人均年收入分别由2027元、784元提升至7703元、2476元。同时,非公有资本的收入权随着其所有制份额的提升进一步提高,导致宏观的资本收入份额上升。员工持股、技术入股和管理薪酬等收入形式不断增加,个体收入来源更加多元化、差异化。收入分配充分体现要素的市场贡献大小,个体所掌握的要素资源或能力差异直接决定其收入的差异。在上述变化下,微观上,无论是农村内部、城镇内部还是城乡之间居民收入差距都明显扩大;宏观上,无论是劳动报酬占初次分配比重还是居民部门收入占国民收入比重都呈下降的趋势。总体上而言,这一时期居民收入权在普遍大幅提高的基础上,出现相互异质化,从而导致收入差距的进一步扩大。1998年收入基尼系数已经超过0.40;财产基尼系数则于1995年达到0.45,2002年进一步达到0.55①。

---

① 收入基尼系数、财产基尼系数分别来自国家统计局和北京大学中国社会科学调查中心《中国民生发展报告2014》(谢宇、张晓波、李建新、于学军、任强著,北京大学出版社2014年版,第26页)。

　　最后,财政税收制度改革改善了国家财力,城镇机关事业单位和企业职工社会保障"双轨制",城镇其他居民和农村居民社会保障仍十分薄弱。1994 年分税制改革是新中国成立以来调整利益格局最明显、影响最深远的一次重大制度创新(吴敬琏,2018)。它改变了原财政包干制下多种体制并存格局,理顺了各级政府间的责权利关系,财政分配关系相对规范化;中央财力适当集中(见图 2.8),形成中央财政转移支付的纵向财力分配机制①,初步建立较规范的地区间横向财力均衡制度,有利于推动基本公共服务完善和缩小地区差距。分税制改革后,国有企业除按统一税率上缴企业所得税外,不再向国家财政上缴利润;中小国有企业改制中出现企业原有干部"自卖自买""明买暗送"和不对老职工进行补偿等问题,出现国有资产流失和职工保障不力现象。个人所得税则由于这一时期免征额、税率结构等没有作出调整,普通工薪群体税负加重。

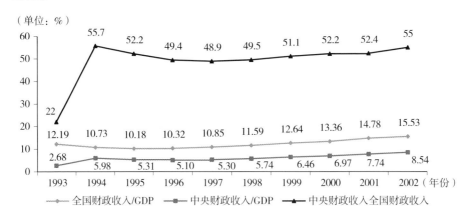

图 2.8　1993—2002 年全国和中央财政收入情况

注:财政收入数据不包括国内外债务收入。

资料来源:国家统计局网站。

————————

　　①　根据楼继伟(2008)测算,一般性转移支付系数从 1995 年的 4.20% 提高至 2002 年的 20.80%,2006 年进一步提高至 47.30%。一般性转移支付系数是指中央政府一般性转移支付规模对地方政府标准财政收支缺口的满足程度,即一般性转移支付额/(地方政府标准财政支出—地方政府标准财政收入)。参见楼继伟:《中国三十年财税改革的回顾与展望》,见中国经济 50 人论坛主编:《中国经济 50 人论坛看三十年》,中国经济出版社 2008 年版,第 341 页。

社会保障方面,非国有企业员工成为获得保障权的新增群体,但企业职工社会保障制度建设仍主要作为国有企业改革的配套措施。城镇企业职工与机关事业单位职工的保障相区别,城镇职工社会保障出现"双轨制",即机关事业单位职工的财政负担模式和企业职工的"统账结合"缴费模式,二者保障待遇存在较大差距;其他城镇居民则最多适用城镇居民最低生活保障,由于该最低保障由地方财政负责,很大程度上受限于地方财力,各地保障程度差异大,一些地区甚至无法保障基本生活。农村的社会养老保险(老农保)短暂实行后停滞,参与人数极少,其他保障则依赖于"五保"和敬老院供养,农村社会保障仍主要依靠救助。因此,这一时期城镇机关事业单位职工与企业职工之间①、城镇职工与非职工居民之间、城镇居民与农村居民之间的社会保障仍存在较大差距和明显不公。受"效率优先、兼顾公平"思想的影响,再分配力度依旧较小。

三、2003—2012 年:初次分配重效率、再分配重公平

随着社会主义市场经济体制的初步建立,经济建设和改革的主要任务变为,"完善社会主义市场经济体制",基本实现工业化,加快建设现代化,不断提高人民生活水平②。2003—2012 年,我国生产体制和分配制度改革的主要特征是:一是社会主义市场经济体制逐渐完善,市场"在更大程度上发挥"和"从制度上更好发挥"基础性作用;二是农村居民社会保障制度逐步建立,城乡居民社会保障制度实现全覆盖;三是"法治""和谐社会""公正"等理念逐渐深入人心,对完善市场经济体制和收入分配制度开始起到引导性、规范性功能。

---

① 企业职工社会保险制度仍存在诸多问题,以养老保险为例:未能处理好养老金转轨成问题,既希望以较高的企业缴费率消化转轨成本,一些省份统筹账户收不抵支;统筹账户与个人账户"混账管理",一些省份统筹账户亏空而挪用个人账户养老金问题突出;统筹账户养老金发放实行平均主义,企业和个人缴费激励不足,甚至逃避缴费。

② 《江泽民文选》第三卷,人民出版社 2006 年版,第 544 页。

（一）政策导向：初次分配重效率、再分配注重公平

2002 年 11 月,党的十六大将"建成完善的社会主义市场经济体制"作为全面建设小康社会目标的重要内容,强调坚持和完善公有制为主体、多种所有制经济共同发展的基本经济制度;"在更大程度上"发挥市场在资源配置中的基础性作用,健全统一、开放、竞争、有序的现代市场体系,完善政府的经济调节、市场监管、社会管理和公共服务的职能,减少和规范行政审批。这说明国家层面开始注重厘清政府与市场的治理边界及职能问题。2007 年 10 月,党的十七大报告重申完善基本经济制度,强调要深化对社会主义市场经济规律的认识,"从制度上"更好发挥市场在资源配置中的基础性作用。

政策导向由"效率优先、兼顾公平"逐渐转向二者协调或并重。2002 年,党的十六大强调"确立劳动、资本、技术和管理等生产要素按贡献参与分配的原则,完善按劳分配为主体、多种分配方式并存的分配制度";"坚持效率优先、兼顾公平",同时具体指出,"初次分配注重效率,发挥市场的作用,鼓励一部分人通过诚实劳动、合法经营先富起来。再分配注重公平,加强政府对收入分配的调节职能,调节差距过大的收入",这在一定程度上对效率与公平的关系进行了重新认识和必要修订。2005 年 10 月,《中共中央关于制定国民经济和社会发展第十一个五年规划的建议》提出,"要更加注重社会公平,使全体人民共享改革发展成果",将社会公平摆在突出位置。2007 年,党的十七大进一步明确,"健全劳动、资本、技术、管理等生产要素按贡献参与分配的制度","初次分配和再分配都要处理好效率和公平的关系,再分配更加注重公平","逐步提高居民收入在国民收入分配中的比重,提高劳动报酬在初次分配中的比重"。由此,彻底地纠正了"效率优先、兼顾公平"的分配方针,效率与公平相协调的观点逐渐被广泛认同。

上述分配政策导向转变之前,学界也存在一些认识变化及争论。2002—2005 年,出现不少理论文章探讨社会公平正义以及效率和公平并重等问题①;但也研究认为"效率优先、兼顾公平"是社会主义市场经济的基础原则,收入分配原则决不能调整到效率与公平并重②。然而,当时收入差距较大的现实及"和谐社会"等理念的提出,对收入分配指导思想调整提出了客观要求,因此效率与公平并重的观点被中央采纳(魏众和王琼,2016)。生产和分配中公平导向强化、要求效率与公平相协调,其关键原因是社会理念的变化,即人们意识到日益扩大的收入差距可能增加社会的"不和谐"成分,从而提出要构建社会主义和谐社会。这种社会理念和价值规范对全社会形成共同富裕的有关共识具有重要的凝聚功能。

(二)制度逻辑:社会规范纠正市场、政府力量偏离的三元制度逻辑

21 世纪初,随着社会主义市场经济体制的初步建立,多种所有制经济共同发展的格局基本形成,摆在现实面前的问题是,在完善社会主义市场经济体制过程中,如何实现政府与市场力量的有机结合? 这一时期,市场在资源配置中的基础性作用进一步强化,并积极探索市场经济条件下政府与市场的边界、政府的职能转变及发挥作用的方式,政府职能由过去的"管理"为主向"服务"为主转变;在"和谐社会"理念指引下,社会建设成为新亮点,效率与公平逐渐得到同等重视。理论上,调和效率与公平的矛盾、促进二者协调化,单靠市场和政府的力量是难以实现的。仔细梳理这一时期经济社会制度变迁的过程可以发现,社会规范逻辑被引入并开始发挥作用,企图寻找市场和政府功能定位

---

① 刘国光:《向实行"效率与公平并重"的分配原则过渡》,《中国特色社会主义研究》2003 年第 5 期;范恒山:《现阶段社会保障体制改革的政策取向》,《中国党政干部论坛》2004 年第 7 期;中国社会科学院课题组:《努力构建社会主义和谐社会》,《中国社会科学》2005 年第 3 期。

② 杨尧忠:《转型与发展对收入分配的必然要求:效率优先兼顾公平——兼议范恒山"效率与公平并重"的主张》,《长江大学学报(社会科学版)》2005 年第 1 期。

的较优结合点。总体上,这一阶段生产和分配体现了在市场激励、政府调节基础上加入社会规范的三元制度逻辑,具体表现在:

第一,基本经济制度进一步完善,社会主义市场经济走向"法治化"。在20世纪90年代明确社会主义初级阶段基本经济制度的基础上,2002年党的十六大明确坚定"两个毫不动摇"的发展方针,即"毫不动摇地巩固和发展公有制经济"和"毫不动摇地鼓励、支持和引导非公有制经济发展"。各种所有制经济在市场竞争中发挥各自优势,相互促进、共同发展,加快推动社会主义现代化建设。2012年我国私人控股企业法人占全部企业法人比重达到79.07%,多种所有制经济均呈蓬勃发展态势(见表2.9)。在这一过程中,新型工业化和城镇化加速推进,农村富余劳动力向非农产业和城镇加速转移。国有企业改革则进入"国资管理"阶段。2003年国务院国有资产监督管理委员会("国资委")设立,其工作集中在两个方面:"调",即进一步调整国有经济布局,国家从一般竞争性领域有序退出;"管",在尚未退出的公司中管理国家股权,行使股东权利。2003—2008年"调"进展缓慢,而"管"得过多过细,甚至超越《中华人民共和国公司法》规定的所有者权限;2009年5月实施《中华人民共和国国有资产法》,国资委"除依法履行出资人职责外,不得干预企业经营活动"。到2011年,全国90%以上的国有企业完成股份制改造,建立现代企业制度,其中中央企业股份制改革从2003年的30.4%增加到2011年

表2.9　2012年中国按控股类型划分的企业法人单位情况

（单位:个;%）

单位数或占比	合计	国有控股	集体控股	私人控股	港澳台商控股	外商控股	其他
单位数	8286654	278479	271295	6552049	101518	109103	974210
占比	100	3.36	3.27	79.07	1.23	1.32	11.76

注:由于四舍五入,占比加总并不精准等于100%。

资料来源:中华人民共和国国家统计局:《中国统计年鉴》(2013),中国统计出版社2013年版,第27页。

的 72%;国有企业运行质量和效益也得到明显提升,净利润由 2003 年的 3203.3 亿元增长到 2012 年的 16068 亿元,推动国有资产保值增值。在这一时期,社会主义市场经济逐渐进入"法治化"轨道。尽管早在 1997 年党的十五大就提出"建设社会主义法治国家"的目标①,但多年进展十分缓慢,直至进入 21 世纪后法治理念才不断强化,2007 年《中华人民共和国物权法》《中华人民共和国劳动合同法》《中华人民共和国反垄断法》等市场经济的基本法律颁布②,社会主义市场经济逐步法治化。

第二,分配制度进一步完善,劳动工资收入之外的其他市场化收入进一步增加。2002 年党的十六大报告明确劳动、知识、技术、管理和资本等都是创造社会财富的源泉,"一切合法的劳动收入和合法的非劳动收入,都应该得到保护",第一次明确要保护"合法的非劳动收入";2007 年党的十七大第一次提出,要创造条件让更多居民拥有财产性收入。在此背景下,劳动、知识、技术、管理和资本等要素活力竞相迸发,经济活动参与者的收入渠道和来源进一步拓宽,尤其是劳动工资收入之外的其他收入增加,在宏观上表现为劳动收入占比总体趋于下降。2002 年后,城乡居民家庭财产差距较前一时期加速扩大(见表 2.10)。从收入水平来看,2002—2012 年城市居民可支配收入和农村居民纯收入分别由 7703 元、2476 元提升至 24565 元、7917 元。从收入结构来看,城镇居民的经营性、财产性收入比重以及农村居民的工资性、财产性、转移性收入比重得到提升(见表 2.11)。

---

① 1996 年八届全国人大四次会议《国民经济和社会发展"九五"计划和 2010 年远景目标纲要》指出"建设社会主义法制国家"的目标;1997 年 10 月党的十五大将"法制"改为"法治",首次明确"建设社会主义法治国家"。1999 年 3 月全国人大对 1982 年宪法进行修改,将法治与法治国家予以宪法确认。

② 《中华人民共和国物权法》由十届全国人大五次会议于 2007 年 3 月 16 日通过,自 2007 年 10 月 1 日起施行;《中华人民共和国劳动合同法》由十届全国人大常委会二十八次会议于 2007 年 6 月 29 日通过,自 2008 年 1 月 1 日起施行;《中华人民共和国反垄断法》由十届全国人大常委会二十九次会议于 2007 年 8 月 30 日通过,自 2008 年 8 月 1 日起施行。

表 2.10 1995—2013 年中国城乡居民家庭十等分组的财产份额变化

(单位:%)

十等分组	农村			城镇			全国		
	1995 年	2002 年	2013 年	1995 年	2002 年	2013 年	1995 年	2002 年	2013 年
1(低)	3.1	2.0	0.32	0.7	0.2	0.54	2.0	0.7	0.14
2	4.7	3.7	0.24	2.2	2.6	1.25	3.8	2.1	0.19
3	5.8	4.9	1.41	3.2	4.0	3.22	5.0	3.0	1.13
4	6.7	6.0	2.81	4.3	5.3	4.10	6.1	3.8	2.61
5	7.7	7.1	4.89	5.6	6.5	5.08	7.2	4.8	3.65
6	8.8	8.4	7.41	7.3	8.0	6.54	8.4	6.2	7.90
7	10.2	9.9	10.36	9.3	9.9	10.03	9.8	8.3	10.76
8	12.0	12.0	15.35	12.1	12.6	14.26	11.8	11.8	14.66
9	14.9	15.6	19.54	16.9	17.2	19.65	15.2	17.9	19.34
10(高)	26.2	30.5	37.67	38.5	33.9	35.33	30.8	41.4	39.62

资料来源:1995 年、2002 年数据来自李实、魏众、丁赛:《中国居民财产分布不均等及其原因的经验分析》,《经济研究》2005 年第 6 期;2013 年数据来自林芳、蔡翼飞、高文书:《城乡居民财富持有不平等的折射效应:收入差距的再解释》,《劳动经济研究》2014 年第 6 期。

表 2.11 2002 年和 2012 年中国城乡居民人均年收入结构

(单位:元;%)

城乡	年份	金额或占比	全部年收入	工资性	经营性	财产性	转移性
城镇	2002	金额	8177.40	5739.96	332.16	102.12	2003.16
		占比	100	70.19	4.06	1.25	24.50
	2012	金额	26958.99	17335.62	2548.29	706.96	6368.12
		占比	100	64.30	9.45	2.62	23.62
农村	2002	金额	3448.62	840.22	2380.51	50.68	177.21
		占比	100	24.36	69.03	1.47	5.14
	2012	金额	10990.67	3447.46	6460.97	249.05	833.18
		占比	100	31.37	58.79	2.27	7.58

注:由于四舍五入,占比加总并不精准等于 100%。

资料来源:中华人民共和国国家统计局:《中国统计年鉴》(2003),中国统计出版社 2003 年版,第 355 页、369 页;中华人民共和国国家统计局:《中国统计年鉴》(2013),中国统计出版社 2013 年版,第 388 页、第 401 页。

第三,财税和社会保障制度改革推进,农村居民社会保险制度建立,社会保障实现全覆盖。国家财政朝着健全和完善公共财政体制的改革目标发展。这一阶段实现统一内外资企业税制,恢复国有企业上缴利润措施,多次调整完善个人所得税和消费税等政策。强化政府公共服务职能,基本公共服务加快均等化,教育、卫生、社会保障和就业等民生领域支出进一步提升,财政支出结构不断优化。自 2002 年党的十六大提出"统筹城乡经济社会发展"方针以及 2003 年党的十六届三中全会将"统筹城乡发展"置于"五个统筹"之首后,农村改革发展亮点突出。时隔 18 年,2004 年中央"一号文件"再次聚焦"三农"问题,接连 8 年"一号文件"积极贯彻"多予、少取、放活"的方针,例如全面取消农业税,免除农村、城市义务教育学生学杂费。2007 年 8 月颁发《国务院关于在全国建立农村最低生活保障制度的通知》,决定在全国普遍建立农村最低生活保障制度——较城镇晚了 8 年;同年颁布《国务院关于解决城市低收入家庭住房困难的若干意见》,将住房困难纳入公共服务体制改革,加快推进城镇保障性住房建设。2003 年,新型农村合作医疗保险("新农合")在全国部分县(市)试点,2008 年实现制度全覆盖,2010 年基本覆盖全体农村居民(人群全覆盖);2009 年,新型农村社会养老保险("新农保")在 320 个县市试点,2011 年城镇居民社会养老保险试点,2012 年新型农村社会养老保险制度和城镇居民社会养老保险制度实现全民覆盖。统筹城乡发展战略推动农村贫困大幅减少,农村居民社会保障的覆盖范围空前扩大。

这一阶段效率与公平逐渐协调化,人民生活水平大幅提高,在很大程度上是由于整体社会理念转变对政府与市场关系的处理起到规范功能。1997 年提出"建设社会主义法治国家",但往后多年只是停留在口号层面。后来,2002 年党的十六大将"社会更加和谐"列入全面建设小康社会的重要目标,2004 年党的十六届四中全会明确提出"构建社会主义和谐社会",其特征是"民主法治、公平正义、诚信友爱、充满活力、安定有序、人与自然和谐相处"。2006 年党的十六届六中全会进一步明确"建设社会主义核心价值体系"的战略任务①。之前发展阶段几乎是不存在社会价值理念的②，因为此前解决物质温饱和开启工业化的主要任务决定了国家政策侧重经济"水平""效率"提升，而忽视"差距"合理、公平正义等内容。价值理念或规范属于社会逻辑的范畴，是特定历史时期的产物。

（三）权利配置特征：市场化法治化的参与和分配、社会保障全覆盖

21世纪头20年我国经济体制改革的主要任务是"完善社会主义市场经济体制"；2003—2012年我国仍处于工业化中期，"新型工业化""中国特色的城镇化"仍是党和国家的重要工作③。市场的基础性作用在更大程度上逐渐从制度上得到发挥，在社会逻辑的规范下，政府职能转变加快，更加注重社会建设。这一时期的生产与分配呈现出以下权利配置特征：

首先，要素资源配置在更大程度上遵从市场原则，并获得明确的法律保护。在市场发挥更大的基础性作用背景之下，"一切劳动、知识、技术、管理和资本的活力竞相迸发"。劳动就业方面，2007年6月和8月全国人大常委会分别通过《中华人民共和国劳动合同法》《中华人民共和国就业促进法》，劳动者自由择业、充分就业及其合法权益保护有了制度保障，有利于提高劳动者与资本用工方的平等谈判能力；同时随着新型工业化和城镇化加速推进，农业人口转移继续加快，2012年农民工总量达到2.63亿人，其中外出农民工1.63亿人（见表2.12）；城镇化率由2003年的40.53%迅速提升至2012年的52.57%。这一时期，附着在劳动者身上的知识、技术、管理要素进一步增加，凭借人力资本进入市场从事经济活动的劳动者数量大幅提高。《中华人民共

---

① 2012年11月党的十八大进一步明确24字的"社会主义核心价值观"内涵。

② 即使是之前出现过的"平均主义"等倾向和思想，也不属于社会规范的范畴，它更大程度上是由政府行政逻辑塑造的。

③ 《江泽民文选》第三卷，人民出版社2006年版，第545—546页。

和国物权法》将土地承包经营权明确界定为用益物权,从财产权角度对农民土地权利进行法律保护;物权法中规定的所有权、用益物权和担保物权等制度,是实行社会主义市场经济体制的基本制度。《中华人民共和国反垄断法》成为市场经济的"经济宪法",平等保护各类所有制资本自由竞争的参与权利,非公有制资本、港澳台资本和外商资本进一步发展,充分激发市场活力。一系列市场经济基本法律的颁布和实施,让合同执行和经济活动参与人的财产安全得到有效保障,使各类要素资源的市场参与权利更加平等化、法治化。

表 2.12　2008—2012 年中国农民工数量　　（单位:万人）

年份	2008	2009	2010	2011	2012
农民工总量①	22542	22978	24223	25278	26261
1. 外出农民工	14041	14533	15335	15863	16336
（1）住户中外出农民工	11182	11567	12264	12584	12961
（2）举家外出农民工	2859	2966	3071	3279	3375
2. 本地农民工	8501	8445	8888	9415	9925

资料来源:彭丽荃:《2012 年农民工监测报告》,见中华人民共和国国家统计局:《2013 中国发展报告》,中国统计出版社 2013 年版,第 111 页。

其次,市场化下按生产要素分配原则进一步完善,居民收入权更加广泛化。从 1997 年党的十五大第一次提出"把按劳分配和按生产要素分配结合起来",到 2002 年十六大"确立劳动、资本、技术和管理等生产要素按贡献参与分配的原则",以及 2007 年十七大"健全劳动、资本、技术、管理等生产要素按贡献参与分配的制度"②,按生产要素分配原则得到持续贯彻。加之,在政策层面强调赋予群众更多的财产性收入。在相当长一段时期内,资本要素相对

①　农民工指户籍仍在农村,在本地从事非农产业或外出从业 6 个月及以上的劳动者。本地农民工指在户籍所在乡镇地域以内从业的农民工;外出农民工指在户籍所在乡镇地域外从业的农民工。

②　2012 年党的十八大重申"继续完善劳动、资本、技术、管理等要素按贡献参与分配的初次分配机制"。

于普通劳动力要素较为稀缺,资本收益率较高,在要素收入分配格局上资本收入权处于强势地位;进入工业化中期后,经济发展对劳动者技能和素质要求不断提高,随着劳动者之间人力资本差异的扩大,劳动者内部收入水平也日益分化。城镇化过程中,农民工收入水平实现快速提升,2008—2012 年外出务工农民工的人均月收入从 1340 元增加至 2290 元(见表 2.13)。值得强调的是,这一时期"统筹城乡发展"战略成为新亮点,一系列惠农政策的实施大大拓展了农业和农村发展空间,农村经济结构加快调整,农业产业化经营加快推进,促进农民持续增收。从收入水平和来源看,城乡居民收入权得到进一步提升,但由于不同居民的要素禀赋差异及随之的市场参与贡献差异的扩大,个体收入差距仍处于高位。国家统计局数据显示,全国居民收入基尼系数从 2003 年的 0.479 逐渐上升,2008 年达到峰值 0.491,之后缓慢下降到 2012 年的 0.474。但真实的收入差距是否下降,仍然存疑(李实,2018)。

表 2.13 2008—2012 年全国外出农民工在不同地区务工的人均月收入水平

(单位:元)

年份	2008	2009	2010	2011	2012
全国	1340	1417	1690	2049	2290
东部地区	1352	1422	1696	2053	2286
中部地区	1275	1350	1632	2006	2257
西部地区	1273	1378	1643	1990	2226

注:另有 0.3% 农民工在港澳台地区及国外从业,境外就业农民工月均收入 5550 元。
资料来源:国家统计局。

最后,再分配制度更加注重公平和城乡协调,社会保障制度实现划时代意义的全覆盖。税费方面,统一内资和外资企业税收制度,实现内外资本税收公平待遇;多次改革个人所得税制度,调整工薪和个体工商户所得税免征额,一定程度上降低中低收入者税负;实施取消农业税、免除义务教育学杂费等政策,大大减轻广大群众家庭负担。2007—2012 年,国家财政教育支出、医疗卫生支出、支农性支出占全部财政支出的比重进一步提高,社会保障和就业支出占比也基本稳定在 10% 左右(见图 2.9)。随着农村改革发展重新得到重视,城乡基本公共服务均等化加快推进,尤其是农村居民社会保障制度基本建立,彻底改变了之前农村居民基本没有社会保障的状况。同时,社会救助体系不断完善,特别是农村居民最低生活保障覆盖人群持续扩大,2012 年达到 5345 万人(见表 2.14)。各类社会保险参与人数和支付待遇不断增加,社会化管理服务、基层劳动就业和社会保障服务设施建设加速推进。① 2012 年全国社会保险基金收支情况如表 2.15 所示。另外,2012 年基本建成城镇保障性住房

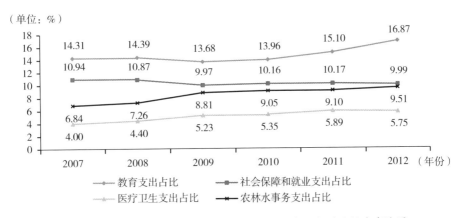

（单位：%）

图 2.9　2007—2012 年中国部分财政支出项目占国家财政总支出比重

注：2007 年起财政收支科目实施较大改革,支出项目口径变化较大,与往年不可比。

资料来源：国家统计局网站。

---

① 到 2012 年年末,全国参加城镇职工基本养老保险人数达到 30427 万人,连续第 8 年提高企业退休人员基本养老金水平;城乡居民社会养老保险实现制度全覆盖,参保人数达到 48370 万人,有 13075 万城乡居民领取了基本养老金;参加城镇基本医疗保险 53641 万人,其中参加城镇职工基本医疗保险 26486 万人,比上年年末增加 1258 万人,参加城镇居民基本医疗保险 27156 万人,比上年年末增加 5040 万人;参加工伤保险 19010 万人,比上年年末增加 1314 万人,其中农民工参加工伤保险 7179 万人,比上年年末增加 352 万人;参加失业保险、生育保险人数分别为 15225 万人、15429 万人,分别比上年增加 908 万人、1537 万人;全国已纳入社区管理的企业退休人员达到 5328 万人,占企业退休人员总数的 78.3%,乡镇(街道)劳动就业和社会保障服务设施建设试点范围进一步扩大。参见饶志刚：《2012 年社会保障发展报告》,见中华人民共和国国家统计局：《2013 中国发展报告》,中国统计出版社 2013 年版,第 119 页。

601 万套,新开工建设 781 万套。由此,涵盖居民医疗、养老、工伤、失业、生育等社会保险和保障性住房、最低生活保障的社会保障和救助体系基本建立,尤其是社会保障制度实现管理服务社会化、资金来源多元化、制度规范化、范围全覆盖。

表 2.14　2002—2012 年中国各类社会救助人数　（单位:万人）

年份	2002	2003	2004	2005	2006	2007	2008	2009	2010	2011	2012
城市最低生活保障	2065	2247	2205	2234	2240	2272	2335	2346	2311	2277	2144
农村最低生活保障	408	367	488	825	1593	3566	4306	4760	5214	5306	5345
农村集中供养五保	—	—	—	—	—	138	156	172	177	185	185
农村分散供养五保	—	—	—	—	—	393	393	382	379	367	360
农村传统救济	—	—	—	—	116	75	72	62	60	69	80

注:传统救济人员指国家规定由民政部门救济的特殊人员和 20 世纪 60 年代精简退职老职工救济人员,其中特殊人员包括麻风病人、原国民党起义、投诚人员、归侨、台胞台属、宽大释放人员、摘掉右派帽子人员、因公负伤的下乡知青、因计划生育手术事故造成死亡和丧失劳动能力人员等传统民政救济对象。

资料来源:国家统计局网站。

表 2.15　2012 年全国社会保险基金决算情况　（单位:亿元）

保险基金类型	收入	支出	收支结余	滚存结余
全国社会保险基金总计	31411	23931	7480	37540
企业职工基本养老保险基金	18300	13948	4352	22694
失业保险基金	1139	450	689	2930
城镇职工基本医疗保险基金	5909	4726	1183	6682
工伤保险基金	506	387	119	844
生育保险基金	299	213	86	419
居民社会养老保险基金	1966	1212	754	2360
居民社会医疗保险基金	3262	2994	268	1611

资料来源:财政部网站。

第三节　中国特色社会主义新时代(2013 年至今):
效率与公平趋于协调的共同富裕

2012 年党的十八大以后,中国特色社会主义进入新时代,开启全面深化改革新征程,加快完善社会主义市场经济体制。在新的历史方位,经济发展与社会民生建设的关系更加密切,市场、政府、社会三重逻辑相互交织演进。这一时期生产和分配制度改革最显著的特征是,全面深化经济与社会等各方面改革,突出强调共享发展,把逐步实现全体人民共同富裕摆在更加重要的位置上,保障和改善民生的层次和水平进一步提高,推动以人民为中心的发展,逐步实现第一要务与人民性的有机统一。

一、政策导向:融合增长效率与分享公平的共同富裕

2012 年 11 月党的十八大强调,加快完善社会主义市场经济体制,完善基本经济制度和分配制度,更大程度更广范围发挥市场在资源配置中的基础性作用,完善宏观调控体系,推动经济更有效率、更加公平、更可持续发展;"经济体制改革的核心问题是处理好政府和市场的关系,必须更加尊重市场规律,更好发挥政府作用";推动政府职能向"创造良好发展环境、提供优质公共服务、维护社会公平正义"转变。2013 年党的十八届三中全会将市场配置资源的"基础性作用"改为"决定性作用"。

生产和分配政策的公平导向进一步强化,向平衡效率与公平的共享分配发展。党的十八大报告指出,要坚持维护社会公平正义、走共同富裕道路、促进社会和谐,实现发展成果由人民共享,努力实现"两个同步"、提高"两个比重"①,并重申党的十七大的"初次分配和再分配都要兼顾效率和公平,再分配

---

① 即"实现居民收入增长和经济发展同步、劳动报酬增长和劳动生产率提高同步,提高居民收入在国民收入分配中的比重,提高劳动报酬在初次分配中的比重"。

更加注重公平"；要完善劳动、资本、技术、管理等要素按贡献参与分配的初次分配机制，加快健全以税收、社会保障、转移支付为主要手段的再分配调节机制。党的十八届三中全会明确将促进社会公平正义，增进人民福祉作为改革出发点和落脚点，从劳动报酬增长与协商机制、要素报酬市场决定机制、投资回报机制及财产性收入增长等初次分配机制，以及再分配调节机制、分配秩序方面完善收入分配。党的十八届四中全会强调"依法治国"，依法制约行政权力在资源配置中的作用，强化了法治在收入分配中的利益调节器功能。党的十八届五中全会提出"创新、协调、绿色、开放、共享"的新发展理念，要求坚持共享发展，作出更有效的制度安排，使全体人民在共建共享发展中有更多获得感。

党的十九大报告进一步指出，要坚持以人民为中心、坚持新发展理念、坚持社会主义核心价值体系、坚持在发展中保障和改善民生，这进一步推动公平正义和共享发展成为全社会的共同取向。同时指出，在 2020 年全面建成小康社会基础上，经过两个阶段发展，到 2050 年基本实现全体人民共同富裕。① 继续强调"坚持按劳分配原则，完善按要素分配的体制机制"，坚持"两个同步"，并拓宽居民劳动收入和财产性收入渠道。社会保障制度需按照兜底线、织密网、建机制的要求，朝着"覆盖全民、城乡统筹、权责清晰、保障适度、可持续的多层次社会保障体系"目标努力，打赢脱贫攻坚战。党的十九届四中全会将社会主义基本经济制度的内涵从"公有制为主体、多种所有制经济共同发展"拓展为"公有制为主体、多种所有制经济共同发展，按劳分配为主体、多种分配方式并存，社会主义市场经济体制等"②，由此，基本分配制度、社会主

---

① 到 2035 年，基本实现社会主义现代化，实现"人民生活更为宽裕，中等收入群体比例明显提高，城乡区域发展差距和居民生活水平差距显著缩小，基本公共服务均等化基本实现，全体人民共同富裕迈出坚实步伐"；到 21 世纪中叶，把我国建成富强民主文明和谐美丽的社会主义现代化强国，"全体人民共同富裕基本实现"。

② 《中共中央关于坚持和完善中国特色社会主义制度 推进国家治理体系和治理能力现代化若干重大问题的决定》，人民出版社 2019 年版，第 18 页。

义市场经济体制也成为基本经济制度的重要范畴。

党的二十大报告深刻指出,中国式现代化是全体人民共同富裕的现代化,共同富裕是中国特色社会主义的本质要求。我们坚持把实现人民对美好生活的向往作为现代化建设的出发点和落脚点,着力维护和促进社会公平正义,着力促进全体人民共同富裕。同时,重申2035年"人的全面发展、全体人民共同富裕取得更为明显的实质性进展"的重要目标。

这一时期,社会逻辑对平衡效率与公平起到更为突出、更加重要的规范功能,传统的政府与市场关系逐渐丰富为市场、政府与社会三者关系。继承2006年党的十六届六中全会"建设社会主义核心价值体系"这个命题和任务,2012年党的十八大正式提出社会主义核心价值观,明确"自由、平等、公正、法治"是社会层面的价值取向①,2017年党的十九大进一步指出,社会主义核心价值观"凝结着全体人民共同的价值追求",要"把社会主义核心价值观融入社会发展各方面,转化为人们的情感认同和行为习惯"。党的二十大报告则强调要"以社会主义核心价值观为引领","巩固全党全国各族人民团结奋斗的共同思想基础"。社会主义核心价值观比之前的"法治国家""和谐社会"等理念内涵更进一步,是社会各方面发展的共同价值观。进入新时代以后,整个社会的共同价值观基本建立。

二、制度逻辑:三元制度逻辑的动态均衡化

随着中国特色社会主义进入新时代,社会主要矛盾从"人民日益增长的物质文化需要同落后的社会生产之间的矛盾"转变为"人民日益增长的美好生活需要和不平衡不充分的发展之间的矛盾"。社会主要矛盾的转变,对经济社会发展的制度和政策创新提出了新的更高要求。在社会主义核心价值观

---

① 24字社会主义核心价值观的基本内容:富强、民主、文明、和谐是国家层面的价值目标,自由、平等、公正、法治是社会层面的价值取向,爱国、敬业、诚信、友善是公民个人层面的价值准则。下文中,将社会层面的社会主义核心价值观称为"社会共同价值观"。

的引领下，坚持以人民为中心，加快完善社会主义市场经济体制，并在发展中不断提高保障和改善民生水平，推动改革发展成果全民共享，推进共同富裕。这一时期全面深化改革，市场在资源配置中起"决定性"作用，同时政府职能加快转变，政府作用实现更好发挥，尤其是广大人民群众的获得感和幸福感进一步提高。总之，由于社会共同价值观的形成，制度变迁的社会逻辑逐渐提升到与市场、政府逻辑同等重要的层面。因此，这一时期的生产和分配制度逐渐实现市场激励、政府调节与社会规范三元制度逻辑的融合与均衡化，主要体现在：

第一，公有制经济和非公有制经济发展进入新的春天，产权制度和要素市场化配置进一步完善。党的十八大以来，中央多次重申自党的十六大以来坚持的"两个毫不动摇"，党的十九大则将其作为新时代坚持和发展中国特色社会主义的基本方略，进一步把它确定为党和国家的一项重要大政方针，这给非公有资本要素和非公有制经济发展吃了"定心丸"，打了"强心剂"，"让民营企业真正从政策中增强获得感"。同时，国家明确提出保证各种所有制经济依法平等使用生产要素、公平参与市场竞争、同等受到法律保护，促进权利平等、机会平等、规则平等，使要素市场化配置加快推进，非公有制经济活力和创造力进一步激发。同时，国有企业改革不断深化，推进政企分开，根据国有企业性质和功能的不同明确提出分类改革的战略方向，加快推进混合所有制经济改革，实现国有资本保值增值。非公有制经济进一步发展，为促进创业就业、推动技术创新、增加国家税收作出重要贡献。2021年我国民营经济贡献了59.6%的税收、96%的企业数量；截至2022年年底，我国各类市场主体总量达1.69亿户，企业和个体工商户分别历史性地迈上5000万户和1亿户的大台阶。在这一过程中，新型工业化、信息化、城镇化、农业现代化加快协同推进，城镇化率由2012年的52.57%上升至2022年的65.22%。

第二，农村改革和农业转移人口市民化推进改革红利惠及农村地区和弱势群体。农村改革主要体现在土地制度改革、经营组织制度改革、农民持续增收政策以及全局性的乡村振兴战略等方面。首先，2013 年中央"一号文件"提出全面开展农村土地确权登记颁证工作，到 2018 年年底已基本完成；2014 年中央"一号文件"提出"在落实农村土地集体所有权的基础上，稳定农户承包权、放活土地经营权"，即"三权"分置，这是继家庭联产承包责任制之后的又一重大制度创新；2016 年 10 月中共中央办公厅、国务院发布《关于完善农村土地所有权承包权经营权分置办法的意见》，明确了"三权"分置的配套措施；这一时期还启动新一轮《中华人民共和国土地管理法》的全面修订。其次，农村经营组织制度改革方面，2016 年 12 月发布《关于稳步推进农村集体产权制度改革的意见》，提出废止农村政经合一体制，村组（特别是经济发达地区）要建立集体经济组织，并探索农民有偿退出集体经济组织的条件及程序，但现阶段农民有偿退出不能超出本集体经济组织的范围；这是中央第一次系统地对农村两类组织分开、独立运行提出改革要求，区分了农民的集体经济组织成员权利和社区成员权利，并且，集体经济组织成员权利的转让，给予农民较大的自由选择权。再次，农民增收政策方面，很多其他政策都间接起到增收效果，但由于传统动能逐渐减弱，农民增收进入爬坡过坎的关键时期[1]，为此，2016年 11 月国务院办公厅专门印发《关于完善支持政策促进农民持续增收的若干意见》，与过去政策相比，该意见十分强调鼓励非农领域资本进入农业，推动农村发展，且表述与以往政策意见有较大不同[2]。最后，巩固脱贫攻坚成果与乡村振兴战略有机衔接，将"三农"问题上升到更高层次，加快推进农业农村现代化，促进农民富裕。农业转移人口市民化作出前所未有的努力[3]，改革

---

[1]　参见 2016 年 12 月《拓宽新渠道 挖掘新潜力 培育新动能 确保农民收入持续增长——国家发改委有关负责人就〈国务院办公厅关于完善支持政策促进农民持续增收的若干意见〉答记者问》。

[2]　党国英：《当前中国农村改革的再认识》，《学术月刊》2017 年第 4 期。

[3]　例如，加快户籍制度改革，简化农业人口进城落户条件，降低落户门槛，并要求更好实现农民"举家"迁入；实施农业转移人口进城的"双挂钩"政策（即财政转移支付同农业转移人口市民化挂钩政策、城镇建设用地增加规模与吸纳农业转移人口落户数量挂钩政策），促进农村人口的转移。

决心和力度大,有效改善了农业转移人口的城市定居条件。

第三,按劳分配和按要素分配的体制机制进一步完善,收入分配更加体现知识价值导向。2013 年 2 月《国务院批转发展改革委等部门关于深化收入分配制度改革若干意见的通知》明确提出,要促进就业机会公平,提高劳动者职业技能,促进中低收入职工工资合理增长,加强国有企业高管薪酬管理,完善机关事业单位工资制度,健全技术要素参与分配机制,多渠道增加居民财产性收入,加快推动形成主要由市场决定生产要素价格的机制。2016 年 11 月,为加快实施创新驱动发展战略、激发创新创业积极性,中共中央办公厅、国务院办公厅印发《关于实行以增加知识价值为导向分配政策的若干意见》,期望构建体现增加知识价值的收入分配机制,这充分体现了尊重劳动、尊重知识、尊重人才、尊重创造的分配导向。各地最低工资标准不断上调,工资集体协商机制加快推行和完善,宏观上的劳动收入份额也呈现缓慢回升态势。劳动、资本、技术、管理等要素按贡献参与分配的机制进一步完善,2013—2022 年城镇居民经营净收入、财产净收入、转移净收入占比和农村居民工资性收入、财产净收入、转移净收入占比实现一定程度的提升(见表 2.16)。

表 2.16　2013—2022 年中国居民人均可支配收入及其结构

(单位:元;%)

年份	2013	2014	2015	2016	2017	2018	2019	2020	2021	2022
全国										
可支配收入合计	18311	20167	21966	23821	25974	28228	30733	32189	35128	36883
工资性收入占比	56.86	56.63	56.72	56.48	56.29	56.08	55.92	55.66	55.88	55.83
经营净收入占比	18.76	18.51	18.01	17.71	17.33	17.19	17.07	16.49	16.78	16.74
财产净收入占比	7.77	7.87	7.92	7.93	8.11	8.43	8.52	8.67	8.76	8.75
转移净收入占比	16.61	16.99	17.35	17.88	18.26	18.31	18.48	19.18	18.59	18.69
城镇										
可支配收入合计	26467	28844	31195	33616	36396	39251	42359	43834	47412	49283
工资性收入占比	62.78	62.19	61.99	61.47	61.00	60.62	60.35	60.18	60.07	60.02

续表

年份	2013	2014	2015	2016	2017	2018	2019	2020	2021	2022
经营净收入占比	11.24	11.37	11.14	11.21	11.17	11.32	11.43	10.75	11.35	11.33
财产净收入占比	9.64	9.75	9.75	9.73	9.91	10.26	10.37	10.56	10.66	10.63
转移净收入占比	16.33	16.70	17.12	17.58	17.93	17.8	17.85	18.52	17.92	18.02
农村										
可支配收入合计	9430	10489	11422	12363	13432	14617	16021	17131	18931	20133
工资性收入占比	38.73	39.58	40.27	40.62	40.93	41.02	41.09	40.71	42.04	41.97
经营净收入占比	41.73	40.39	39.43	38.35	37.43	36.66	35.97	35.47	34.68	34.63
财产净收入占比	2.07	2.12	2.21	2.20	2.26	2.34	2.35	2.46	2.48	2.53
转移净收入占比	17.48	17.89	18.09	18.83	19.38	19.98	20.59	21.37	20.8	20.88

注：2013 年起国家统计局开展城乡一体化住户收支与生活状况调查，与 2013 年前分城镇和农村住户
　　调查的范围、方法、口径有所不同。由于四舍五入，部分年份各项收入占比加总并不精准等于
　　100%。
资料来源：国家统计局网站。

　　第四，财政税收、社会保障等再分配机制彰显共享发展的公平性、充分性。首先，新一轮财税体制改革全面启动，通过"立柱架梁"，全局性、支撑性的财税体制框架初步形成。以四本预算构建的全口径政府预算体系得以建立，预决算公开透明化，一般性转移支付增长机制不断完善①，地方政府债务管理及风险预警制度逐步建立；税收制度趋于公平统一、调节有力，启动增值税、消费税、资源税、环境税、个人所得税、房地产税六个税种的改革，尤其是个人所得税改革力度大、惠及范围广②，房地产税则进入改革方案设计完善阶段。其次，社会保障城乡统筹、全国统一加快推进，其公平性、充分性显著提高。2014

---

　　① 但仍存在较大问题。例如，2017 年一般性转移支付中有 37 项 12434.42 亿元资金指定了用途，加上专项转移支付，地方无法统筹使用的资金占比仍达 60%；部分转移支付安排出现交叉重叠，对同类事项或支出通过多个渠道安排资金。参见《国务院关于 2017 年度中央预算执行和其他财政收支的审计工作报告》。
　　② 主要内容包括：将免征额由每月 3500 元提至每月 5000 元（每年 6 万元）；对工资薪金、劳务报酬、稿酬和特许权使用费等四项劳动性所得首次实行综合征税；首次增加子女教育支出、继续教育支出、大病医疗支出、住房贷款利息或者住房租金、赡养老人等专项附加扣除；优化调整税率结构，扩大较低档税率级距。

年 4 月和 2016 年 1 月,国务院分别印发《关于建立统一的城乡居民基本养老保险制度的意见》《关于整合城乡居民基本医疗保险制度的意见》,合并新型农村社会养老保险和城镇居民社会养老保险、新型农村合作医疗保险和城镇居民基本医疗保险,推动建立全国统一的城乡居民基本养老保险制度和城乡居民医疗保险制度。2022 年全国参加基本养老保险、基本医疗保险人数分别达到 10.53 亿人、13.46 亿人,失业保险、工伤保险、生育保险参保人数也实现空前提高(见表 2.17)。这一时期动员全党全国全社会力量,实施精准扶贫、精准脱贫,2020 年现行标准农村贫困人口全部实现脱贫,取得历史性成就。

表 2.17   2012—2022 年中国各类社会保险参保人数   (单位:万人)

年份	2012	2013	2014	2015	2016	2017	2018	2019	2020	2021	2022
基本养老保险	78796	81968	84232	85833	88777	91548	94293	96754	99865	102871	105301
基本医疗保险	53641	57073	59747	66582	74392	117681	134459	135407	136131	136297	134570
失业保险	15225	16417	17043	17326	18089	18784	19643	20543	21689	22958	23807
工伤保险	19010	19917	20639	21432	21889	22724	23874	25478	26763	28287	29111
生育保险	15429	16392	17039	17771	18451	19300	20434	21417	23567	23752	24608

注:2012—2016 年基本医疗保险数据仅为城镇(职工和居民)基本医疗保险人数,未包括农村;基本养老保险包括城镇职工基本养老保险、城乡居民基本养老保险。

资料来源:历年《人力资源和社会保障事业发展统计公报》。

三、权利配置特征:平等化参与、规范化分配、共享化保障

党的十八届三中全会吹响了全面深化改革集结号,坚定社会主义市场经济改革方向,更加注重促进社会公平正义和增进民生福祉。这一时期形成社会发展各方面一以贯之的社会价值观逻辑:自由、平等、公正、法治。在加快完善社会主义市场经济体制的过程中,注重发挥市场在资源配置中的决定性作用和更好发挥政府作用,人民群众获得感、幸福感、安全感更加充实、更有保障、更可持续,共同富裕取得新成效。各类要素和市场主体的权利配置进一步

优化,呈现出以下特征:

第一,要素资源配置发挥市场的决定性作用,要素市场参与权更加平等,更加体现竞争和能力原则。在劳动就业方面,与之前发展阶段相比,这一时期呈现出更加明显的平等性和人力资本导向。劳动者自主就业、市场调节就业、政府促进就业和鼓励创业的方针得以贯彻,城乡、行业、身份、性别等影响平等就业的制度障碍和就业歧视进一步减少,知识型、技能型、创新型劳动者不断增加,劳动关系更加和谐,逐步实现更高质量和更充分就业,2013—2019年连续七年城镇新增就业1300万人以上,疫情冲击下中国经济快速复苏,2020—2022年城镇新增就业也超额完成1100万人的目标任务。随着以公平为核心原则的产权保护制度更加健全,公有制经济和非公有制经济实现蓬勃发展,社会主义市场经济体制加快完善。国有资产管理体制进一步理顺,逐步实现从"管资产"为主向"管资本"为主的转变;非公有制经济获得与公有制经济同等的法律保护和发展权利,"亲清"新型政商关系加快构建,推动非公有制经济健康发展和非公有经济人士健康成长。随着农村土地"三权"分置改革的推进,土地流转交易市场加快发展,土地要素和农业人口转移都获得更大的自由度和选择权。外资准入限制有序放宽,对外投资方式不断创新,国际国内要素流动更加高效、市场趋于融合,开放型经济新体制加速构建。总之,随着经济体制改革的全面深化,要素市场化配置进一步完善。

第二,各类要素收入权更加体现其市场贡献,分配秩序更加规范,但收入差距依然较大。在坚持按劳分配原则、完善按要素分配的体制机制的前提下,"勤劳创新致富"成为新时期居民收入增长的重要基础。随着就业创业体制机制、工资决定和增长机制、最低工资和工资支付保障制度、工资集体协商制度等逐渐完善,居民劳动收入渠道得到进一步拓展,劳动报酬实现一定程度的提高。农村承包地、宅基地、集体经营性建设用地的用益物权逐步得到落实,科研人员、经营管理人员和业务骨干等员工持股加速推广,民众投资渠道及回报机制更加完善,金融产品增值收益增加,大大拓展了居民财产性收入渠道。

巩固拓展脱贫攻坚成果同乡村振兴有效衔接，农民农村共同富裕加快推进，低收入者收入水平大幅提高，中等收入群体规模逐渐扩大。随着依法治国的深入推进，贪污腐败、权钱交易等不正之风得到遏制，非法收入逐渐被取缔，隐性收入进一步被清理，收入分配秩序得到整顿，趋于规范化、公正化。然而，由于不同居民之间物质资本和人力资本要素差异的日益扩大，以及收入分配体制机制仍不够完善，我国收入差距依然处于较高水平。

第三，社会保障制度进一步完善，保障和改善民生的水平空前提高，加快促进共享发展和共同富裕。共同富裕要求实现全民富裕、全面富裕、共建富裕、渐进富裕，这在社会保障和基本公共服务等方面得到充分体现。这一时期，中央、地方事权与支出责任及收入划分更相适应①，基本公共服务事项政府间职责进一步明确，实现基本公共服务保障水平和均等程度的提升。国有企业上缴利润比重尽管仍处于偏低水平，但得到一定程度的提高（见表2.18），并更多上缴公共财政，用于保障和改善民生。基本医疗保险、基本养老保险制度进一步完善，城乡界限逐渐打破，财政补助标准和个人缴费标准适当提高，特别是资助困难群众参保的政策加快落实，大病医保制度自2012年试点到2017年已覆盖城乡居民10.5亿人②，基本医疗保险报销比例不断提高，基本养老保险支付待遇确定机制和基础养老金调整机制进一步完善，推动基本医疗和养老保险制度更加统一化、公平化，保障层次和水平空前提高。

---

① 2016年5月1日起实施《全面推行营改增试点后调整中央与地方增值税收入划分过渡方案》，提出弥补"营改增"后地方财力、兼顾中央和地方利益的过渡性举措；2016年8月发布《国务院关于推进中央与地方财政事权和支出责任划分改革的指导意见》，在将事权与支出责任聚焦于财政事权和支出责任的条件下，主要推进中央与地方财政体制改革；2018年2月国务院办公厅印发《关于基本公共服务领域财政事权和支出责任划分改革方案》，将由中央与地方共同承担支出责任、涉及人民群众基本生活和发展需要的义务教育、学生资助等基本公共服务事项，首先纳入中央与地方共同财政事权范围，同时，制定基本公共服务保障国家基础标准，明确中央与地方分担比例，设立共同财政事权分类分档转移支付，对共同财政事权基本公共服务事项予以优先保障。

② 数据源自国家卫生健康委员会、国务院医改办公室。世界权威医学期刊《柳叶刀》于2017年10月14日刊登题为《中国"大病医保制度"创新值得借鉴》的文章，称赞中国医改经验。

2021 年全国社会保险基金收支总体情况如表 2.19 所示。另外,随着新型城镇化的推进,农业转移人口在城市定居并获得基本公共服务的条件逐步放宽(尽管仍受到不少限制)。党的十八大以来,依靠城乡居民最低生活保障和农村"五保"供养的人口持续减少(见表 2.20),深刻反映"脱真贫、真脱贫"效果卓著,低保、五保制度发挥着重要的兜底保障功能。总体上而言,这一时期系列改革举措让建设"覆盖全民、城乡统筹、权责清晰、保障适度、可持续的多层次社会保障体系"和共同富裕目标变得更加可期。

表 2.18　2012—2019 年国有企业实现利润及上缴情况　(单位:亿元;%)

年份	2012	2013	2014	2015	2016	2017	2018	2019
国有资本收益	1572.84	1651.36	2023.44	2560	2608.95	2578.69	2905.79	3960
国有企业实现利润	21959.6	24050.5	24765.4	23027.5	23157.8	28985.9	33877.7	35961.0
利润上缴比例	7.16	6.87	8.17	11.12	11.27	8.90	8.58	11.01
扣税后的净利润	16469.7	18037.9	18574.1	17270.6	17368.4	21739.43	24653.7	26318.4
扣税后的上缴比例	9.5	9.2	10.9	14.8	15	11.9	11.8	15.0

注:扣税是按照企业所得税 25% 的税率进行计算。
资料来源:根据财政部网站数据计算。

表 2.19　2021 年全国社会保险基金收支情况　(单位:亿元)

收支及结余	合计	企业职工基本养老保险	城乡居民基本养老保险	机关事业单位基本养老保险	职工基本医疗保险	居民基本医疗保险	工伤保险	失业保险
1.收入	96876.79	44454.02	5362.36	15742.46	19011.78	9905.41	941.17	1459.59
(1)保险费	69100.85	35079.86	1563.45	9095.71	17914.38	3244.65	874.39	1328.41
(2)财政补贴	22606.32	6613.02	3310.51	6150.09	239.86	6268.44	23.60	0.80
2.支出	86693.84	40766.30	3711.32	15547.53	14861.02	9328.99	978.52	1500.16
社保待遇支出	82595.86	39773.42	3684.53	15411.02	14861.02	7726.16	967.46	840.48
3.本年收支结余	10182.95	3687.72	1651.04	194.93	4150.76	576.42	−37.35	−40.57
4.年末滚存结余	104719.59	48676.02	11487.92	3738.80	29380.25	6711.53	1412.19	3312.88

资料来源:财政部网站。

表 2.20　2012—2022 年中国城乡居民最低生活保障人数　（单位:万人）

年份	2012	2013	2014	2015	2016	2017	2018	2019	2020	2021	2022
城市最低生活保障	2143.5	2064.0	1877.0	1701.1	1480.2	1261.0	1007.0	860.9	805.1	737.8	683.0
农村最低生活保障	5344.5	5388.0	5207.0	4903.6	4586.5	4045.2	3519.1	3455.4	3620.8	3474.5	3349.0
农村"五保"供养	545.6	537.3	529.1	516.7	496.9	466.8	455	439.1	446.3	437.3	—

注:农村"五保"供养又称农村特困人员供养,含集中供养、分散供养两种形式。

资料来源:国家统计局网站。

第三章 中国共同富裕的历史逻辑：系统化经验总结

上一章对中国共同富裕的实践历程进行了动态跟踪，从生产与分配统一视角较为详细地阐述了各时期共同富裕实践变迁体现的基础逻辑变化，并分析了特定制度逻辑下的权利配置特征，呈现了我国共同富裕实践的阶段性变化。本章将进一步提炼总结我国共同富裕进程的相关历史经验，并尝试将其系统化、理论化。本章将明确生产与分配协同的共同富裕制度变迁方式，在此基础上阐释三元制度逻辑互动平衡的中国特色社会主义市场经济权利配置，以及该权利配置形塑的共同富裕格局，从而厘清新时代新征程中国共同富裕的推进方向。

第一节 共同富裕进程既是演化的又是设计的

在我国社会主义现代化建设征程中，始终存在着对生产与分配等经济制度变迁的理论探讨，尤其是对改革开放至今的伟大变革的分析。就制度变迁方式来看，包括生产和分配在内的经济改革有没有人为的"设计"成分？需不需要"制度设计"？本书认为，从我国共同富裕实践来看，增长与分享有关制度变迁，既有自发演化的成分，又有顶层设计的成分。

一、中国经济改革不是"设计"出来的吗？

新中国成立以来，我国政府一直在进行不同形式的改革。1978年改革开放之前追求的是"公平的"计划经济，是一种强制性或供给主导型的制度变迁，之后则实行更有效率的市场经济。当前回顾中国经济改革历程，"改革"一词在很大程度上意味着市场化的取向。对改革开放之后的经济发展变迁，有学者认为中国经济改革从来都不是"顶层设计"出来的，而是一步一步探索出来的。我们认为，这一观点值得商榷。

必须承认，20世纪70年代末开始的改革的确是由基层自发探索推动的，是一种自下而上的改革。例如，家庭联产承包责任制的推行、乡镇企业及民营经济发展都是源于自发的制度演进。这些自发探索和试验推动了农村经济的快速发展和80年代中期以前城乡收入差距的一次缩小①。深圳经济特区则与当时广东省保安县的"逃港"事件密切相关，后来推动更多经济特区的建立乃至沿海沿江沿边开放。计划内外的价格"双轨制"在80年代合法化之前，各地就已出现一些不在计划之内的小型非国有企业，有着相对独立的价格体系，价格"双轨制"造成了较严重的通货膨胀、经济混乱和寻租腐败。毋庸置疑，改革开放之初，在并不清楚哪种经济体制适合中国国情的历史条件下，"摸着石头过河"确实是一种改革智慧。由于实施自下而上的改革，直至90年代，我国建立起来的仍是半市场经济、半计划经济的过渡性经济体制。

早在20世纪80年代中期，决策层和理论界都认识到改革总是"摸下去"是行不通的，从而提出了改革的"目标模式"问题。在1985年巴山轮会议上②，

---

① Lin, J., "Rural Reforms and Agricultural Growth in China", *American Economic Review*, Vol.82, No.1, 1992.

② 1985年9月2日清晨6点，"巴山"号游轮从重庆朝天门码头驶出，目的地是武汉，行程6天，由数十位国内外顶尖经济专家参与的"宏观经济管理国际研讨会"在船上召开，后人通常把这次会议称为"巴山轮会议"。巴山轮会议召开的一个重要背景是，1984年第四季度中国发生银行信贷失控，投资猛增，消费增长过快，物价上涨幅度达到10%。

匈牙利经济学家科尔奈(Kornai)提出现代经济的目标体制模式可分为行政协调、市场协调两大类,二者又可进一步分为直接行政控制、间接行政控制、没有宏观控制的市场协调、有宏观控制的市场协调四小类,他倾向于选择有宏观控制的市场协调作为改革目标,并得到广泛认同。后来由于 1988 年和 1989 年的经济、政治波动,各界对中国应建立什么样的经济体制又产生分歧,但坚持计划经济的主张占据主流。1992 年,邓小平同志南方谈话纠正了对改革开放政策的模糊认识,继而党的十四大明确我国经济体制改革的目标是"建立和完善社会主义市场经济体制"——这实际上就是当时确定的中国经济改革的"顶层设计"(吴敬琏,2018)。

从改革实践来看,1993 年之后的改革在很大程度上都属于自上而下的改革。例如,价格市场化、分税制取代财政承包制、银行体系改革、汇率和贸易改革、国有企业"抓大放小"、取消福利分房等改革,都是制度供给主体中央政府自上而下的制度安排。当然,其间市场自发逻辑也得到加强,使社会主义市场经济的基本框架在世纪之交迅速成型。中国经济改革形成巨大的"制度落差",那些获得"改革优先权"的地区和领域实现迅猛发展。[1] 不断优化的制度设计和规划有力地推动中国经济体制的完善,为中国经济发展奠定了良好的制度基础。20 世纪 90 年代以来的经济改革推动实现高增长、低通胀,投资贡献和外贸依存度快速提高,资本积累速度加快,人均资本量迅速增长,收入差距也不断拉大。

中国经济改革不但存在人为设计的事实,更应当需要制度的"顶层设计"。进入 21 世纪后,我国经济改革进程明显放缓,这在很大程度上是由于改革进行到一定阶段后,涉及的既得利益者越来越多,且政府自身改革相对滞后,难以真正啃下"硬骨头"。过去的增量改革战略基本没有触动既得利益格局,较大的权力干预空间在一定程度上强化了寻租活动的制度基础。同时,新

---

[1]　杨瑞龙:《论制度供给》,《经济研究》1993 年第 8 期。

时期经济改革"牵一发而动全身",单纯的"摸着石头过河"不再适合新时代的高质量发展要求,因此,需要更加系统性、全局性地进行制度的"顶层设计"和"总体规划"。党的十八届三中全会后进入全面深化改革阶段,尤其强调顶层设计和基层探索相结合,其主要原因就在于此。新时代推进共同富裕,仅仅依靠市场力量自发演化也是绝对不可能实现的,它离不开政府推进的税收调节和基本公共服务均等化。

总的来看,共同富裕视角下的增长与分配制度变迁并不是也不应该是一个完全自发演进的过程。倘若制度如奥地利学派所认为的是完全演化的,那就不需要"改革"了。在推进共同富裕的过程中,政府的正面作用不但不能削弱,还需得到更好的发挥,实现顶层设计与自发探索的有机结合,以不断增强改革的系统性、整体性和协同性。并且,不同发展阶段的制度环境常常会随着前期的利益博弈互动而不断变化,因此新的制度安排就需要根据变化的制度环境来重新设计和制定,从而演化和设计形成一种动态耦合。进一步地,政府在增长与分享协同的共同富裕进程中应发挥什么样的作用? 首先,需要推动建立健全市场经济体制的各种组织和规则。市场经济的有效运行是以各种经济组织和"游戏规则"的建立及完善为基础的,只有各类市场主体、中介组织和服务机构活力焕发,法律规章体系(而不是多变性的"政策")不断完善,市场经济才能更加发达。其次,着力消除阻碍改革推进的各种障碍。我国每一次改革都表明,改革意味着经济利益关系的大调整,而这种利益调整必然会引起既得利益者的阻碍和反抗。政府需要利用经济、行政、教育和法律等手段,采取强制性或引导性的政策措施来推进经济社会制度改革。最后,弥补市场失灵。对基础设施、社会保障、公共服务等领域,市场主体不愿意参与或难以介入,需要政府适当干预和进行宏观调控。在我国转型过程中,由于市场制度不完善,政府发挥了较为积极的作用,以产业政策、"行政指导"等形式主动参与发展,而不仅限于公共事务。实际上,在经济社会制度并不十分完善的当代中国,改革仍面临不少阻力,甚至存在既得利益者运用公共权力"设租""寻租"的现象,因此,推进政府自身改革、防止政府失灵与防止市场失灵同样重要。

二、共同富裕改革需要政府"设计"

"分配制度是促进共同富裕的基础性制度"①。具体谈到收入分配制度改革,更不能脱离政府的制度安排和政策设计。一般来说,收入分配制度改革主要需解决两大难题:一是在经济发展过程中实现收入差距的合理化,避免严重的贫富分化;二是实现分配秩序的规范化,避免分配不公的问题。促进收入差距合理化、实现分配公正,在初次分配和再分配领域都不能脱离政府的制度设计。

首先来回答以下两个问题:实行市场经济就应该坚持"胜者为王"的分配原则? 收入差距会随着经济发展最终自动缩小吗? 前文已经提及,奇诺克、哈耶克等都认为市场化分配仅是个人选择的结果,这种不平等是合理的,因而反对任何形式的政策来调节收入分配。收入分配差距是市场经济的必然结果,但完全的市场化分配势必导致收入差距畸高,加剧贫富分化,这与我国社会主义的本质明显相背离。此外,对库兹涅茨根据欧美国家经验事实得出的收入差距会随着经济发展先扩大、后缩小的"倒 U 型假说"②,一方面本身就存在一些经验证据的争议,另一方面它不应被认为是也不可能是一个完全自然的过程。事实上,发达国家所推行的税收制度、社会保障及福利政策等均表明,社会分配公正存在较大的由政府进行制度和机制设计的可塑性和主动作为

---

① 习近平:《高举中国特色社会主义伟大旗帜　为全面建设社会主义现代化国家而团结奋斗——在中国共产党第二十次全国代表大会上的报告》,人民出版社 2022 年版,第46—47 页。

② 西蒙·库兹涅茨(Simon Kuznets)在 1955 年发表著名论文《经济增长与收入不平等》,从英国、美国和德国的历史数据中发现,19 世纪末,随着经济增长,这些国家的个人收入差距持续扩大,到 20 世纪初,这些国家的个人收入差距又都出现了不同程度的缩小。由此,他认为收入差距的变动与经济发展的不同阶段密切相关。这就是著名的"库兹涅茨假说",又被称为收入差距"倒 U 型假说"。

空间。

邓小平同志在"允许一部分人、一部分地区先富起来""最终实现共同富裕"的"先富共富"有关论述中，前瞻性地直言要防范和克服"自然出现"的两极分化问题，并指出，贫富悬殊和两极分化可能导致社会矛盾尖锐化，进而产生现代化建设和改革开放所必需的社会稳定局面遭受破坏这一严重后果①。收入差距过大、分配不公正不但会加剧社会成员之间的利益矛盾，还会造成严重的社会心理失衡，进而影响经济社会发展过程中"人"的主观能动性、创造性和积极性。过大的收入不平等尤其是分配不公对经济发展、社会稳定所造成的不利影响得到大量研究的证实，例如导致居民消费能力下降，进而造成经济增长动力不足；使中低收入群体难以积累人力资本，陷入贫困陷阱而不能自拔，降低社会流动性和加剧收入固化；降低社会成员的相互信任，提高交易成本，甚至引发社会矛盾等。② 总的来看，收入分配是关系到每一个社会成员切身利益的社会公平问题。合理的收入分配是社会持续进步的动力，而不合理的收入差距、不公正的分配秩序对经济发展和社会稳定具有严重危害。

扎实推进共同富裕，在初次分配和再分配领域都需要政府进行有效的制度安排和政策设计。首先，在初次分配领域，发挥市场在资源配置中的决定性作用，离不开政府的支持。从劳动力市场及就业来看，中国劳动力市场仍然存在一定的城乡分割，居民就业中的户籍歧视、性别歧视、院校歧视等依然存在；

---

① 仅 1990 年 4 月至 1993 年 9 月，见于《邓小平文选》第三卷和《邓小平年谱（1975—1997）》在不同场合发表的谈话中，邓小平同志至少 6 次谈及分配问题。

② Acemoglu, D., "Matching, Heterogeneity, and the Evolution of Income Distribution", *Journal of Economic Growth*, Vol. 2, No. 1, 1997; Alesina, A., Rodrik, D., "Distributive Politics and Economic Growth", *Quarterly Journal of Economics*, Vol. 109, No. 2, 1994; Alesina, A., Perotti, R., "Income Distribution, Political Instability, and Investment", *European Economic Review*, Vol. 40, No. 6, 1996; Murphy, K. M., Shleifer, A., Vishny, R., "Income Distribution, Market Size, and Industrialization", *Quarterly Journal of Economics*, Vol. 104, No. 3, 1989; Perotti, R., "Political Equilibrium, Income Distribution, and Growth", *Review of Economic Studies*, Vol. 60, No. 4, 1993; Perotti, R., "Growth, Income Distribution, and Democracy: What the Data Say", *Journal of Economic Growth*, Vol. 1, No. 2, 1996.

同时,"同工不同酬"现象较为普遍,工资支付及增长机制不完善,工会职能主要限于组织文体活动和发放节日福利,而进行集体工资谈判等职能则未得到发挥,员工权益保障力度较弱。资本要素方面,非公有制资本面临一些不合理的行业准入限制,部分行业的国有资本垄断及对民营资本的排斥依然存在,尤其是在金融等垄断程度较高的部门领域,这些行业人员收入超过市场均衡工资水平,拉大了行业收入差距。农村土地市场尚未完全建立,农民土地的用益物权难以真正落实等。此外,收入分配秩序不规范则产生一些不透明的隐性收入和非法收入。初次分配是国民收入分配的首要环节,牵涉面十分广泛,若这一环节出现重大的社会不公正,则直接导致初次分配结果的不合理,而这在政府再分配环节也将难以扭转。其次,在再分配领域,税收、社会保障和公共服务、转移支付等都是政府再分配的重要手段。目前,我国税收以间接税为主,直接税比重偏低,税收难以触及自然人,且针对自然人的个人所得税在很大程度上属于工薪税,税收调节力度不大,不利于缩小收入差距。社会保障制度和基本公共服务体系实现全覆盖,但存在待遇差别较大、保障水平不高的问题,且仍有部分困难群众未脱贫,影响社会公正性。转移支付方面,一般性转移支付比重以及贫困人口、贫困地区和农村地区的福利保障支出比重仍有待提高。政府再分配调节力度不足,甚至出现逆调节现象,再分配环节仍有待完善。因此,无论是初次分配还是再分配[①],我国政府都存在较大的制度设计和政策调节的空间,需要更好发挥政府这一制度供给主体的作用。

当然,事实上中国分配制度改革的顶层设计始终在不断完善,尤其是新时代以来,收入分配制度改革创新深入推进,目标更为明确、机制更为顺畅、措施更为有力,坚持在发展中保障和改善民生,人民群众的获得感、幸福感不断提

---

① 现阶段很多文献提及第三次分配,它主要依靠社会逻辑下的道德力量。本书认为,相对于初次分配、再分配,以慈善捐赠、志愿服务为主的第三次分配对共同富裕的影响较为有限,故未作过多讨论。

高,在共同富裕的道路上迈出坚实步伐。当前和下一步改革,应当继续优化分配制度改革的顶层设计,加快促进共同富裕。

第二节 共同富裕是多元逻辑互动演进和动态平衡的过程

在社会主义的当代中国,嵌入在国家治理结构①中的产权及市场制度、社会价值体系,连同这些制度框架所派生出来的具体制度安排,构成形塑共同富裕格局的制度基础。换句话说,市场激励、政府调节、社会规范三重逻辑对共同富裕进程产生了决定性的影响。当然,历史地看,制度逻辑存在一个与生产力发展相适应的、持续演进的过程。在此,对中国共同富裕实践变迁的基础制度逻辑作进一步的系统总结。

一、站起来、富起来、强起来时代的制度逻辑演进

从大的发展阶段来看,站起来时代(1949—1978 年)、富起来时代(1979—2012 年)、强起来时代(2013 年以来)②的制度逻辑存在明显的差异。各时期制度逻辑的认识深化及演进过程如表 3.1 所示。

在站起来时代(社会主义革命和建设时期:1949—1978 年),政府行政权力渗透到经济社会的各个方面,形成"国家辛迪加"(State Syndicate),制度变迁的基础逻辑逐渐一元化。1949 年新中国成立时,执行新民主主义纲领,政

---

① Kornai(1992)认为,社会主义国家的政治结构(在制度结构中)具有基础性的决定作用。参见 Kornai, J. , *Socialist System : The Political Economy of Communism* , Princeton : Princeton University Press ,1992.

② 1949 年新中国成立,从此中国人民"站起来"了;1978 年实行改革开放,让中国人民"富起来"了;2012 年党的十八大后,中国特色社会主义进入新时代,到 2050 年要把我国建成富强民主文明和谐美丽的社会主义现代化强国,这一时期可称为"强起来"时代。

表 3.1 中国共同富裕实践的政府、市场、社会三元逻辑认识及其演进

发展阶段	制度逻辑		对政府、市场、社会逻辑认识的深化
站起来时代（社会主义革命和建设时期：1949—1978年）	公共事务、企业事务、个人事务等经济社会各方面，政府无所不管，体现单一的政府逻辑	1953年，毛泽东同志《革命的转变和党在过渡时期的总路线》①	"逐步实现国家的社会主义工业化，并逐步实现国家对农业、对手工业和对资本主义工商业的社会主义改造"，"使生产资料的社会主义所有制成为我国所有制和社会的唯一的经济基础"
		1961年，《中共中央关于调整管理体制的若干暂行规定》	"经济管理的大权应该集中到中央、中央局和省（市、自治区）委三级"，"下放给专、县、公社和企业的人权、财权、商权和工权，放得不适当的，一律收回"；"凡属需要在全国范围内组织平衡的重要物资，均由中央统一管理、统一分配；所有生产、基建、收购、财务、文教、劳动等各项工作，都必须执行全国一盘棋，上下一本账的方针"
		1973年，国家计划委员会《关于坚持统一计划、加强经济管理的规定》	坚持统一计划，搞好综合平衡，反对各行其是
		1978年，《中国共产党第十一届中央委员会第三次全体会议公报》	"现在我国经济管理体制的一个严重缺点是权力过于集中，应该有领导地大胆下放"，"应该坚决实行按经济规律办事，重视价值规律的作用"
富起来时代（改革开放和社会主义现代化建设新时期：1979—2012年）	引入市场机制并深入推进市场化改革，主要体现为偏向市场激励的市场与政府二元逻辑，后期开始强调社会规范逻辑的作用	1981年，党的十一届六中全会《关于建国以来党的若干历史问题的决议》	"计划经济为主，市场调节为辅"
		1984年，党的十二届三中全会《关于经济体制改革的决定》	"社会主义经济是在公有制基础上的有计划的商品经济"
		1987年，《沿着有中国特色的社会主义道路前进——在中国共产党第十三次全国代表大会上的报告》	"计划与市场内在统一的体制"，"国家调节市场，市场引导企业"

① 《毛泽东文集》第六卷，人民出版社1999年版，第316页。

续表

发展阶段	制度逻辑		对政府、市场、社会逻辑认识的深化
富起来时代和社会主义现代化建设新时期:1979—2012年（改革开放和社会主义现代化建设新时期:1979—2012年）	引入市场机制并逐步深入推进市场化改革，主要体现为偏向市场激励的政府与市场二元逻辑，后期开始强调规范社会逻辑的作用	1989年，党的十三届五中全会《中共中央关于进一步治理整顿和深化改革的决定》	"逐步建立符合计划经济与市场调节相结合原则的，经济、行政、法律手段综合运用的宏观调控体系"
		1992年，《加快改革开放和现代化建设步伐，夺取有中国特色社会主义事业的更大胜利——在中国共产党第十四次全国代表大会上的报告》	"我国经济体制改革的目标是建立社会主义市场经济体制"，"使市场在社会主义国家宏观调控下对资源配置起基础性作用"，首次提到"加快政府职能的转变"
		1993年，党的十四届三中全会《中共中央关于建立社会主义市场经济体制若干问题的决定》	系统阐述社会主义市场经济的基本框架，重申"使市场在国家宏观调控下对资源配置起基础性作用"，"转变政府管理经济的职能，建立以间接手段为主的完善的宏观调控体系"
		1997年，《高举邓小平理论伟大旗帜 把建设有中国特色社会主义事业全面推向二十一世纪——在中国共产党第十五次全国代表大会上的报告》	"充分发挥市场机制作用，健全宏观调控体系"，"宏观调控主要运用经济手段和法律手段"，"转变政府职能，实现政企分开"
		1998年，党的十五届三中全会《中共中央关于农业和农村工作若干重大问题的决定》	重申"在国家宏观调控下发挥市场对资源配置的基础性作用"
		2000年，《中国共产党第十五届五中全会公报》	"社会主义市场经济体制初步建立"
		2002年，《全面建设小康社会 开创中国特色社会主义事业新局面——在中国共产党第十六次全国代表大会上的报告》	"完善社会主义市场经济体制"，"在更大程度上发挥市场在资源配置中的基础性作用"，"进一步转变政府职能"

续表

发展阶段	制度逻辑		对政府、市场、社会逻辑认识的深化
富起来时代（改革开放和社会主义现代化建设新时期:1979—2012年）	引入市场机制并深入推进市场化改革,主要表现为偏向市场激励的市场与政府二元逻辑,后期开始强调社会规范逻辑的作用	2003年,党的十六届三中全会《中共中央关于完善社会主义市场经济体制若干问题的决定》	系统提出完善社会主义市场经济体制的目标和任务
		2004年,党的十六届四中全会《中共中央关于加强党的执政能力建设的决定》	首次提出构建"和谐社会","把和谐社会建设摆在重要位置,注重激发社会活力,促进社会公平和正义"
		2006年,党的十六届六中全会《中共中央关于构建社会主义和谐社会若干重大问题的决定》	首次提出"建设社会主义核心价值体系"
		2007年,《高举中国特色社会主义伟大旗帜 为夺取全面建设小康社会新胜利而奋斗——在中国共产党第十七次全国代表大会上的报告》	"从制度上更好发挥市场在资源配置中的基础性作用,形成有利于科学发展的宏观调控体系","行政管理体制改革要'转变职能,理顺关系,优化结构,提高效能'"
		2008年,党的十七届二中全会《关于深化行政管理体制改革的意见》	"把该由政府管理的事项切实管好,把该由政府管理的事转移出去,更好地发挥市场中的基础性作用,更好地发挥公民和社会组织在社会公共事务管理中的作用"。其中公民和社会组织具有自组织的"社群"作用,体现社会逻辑
		2012年,《坚定不移沿着中国特色社会主义道路前进 为全面建成小康社会而奋斗——在中国共产党第十八次全国代表大会上的报告》	正式明确将社会主义核心价值观的内涵,其中社会层面是"自由、平等、公正、法治";"加快完善社会主义市场经济体制","更大程度更广范围发挥市场在资源配置中的基础性作用,完善宏观调控体系","经济体制改革的核心问题是处理好政府和市场的关系,必须更加尊重市场规律,更好发挥政府作用","推动政府职能向创造良好发展环境、提供优质公共服务、维护社会公平正义转变"

续表

发展阶段	制度逻辑		对政府、市场、社会逻辑认识的深化
强起来时代（中国特色社会主义新时代；2013年以来）	社会各方面"一以贯之"的价值体系正式形成，逐步实现市场、政府、社会三元逻辑的融合	2013年，党的十八届三中全会《中共中央关于全面深化改革若干重大问题的决定》	明确市场配置资源的"决定性作用"，"处理好政府和市场的关系，使市场在资源配置中起决定性作用和更好发挥政府作用"
		2013年，中共中央办公厅《关于培育和践行社会主义核心价值观的意见》	强化"社会主义核心价值观"这一社会价值体系的规范功能
		2015年，《中国共产党第十八届中央委员会第五次全体会议公报》	提出"创新、协调、绿色、开放、共享"新发展理念
		2017年，《决胜全面建成小康社会 夺取新时代中国特色社会主义伟大胜利——在中国共产党第十九次全国代表大会上的报告》	"把社会主义核心价值观融入社会发展各方面，转化为人们的情感认同和行为习惯"，"使市场在资源配置中起决定性作用"，重申"加快完善社会主义市场经济体制"，"转变政府职能"，"建设人民满意的服务型政府"
		2022年，《高举中国特色社会主义伟大旗帜 为全面建设社会主义现代化国家而团结奋斗——在中国共产党第二十次全国代表大会上的报告》	"以社会主义核心价值观为引领……巩固全党全国各族人民团结奋斗的共同思想基础"；重申"充分发挥市场在资源配置中的决定性作用，更好发挥政府作用"

资料来源：笔者根据相关中央文件资料整理。

府组织保持了《中国人民政治协商会议共同纲领》规定的"联合政府"①形式，1954 年《中华人民共和国宪法》颁布标志着苏联式"一党政府"②的政治体制的建立，实现党政合一、议行合一。20 世纪 50 年代初期，多种所有制经济并存，国民经济得到较大程度恢复；1953 年"过渡时期总路线"正式确立后，逐渐掀起"社会主义高潮"，并于 1956 年完成对农业、手工业和资本主义工商业的"社会主义改造"。由此，中国基本废除市场制度，全面建立苏联式高度集中的计划经济体制。然而，经济生产很快出现低积极性和低效率等弊病，当时中央领导人认为其原因并不在于用行政命令配置资源，而是"权力过分集中于中央"，统得过死，抑制了地方政府、生产单位及职工积极性；进而在"体制下放"和"人民公社化"的制度基础上，发动兴起"超英赶美"的"大跃进"运动，又导致严重的经济困难和生命财产损失。1961 年，又将经济管理大权集中到中央，将 1958 年以来下放不适当的人权、财权、商权和工权一律收回，坚持"全国一盘棋、上下一本账"。由于对"大跃进"失败原因的认识错误及相关政策失误③，1966 年发动"文化大革命"，使中国经济社会濒临崩溃的边缘。总的来看，在站起来时代，中国经济发展较为缓慢，大到公共事务、小到企业事务甚至个人事务，政府无所不管，行政权力逻辑全面渗透，社会各方面发展变迁均由一元制度逻辑下的"全能政府"所控制。

---

① 当时政府领导职务中，非中共党员约占半数。1945 年毛泽东同志在党的七大政治报告中提出，组成民主联合政府，建立"独立、自由、民主、统一和富强的新中国"的纲领。1947 年由毛泽东同志亲自撰写的《中国人民解放军宣言》重申，联合工农兵学商各被压迫阶级、各人民团体、各民主党派、各少数民族、各地华侨和其他爱国分子……，成立民主联合政府……废除蒋介石统治的独裁制度，实行人民民主制度，保障人民言论、出版、集会、结社等项自由。参见《毛泽东选集》第三卷，人民出版社 1991 年版，第 1055 页；《毛泽东选集》第四卷，人民出版社 1991 年版，第 1237—1238 页。

② 政府领导职务完全由中共人士担任。1952 年 10 月，斯大林向中共中央建议制定宪法以取代《中国人民政治协商会议共同纲领》并进行选举，以便实现向苏联式的"一党政府"转化。

③ 当时毛泽东同志认为，"大跃进"失败的根本原因在于干部群众的"共产主义觉悟不高"，刘少奇、邓小平等党政负责人在"大跃进"失败后背离了他所倡导的"无产阶级专政下继续革命路线"(吴敬琏，2018)。

在富起来时代（改革开放和社会主义现代化建设新时期：1979—2012年），自发探索性的市场机制逐渐被引入并得到承认，市场激励偏向不断加强，主要体现市场和政府二元逻辑，后期开始强调社会规范逻辑但未形成大气候。1978年，"实践是检验真理的唯一标准""解放思想"为改革开放奠定意识基础。在坚持计划经济占主体的前提下，逐步允许和作出一些自发探索性的、变通性的制度安排，如在坚持土地集体所有的条件下恢复家庭承包经营，在坚持公共财政和企业财务一本账的条件下实行"分灶吃饭"财政承包制，在物资的计划配置和行政定价这一"计划轨"之外允许物资买卖和协商定价的"市场轨"，在国内市场尚未统一健全的情况下实行经济特区形式的对外开放等，这些改革在继续保持政府对经济的强有力控制的情况下扩大了市场的作用。然而，此时国有经济改革滞后和双轨制带来较严重问题。于是1986年经济改革主线转向国有企业，实行"企业承包"，但仍是小修小补、计划经济与市场经济并存的老做法，权力腐败、通货膨胀等越发严重；随着20世纪90年代商品价格市场化适时完成、分税制建立、国有企业股份制改革、基本经济制度确立，市场逻辑不断强化，到21世纪初，社会主义市场经济体制初步建立。尽管1992年党的十四大第一次提出"加快政府职能的转变"，但在整个20世纪80年代和90年代，政府职能界定和国有经济定位都是经济改革目标模式的模糊之处，直至进入21世纪后，由政府自身改革滞后于经济改革所导致的社会矛盾日益突出，政府职能边界的界定及其自身改革就成为改革深化不得不面对的重大问题。这时，市场继续在更大程度上发挥基础性作用，同时开始注重社会价值的规范引导功能，提出"和谐社会"理念、明确"建设社会主义核心价值体系"任务，政府职能加快转变，社会建设尤其是农村社会保障体系建设得到加强。总的来看，在富起来时代，由于政府职能边界厘清及其自身改革相对滞后，制度变迁逻辑总体偏向市场激励。

进入强起来时代后（中国特色社会主义新时代：2013年以来），市场在资源配置中发挥决定性作用，社会发展各方面"一以贯之"的共同价值观正式形成,政府作用得到更好的发挥,市场、政府、社会逻辑逐渐融合。党的十八大将政府职能明确为"创造良好发展环境、提供优质公共服务、维护社会公平正义",党的十八届三中全会将市场在资源配置中的"基础性作用"修改为"决定性作用",并要求"更好发挥政府作用",表明市场与政府的治理边界进一步划清。同时,这一时期社会逻辑发挥更大作用,自2006年党的十六届六中全会提出"建设社会主义核心价值体系"这一命题和任务后,其核心内容并未清晰表达,而党的十八大则正式明确社会主义核心价值观的内涵,其中社会层面倡导自由、平等、公正、法治。社会主义核心价值观是社会主义核心价值体系的内核[①],它的提出意味着社会发展各方面从此有了"一以贯之"的价值取向和判断标准,党的十九大报告要求"把社会主义核心价值观融入社会发展的各个方面,转化为人们的情感认同和行为习惯"。此外,新发展理念引领新时代经济高质量发展,其中共享发展要求在勤于劳动、善于经营的人先富起来的基础上,实现全民共享、全面共享、共建共享、渐进共享,加快迈向共同富裕。党的二十大报告重申"充分发挥市场在资源配置中的决定性作用,更好发挥政府作用",并强调社会主义核心价值观这一"共同思想基础"的"引领"作用。在市场、政府、社会逻辑互动演进的过程中,社会主义市场经济体制加快完善,尤其是社会民生保障水平空前提高,中国特色社会主义市场经济发展进入了一个新的阶段。

二、市场、政府的偏向型逻辑难以缓解效率和公平的矛盾

在改革开放之前,由于实行政府一元逻辑主导的制度变迁,生产与分配等经济活动主要遵循"等级规则";市场化改革开始尤其是明确建立社会主义市

---

① 关于社会主义核心价值观与社会主义核心价值体系的关系,2013年中共中央办公厅印发的《关于培育和践行社会主义核心价值观的意见》指出,社会主义核心价值观是社会主义核心价值体系的内核,体现社会主义核心价值体系的根本性质和基本特征,反映社会主义核心价值体系的丰富内涵和实践要求,是社会主义核心价值体系的高度凝练和集中表达。

场经济体制这一制度目标之后，生产与分配主要遵循"产权规则"和能力原则、贡献原则。① 新中国成立至 21 世纪初的制度变迁表明，政府一元逻辑和市场偏向型逻辑都不能调和效率与公平的矛盾，无法实现增长与分享协同的共同富裕。

在计划经济时期政府一元逻辑下，生产与分配唯"等级"是从、唯"命令"是从，导致效率与公平的双重损失。就效率而言，资源配置的计划调拨、要素商品的行政定价大大降低了城乡工农业生产者积极性，重精神激励、轻物质激励，城市工资长期固定和"冻结"，农业生产"磨洋工""出工不出力"等偷懒行为时有发生，导致工农业生产长期低效率。就公平而言，除公共部门"单位"官员按职务等级规定住房、用车等待遇，以及工业与农业劳动者之间存在一定收入差距、"单位"员工与非"单位"人员存在明显保障差别外，个人收入趋于均等化。然而，计划经济时期较小的收入差距决不意味着分配公平：第一，平均主义的分配模式严重违背按劳分配原则，使按劳分配遭到实质放弃，没有起到应有的激励效果，这对个人禀赋较高、劳动贡献较大的劳动者是一种不公平；第二，官僚体制下的分配与职务等级严格挂钩，"论资排辈"而不讲实际劳动贡献，非工资性的福利保障和实物分配更造成隐性的收入分配不公；第三，通过压低农民剩余、将农业剩余转移至城市来完成原始资本积累，造成严重的城乡分配不公。因此，改革开放之前经济活动的行政控制逻辑不但造成巨大的效率损失，还在平均主义之外衍生出不公平。

改革开放后，市场激励逻辑开始发挥作用并不断强化，生产与分配等活动由"等级规则"过渡到"产权规则"，经济效率大幅提升，但同时又产生新的不公平。在改革初期，计划经济仍占主体，随着一系列探索性、变通性制度安排的推行，到 20 世纪 80 年代中期，逐步形成资源配置和定价的"计划轨"和"市场轨"双重体制并存的格局。这一"双轨制"制度环境一方面给乡镇企业、私

---

① 杨瑞龙：《论我国制度变迁方式与制度选择目标的冲突及其协调》，《经济研究》1994 年第 5 期。

营个体经济发展保留和拓展了空间,增强了经济活力,另一方面为寻租提供了土壤,埋下了腐败的祸根。即使在90年代明确建立社会主义市场经济体制改革目标,乃至世纪之交初步建立社会主义市场经济体制后,由于市场制度本身不完善,仍存在一些不公平。总的来看,市场化改革带来的效率提升效果不言而喻,但"双轨制"和市场制度不完善也使大量非法活动存在,加剧了贫富分化:转型时期一些官员利用行政权力和所掌握资源"设租""造租","权力搅买卖"现象时有发生;在所有制关系调整中"明买暗送",将国有资产掠为己有;利用市场不规范、监管不到位和信息不对称,从事欺诈市场活动、牟取暴利等。此外,"增量改革"战略下的一些合法活动也导致不合理的贫富差距和不公平:80年代中期开始,国有企业财务恶化,90年代后期不得不让大量职工"下岗",加剧城市贫困;改革中没有非农职业收入的农民收入增长缓慢,农村保障体系建设较为滞后;在市场经济高速发展的阶段,合理合法的市场化收入差距不断拉大,但政府自身改革滞后、再分配职能履行不力,导致最终收入差距过大。因此,改革开放至21世纪初,效率与公平二者始终难以统一,增长与分享二者难以协同。

上述分析是从我国改革实践中不完善的市场经济来看的。需明确的是,即便在较为成熟完善的市场经济中,市场偏向逻辑也会产生严重的不平等,从而损害公平。当今资本主义世界实行自由市场经济的美国就是典型的例证。况且,中国是社会主义国家,实行社会主义市场经济,不力求社会公正则有违于共同富裕原则。这就要求进一步处理好政府与市场的关系、政府与社会的关系。

三、社会逻辑凝聚共同价值理念促进增长与分享的协同

21世纪以来,共同富裕实践中社会逻辑逐渐被引入,尤其是党的十八大后,贯穿社会经济活动各方面的共同价值观正式形成,政府与市场治理都有了基本的价值遵循,逐渐实现效率与公平的融合、增长与分享的协同。

在我国改革进程中，最早产生的社会价值理念是"法治"。正是由于市场化改革实践存在大量的不法活动和非法行为，1997年党的十五大才提出建设"法治国家"，但这一进程十分缓慢，直至2007年《中华人民共和国物权法》《中华人民共和国反垄断法》等基本法律出台，社会主义市场经济才真正走向法治化。同时，随着2004年"和谐社会"理念、2006年"建设社会主义核心价值体系"任务的提出，社会规范逻辑逐渐开始发挥作用，在市场经济追求效率的基础上，更加注重社会公正导向，尤其是农村社会保障制度开始试点并基本实现制度全覆盖，推动效率与公平的协调化。尤其是2012年党的十八大以来，经济社会发展"一以贯之"的价值标准体系逐渐定型，社会各方面都朝着"自由、平等、公正、法治"这一价值方向运行。市场经济的制度体系建设朝着系统完备、科学规范、运行有效的目标不断努力，产权制度更加完善，要素市场化配置加快推进，依法治国和反腐败成效卓著，保障和改善民生水平不断提高，发展的共享性、公正性进一步强化，推动更高质量、更有效率、更加公平、更可持续的发展，力求实现效率与公平的统一，加快促进共同富裕。

为什么需要社会逻辑来弥补政府和市场双重逻辑的不足？社会规范逻辑何以能调和效率与公平的矛盾？中国长期的制度变迁表明，就政府逻辑来说，作为制度供给主体，政府可以通过制定新的规则、完善制度设计来加速制度优化转型，推动制度向"目标模式"演进，并强化自身执行力，从而实现良性治理；同时，公权力也可能被一小撮人所利用，通过行政干预来扭曲良性的制度环境，进而寻租、牟取私利。就市场逻辑来说，它具有天然的逐利属性，一方面可以实现效率提升，可能达到所谓的制度均衡；另一方面也会把经济活动中"人"的恶的方面调动起来。因此，在信息不完全或不对称（有限理性）和个体自利性的情况下，如何设计或优化制度安排，以实现激励相容、达到既定制度目标，就显得尤为重要。现实的社会经济活动必然面临有限理性和个体逐利性的问题，人的"利己性"也并无所谓好与坏，关键在于政府以何种制度形式将个体行为向什么方向引导。这时就需要充分发挥价值规范的作用，凝聚社会共同价值观,对"实现什么样的现代化""建设什么样的社会"达成共识。一旦全社会形成共同的价值规范、理念和认识,制度改革的交易成本就急剧下降,改革也就能顺利推进,从而加快实现共同富裕目标。总之,社会逻辑作为控制和平衡政府与市场二者之间张力的关键要素,在协调各方利益、配置各种资源、促进公平正义等方面对市场、政府二者关系处理形成很好的引导、规范甚至补充和替代作用,从而实现市场、政府、社会逻辑的平衡。从效率与公平的角度来说,社会规范逻辑可以修正制度供给主体(政府)和制度需求方(市场)的偏好结构,实现激励相容,形成绝大多数社会成员所共同的社会偏好和最大利益公约数,进而也就能够促进效率与公平统一、增长与分享协同,从而推动共同富裕。

　　强化社会规范逻辑,促进市场、政府、社会逻辑的融合与平衡,是市场经济基础对上层建筑的要求,更是社会主义价值追求的体现。[1]　陈志武(2009)[2]认为,现今中国发展仍然面临很多困境,一个重要原因就是中国尚缺一个贯穿经济、政治、社会等方方面面的统一的价值体系、制度体系、文化体系。这实际上就是本书强调的社会逻辑。秦晓(2010)[3]也曾指出,需要进行"一次比较彻底的思想启蒙运动,以解除意识形态的束缚,真正建立起现代核心价值观"。市场经济的首要特征是交易的平等性和决策的自主性,而这只有在法治化的制度环境下才能实现;政府自身改革要实现有为政府、有限政府、有效政府,就必须让政府行政权力受到法治约束和有效监督,而不能肆意扩张,并加快职能转变,低成本、高效率地提供优质公共服务。社会主义的共同富裕追求"人的自由全面发展"和社会公平正义,其价值追求需要贯穿到市场治理、政府治理的过程中。在20世纪90年代及之前的改革中,我国社会共同价值体系缺失,

---

　　①　田国强:《和谐社会构建与现代市场体系完善》,《经济研究》2007年第3期。
　　②　陈志武:《从2049年看中国》,《中国企业家》2009年第18期。尽管目前社会层面已经形成"自由、平等、公正、法治"的共同价值观,但尚未达到全面内化为"情感认同和行为习惯"的程度。
　　③　秦晓:《追问中国的现代性方案》,社会科学文献出版社2010年版。

几乎所有经济活动都被整合到"官本位"的、统一单调的行政科层体系中,构成一个缺乏生机和活力的"纤维化"体系、一个"没有社会的国家"(吴敬琏,2018)。与此相反,21世纪以来制度变迁的社会逻辑逐渐强化,市场、政府、社会之间关系得到较好处理,共同富裕取得新成效。

总的来说,社会逻辑的强化,有利于让市场个体行为和政府治理都朝着社会共同价值所倡导的方向努力,克服制度变迁中由有限理性和个体自利性导致的机会主义行为,从而在整个社会形成一种"社群自治力",推动包括共同富裕在内的经济社会制度改革目标的实现。

第三节　制度逻辑演进中的共同富裕权利配置

在中国共同富裕实践的基础逻辑演进中,其权利配置也相应地发生变化。接下来,本部分将进一步系统总结各时期特定制度逻辑下的权利配置类型,并基于中国共同富裕实践经验,从理论上阐述市场激励、政府调节、社会规范三重逻辑平衡下的共同富裕权利配置。

一、站起来、富起来、强起来时代的权利配置演进

中国共同富裕实践的历史变迁表明,各发展阶段的基础制度逻辑不同,权利配置也呈现出不同类型特征。站起来、富起来、强起来时代共同富裕实践的权利配置类型可概括总结为表3.2。

表 3.2　中国共同富裕实践变迁逻辑演进中的权利配置变化

发展阶段	制度逻辑力量对比		权利配置类型
站起来时代 (1949—1978年)	市场	(☆)	参与权:从能力型过渡为指令型 收入权:从贡献型过渡为等级型、平均型 保障权:"单位"型(且有职务等级待遇差别)
	政府	☆☆☆	
	社会	—	

发展阶段	制度逻辑力量对比		权利配置类型
富起来时代 (1979—2012 年)	1978—1992 年:		
	市场	☆	参与权:指令型与能力型并存 收入权:等级型与贡献型并存 保障权:"单位"型(且有职务等级待遇差别)
	政府	☆☆	
	社会	—	
	1993—2002 年:		
	市场	☆☆	参与权:能力型主导、指令型居次 收入权:贡献型为主、等级型弱化 保障权:分割型(职工"双轨";职工有、非职工无)
	政府	☆☆	
	社会	—	
	2003—2012 年:		
	市场	☆☆	参与权:能力型 收入权:贡献型 保障权:普遍型(全覆盖但待遇有差别)
	政府	☆☆	
	社会	☆	
强起来时代 (2013 年以来)	市场	☆☆☆	参与权:能力型 收入权:贡献型、知识导向型 保障权:普遍更充分型(趋于统一且待遇提高)
	政府	☆	
	社会	☆☆	

注:标号☆代表制度逻辑的相对力量比较,加( )表示几乎可忽略,—表示不存在;限于表内比较,与表
　1.1 不具有跨表可比性。

资料来源:笔者研究整理。

在站起来时代(社会主义革命和建设时期),随着社会主义改造的完成,市场逻辑趋于绝迹,基础制度逻辑逐渐过渡为一元化的政府主导,计划经济下的生产与分配服从"等级规则",资源实行计划配置和行政定价,由此导致以下权利配置:(1)指令型参与权。各类要素和市场主体的能力型参与被指令性计划配置所替代,任何要素资源都不具备自由流动的权利。劳动力流动被严格限制,农村土地被收归集体所有,公有资本一统天下,劳动就业、土地配置、资本参与等均由政府行政力量决定,参与权不平等。(2)等级型、平均型收入权。城市公共部门(私营经济几乎绝迹)职工工资具有典型的等级制特

征;除工人与农民之间有一定收入差距外,工人内部与农民内部的个人收入都呈现平均化倾向。农业剩余被大量输送至城市部门,工业部门收入权又基本由公有资本独占。(3)"单位"型保障权。公共部门"单位"负责职工保障,且存在职务等级导致的待遇差别,而其他城乡居民则没有保障权,社会保障实为"单位"保障。

在富起来时代(改革开放和社会主义现代化建设新时期),市场自发逻辑被重新引入,形成市场、政府二元制度逻辑,"产权规则"与"等级规则"逐渐由并存转变为替代,这一过程中市场效率偏向得到强化,政府职能开始转变,特别是进入 21 世纪后社会规范逻辑开始发挥作用,公平与效率逐渐协调化。由此,富起来时代的权利配置呈现以下变化:(1)参与权趋于平等:指令型与能力型并存—能力型主导、指令型居次—能力型。随着市场化改革的推进,劳动力、(非公)资本、土地的流动和参与限制不断减少。在 21 世纪初社会主义市场经济体制初步建立之前,要素市场参与仍存在一定的指令配置,但之后则基本实现以"能力"为准则,包括国有企业领导"能上能下"、职工"能进能出"。(2)收入权趋于广泛:等级型与贡献型并存—贡献型为主、等级型弱化—贡献型。随着非公有制经济的快速发展,市场化收入分配中论资排辈、讲职务等级的成分降低,而更加体现能力及相应的贡献和绩效。广大农民和农民工、人力资本所有者、民营资本所有者的收入权大幅提升。(3)保障权趋于普遍:"单位"型—分割型—普遍型。长时期延续计划经济时期的"单位"保障,尽管为摆脱"包袱"而开始社会化改革试点,但直至20世纪90年代企业职工社会保障制度仍仅作为国企改革的配套措施,且社会保障的群体"分割"仍较严重——城镇机关事业单位和企业职工分别实行财政负担和统账结合缴费的"双轨"模式,城镇职工以外的其他城乡居民则只有城镇居民最低生活保障,直至进入 21 世纪后,城乡居民社会保障制度才逐步加快完善,并基本实现全覆盖。

进入强起来时代(中国特色社会主义新时代),以社会共同价值观为核心内涵的规范逻辑正式形成,并开始融入市场治理、政府治理过程以及社会发展各方面,市场逻辑在资源配置中的作用由"基础性"变为"决定性",政府职能逐渐厘清并加快转变,市场功能与政府治理实现更好结合,市场激励、政府治理、社会规范三重制度逻辑趋于动态平衡,由此,权利配置表现为以下类型:(1)能力型参与权。产权制度和要素市场化配置进一步完善,各类要素和市场主体具有更加平等的经济参与权和更加自由的市场流动性。单以涉农群体和薄弱环节为例,农地"三权"分置、农村经营组织制度改革、新型城镇化等赋予了农民空前的选择自由度和市场参与能力,更不必说相对稀缺而占相对优势的资本要素、高素质劳动者。(2)贡献型、知识导向型收入权。按要素分配的一个重要参照就是要素贡献和市场绩效,这一原则在新时代得到进一步强化;为适应新时代经济高质量发展和建设知识型、技能型、创新型劳动者大军,知识价值导向首次被明确为收入分配政策并得以执行①。(3)普遍更充分型保障权。在社会保障基本实现全覆盖的基础上,社会保障的城乡统筹、全国统一步伐持续加快,支付待遇水平不断提高,尤其是精准扶贫、精准脱贫成效卓著,多层次社会保障体系加快建设、基本公共服务均等化加快推进,社会保障的充分性空前加强,共同富裕迈出更大步伐。

可以发现,站起来、富起来、强起来时代基础制度逻辑及相应权利配置的历史演进,充分体现了生产力决定生产关系、经济基础决定上层建筑的马克思主义基本原理。其中,站起来时代的指令型参与权、等级型和平均型收入权、"单位"型保障权,是在当时生产力水平较为低下的历史情境下政府极力推动解决人民生存和温饱问题的结果;富起来时代的权利配置变化,是主要为解决长期低效率的历史弊病而不得不强化市场效率和激励,企图让勤于劳动、善于经营之人"先富起来"的发展思路的结果;强起来时代的权利配置是在新时代发展理念指引下,着手解决人民日益增长的美好生活需要和不平衡不充分的

---

① 在之前的"富起来"时代,较高人力资本者也拥有相对优势的收入权,这纯粹是由于要素贡献较高,而并未明确上升到知识价值导向的收入分配政策的高度。

发展之间的矛盾，进一步提高发展成果共享性、社会公平性，进而推动高质量发展、加快实现共同富裕的发展思路的结果。

二、三元制度逻辑平衡的共同富裕权利配置

新时代以来社会逻辑逐渐强化，但这并不意味着目前我国市场、政府、社会三者关系已经得到妥善处理，更不意味着共同富裕权利配置达到最优状态。历史地看，资本主义的长期发展历程深刻体现了它不可或缺的三大根本属性，即资本积累、市场协调、有限政府（海尔布罗纳和米尔博格，2012）；坚持走中国特色社会主义的共同富裕道路，必须反映劳动激励、市场调节和法治政府三大核心特征①，而这还有待于我国基础制度逻辑和权利配置的优化。不禁要问，在市场、政府、社会三元逻辑平衡的共同富裕格局下，权利配置应当是怎样的？

社会规范逻辑最终体现在市场治理、政府治理的过程以及社会发展各方面。"任何一个社会都存在多种多样的价值观念和价值取向，要把全社会意志和力量凝聚起来，必须有一套与经济基础和政治制度相适应并能形成广泛社会共识的核心价值观。"②"自由、平等、公正、法治"社会共同价值观作为一种广泛认同的社会心理、文化形式和理论体系，对所有社会成员和组织的行为都将起到导向和规制作用。前文论述了市场经济基础、社会主义价值对"自由、平等、公正、法治"的追求。正是由于这些价值观是所有社会成员的行动价值规范，它也必然需要贯穿到市场治理和政府治理的过程中。因此，市场、政府、社会三重逻辑融合的过程，实际上就是社会共同价值规范融入市场治理、政府职能转变的过程。由此，接下来主要探讨"自由、平等、公正、法治"与

---

① 刘长庚、张磊：《符合社会共同价值观的收入分配才合理》，《中国社会科学报》2015年5月8日。

② 中共中央宣传部编：《习近平总书记系列重要讲话读本（2016年版）》，学习出版社、人民出版社2016年版，第189页。

共同富裕的权利配置关系。

从生产与分配视角来看,"自由",主要强调各类生产要素和市场主体的存在自由、发展自由,它们能够自由地参与经济活动或退出经济系统,不受任何限制。"平等",主要指参与经济活动的每一种要素、每一个主体都能公平地获得报酬,不应存在任何市场分割或身份歧视。自由、平等是整个社会生产过程应当遵循的最基本的价值理念。"公正",即公平和正义,是中国特色社会主义的内在要求,它以"自由""平等"权利的获得为前提,是社会分配结果的理想状态。"法治",主要强调法治对增长与分享的规范、约束作用,要求通过法治建设来保障社会生产和分配的公正性,实现规则公平,为实现"自由""平等""公正"提供制度保证。我国是人民民主的社会主义国家,其社会共同价值观与欧洲社会民主国家的"自由、平等、互助"以及自由民主美国的"自由、平等、博爱"相比,具有独特的国际比较优越性①(刘长庚和张磊,2015),它是在否定不完美的资本主义现实制度之后,对一种更人道、更进步的全人类"共同价值"的诉求和推进②。

结合中国改革实践和上述理论认识,市场、政府、社会逻辑有机统一的权利配置应当体现为"平等的"参与权、"公平的"收入权、"充分的"保障权。第一,平等的参与权。在法治的市场经济中,所有要素和商品交易都是以身份、利益的"对等"关系为基础的,且具有完全的自愿性、自主性。资源配置方式决定了收入分配方式。③ 市场经济参与权的不平等必然造成初次分配的扭曲,而初次分配若存在较大不公,在再分配环节往往难以扭转。因此,平等的

---

① 不同意识形态政党的价值观有着不同的阶级利益,对收入分配及福利制度具有重要影响。任何时代、任何社会的核心价值观,都是具体的、历史的、发展的。在不同国家和民族甚至同一国家和民族的不同历史发展阶段,即使同一价值观,也会有它不同的现实内容和表现形式。例如,我国与欧美国家的"自由、平等"价值观就有着不同的内容要求。

② 戴木才:《全人类"共同价值"与社会主义核心价值观》,《光明日报》2015年10月28日。

③ 赵学清:《在收入初次分配上市场和政府两手都要硬》,《中国社会科学报》2015年2月4日。

参与权是促进初次分配公平的首要前提。第二,公平的收入权。这里所说的"公平",既包括实行按劳分配、按要素分配等多种分配方式,坚持按劳分配主体地位,也包括分配秩序的规范公正。在社会主义市场经济发展过程中,居民个体所掌握的劳动力、资本、技术、管理等要素资源禀赋不断增加,集体和国有经济与民营经济协同发展,应着力提高发展的共享性,实现公平的收入权。第三,充分的保障权。中国特色社会主义始终坚持在发展中保障和改善民生。尽管当前社会保障制度实现全覆盖(普遍性),但保障程度和水平(充分性)还有待提高。无论是生产参与者还是老弱病残等非生产者,政府都有责任为其提供基本的社会保障和优质的公共服务。充分的保障权,是实现共同富裕的必要保证,有利于保障居民基本的生存和发展权益。

中国特色社会主义的权利配置与欧美国家存在很大不同。中国实行以公有制为主体①的社会主义市场经济体制,公有资本的参与权和收入权较高,强调政府宏观调控与市场机制的有机结合,体现人民的中心地位,经济发展具有较好的规划性和连续性。盎格鲁-萨克逊(英美)模式实行以私有经济为主体的自由市场经济制度,反对以平等和公共福利为目标的政策调节,国家力量缺失,保障权较不充分。② 欧洲大陆具有悠久的社会主义运动传统,莱茵(德法)模式实行不同程度的"混合经济"(社会市场经济体制),斯堪的纳维亚(北欧)模式实行较高社会福利制度和社会民主主义政策,二者的国有经济地位要高于英美模式,重视宏观调控、社会公益及福利事业,公共资源较多地投向教育、医疗、养老和住房保障等领域,部分国家政策鼓励农业合作社经济、资本

---

① 以土地产权关系为例,黄少安(2018)深刻阐述了中国土地产权不能私有化的现实起点和约束条件,认为中国特殊的土地产权关系是由政治逻辑和政治与经济的逻辑(政治经济学的逻辑)决定的。黄少安:《改革开放40年中国农村发展战略的阶段性演变及其理论总结》,《经济研究》2018年第12期。

② 美国社会福利以市场为主、国家为辅,这主要源于以下价值理念:个人价值的追求高于集体利益、社会保障制度只会导致个人对国家的依赖、国家只帮助少数不能自助的人,因此美国的福利保障制度反对以平等和福利为目的的收入再分配政策,实际运行中国家力量欠缺,效率较高而公平不足,其"博爱"价值观并未得到切实体现。

劳动管理型①和劳动管理型②企业模式,较好地保障工人权益,但是北欧模式的高福利难以持续。目前,一些欧洲国家发展仍面临债务危机、难民流入、社会动荡、福利制度危机、欧盟内部各国经济实力悬殊差距等问题。从资本角度看,近两百年来左右欧洲命运的资本集团是金融集团、资源集团、制造业集团,目前金融集团、互联网集团发展迟缓,使其产业在全球经济体系逐渐被边缘化,而美国信息领域资本集团则持续扩张;在社会层面,欧洲社会共识、文化共识与多元主义实现精巧结合,但目前主要被高收入群体所认同,广大民众共识则被弱化甚至瓦解。

总的来看,中国模式与英美、德法、北欧模式下权利配置的差别,实质上体现的是道路、理论、制度、文化的根本区别。因此,在新时代共同富裕道路上,更需促进市场激励、政府调节、社会规范三重逻辑的动态平衡,实现平等的参与权、公平的收入权、充分的保障权,维护社会公平正义,加快实现共同富裕。

第四节　合理的权利配置形塑共同富裕格局

为什么说符合三元制度逻辑的权利配置所形塑的共同富裕格局是合理的? 接下来,本书进一步系统地阐述中国特色社会主义权利配置理论对促进共同富裕的科学性,集中回答以下问题:平等的参与权、公平的收入权、充分的

---

① 例如,德国《共同决定法》规定,2000 人以上企业的监事会,50% 以上的成员必须是本企业职工。这一传统可以追溯到 1919 年的《魏玛宪法》,当时德国政府在国内苏维埃运动的影响下,经济民主的概念写入了宪法,到 1976 年又发展为《共同决定法》。另外,德国的职工董事制度也是一种共同决定制,即公司董事会中设立一定比例的职工董事并按有关规定履行职责的制度,其人选是工会和普通职工的代表,有代表职工和董事的双重身份,职工董事享有特殊的建议权、否决权、起诉权。上述做法在国民收入初次分配中体现了"劳动产权""联合产权"概念,照顾了广大职工群众的利益,体现了经济制度特点。

② 如西班牙的蒙德拉贡联合公司(MCC),是世界首家劳工合作社,公司的雇员多为合股人;以色列的基布兹,是在所有物全体所有制的基础上将成员组织起来的集体社会,没有私人财产,其宗旨是在生产、消费和教育等一切领域实行自己动手、平等与合作。

保障权何以能实现公平与效率的统一，进而推动第一要务（增长）与人民性（分享）相统一？

一、经济效率的工具理性和公平正义的价值理性的有机统一

效率与公平关系的讨论由来已久。有的认为二者是相互替代、此消彼长的关系，有的则认为二者是相互促进、互为条件的关系，学界对这一问题的认识仍存在较大争议（贾康等，2018）。卫兴华（2018）则强调，"分配领域不存在效率高低的问题，只存在分配是否公平合理的问题"，并主张"生产重效率，分配重公平"①。基于增长与分享协同的视角，结合权利配置理论，从起点公平、过程公平、结果公平与效率的关系出发，可以阐述清楚公平与效率相统一这个重大理论问题。

奥肯（Okun，1987）②在其著作《平等与效率——重大的抉择》中对平等与效率的关系做了分析，他认为平等包括权利平等、收入平等、机会均等，进而论述了这三者与效率的关系。然而，奥肯的权利、收入、机会等概念并未纳入统一理论框架，分析不够系统化。并且，他认为收入平等与效率二者是矛盾的，"购买效率的代价，是收入和财富以及由此决定的社会地位和权利的不平等"。本书并不认同这一观点。从增长与分享有机协同的权利配置理论出发，可以形成以下基本认识：

平等的参与权：起点公平与效率的统一。起点公平意味着机会均等。社会经济系统中所有要素的自由流动、个体和组织的机会均等，如交换的公平、劳动的公平，与经济效率绝无冲突和矛盾；相反，它能以鼓励竞争的方式激发市场活力，促进效率提升和经济增长。现实中大多数的收入不平等和贫富分化源于市场参与中的机会不均等——市场参与决定收入多寡。因此，起点不公平、机会不均等是非效率的，需要政府加强法治建设、促进规则公平，保护合

---

① 卫兴华：《改革开放 40 年的成就与反思》，《政治经济学评论》2018 年第 6 期。

② ［美］阿瑟·奥肯：《平等与效率——重大的抉择》，王奔洲译，华夏出版社 1987 年版。

法产权和公平竞争环境,刷出一条公平的"起跑线"。诺奇克(Nozick,2008)的市场原则的分配平等观和德沃金(Dworkin,2003)的资源平等分配观,都强调起点平等、机会均等。[①] 一方面,即便机会均等,也会由于能力等合理原因产生严重的结果不平等,而过于悬殊的贫富差距不符合社会公平正义;另一方面,市场机会均等的幌子还可能掩盖不同个体由财富和资源的巨大差异所导致的实质的机会不平等,如能否接受到教育以及接受大众教育与高等教育的区别。因此,仅有起点公平是远远不够的。

公平的收入权:过程公平与效率的统一。初次分配公平意味着社会生产的过程公平。作为"过程性"的收入权极不公平,会导致效率和公平的双重损失。收入具有强激励效果,收入水平提升有利于提高广大劳动者的工作"干劲",促使其进一步增加相应的劳动投入;适当的奖惩引导、合理的收入差距还有利于减少偷懒行为,调动工作积极性。因此,分配公平与经济效率也不存在冲突。奥肯(1987)强调收入平等与效率的互为替代、此消彼长关系,认为效率提高必然以牺牲平等为代价,主要源于他将分配公平直接等同于分配结果的均平状态,从而面临"平等与效率的重大抉择"。的确,分配结果过于平均则激励不足,影响效率;差距过于悬殊,不合公平正义,且可能导致得利者有强激励而弱势群体不满程度增加,易引发社会矛盾。因此,区分过程公平、结果公平十分重要。初次分配的较大差距可以通过再分配环节来调控,以实现最终分配结果的改善、促进共同富裕。

充分的保障权:结果公平与效率的关系存在两面性。一方面,如大多数研究所言,结果公平会导致一定的效率损失。例如,近似平均主义的分配不构成适当的贫富差距,干多干少一个样,没有激励也必然没有效率;较高的个人所得税、企业所得税可能会降低劳动者和企业家的工作热情,从而影响其工作效

---

① [美]罗伯特·诺奇克:《无政府、国家和乌托邦》,姚大志译,中国社会科学出版社2008年版;[美]罗纳德·德沃金:《至上的美德:平等的理论与实践》,冯克利译,江苏人民出版社2003年版。

率。但另一方面,上一期的"结果"在一定情况下又是下一期的"起点"。因此需要政府进行再分配制度设计,尤其是完善社会保障体系、促进基本公共服务均等化,提高义务教育、基本社会保障和社会救助等形式的公共产品和服务的供给水平,在最低限度上将起点公平的"底"给"托起来"。以结果公平实现下一期的起点公平,不单是"托底"和维持居民基本生存权益,还要求优化税收调节,适当提高社会福利、增促居民发展性权益,尤其是从教育和健康两个方面切实提高居民人力资本①,增强低收入群众在公平机会面前、公平起点上的竞争能力,真正提高发展的共享程度。在一个分配结果极不平等的社会谈机会平等,那将毫无意义,因为机会平等也无法实现。因此,结果公平可能在一定程度上降低效率,但更重要的是它能够促进"结果公平—起点公平"的良性发展。

中国特色社会主义的权利配置实现了经济效率的工具理性和公平正义的价值理性的有机统一。韦伯(Weber,2012)②强调,西方现代化主要是工具理性的扩张,而价值理性缺失;金观涛(2017)③认为,现代性的两大要素是工具理性和个人权利。新时代新征程推动共同富裕需要立足于社会主义市场经济发展要求,充分发挥市场规律、价格机制和竞争机制的作用,完善资源市场化

---

① 例如,在经济高质量发展的新时代,没有受过高等教育或不具备专业技能的人面临更大就业压力,他们与知识水平较高的人之间由"数字分化"(Digital Divide)导致的权利分化、收入分化现象日趋严重。

② 德国社会学家马克斯·韦伯(Max Weber)提出"合理性"(Rationality)概念,他将合理性分为价值(合)理性和工具(合)理性。价值理性相信的是一定行为的无条件的价值,强调的是动机纯正和选择正确手段去实现自己意欲达到的目的,而不管其结果如何;工具理性是指行动只由追求功利的动机所驱使,行动借助理性达到自己需要的预期目的,行动者纯粹从效果最大化的角度考虑,而漠视人的情感和精神价值。韦伯认为,新教伦理强调勤俭和刻苦等职业道德,通过世俗工作的成功来荣耀上帝,以获得上帝的救赎。这一点促进了资本主义的发展,同时也使工具理性获得了充足发展。但随着资本主义的发展,宗教的动力开始丧失,物质和金钱成为人们追求的直接目的,于是工具理性走向极端化,手段成为目的,成为套在人们身上的铁的牢笼。[德]马克斯·韦伯:《新教伦理与资本主义精神》,马奇炎、陈婧译,北京大学出版社 2012 年版,第 56—69 页。

③ 金观涛:《历史的巨镜》,法律出版社 2017 年版,第 6 页。

配置、促进经济效率提升,同时坚持按劳分配和多种分配方式并存,促进收入分配多元化和收入来源多样化,不断优化财政税收、社会保障、转移支付等再分配机制设计,持续提高保障和改善民生水平,强化社会主义的共同富裕导向。在市场激励、政府调节、社会规范三重逻辑的不断融合过程中,平等的参与权、公平的收入权、充分的保障权有利于促进起点公平、过程公平、结果公平与效率的有机统一,实现经济效率的工具理性和公平正义的价值理性的有机统一,促进增长与分享有机协同的共同富裕。

二、第一要务与人民性的有机统一

当前,以经济建设为中心仍是兴国之要,发展仍是解决我国一切问题的基础和关键;同时,中国特色社会主义发展始终坚持以人民为中心,在发展中保障和改善民生。经济效率与公平正义的统一,在某种程度上也就是第一要务与人民性的统一,即"做大蛋糕"与"分好蛋糕"的良性循环。

社会主义制度的优越性应体现在两方面:一是快速发展社会生产力;二是发展成果惠及广大人民,走共同富裕道路。[①] 就"做大蛋糕"与"分好蛋糕"本身来说,二者是辩证统一、相互促进的。习近平总书记强调,"蛋糕"不断做大了,同时还要把"蛋糕"分好。[②] 一方面要千方百计把"蛋糕"做大,以利于全国人民都能分得一份较大的"蛋糕";另一方面要将已有的"蛋糕"公平合理地分配给每个社会成员,让他们有更多的获得感,收入水平和生活水平逐步提高,以更大的积极性去做大"蛋糕"。也就是说,成果分配和共享、民生改善是以做大经济总量、持续发展为前提的,而公平合理分配又能激励广大社会成员共同努力做大经济总量。

共同富裕的权利配置进一步把二者纳入统一的理论范畴。如前所述,参

---

① 卫兴华:《做大蛋糕与分好蛋糕是辩证统一的》,《人民日报》2011 年 10 月 11 日。

② 中共中央文献研究室编:《习近平关于全面深化改革论述摘编》,中央文献出版社 2014 年版,第 97 页。

与权、收入权、保障权的合理配置有利于促进机会平等和公平竞争,促进"市场机制有效、微观主体有活力",提高经济效率,因此权利配置优化有利于推动"发展"这个第一要务的实现,不断做大蛋糕。同时,社会主义价值追求和社会共识要求政府适时调控,缩小收入差距,完善基本公共服务和社会保障体系,优化收入权和保障权配置,进一步提高发展成果的共享程度,分好蛋糕,以体现人民的中心地位。因此,共同富裕的权利配置充分体现了第一要务与人民性的双重要求。当然,发展也是为了人民,第一要务与人民性的统一归根结底体现的是人民主体观。

总的来说,共同富裕的权利配置深刻揭示了生产增长和成果分享有机协同的发展规律,从理论上回答了共同富裕的可持续性问题。实际上,这也回应了生产与分配相统一的马克思主义观点:共同富裕不是就分配谈共享,"分完了事",而是要有利于蛋糕做大,实现增长与分享的良性循环以及可持续的共同富裕。

第四章 中国共同富裕的事实格局：
增长与分享协同的总体测度

中国共同富裕实践表明,共同富裕的制度逻辑和权利配置变化是与生产力发展相适应的。审视共同富裕格局的长期演变,也应基于特定的历史情境,从增长与分享协同视角测度共同富裕程度,把不平等放在增长变迁的大背景下来理解。传统的不平等分析并未足够重视这一问题。[①] 本章立足于增长与分享协同的观点,构建共同富裕函数,尝试给出中国共同富裕格局演变的新的理解。

第一节 共同富裕要求在增长变迁中
理解分配不平等

马克思主义政治经济学强调生产与分配相统一的观点,不能将二者割裂开来看待,而既有的不平等测度普遍割裂生产与分配的关系。接下来,我们将遵循生产增长与成果分享相联系的原则,从增长变迁中的不平等变化来理解共同富裕格局演变。

一般而言,同一国家或地区在其经济增长的不同历史阶段所能"达到"或

---

① 传统不平等测度就分配谈分配;有的共同富裕研究尽管结合生产谈分配,但限于从理论上论述生产与分配的关系,而并未从增长与分享结合的共同富裕测度方面作出进一步努力。

"实现"的最大不平等程度是不一样的,同一时期不同经济发展水平的国家或地区所"容许"的最大不平等程度也不一样。理论上,我们可以想象一个这样分配收入的社会:所有穷人仅获得维持最低生存水平的收入,而剩余的其他国民收入均为富人所分享。当社会平均收入水平很低(仅稍微高于最低生存标准)时,可供生活在最低生存标准以外的人分享的剩余收入部分就很少,这时收入不平等程度相当有限。随着经济进一步增长,社会平均收入水平不断提高,即使仍有一些人生活在最低生存标准线上,但可供其他人分享的剩余的收入部分增加,最大可能不平等也会提高。因此,最大可能不平等是社会平均收入的增函数。例如,中国在改革开放之初,大家普遍收入不高,相当一部分人口生活在贫困边缘,收入"寡而均",社会所能实现的最大不平等也不会很高,若以基尼系数衡量,绝不可能达到最大值1[①],那么这时候最大值1就几乎没有实际意义(除了比较实际值与最大值的相对差距外);随着经济的发展,相当一部分人通过各种方式实现"先富",但仍有不少困难群众生活在贫困边缘,收入差距不断拉大,尽管基尼系数远高于改革开放之初,但仍不可能达到最大值1。因此,理论上最大的潜在的或可实现的不平等是随着经济发展而变化的。每个经济发展阶段或每年经济发展状况不同,它所"允许"或所能"形成""达到"的最大不平等程度是不同的。所以我们强调,不能撇开经济发展阶段(增长)来谈收入分配不平等,而需要在经济生产变迁视角中来理解不平等。这是本章从增长与分享协同视角理解共同富裕的基本逻辑。

上述分析给传统的不平等测度提出了严峻挑战,因为传统不平等指标本身并未纳入或考量增长变迁这个因素。那应该如何从技术上解决这一问题呢?我们借鉴米兰诺维奇(2006,2011)、米兰诺维奇等(2011)的研究[②],引入

---

① 理论上的基尼系数取值范围为[0,1]。

② Milanovic, B., "An Estimate of Average Income and Inequality in Byzantium around Year 1000", *Review of Income and Wealth*, Vol.52, No.3, 2006; Milanovic, B., "A Short History of Global Inequality: The Past Two Centuries", *Explorations in Economic History*, Vol.48, No.4, 2011; Milanovic, B., Lindert, P.H., Williamson, J.G., "Pre-industrial Inequality", *The Economic Journal*, Vol.121, No.551, 2011.

"不平等可能性边界"(Inequality Possibility Frontier,IPF)这一概念①,根据实际的经济发展和生产变迁"找出"各时期(每年)所能"实现"的最大可行不平等,再将实际的不平等(即现有研究通常所说的根据相关数据测度的不平等)除以这个最大可行不平等,即可得到"不平等提取率"。由此,收入不平等提取率的经济含义是,某时期收入不平等"提取"了理论上最大潜在不平等(随经济增长阶段而变化)的多少,或者说,某时期实际收入不平等占了理论上的最大可行不平等的多少份额——这实际是共同富裕的"逆向指标"(张磊等,2019)。它反映的是,传统上计算的不平等(如基尼系数、塞尔指数)与最大限度的不平等的关系。收入不平等提取率这一指标暗含的认识是,收入不平等与经济增长应当是"连带"变动的,这正是增长与分享协同的共同富裕的内在含义。将收入不平等置于经济增长变迁的大格局中来理解,并将这一思想直接内嵌于不平等测度指标设计中,是共同富裕测度的一个重要创新。

第二节　嵌入增长的不平等指标:
共同富裕测度方法

根据增长与分享协同的观点以及上述不平等提取率(共同富裕逆向指标)的基本内涵,首先需要明确不平等可能性边界(最大可行不平等)的测算方式。本部分主要给出不平等可能性边界和共同富裕指标的数理定义。

第一节初步阐述了在增长变迁视角下理解收入不平等的基本思想,并给出了不平等可能性边界(IPF)的大致内涵。接下来将对不平等可能性边界(IPF)进行严格的数理推导,在此基础上给出共同富裕总体测度的严谨定义。

理论上可能实现的最大不平等假定社会仅存在两类群体:高收入群体和

---

① 这一概念最早由世界银行前首席经济学家布兰科·米拉诺维奇(Milanovic)在 2006 年提出,最初被称为"不平等边界"(Inequality Frontier)。

低收入群体,其中低收入群体均处于最低生存标准收入水平。假定 s 为低收入群体最低生存标准的收入水平[①], μ 是所有社会群体的平均收入水平,N 为全社会总体人口规模,而 ε 是高收入群体人口占全社会总人口的比重[②],由此,高收入群体的平均收入 (y_h) 可以表示为：

$$y_h = \frac{\mu N - sN(1-\varepsilon)}{\varepsilon N} = \frac{1}{\varepsilon}[\mu - s(1-\varepsilon)] \tag{4.1}$$

式中,$N(1-\varepsilon)$ 表示的是低收入群体的人口规模,假定其全部生活在最低生存标准收入水平。

由此可见,若能够获取上述两类群体的人口份额和平均收入,并假定同一收入群体内部成员得到相同收入,那么就可以计算出用任何不平等测度指标衡量的潜在分布的不平等程度。本书首先采用使用较广泛的基尼系数推导出不平等可能性边界及相应的共同富裕指数,再进一步用塞尔指数分析。

一、将增长嵌入基尼系数的共同富裕测度方法

若有 n 个社会群体,其平均收入为 y,各个群体的平均收入可进行排序 ($y_j > y_i$,对于 $j > i$),按群体分解的基尼系数可表示为：

$$G = \sum_{i=1}^{n} G_i p_i \pi_i + \frac{1}{\mu} \sum_{i}^{n} \sum_{j>i}^{n} (y_j - y_i) p_i p_j + R \tag{4.2}$$

式中,π_i 为第 i 个群体收入占社会全部收入的比重,p_i 则是第 i 个群体人口占社会全部人口的比重,G_i 为第 i 个群体内部的收入不平等;等式右边第一项整体为组内不平等。第二项为群体间不平等。R 是不能被"组内—组间"完全分解的交叉项。一般情况下,当处于更低收入群体 i 的某成员的收入高于更高收入群体 j 的某成员的收入时,该交叉项存在;只有在收入以群体而类

---

① 具体可理解为贫困线(绝对贫困线或相对贫困线)。由于本书共同富裕测度从 1978 年开始,后文共同富裕测度中的生存标准"历史地"采用绝对贫困标准。

② 理论上,社会上高收入群体往往是极少一部分人,所以 ε 应是一个较小的值。

聚、不跨群体交叉时,分解式中的交叉项才等于 0。

在我们考察的理论上可实现的最大不平等中,假定仅有高收入群体和低收入群体两类群体,且各群体内部成员都获得平均水平的收入(群体内部成员收入相同),此时群体内部并不存在收入不平等。因此,式(4.2)可简化为以下形式:

$$G = \frac{1}{\mu}(y_j - y_i) p_i p_j \tag{4.3}$$

将式(4.1)表示的高收入群体平均收入代入 y_j,而低收入群体平均收入 $y_i = s$,高收入群体和低收入群体人口份额分别为 $p_j = \varepsilon$ 和 $p_i = 1 - \varepsilon$,所以上式等价于:

$$G^*(\mu) = \frac{1}{\mu}\left\{\frac{1}{\varepsilon}[\mu - s(1 - \varepsilon)] - s\right\}\varepsilon(1 - \varepsilon) \tag{4.4}$$

其中,G^* 是给定社会平均收入水平(μ)的最大可行基尼系数(Maximum Feasible Gini)。进一步地,将社会平均收入水平(μ)表示为低收入群体的最低生存标准收入水平(s)的倍数(α),即 $\mu = \alpha s$($\alpha > 1$)。上式可整理为:

$$G^*(\mu) = \frac{1 - \varepsilon}{\alpha s}s(\alpha - 1) = \frac{\alpha - 1}{\alpha}(1 - \varepsilon) \tag{4.5}$$

一般地,高收入群体规模比较小;极端地,可设想整个社会高收入人口仅有一人,则高收入群体占全社会人口比重可视为接近于 $0(\varepsilon \rightarrow 0)$。那么,式(4.5)变为:

$$G^*(\mu) = \frac{\alpha - 1}{\alpha} \tag{4.6}$$

式(4.6)就是最终得到的最大可行基尼系数(给定 α)。从增长变迁视角来看,随着社会平均收入水平相对于低收入群体最低生存标准收入水平的倍数(α)的变化(与"增长"挂钩),最大可行基尼系数也会发生变化——由此将"增长"与"分享"二者结合起来。例如,当 $\alpha = 1$,即社会平均收入等于最低生存标准水平时①,最大可行基尼系数 $G^* = 0$;当 $\alpha = 5$,即社会平均收入为最

---

① 由于假定社会仅有两个群体,社会平均收入与最低生存标准水平相等,实际上意味着两个群体所有成员收入均处于最低生存标准水平。

低生存标准水平的 5 倍时,最大可行基尼系数 $G^* = 0.8$。

理论上,对任意一个 $\alpha(\alpha > 1)$,都可以计算出对应的最大可行基尼系数。在以 α 为横轴、以 G^* 为纵轴的坐标系中,将每一个 α 对应的 G^* 连接起来,就可以形成一条理论上的不平等可能性边界(见图4.1)。可见,最大可行不平等是社会平均收入(经济增长)的增函数;不平等可能性边界是一条形状为凹的曲线,它随着社会平均收入相对于最低生存标准水平的倍数(α)的增加而上升。

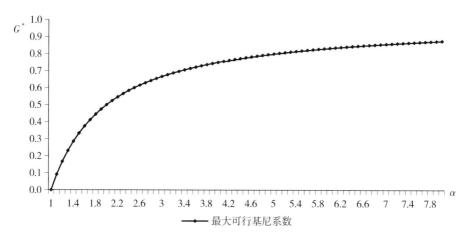

图 4.1   基于基尼系数的不平等可能性边界

注:横坐标为社会平均收入相对于最低生存标准水平的倍数(α,$\alpha > 1$);纵坐标为最大可行基尼系数(G^*)。

资料来源:根据米兰诺维奇(2011)绘制。

不平等提取率(Inequality Extraction Ratio,IER)定义为实际的不平等与理论上的最大可行不平等的比率,是共同富裕的"逆向指标"。在具体测算时,收入不平等提取率可以表示为实际基尼系数与最大可行基尼系数的比值,即:

$$IER_{Gini} = G_{actual} / G^* \tag{4.7}$$

式中,IER_{Gini} 表示基于基尼系数的不平等提取率,G_{actual} 则是实际基尼系数。不平等可能性边界和不平等提取率都把收入不平等嵌入增长变迁中(充分考虑 α)来理解。不平等提取率反映的是现实的收入不平等"提取"了理论上最大可行不平等的多少份额。一般地，不平等提取率越大，说明共同富裕程度越低；不平等提取率越小，共同富裕程度越高。

由此，增长与分享相结合的共同富裕测度从理论、推导和图形等方面得到较好的诠释。

二、将增长嵌入塞尔指数的共同富裕测度方法

此外，还可由塞尔指数测度最大可行不平等，从而构建基于塞尔指数的共同富裕测度指数。在此，对最大可行塞尔指数(Maximum Feasible Theil)进行推导说明。

一般地，当 $c \neq 0,1$ 时，广义熵指数被定义为：

$$I_c(y) = \frac{1}{c(1-c)} \frac{1}{N} \sum_{i=1}^{n} \left[1 - \left(\frac{y_i}{\mu} \right)^c \right] \qquad (c \neq 0,1) \qquad (4.8)$$

当 $c = 1$ 时，即为塞尔(第一)测度：

$$T_1(y) = \frac{1}{N} \sum_{i=1}^{n} \frac{y_i}{\mu} \ln \left(\frac{y_i}{\mu} \right) \qquad (c = 1) \qquad (4.9)$$

当 $c = 0$ 时，为塞尔第二测度，或称平均对数离差：

$$T_0(y) = \frac{1}{N} \sum_{i=1}^{n} \ln \left(\frac{\mu}{y_i} \right) \qquad (c = 0) \qquad (4.10)$$

我们选择塞尔第二测度方法求出不平等可能性边界和不平等提取率[①]。为推导出最大可行塞尔指数，我们把式(4.10)中的 i 视为不同群体。显然地，塞尔第二测度[②]等价于以下形式：

[①]　塞尔第二测度是比基尼系数和塞尔(第一)测度更好的不平等指标。龚志民和熊唯伊(2016)强调，目前被广泛使用的基尼系数的固有缺陷是不满足塞尔广义可分解性，例如收入差距分解为城镇内部、农村内部、城乡之间时，基尼系数估计存在重叠，会高估城乡之间收入差距的贡献。他们通过创新性地引入"敏感性"分析发现，基尼系数对底层贫困人口的收入改善反映"迟钝"，而塞尔第二测度是比基尼系数和塞尔测度更适合的不平等指标，它更加符合"以人为本"的理念，对低收入群体内部的不平等给予了应有重视，并能够对扶贫政策作出恰当的评价。

[②]　下文不再强调"第二"测度方法，在表述上仅与基尼系数、最大可行基尼系数相区分，直接称塞尔指数、最大可行塞尔指数。

$$T = \frac{1}{N} \sum_{i=1}^{n} \ln \frac{1/N}{y_i / \mu N} \tag{4.11}$$

式中,符号含义与之前相同,即 N 为社会人口总规模,μ 为与"增长"挂钩的平均收入水平,而 y_i 表示第 i 个群体收入。

将式(4.1)代入式(4.11),得:

$$T = \frac{N(1-\varepsilon)}{N} \ln \frac{1/N}{s/\mu N} + \frac{\varepsilon N}{N} \ln \frac{1/N}{\frac{\mu - s + \varepsilon s}{\varepsilon} / \mu N}$$

$$= (1-\varepsilon) \ln \frac{\mu N}{sN} + \varepsilon \ln \frac{\mu N \varepsilon}{N(\mu - s + \varepsilon s)} \tag{4.12}$$

又因为 $\mu = \alpha s$,将其代入上式并化简为:

$$T = (1-\varepsilon) \ln \alpha + \varepsilon \ln \frac{\mu \varepsilon}{\mu - s + \varepsilon s}$$

$$= (1-\varepsilon) \ln \alpha + \varepsilon \ln \frac{\alpha s \varepsilon}{\alpha s - s + \varepsilon s}$$

$$= (1-\varepsilon) \ln \alpha + \varepsilon \ln \frac{\alpha \varepsilon}{\alpha - 1 + \varepsilon} \tag{4.13}$$

当假定高收入群体规模趋向于零($\varepsilon \to 0$)时,即可得到最大可行塞尔指数。这可通过对式(4.13)求极限得到:

$$\lim_{\varepsilon \to 0} T = \ln \alpha + \varepsilon \ln \frac{\alpha \varepsilon}{\alpha - 1 + \varepsilon} \tag{4.14}$$

式(4.14)等号右边第二项可根据洛必达法则(L'Hôpital's Rule)计算,即:

$$\varepsilon \ln \frac{\alpha \varepsilon}{\alpha - 1 + \varepsilon} = \frac{\ln \frac{\alpha \varepsilon}{\alpha - 1 + \varepsilon}}{1/\varepsilon} = \frac{\left[\frac{\alpha}{\alpha - 1 + \varepsilon} - \frac{\alpha \varepsilon}{(\alpha - 1 + \varepsilon)^2}\right] \frac{\alpha - 1 + \varepsilon}{\alpha \varepsilon}}{-1/\varepsilon^2}$$

$$= \frac{\frac{\alpha A - \alpha \varepsilon}{A^2} \frac{A}{\alpha s}}{-1/\varepsilon^2} = \frac{-(A - \varepsilon)\varepsilon}{A} \tag{4.15}$$

其中,$A = \alpha - 1 + \varepsilon$。当 $\varepsilon \to 0$ 时,$A \to \alpha - 1$,则 $\dfrac{-(A - \varepsilon)\varepsilon}{A} =$

$$\frac{(\alpha - 1)\varepsilon}{\alpha - 1} = -\varepsilon = 0。$$

由此,式(4.14)等号右边第二项为 0。进一步地,最大可行塞尔指数可直接表示为:

$$T^* = \ln\alpha \tag{4.16}$$

显然,若社会平均收入水平与最低生存标准收入水平相等,即 $\alpha = 1$ 时,最大可行塞尔指数 $T^* = 0$。

类似地,对任意一个 α($\alpha > 1$),都可以计算出对应的最大可行塞尔指数,并得到一条基于塞尔指数的不平等可能性边界(见图4.2)。

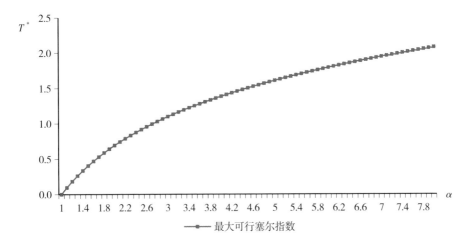

图 4.2 基于塞尔指数的不平等可能性边界

注:横坐标为社会平均收入相对于最低生存标准水平的倍数($\alpha,\alpha > 1$);纵坐标为最大可行塞尔指数(T^*)。

资料来源:根据米兰诺维奇等(2011)绘制。

同时,基于塞尔指数也可以计算共同富裕的逆向指标——收入不平等提取率,表示为:

$$IER_{Theil} = T_{actual} \big/ T^* \tag{4.17}$$

式中,IER_{Theil} 指基于塞尔指数的收入不平等提取率,T_{actual} 则是实际的塞尔指数。由此,我们给出了最大可行不平等(不平等可能性边界)和不平等提取率的严格定义。

值得特别说明的是，基于基尼系数和塞尔指数的最大可行不平等都与 α（与"增长"挂钩）密切相关，而 α 恰好反映了随增长变迁中社会平均收入与最低生存标准关系的动态变化。正因为如此，根据实际不平等和最大可行不平等所测算出的共同富裕逆向指标——不平等提取率充分考虑了增长变迁的动态性，它承认社会所能实现或达到的最大限度不平等会随着经济增长阶段（社会平均收入与最低生存标准之关系）的变化而不同。总体来看，收入不平等提取率这一共同富裕的逆向指标将"生产与分配相统一"的马克思主义观点直接内嵌于不平等测度中，与共同富裕的增长与分享协同内涵具有内在一致性。

第三节 共同富裕测度所涉及指标的选择及界定

本部分主要对共同富裕逆向指标即不平等提取率测算过程中所涉及的相关指标进行清晰界定。共同富裕程度的测算首先需计算出最大可行不平等，涉及最低生存标准收入水平和社会平均收入水平的确定，这是本部分需作详细说明和重点阐述的内容。实际的不平等（基尼系数和塞尔指数）则将主要基于现有计算方法及结果。

一、最低生存标准收入水平

本书将贫困线认定为最低生存标准收入水平①。值得指出的是，我国仅有全国统一的农村贫困线，而从未明确划定统一的城镇贫困线。目前城镇类似标准仅由各城市自行设置最低生活保障线，因此无法对全国城镇贫困形成

---

① 2020 年我国实现全面脱贫。但本章分析的时间跨度为 1978—2020 年，我们"历史地"采用与实际相一致的贫困标准进行共同富裕程度的测度。

一致认识。本部分拟在说明农村贫困线以及合理测算城镇贫困标准的基础上，根据城乡人口权重确定全国最低生存标准水平。

（一）农村最低生存标准：农村贫困线（s_1）

农村贫困线直接采用国家统计局公布的贫困标准。

根据世界银行推荐的通用方法，可确定两条贫困线。一是低贫困线，为"吃饱需要的食物支出，加上宁可挨饿也要换取的非食物支出"，后者主要是基本衣着、取暖等支出；二是高贫困线，即"吃饱需要的食物支出，加上与吃饱同等重要的非食物支出"。两条贫困线的区别在于确定非食物支出的方法不同。一般认为，低贫困线中非食物支出的效用水平小于食物支出的"吃饱"效用水平，属于"基本温饱水平"的极端贫困标准；而高贫困线中食物支出和非食物支出代表着"吃饱"真正的生活水平，属于"稳定温饱水平"的真正贫困标准。

实际上，2010 年以前我国采用的农村贫困标准和世界银行每天 1.25 美元标准均为不同程度的极端贫困标准[1]。2010 年之前的农村贫困标准中食物支出仅考虑能否果腹，不考虑食物质量和营养需求等。在国家统计局的具体口径中，1978—2007 年农村贫困标准属于世界银行的低贫困线，按农村绝对贫困标准测算的绝对贫困状况；2008 年起农村贫困人口数据将原低收入人口纳入贫困人口，放弃原扶贫线，而将低收入线作为农村贫困标准。

2011 年，经国家统计局测算、各部门共同研究和国务院最终确定，2011—2020 年我国农村贫困标准为"按 2010 年价格水平每人每年 2300 元"。这一标准同时满足两个条件：一是食物支出不仅要求让人"吃饱"，而且适当"吃好"。在营养上不仅满足维持生存基本需要的每人每天 2100 千卡热量，而且与小康社会相适应，除满足热量需要外，还要满足健康生存基本需要的每人每

---

①　王萍萍、徐鑫、郝彦宏：《中国农村贫困标准问题研究》，《调研世界》2015 年第 8 期。

天 60 克左右的蛋白质需求。这是与之前农村贫困标准的重要区别。二是恩格尔系数方面,假设食品支出占贫困标准水平的 60%①,保障一定数量的非食品支出。这一标准是根据农村脱贫并跨入小康的标准确定的,是小康的门槛之一,不再是原来"基本温饱水平"的绝对贫困线。根据王萍萍等(2015)的研究,按照世界银行方法换算,我国现行农村贫困标准相当于每人每天约 1.6 美元;在保障义务教育、基本医疗和住房的"三保障"前提下,我国现行农村贫困标准的生活水平已经相当于国际标准每天 2 美元的"稳定温饱水平"。

因此,国家统计局公布的农村贫困线在 2010 年之前为"基本温饱水平"的低贫困线,2010 年后属于根据小康门槛确定的"稳定温饱水平"的高贫困线。1978—2020 年我国农村贫困线如表 4.1 所示。

表 4.1　1978—2020 年中国农村贫困状况演变

年份	农村贫困线(元/人/年)	贫困发生率(%)	贫困人口规模(万人)
1978	100	30.7	25000
1979	115	—	—
1980	130	26.8	22000
1981	142	18.5	15200
1982	164	17.5	14500
1983	179	16.2	13500
1984	200	15.1	12800
1985	206	14.8	12500
1986	213	15.5	13100
1987	227	14.3	12200
1988	236	11.1	9600
1989	259	11.6	10200
1990	300	9.4	8500
1991	304	10.4	9400
1992	317	8.8	8000
1993	379	—	—

---

① 实际上,根据国家统计局数据,2017 年我国恩格尔系数已降至 29.3%,首次低于 30%,达到联合国粮农组织界定的"最富裕"水平。

续表

年份	农村贫困线（元/人/年）	贫困发生率（%）	贫困人口规模（万人）
1994	440	7.7	7000
1995	530	7.1	6540
1996	585	—	—
1997	640	5.4	4962
1998	635	4.6	4210
1999	625	3.7	3412
2000	625	3.5	3209
2001	630	3.2	2927
2002	627	3	2820
2003	637	3.1	2900
2004	668	2.8	2610
2005	683	2.5	2365
2006	693	2.3	2148
2007	785	1.6	1479
2008	1196	4.2	4007
2009	1196	3.8	3597
2010	1274	2.8	2688
2011	2536	12.7	12238
2012	2673	10.2	9899
2013	2736	8.5	8249
2014	2800	7.2	7017
2015	2855	5.7	5575
2016	2952	4.5	4335
2017	2999	3.1	3046
2018	3062	1.7	1660
2019	3151	0.6	551
2020	3230	0	0

注：(1)2007年及以前是按农村绝对贫困标准测算的绝对贫困状况；2008年农村贫困人口数据根据新修订的农村贫困标准确定，新贫困标准将原低收入人口纳入贫困人口统计，因此2008年以后数据与历史数据不可比；2011年开始农村贫困线由国家统计局按2010年价格水平2300元/人/年、根据"农村贫困人口的生活消费价格指数"进行后续调整并公布，2017—2020年由于未公布"农村贫困人口的生活消费价格指数"和根据该指数调整后的农村贫困线，由笔者直接根据全国居民消费价格指数推算。(2)1979年、1993年、1996年未公布贫困线，根据前后两年平均计算得出。(3)贫困发生率指贫困人口占目标调查人口的比重。

资料来源：历年《中国农村住户调查年鉴》、国家统计局。

(二)城镇最低生存标准:城镇贫困线(s_2)

我国没有明确统一划定的城镇贫困标准。尽管在城市和农村均有实行居民最低生活保障制度,但这一制度在20世纪90年代才开始建立并逐步完善,且各地区保障标准并不统一,较完整的全国平均低保标准数据直至2003年才开始公布①,数据年份相当受限。因此,需要自行合理测算全国城镇贫困线。

现有研究对全国城镇贫困线测度也没有统一标准。一般来说,贫困线的确定应当反映经济制度的差异,体现经济变迁的动态性和经济发展水平的变化,并且要具备一定的可比较性,与历史变化纵向可比、国内城乡间横向可比,同时借鉴世界其他主要经济体的经验和标准。本书参照陈宗胜和于涛(2017)的研究②,先分别用不同方法测算城镇贫困标准,再充分汲取各测算方法的优点,特别是考虑我国经济体制改革情况和发展阶段差异,分阶段截取出一条较科学合理的城镇贫困线。

具体地,先根据以下不同视角或方法测定我国各标准的城镇贫困线。

一是以官方公布的农村贫困线为基础测定城镇贫困标准。包括三种方式:(1)基准加物价指数法,即根据某年国家确定农村贫困线的基准原则来测定城镇贫困线。艾买提和王(Ahmad 和 Wang,1991)③研究指出,1985年中国政府规定的农村贫困线是农民平均收入的50%,可以此为基准将当年城镇居民平均收入的50%认定为城镇贫困线。比照这一原则,1985年我国城镇贫困线为375元,且与当时城镇贫困居民生活水平相符④。其他年份数据根据城

---

① 民政部自2003年才开始在《社会服务发展统计公报》中公布全国城市低保平均标准(元/人/月)。尽管可据此换算成年平均标准,但由于数据年份较短,不适用于本书分析。

② 陈宗胜、于涛:《中国城镇贫困线、贫困率及存在的问题》,《经济社会体制比较》2017年第6期。

③ Ahmad,E.,Wang,Y.,"Inequality and Poverty in China:Institutional Change and Public Policy,1978 to 1988",*World Bank Economic Review*,Vol.5,No.2,1991.

④ 陈宗胜:《公有经济中减低贫困的理论与实践》,《南开经济研究》1993年第6期。

镇居民消费价格指数调整计算。这一方法保持了基准一致性,但未考虑经济发展阶段区别,会低估实际贫困。(2)基期与近期贫困线倍数加物价指数法,即假定某时间段内城镇贫困线与农村贫困线调整幅度一致,先计算基期与近期农村贫困线的倍数,再根据这一倍数计算相同时间段的城镇贫困线。如2010年农村贫困线(2300元)是1985年农村贫困线(206元)的11.2倍,据此可测定2010年城镇贫困线为4200元,即1985年基期城镇贫困标准375元×11.2=4200元[①]。其他年份城镇贫困标准仍根据城镇居民居民消费价格指数进行调整。这一方式较适合于近期估计,前期经济发展缓慢,贫困线估计可能偏高而失真。(3)与农村贫困线同斜率调整法,即假定城镇贫困线与农村贫困线保持一致的斜率变化。以1985年城镇贫困线为原点,前后各年份根据农村贫困线斜率同步调整。由于我国农村贫困标准多次调整,这一方法可保持贫困标准的城乡一致性和同步性,但在城镇居民收入快于农村居民收入增长的大多数年份,城镇贫困线存在严重低估。[②]

二是马丁法,即根据基本食物和营养标准测定。实际上我国农村贫困标准的确定就在一定程度上借鉴了马丁法。如1997年农村贫困线测定时按农户食物消费支出占85%计算[③],2011年确定的2010年价格水平2300元贫困线则按食物支出占60%计算(王萍萍等,2015)。关于城镇贫困线也有马丁法的研究:侯赛因(Hussain,2003)[④]测算我国1998年城镇贫困线为2310元;国

[①] 这里与陈宗胜和于涛(2017)存在年份设定区别。该文将2011年国务院确定的2010年价格水平2300元的农村贫困标准在计算中归在2011年,存在不妥;实际应是2010年(2300/206=11.2)。因此倍数加物价指数算出的4200元是2010年而不是2011年的城镇贫困标准。

[②] 如1998—2010年农村贫困线长期偏低,低于农村居民平均收入的30%,同斜率变化使城镇贫困线也存在低估。这期间城镇居民收入增长较农村居民收入增长更快,因此城镇贫困线的提升幅度也相应提高。

[③] 王萍萍、方湖柳、李兴平:《中国贫困标准与国际贫困标准的比较》,《中国农村经济》2006年第12期。

[④] Hussain, A., "Urban Poverty in China: Measurement, Patterns and Policies", *International Labour Organization*, 2003.

家统计局城市社会经济调查司王有捐（2006）①根据马丁法测算 2004 年城镇居民贫困线则为 2985 元。我们在王有捐（2006）基础上根据城镇居民消费价格指数测定城镇贫困线。

三是世界银行确定的国际贫困线标准。世界银行的国际贫困线为各国了解贫困状况提供了重要参考，对划定我国城镇贫困标准也具有一定借鉴价值。国际贫困线标准有利于进行国际比较，且根据经济发展水平进行动态调整。1990 年选取当时一组最贫穷国家的贫困线，根据 1985 年购买力平价数据，通过贫困线平均值形式将国际贫困线定为人日均 1.01 美元；2008 年根据新一轮更大的国际可比性价格数据收集结果，按新的购买力平价和当时全球 15 个最贫穷国家的贫困线平均值，将国际贫困线调至人日均 1.25 美元；2015 年根据全球 20 个最贫穷国家情况，按购买力平价计算再次上调至人日均 1.9 美元②。另外，根据全球 110 个国家的贫困线则可将贫困标准设定为人日均 2.5 美元（陈宗胜和于涛，2017）。考虑到本书测算的为城镇贫困标准，且改革开放以来经济发展阶段的差异，本书采用人日均 1.9 美元为 2015 年的低贫困线，人日均 2.5 美元为高贫困线，按购买力平价换算为人民币大致为 2431 元、3199 元③，其他年份再根据城镇居民消费价格指数计算。

按上述方法测算的城镇贫困线结果如表 4.2 列（2）—列（7）和图 4.3 对应曲线所示。

---

① 王有捐：《对城市居民最低生活保障政策执行情况的评价》，《统计研究》2006 年第 10 期。

② 世界银行经济学家考希克·巴苏（Kaushik Basu）表示，此次上调是为反映 2005 年以来全球出现的价格上涨。参照当今世界最贫穷国家的平均通胀水平，提高名义贫困线，而实际贫困水平则保持不变。

③ 1993 年中国首次被纳入国际比较项目（ICP）购买力平价核算，2011 年首次全面参与新基准的测算，当年人民币购买力平价指数 3.506。陈宗胜和于涛（2017）由日均贫困标准换算成年贫困标准时按 360 天计算，本书按 365 天计算。

表 4.2 1978—2020 年中国农村、城镇贫困线及其占收入比重

(单位:元/人/年;%)

年份	（1）农村贫困线	城镇贫困线							（9）农村贫困线占比	（10）五段式城镇贫困线占比
		（2）基准加物价指数法	（3）倍数加物价指数法	（4）同斜率调整法	（5）马丁法	（6）世界银行1.9美元	（7）世界银行2.5美元	（8）五段式城镇贫困线		
1978	100	279	728	182	602	367	482	279	74.87	81.34
1979	115	285	742	209	614	373	491	285	71.80	70.28
1980	130	306	798	237	660	402	528	306	67.95	64.07
1981	142	314	818	258	676	412	542	314	63.55	62.68
1982	164	320	834	299	690	420	552	320	60.72	59.76
1983	179	326	851	326	704	428	563	326	57.78	57.79
1984	200	335	874	364	723	440	579	335	56.29	51.39
1985	206	375	978	375	809	492	648	375	51.81	50.74
1986	213	401	1046	388	865	527	693	401	50.26	44.54
1987	227	437	1138	413	941	573	754	437	49.08	43.56
1988	236	527	1374	430	1136	691	910	527	43.31	44.65
1989	259	613	1597	471	1321	804	1058	613	43.06	44.60
1990	300	621	1618	546	1339	815	1072	621	43.71	41.11
1991	304	652	1701	553	1407	856	1127	856	42.90	50.34
1992	317	709	1847	577	1528	930	1223	930	40.43	45.88
1993	379	823	2144	690	1774	1079	1420	1079	41.12	41.88
1994	440	1028	2680	801	2217	1349	1776	1349	36.04	38.59
1995	530	1201	3131	965	2590	1576	2074	1576	33.59	36.80
1996	585	1307	3406	1065	2818	1715	2256	1715	30.37	35.43
1997	640	1347	3512	1165	2905	1768	2326	2326	30.62	45.08
1998	635	1339	3491	1156	2887	1757	2312	2312	29.37	42.62
1999	625	1322	3445	1138	2850	1734	2282	2282	28.28	38.99

续表

年份	（1）农村贫困线	城镇贫困线							（9）农村贫困线占比	（10）五段式城镇贫困线占比
		（2）基准加物价指数法	（3）倍数加物价指数法	（4）同斜率调整法	（5）马丁法	（6）世界银行1.9美元	（7）世界银行2.5美元	（8）五段式城镇贫困线		
2000	625	1332	3473	1138	2873	1748	2301	2301	27.74	36.63
2001	630	1342	3497	1147	2893	1760	2317	2317	26.62	33.77
2002	627	1328	3462	1141	2864	1743	2293	2293	25.33	29.77
2003	637	1340	3493	1160	2890	1759	2314	2314	24.29	27.31
2004	668	1384	3609	1216	2985	1817	2390	2390	22.75	25.37
2005	683	1407	3666	1243	3033	1846	2429	3033	20.98	28.90
2006	693	1428	3721	1262	3078	1873	2465	3078	19.32	26.18
2007	785	1492	3889	1429	3217	1958	2576	3217	18.96	23.33
2008	1196	1575	4107	2177	3397	2067	2720	3397	25.12	21.53
2009	1196	1561	4070	2177	3366	2049	2696	3366	23.21	19.60
2010	1274	1611	4200	2319	3474	2114	2782	4200	21.52	21.98
2011	2536	1697	4423	4617	3658	2226	2930	4423	36.35	20.28
2012	2673	1742	4542	4866	3757	2286	3009	4542	33.76	18.49
2013	2736	1788	4660	4981	3855	2346	3087	4660	29.02	17.61
2014	2800	1825	4758	5097	3936	2395	3152	4758	26.69	16.50
2015	2855	1853	4829	5197	3995	2431	3199	4829	25.00	15.48
2016	2952	1892	4931	5374	4079	2482	3266	4931	23.88	14.67
2017	2999	1922	5010	5459	4144	2522	3318	5010	22.33	13.76
2018	3062	1962	5119	5574	4231	2575	3388	5119	20.95	13.04
2019	3151	2017	5263	5736	4349	2647	3483	5263	19.67	12.42
2020	3230	2064	5386	5880	4449	2708	3563	5386	18.85	12.29

注:农村贫困线占比、五段式城镇贫困线占比分别是指相应贫困线与农村、城镇居民人均收入之比。

资料来源:根据陈宗胜和于涛(2017)方法测算。

（单位：元）　　　　　　　　　　　　　　　　　　　　　　　　　（单位：%）

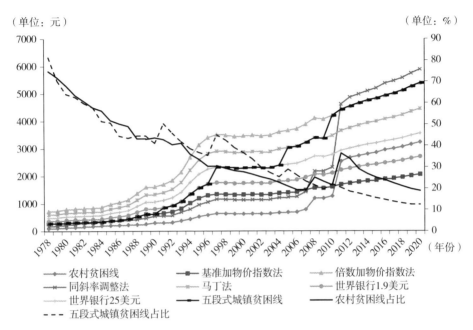

图 4.3　1978—2020 年中国城乡贫困线及其占城乡居民收入比重

资料来源:根据测算结果绘制。

　　由于各标准测算结果差异较大,且每个标准都有一定的经济阶段适用性,单一标准较不科学合理。因此,根据陈宗胜和于涛(2017)的做法,综合考虑各测算方法的优势和经济发展阶段的差异,采用分阶段截取贫困线的方式确定"五段式"中国城镇贫困标准[见表 4.2 列(8)及图 4.3 对应曲线],充分体现每个阶段的经济变迁和发展状况。具体来说:(1)第一阶段为 1978 年至 1990 年,直接采用基准加物价指数法。这一时期中国整体上为低收入国家,位于脱贫过渡阶段,城镇居民恩格尔系数位于 51.4%—59.2%区间[1],处于温饱水平;同时,经济得到初步发展但市场经济体制尚未形成,且居民收入差距并不大。借鉴农村贫困线,以城镇居民人均收入 50%为基准确定城镇贫困标准的做法较符合当时国情。(2)第二阶段为 1991 年至 1996 年,采用世界银行

――――――――――

　　①　数据来自国家统计局网站,后文此指标数据来源相同。

日人均 1.9 美元的贫困标准。该时期中国仍为低收入国家，但市场经济体制开始建立，城镇居民生活水平得到提高，其恩格尔系数由 53.8% 降至 48.8%，低于小康水平的高临界值（49%）。该贫困标准反映了经济发展水平提高、城乡和国际可比较性。（3）第三阶段为 1997 年至 2004 年，采用世界银行日人均 2.5 美元贫困标准。这一阶段我国成为中等偏下收入国家，城镇居民恩尔系数由 46.6% 降至 37.7%，从小康进入富裕阶段；市场经济改革逐步深化，国有企业改革深入推进，职工下岗潮使城镇贫困问题显现，并开始为建立城镇居民最低生活保障制度作出努力，但低保补贴不是制度化贫困标准①。2004 年根据该方法计算的贫困线略高于全国城市平均低保标准②，更能反映经济发展水平，更具准确性和科学性。（4）第四阶段为 2005 年至 2009 年，采用马丁法。这一时期我国市场经济制度基本建立，仍为中等偏下收入经济体，城镇居民生活水平进一步提高，但其恩尔系数基本稳定（2005 年为 36.7%、2009 年为 36.5%），收入差距拉大，城镇贫困问题进一步突出。此阶段依据基本食物支出标准的马丁法确定城镇贫困线较为合理。（5）第五阶段为 2010 年至 2020 年，采用倍数加物价指数法。我国成为中等偏上收入经济体，市场经济体制加快完善，居民生活水平快速提高，城镇居民恩格尔系数由 35.7% 降至 29.2%，进入最富裕阶段。以远近两期农村贫困标准的倍数确定城镇贫困线，反映了经

---

① 1997 年下发《国务院关于在全国建立城市居民最低生活保障制度的通知》，标志着全国性的城镇居民最低生活保障制度开始建立（在此之前，1993 年上海市最先开始实施）。该通知要求，"1997 年年底以前，已建立这项制度的城市要逐步完善，尚未建立这项制度的要抓紧做好准备工作；1998 年年底以前，地级以上城市要建立起这项制度；1999 年年底以前，县级市和县政府所在地的镇要建立起这项制度"。但当时这一制度只是应对下岗职工贫困问题的临时救助措施，不是明确的制度化城镇贫困标准；且保障标准过低，各地区实际补贴标准受各城市财政资源限制较大，而非根据生活所需食物等标准确定，从而不是真实的贫困标准。另外，根据 2016 年《国务院关于宣布失效一批国务院文件的决定》，目前该通知已失效。

② 根据民政部《社会服务发展统计公报》，2004 年全国城市低保平均标准为 152 元/人/月，即 1824 元/人/年，这一标准要低于根据世界银行日人均 2.5 美元计算的当年 2390 元/人/年的贫困标准。由于低保标准在较大程度上受财政资源限制，不是制度化贫困标准，因此后者可能更科学。

济发展水平和层次的阶梯性质,保留了官方农村贫困线的基本特征,具有与农村标准的可比性,以远近两期倍数的形式确定了城镇标准自身变化的基本趋势。

可以发现,截取的"五段式"阶梯型城镇贫困线充分考虑了各测度方法的优势和时期适用性,体现了我国经济发展的阶段性历史变迁。更值得一提的是,该方法测定的城镇贫困线占城镇居民人均收入比重的变化趋势,与农村贫困线占农村居民人均收入比重变化趋势较好地保持了一致性(见表4.2列(9)—列(10)及图4.3对应曲线),具有城乡可比性。总的来看,"五段式"测定法的城镇贫困线是一条比较科学合理的城镇居民贫困标准,较好地反映了城镇居民的生存标准收入水平。

(三)全国平均最低生存标准线(s)

一旦确定农村和城镇的最低生存标准,全国平均的最低生存标准则相对较易产生。具体地,根据农村和城镇居民最低生存标准,分别将农村人口比重和城镇人口比重作为各自权重,再求二者之和即可得到全国平均的最低生存标准。计算方式如式(4.18)所示:

$$全国平均生存标准 = \frac{农村生存标准线 \times 农村人口 + 城镇生存标准线 \times 城镇人口}{全国总人口}$$

$$= 农村生存标准线 \times 农村人口权重 + 城镇生存标准线 \times 城镇人口权重 \qquad (4.18)$$

由此,农村最低生存标准(s_1)、城镇最低生存标准(s_2)、全国平均最低生存标准(s)结果如表4.3所示。

表 4.3　1978—2020 年基于城乡最低生存标准的全国平均生存标准线

(单位:元/人/年)

年份	农村最低生存标准(s_1)	城镇最低生存标准(s_2)	农村人口比重	城镇人口比重	全国平均最低生存标准(s)
1978	100	279	0.8208	0.1792	132.13
1979	115	285	0.8104	0.1896	147.17
1980	130	306	0.8061	0.1939	164.13

续表

年份	农村最低生存标准（s_1）	城镇最低生存标准（s_2）	农村人口比重	城镇人口比重	全国平均最低生存标准（s）
1981	142	314	0.7984	0.2016	176.60
1982	164	320	0.7887	0.2113	196.94
1983	179	326	0.7838	0.2162	210.85
1984	200	335	0.7699	0.2301	231.10
1985	206	375	0.7629	0.2371	246.06
1986	213	401	0.7548	0.2452	259.17
1987	227	437	0.7468	0.2532	280.06
1988	236	527	0.7419	0.2581	311.10
1989	259	613	0.7379	0.2621	351.74
1990	300	621	0.7359	0.2641	384.72
1991	304	856	0.7306	0.2694	452.74
1992	317	930	0.7254	0.2746	485.26
1993	379	1079	0.7201	0.2799	575.05
1994	440	1349	0.7149	0.2851	699.23
1995	530	1576	0.7096	0.2904	833.75
1996	585	1715	0.6952	0.3048	929.31
1997	640	2326	0.6809	0.3191	1178.09
1998	635	2312	0.6665	0.3335	1194.39
1999	625	2282	0.6522	0.3478	1201.39
2000	625	2301	0.6378	0.3622	1231.87
2001	630	2317	0.6234	0.3766	1265.18
2002	627	2293	0.6091	0.3909	1278.42
2003	637	2314	0.5947	0.4053	1316.73
2004	668	2390	0.5824	0.4176	1387.30
2005	683	3033	0.5701	0.4299	1693.16
2006	693	3078	0.5566	0.4434	1750.69
2007	785	3217	0.5411	0.4589	1900.92
2008	1196	3397	0.5301	0.4699	2230.20
2009	1196	3366	0.5166	0.4834	2245.18
2010	1274	4200	0.5005	0.4995	2735.53
2011	2536	4423	0.4873	0.5127	3503.26

年份	农村最低生存标准(s_1)	城镇最低生存标准(s_2)	农村人口比重	城镇人口比重	全国平均最低生存标准(s)
2012	2673	4542	0.4743	0.5257	3655.54
2013	2736	4660	0.4627	0.5373	3769.81
2014	2800	4758	0.4523	0.5477	3872.38
2015	2855	4829	0.4390	0.5610	3962.60
2016	2952	4931	0.4265	0.5735	4086.81
2017	2999	5010	0.4148	0.5852	4175.62
2018	3062	5119	0.3850	0.6150	4327.06
2019	3151	5263	0.3729	0.6271	4475.43
2020	3230	5386	0.3611	0.6389	4607.46

资料来源:根据测算的城乡最低生存标准和国家统计局的人口数据计算。

二、社会平均收入水平

全社会平均收入水平可大致根据农村和城镇居民人均收入水平计算。由于国家统计局对城乡居民人均收入数据进行公开,因此社会平均收入水平的计算与最低生存标准相比较为简单。

(一)农村居民人均收入水平(μ_1)

2013年之前,国家统计局分城镇和农村进行住户调查,农村居民人均收入数据为纯收入。2012年第四季度,国家统计局实施城乡一体化住户调查改革,进行城乡一体化的住户收支与生活状况调查,统一了城乡居民收入名称、分类和统计标准。因此从2013年起,农村居民人均收入由纯收入调整为可支配收入,与2013年之前分城镇和农村住户调查的统计范围、调查方法和指标口径等稍有不同。

(二)城镇居民人均收入水平(μ_2)

在实施城乡一体化住户调查改革后,城镇居民人均可支配收入的统计口

径也有细微变化。例如,根据新口径,2014 年城镇居民人均可支配收入为
28844 元,而按一体化住户调查改革前的老口径推算,当年全国城镇居民人均
可支配收入为 29381 元①。尽管改革前后统计口径有一定变化,但对本书使
用国家统计局的人均可支配收入数据并不构成严重影响。

(三)全社会平均收入水平(μ)

类似地,可根据城乡居民人均收入水平确定全社会平均收入水平,计算方
式如式(4.19)所示:

$$全社会平均收入 = \frac{农村居民人均收入 \times 农村人口 + 城镇居民人均收入 \times 城镇人口}{全国总人口}$$

$$= 农村居民人均收入 \times 农村人口权重 + 城镇居民人均收入 \times 城镇人口权重$$

$$(4.19)$$

由此,农村居民人均收入(μ_1)、城镇居民人均收入(μ_2)、全社会平均收
入水平(μ)如表4.4所示。

表 4.4　1978—2020 年基于城乡居民人均收入的全社会平均收入水平

(单位:元/人/年)

年份	农村居民人均收入(μ_1)	城镇居民人均收入(μ_2)	农村人口比重	城镇人口比重	全社会平均收入水平(μ)
1978	133.57	343.40	0.8208	0.1792	171.16
1979	160.17	405.00	0.8104	0.1896	206.59
1980	191.33	477.60	0.8061	0.1939	246.84
1981	223.44	500.40	0.7984	0.2016	279.27
1982	270.11	535.30	0.7887	0.2113	326.15
1983	309.77	564.60	0.7838	0.2162	364.87
1984	355.33	652.10	0.7699	0.2301	423.63

① 中华人民共和国国家统计局:《中华人民共和国 2014 年国民经济和社会发展统计公
报》,中国统计出版社 2015 年版。

续表

年份	农村居民人均收入（μ_1）	城镇居民人均收入（μ_2）	农村人口比重	城镇人口比重	全社会平均收入水平（μ）
1985	397.60	739.10	0.7629	0.2371	478.56
1986	423.76	900.90	0.7548	0.2452	540.78
1987	462.55	1002.10	0.7468	0.2532	599.16
1988	544.94	1180.20	0.7419	0.2581	708.93
1989	601.51	1373.93	0.7379	0.2621	803.96
1990	686.31	1510.20	0.7359	0.2641	903.90
1991	708.55	1700.60	0.7306	0.2694	975.81
1992	783.99	2026.60	0.7254	0.2746	1125.21
1993	921.62	2577.40	0.7201	0.2799	1385.07
1994	1220.98	3496.20	0.7149	0.2851	1869.64
1995	1577.74	4283.00	0.7096	0.2904	2363.36
1996	1926.07	4838.90	0.6952	0.3048	2813.90
1997	2090.13	5160.30	0.6809	0.3191	3069.82
1998	2161.98	5425.10	0.6665	0.3335	3250.24
1999	2210.34	5854.00	0.6522	0.3478	3477.59
2000	2253.42	6280.00	0.6378	0.3622	3711.84
2001	2366.40	6859.60	0.6234	0.3766	4058.53
2002	2475.63	7702.80	0.6091	0.3909	4518.92
2003	2622.24	8472.20	0.5947	0.4053	4993.24
2004	2936.40	9421.61	0.5824	0.4176	5644.62
2005	3254.93	10493.00	0.5701	0.4299	6366.58
2006	3587.04	11759.50	0.5566	0.4434	7210.95
2007	4140.36	13785.80	0.5411	0.4589	8566.58
2008	4760.62	15780.80	0.5301	0.4699	9938.95
2009	5153.20	17174.70	0.5166	0.4834	10964.60
2010	5919.00	19109.40	0.5005	0.4995	12507.56
2011	6977.30	21809.80	0.4873	0.5127	14581.96
2012	7916.60	24564.70	0.4743	0.5257	16668.52
2013	9429.59	26467.00	0.4627	0.5373	18583.73

年份	农村居民人均收入(μ_1)	城镇居民人均收入(μ_2)	农村人口比重	城镇人口比重	全社会平均收入水平(μ)
2014	10488.88	28843.85	0.4523	0.5477	20541.96
2015	11421.71	31194.83	0.4390	0.5610	22514.40
2016	12363.41	33616.25	0.4265	0.5735	24551.85
2017	13432.00	36396.00	0.4148	0.5852	26870.45
2018	14617.00	39251.00	0.3850	0.6150	29766.91
2019	16021.00	42359.00	0.3729	0.6271	32537.56
2020	17131.00	43834.00	0.3611	0.6389	34191.55

注:2013 年起国家统计局实施城乡一体化住户调查改革,2013 年及以后收入数据与 2013 年之前的分城镇和农村住户调查的统计口径稍有区别。

资料来源:根据国家统计局数据计算。

三、实际不平等衡量

实际不平等测度需用到基尼系数和塞尔指数两个指标。由于实际基尼系数和实际塞尔指数仅是共同富裕测度所用到的过渡指标,不是本章的中心工作和主要内容,故这两个指标测度直接采用官方公开结果或借鉴现有研究成果。

(一)实际基尼系数

我们除计算全国层面的共同富裕程度外,还将计算农村、城镇层面的共同富裕程度,故分别对全国基尼系数(G_{actual})、农村基尼系数($G_{actual1}$)、城镇基尼系数($G_{actual2}$)进行说明。

全国居民基尼系数(G_{actual})。主要包括两个来源:一是国家统计局公布的官方数据,涉及 2003 年至今的基尼系数。相当一段时期内,我国没有公布全国居民基尼系数,官方的解释是我国居民收入调查是城乡分开的,基尼系数也城乡分离,发布全国统一的基尼系数有待城乡住户调查一体化。为回应来自社会各界的质询,2013 年年初国家统计局曾一次性公布 2003—2012 年全国居民基尼系数[1],此后,各年份数据也及时公开。二是相关学者测度结果,涉及 2002 年及之前的基尼系数。1978—2002 年全国基尼系数主要以程永宏(2007)的测度结果为准。

农村和城镇居民基尼系数($G_{actual1}$、$G_{actual2}$)。主要来源为:一是国家统计局测算的结果,涉及 1990—2011 年区分农村、城镇的居民基尼系数。其中 1990—2010 年数据来自《中国居民收入分配年度报告(2011)》(以下简称《报告》),该《报告》由国家发展和改革委员会就业和收入分配司组织编写,国家统计局国民经济核算司、住户调查办公室、人口和就业统计司等单位共同参与,公布的农村和城镇居民基尼系数实际上是国家统计局的官方测算结果。2011 年农村和城镇居民基尼系数来自国家统计局,后续年份则由于城乡住户调查一体化,不再公布分城乡的基尼系数。二是相关学者测度结果,涉及 1989 年及之前的城乡居民基尼系数。1978—1989 年农村和城镇居民基尼系数同样来自程永宏(2007)的分解结果[2]。

（二）实际塞尔指数

类似地,实际塞尔指数[3]也包括全国塞尔指数(T_{actual})、农村塞尔指数($T_{actual1}$)、城镇塞尔指数($T_{actual2}$)三个层面。

本书用到的 1978—2010 年这三个指标结果来自万广华(2013)[4]的研究。

---

[1] 此时公布的全国基尼系数是国家统计局根据全国统一城乡可比统计标准分类口径,对历史的分城乡的老口径的住户基础资料(特别是收入资料)进行整理、计算得出的。经过近两年的准备,统计局对原有的城乡分开的住户调查制度进行了重大改革,从 2012 年 12 月 1 日开始,全国 40 万户居民按照全国统一的城乡可比的统计标准、指标体系进行记账。

[2] 个别年份缺失数据根据徐映梅和张学新的研究(徐映梅、张学新:《中国基尼系数警戒线的一个估计》,《统计研究》2011 年第 1 期)补充。

[3] 与数理推导部分一致,本部分实际的塞尔指数均为塞尔第二测度。

[4] 万广华:《城镇化与不均等:分析方法和中国案例》,《经济研究》2013 年第 5 期。

该文利用国家统计局公布的分组数据,采用肖罗克斯和万(Shorrocks 和 Wan,2008)①的方法和世界银行开发的 Povcal 软件将分组收入数据"还原"为个体收入原始观测值,再将个体观测值按分组数据分成若干组,对各组个体观测值进行优化调整,保证每组个体观测值的平均值与实际均值相等,并确保洛伦兹曲线平滑且单调上升。在"还原"个体或家庭收入原始观测值的基础上计算出的塞尔指数与实际结果十分接近。另外,2011 年及之后全国层面的塞尔指数则为笔者测算结果②。

综上所述,全国层面和分城乡的居民基尼系数和塞尔指数结果如表 4.5 和图 4.4 所示。结果显示,1978 年以来,不管是以基尼系数还是以塞尔指数表征的收入不平等程度均呈上升趋势,并且这两个指标的短期波动方向和幅度也基本一致。其中,全国层面的不平等程度要显著高于农村内部和城镇内部的不平等程度,农村内部不平等程度次之,城镇内部不平等程度相对最小。总的来说,改革开放 40 多年来,我国由一个相对平等的社会逐渐转变为较不平等的社会。

表 4.5 1978—2020 年中国居民收入基尼系数和塞尔指数

年份	基尼系数			塞尔指数		
	全国	农村	城镇	全国	农村	城镇
	G_{actual}	$G_{actual1}$	$G_{actual2}$	T_{actual}	$T_{actual1}$	$T_{actual2}$
1978	0.2797	0.3052	0.1600	0.2080	0.1460	0.0500
1979	0.2807	0.2807	0.1610	0.1930	0.1300	0.0500
1980	0.2795	0.2591	0.1600	0.1810	0.1200	0.0500
1981	0.2927	0.2504	0.1712	0.1600	0.1090	0.0500
1982	0.2769	0.2515	0.1692	0.1410	0.1090	0.0520

---

① Shorrocks A., Wan G., *Ungrouping Income Distributions: Synthesising Samples for Inequality and Poverty Analysis*, UNU-WIDER of United Nations University(UNU), 2008.

② 我国基尼系数和塞尔指数高度相关,其相关系数为 0.995。

续表

年份	基尼系数			塞尔指数		
	全国	农村	城镇	全国	农村	城镇
	G_{actual}	$G_{actual1}$	$G_{actual2}$	T_{actual}	$T_{actual1}$	$T_{actual2}$
1983	0.2709	0.2595	0.1693	0.1500	0.1300	0.0520
1984	0.2773	0.2662	0.1715	0.1690	0.1470	0.0550
1985	0.3073	0.2812	0.2166	0.1740	0.1350	0.0450
1986	0.3239	0.2960	0.2117	0.1810	0.1520	0.0460
1987	0.3247	0.2981	0.2208	0.2000	0.1600	0.0460
1988	0.3384	0.3111	0.2229	0.2130	0.1710	0.0500
1989	0.3529	0.3230	0.2281	0.2320	0.1870	0.0520
1990	0.3587	0.3100	0.2300	0.2130	0.1700	0.0500
1991	0.3432	0.3100	0.2400	0.2390	0.1800	0.0480
1992	0.3993	0.3100	0.2500	0.2650	0.1920	0.0580
1993	0.4183	0.3200	0.2700	0.2980	0.2100	0.0700
1994	0.4300	0.3300	0.3000	0.3070	0.2100	0.0760
1995	0.4169	0.3400	0.2800	0.3100	0.2380	0.0740
1996	0.3946	0.3200	0.2800	0.2830	0.2300	0.0740
1997	0.3964	0.3300	0.2900	0.2640	0.1980	0.0820
1998	0.4001	0.3400	0.3000	0.2720	0.2000	0.0850
1999	0.4124	0.3400	0.3000	0.2900	0.2100	0.0940
2000	0.4275	0.3500	0.3200	0.3250	0.2300	0.1040
2001	0.4331	0.3600	0.3200	0.3450	0.2450	0.1130
2002	0.4297	0.3700	0.3200	0.4000	0.2530	0.1720
2003	0.4790	0.3700	0.3300	0.4250	0.2650	0.1800
2004	0.4730	0.3700	0.3300	0.4230	0.2470	0.1870
2005	0.4850	0.3800	0.3400	0.4300	0.2420	0.1950
2006	0.4870	0.3700	0.3400	0.4320	0.2480	0.1920
2007	0.4840	0.3700	0.3400	0.4190	0.2200	0.1870
2008	0.4910	0.3800	0.3380	0.4190	0.2080	0.1950
2009	0.4900	0.3850	0.3350	0.4180	0.2050	0.1850

续表

年份	基尼系数			塞尔指数		
	全国	农村	城镇	全国	农村	城镇
	G_{actual}	$G_{actual1}$	$G_{actual2}$	T_{actual}	$T_{actual1}$	$T_{actual2}$
2010	0.4810	0.3783	0.3300	0.3850	0.1800	0.1780
2011	0.4770	0.3897	0.3300	0.3818	—	—
2012	0.4740	—	—	0.3794	—	—
2013	0.4730	—	—	0.3786	—	—
2014	0.4690	—	—	0.3754	—	—
2015	0.4620	—	—	0.3698	—	—
2016	0.4650	—	—	0.3722	—	—
2017	0.4670	—	—	0.3738	—	—
2018	0.4680	—	—	0.3746	—	—
2019	0.4650	—	—	0.3722	—	—
2020	0.4680	—	—	0.3746	—	—

注:城乡住户调查一体化后不再公布分城乡的居民基尼系数。

资料来源:基尼系数主要源自程永宏(程永宏:《改革以来全国总体基尼系数的演变及其城乡分解》,《中国社会科学》2007年第7期)和国家统计局;塞尔指数源自万广华(万广华:《城镇化与不均等:分析方法和中国案例》,《经济研究》2013年第5期)以及笔者推算结果。

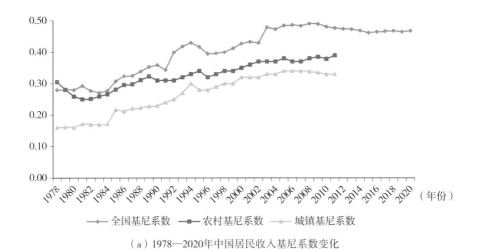

(a)1978—2020年中国居民收入基尼系数变化

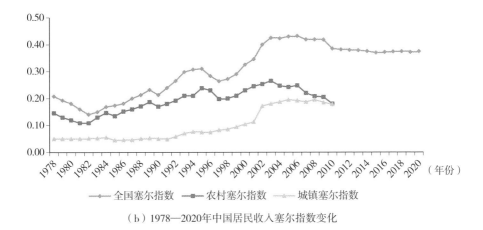

（b）1978—2020年中国居民收入塞尔指数变化

图 4.4　1978—2020 年中国居民收入基尼系数和塞尔指数变化趋势

资料来源:基尼系数主要源自程永宏(程永宏:《改革以来全国总体基尼系数的演变及其城乡分解》,
　　　《中国社会科学》2007 年第 7 期)和国家统计局;塞尔指数源自万广华(万广华:《城镇化与
　　　不均等:分析方法和中国案例》,《经济研究》2013 年第 5 期)以及笔者推算结果。

第四节　中国共同富裕格局的动态演进: 测度结果及分析

根据本章第二节对不平等可能性边界和共同富裕逆向指标(不平等提取率)的数理定义以及第三节对相关参数的选择和设定,可以对中国改革开放以来的不平等可能性边界和共同富裕程度进行实际测算。

一、中国不平等可能性边界演变

不平等可能性边界即为中国增长变迁中的历年最大可行不平等的连线,它是测算共同富裕程度的前提。由于不平等可能性边界可通过基尼系数和塞尔测度两类不平等指标进行定义,因此有基于基尼系数和基于塞尔指数的两类最大可行不平等。

(一)基于基尼系数的最大可行不平等

由前述数理推导结果可知,最大可行基尼系数可表示为 $G^*(\mu) = \dfrac{\alpha - 1}{\alpha}$(即式4.6)的形式,其中 α 为社会平均收入水平相对于社会最低生存标准的倍数。

根据最大可行基尼系数表达式,结合相关参数界定,可分别测算全国层面、农村内部、城镇内部的最大可行基尼系数。相关测算结果如表4.6和图4.5所示。

表 4.6　1978—2020 年中国居民收入最大可行基尼系数(G^*)

年份	居民平均收入相对于最低生存标准的倍数			最大可行基尼系数		
	全国	农村	城镇	全国(G^*)	农村(G_1^*)	城镇(G_2^*)
	α	α_1	α_2	$\dfrac{(\alpha - 1)}{\alpha}$	$\dfrac{(\alpha_1 - 1)}{\alpha_1}$	$\dfrac{(\alpha_2 - 1)}{\alpha_2}$
1978	1.2954	1.3357	1.2294	0.2281	0.2513	0.1866
1979	1.4038	1.3928	1.4228	0.2877	0.2820	0.2972
1980	1.5040	1.4718	1.5608	0.3351	0.3205	0.3593
1981	1.5814	1.5735	1.5955	0.3676	0.3645	0.3732
1982	1.6560	1.6470	1.6733	0.3961	0.3928	0.4024
1983	1.7305	1.7306	1.7303	0.4221	0.4222	0.4221
1984	1.8331	1.7767	1.9459	0.4545	0.4371	0.4861
1985	1.9449	1.9301	1.9709	0.4858	0.4819	0.4926
1986	2.0866	1.9895	2.2452	0.5207	0.4974	0.5546
1987	2.1394	2.0377	2.2954	0.5326	0.5092	0.5644
1988	2.2788	2.3091	2.2398	0.5612	0.5669	0.5535
1989	2.2857	2.3224	2.2420	0.5625	0.5694	0.5540
1990	2.3495	2.2877	2.4327	0.5744	0.5629	0.5889
1991	2.1553	2.3308	1.9864	0.5360	0.5710	0.4966
1992	2.3188	2.4732	2.1798	0.5687	0.5957	0.5412
1993	2.4086	2.4317	2.3877	0.5848	0.5888	0.5812

续表

年份	居民平均收入相对于最低生存标准的倍数			最大可行基尼系数		
	全国	农村	城镇	全国(G^*)	农村(G_1^*)	城镇(G_2^*)
	α	α_1	α_2	$\dfrac{(\alpha-1)}{\alpha}$	$\dfrac{(\alpha_1-1)}{\alpha_1}$	$\dfrac{(\alpha_2-1)}{\alpha_2}$
1994	2.6738	2.7750	2.5912	0.6260	0.6396	0.6141
1995	2.8346	2.9769	2.7177	0.6472	0.6641	0.6320
1996	3.0279	3.2924	2.8221	0.6697	0.6963	0.6457
1997	2.6058	3.2658	2.2183	0.6162	0.6938	0.5492
1998	2.7212	3.4047	2.3462	0.6325	0.7063	0.5738
1999	2.8946	3.5365	2.5650	0.6545	0.7172	0.6101
2000	3.0132	3.6055	2.7298	0.6681	0.7226	0.6337
2001	3.2079	3.7562	2.9610	0.6883	0.7338	0.6623
2002	3.5348	3.9484	3.3586	0.7171	0.7467	0.7023
2003	3.7921	4.1165	3.6611	0.7363	0.7571	0.7269
2004	4.0688	4.3958	3.9413	0.7542	0.7725	0.7463
2005	3.7602	4.7656	3.4599	0.7341	0.7902	0.7110
2006	4.1189	5.1761	3.8202	0.7572	0.8068	0.7382
2007	4.5065	5.2743	4.2856	0.7781	0.8104	0.7667
2008	4.4565	3.9805	4.6456	0.7756	0.7488	0.7847
2009	4.8836	4.3087	5.1019	0.7952	0.7679	0.8040
2010	4.5723	4.6460	4.5499	0.7813	0.7848	0.7802
2011	4.1624	2.7513	4.9314	0.7598	0.6365	0.7972
2012	4.5598	2.9617	5.4083	0.7807	0.6624	0.8151
2013	4.9296	3.4465	5.6795	0.7971	0.7098	0.8239
2014	5.3047	3.7460	6.0622	0.8115	0.7331	0.8350
2015	5.6817	4.0006	6.4594	0.8240	0.7500	0.8452
2016	6.0076	4.1881	6.8177	0.8335	0.7612	0.8533
2017	6.4351	4.4788	7.2652	0.8446	0.7767	0.8624
2018	6.8792	4.7737	7.6677	0.8546	0.7905	0.8696
2019	7.2703	5.0844	8.0485	0.8625	0.8033	0.8758
2020	7.4209	5.3037	8.1385	0.8652	0.8115	0.8771

资料来源:笔者根据前述数据测算。

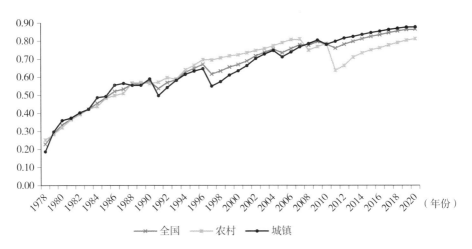

图 4.5　1978—2020 年中国居民收入不平等可能性边界（最大可行基尼系数）

资料来源：根据测算结果绘制。

由表 4.6 和图 4.5 可知，改革开放以来，不管是在全国层面还是在农村内部抑或城镇内部，经济变迁所能"达到"的最大限度基尼系数总体上不断提高。1978—2020 年，全国最大可行基尼系数由 0.2281 上升至 0.8652，农村最大可行基尼系数从 0.2513 上升至 0.8115，城镇最大可行基尼系数从 0.1866上升至 0.8771。图 4.5 的演变趋势表明，个别年份的最大可行基尼系数存在一定程度的"断崖"或"沉降"。例如，2011 年农村最大可行基尼系数呈现较大幅度下降，这主要是由于农村最低生存标准——贫困线的调整所致，城镇和全国最大可行基尼系数在个别年份的"沉降"也是同样的原因。

总的来看，在不同经济发展阶段，随着社会生产能力的提高，可供国民分配的收入不断增加，社会平均收入水平也大幅提高，而满足基本生存需要的贫困标准提升相对缓慢，导致社会平均收入水平与最低生存标准之间的离差持续拉大，从而使社会所能实现或达到的最大可能不平等程度也不断提高。不平等可能性边界趋于扩张这一发现对库兹涅茨的收入差距呈"倒 U 型"变化观点提出了质疑：在经济发展过程中，不平等可能性边界的持续扩张为实际收入差距扩大提供了可能条件（尽管实际收入差距并不必然扩大）。

(二)基于塞尔指数的最大可行不平等

数理推导部分显示,最大可行不平等除了以基尼系数为基础外,还可基于塞尔指数测度最大可行不平等。根据推导结果,最大可行塞尔指数可定义为 $T^* = \ln\alpha$,即式(4.16)的形式。结合第三节确定的参数及 α 取值,测算得到的全国、农村、城镇最大可行塞尔指数如表4.7和图4.6所示。

表 4.7　1978—2020 年中国居民收入最大可行塞尔指数(T^*)

年份	全国最大可行塞尔指数	农村最大可行塞尔指数	城镇最大可行塞尔指数
	$T^* = \ln\alpha$	$T_1^* = \ln\alpha_1$	$T_2^* = \ln\alpha_2$
1978	0.2588	0.2895	0.2065
1979	0.3392	0.3313	0.3527
1980	0.4081	0.3865	0.4452
1981	0.4583	0.4533	0.4672
1982	0.5044	0.4990	0.5148
1983	0.5484	0.5484	0.5483
1984	0.6060	0.5747	0.6657
1985	0.6652	0.6576	0.6785
1986	0.7355	0.6879	0.8088
1987	0.7605	0.7118	0.8309
1988	0.8236	0.8368	0.8064
1989	0.8267	0.8426	0.8074
1990	0.8542	0.8275	0.8890
1991	0.7679	0.8462	0.6863
1992	0.8410	0.9055	0.7792
1993	0.8791	0.8886	0.8704
1994	0.9835	1.0206	0.9521
1995	1.0419	1.0909	0.9998

续表

年份	全国最大可行塞尔指数 $T^* = \ln\alpha$	农村最大可行塞尔指数 $T_1^* = \ln\alpha_1$	城镇最大可行塞尔指数 $T_2^* = \ln\alpha_2$
1996	1.1079	1.1916	1.0375
1997	0.9577	1.1835	0.7967
1998	1.0011	1.2252	0.8528
1999	1.0629	1.2631	0.9420
2000	1.1030	1.2825	1.0042
2001	1.1656	1.3234	1.0855
2002	1.2627	1.3733	1.2115
2003	1.3329	1.4150	1.2978
2004	1.4033	1.4807	1.3715
2005	1.3245	1.5614	1.2412
2006	1.4156	1.6441	1.3403
2007	1.5055	1.6629	1.4553
2008	1.4944	1.3814	1.5359
2009	1.5859	1.4606	1.6296
2010	1.5200	1.5360	1.5151
2011	1.4261	1.0121	1.5956
2012	1.5173	1.0858	1.6879
2013	1.5953	1.2374	1.7369
2014	1.6686	1.3207	1.8021
2015	1.7373	1.3864	1.8655
2016	1.7930	1.4323	1.9195
2017	1.8618	1.4994	1.9831
2018	1.9285	1.5631	2.0370
2019	1.9838	1.6262	2.0855
2020	2.0043	1.6684	2.0966

资料来源:笔者根据前述数据测算。

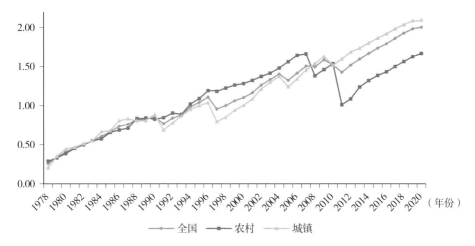

图 4.6　1978—2020 年中国居民收入不平等可能性边界(最大可行塞尔指数)

资料来源:根据测算结果绘制。

最大可行塞尔指数的变化趋势与最大可行基尼系数基本一致。1978—2020 年,全国最大可行塞尔指数由 0.2588 上升至 2.0043,农村最大可行塞尔指数从 0.2895 增加至 1.6684,城镇最大可行塞尔指数则从 0.2065 上升到 2.0966。改革开放以来,全国、农村、城镇最大可行塞尔指数都呈现快速上升趋势,说明经济发展大幅提高了社会所能达到的最大可行不平等。最大可行塞尔指数在个别年份的沉降同样是由于最低生存标准(贫困线)的变化。

二、中国共同富裕程度测算结果及分析

在测度最大可行不平等的基础上,进一步计算共同富裕的逆向指标即不平等提取率,分析实际不平等"提取"了最大可行不平等的多少份额。根据数理定义理解,不平等提取率越小,共同富裕程度越高。

(一)基于基尼系数的共同富裕分析

首先,在图形中直观地展示实际基尼系数与不平等可能性边界(最大可

行基尼系数)的关系。将实际基尼系数和最大可行基尼系数放置在同一图形,可相当明确地看出二者的"相对关系"①,有利于更好地理解以不平等提取率表征的共同富裕程度。二者相对关系如图 4.7 所示。

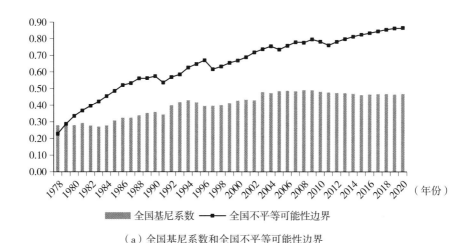

(a)全国基尼系数和全国不平等可能性边界

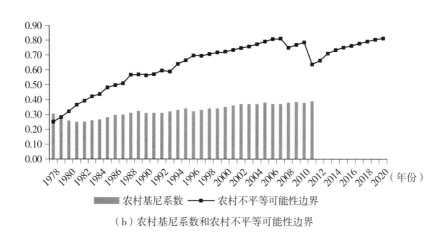

(b)农村基尼系数和农村不平等可能性边界

① 即传统计算的不平等(如基尼系数、塞尔指数)与最大限度的不平等(最大可行基尼系数、最大可行塞尔指数)的关系。

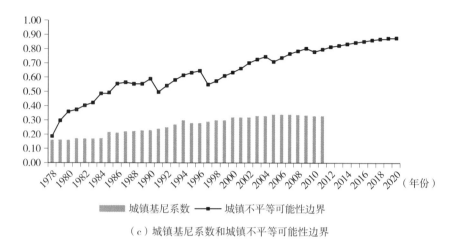

（c）城镇基尼系数和城镇不平等可能性边界

图 4.7　1978—2020 年中国收入基尼系数及不平等可能性边界

资料来源:根据测算结果绘制。

　　需说明的是,个别年份(如 1978 年)存在实际不平等超出最大可行不平等的情况,这主要是由测度误差所致,也可能反映某些人暂时无法维持生计而生活在最低生存标准线以下(米兰诺维奇等,2011)。根据收入不平等提取率的设计原理,理论上的测度误差主要包括三种类型:一是人均收入水平计量错误;二是实际不平等测度失准;三是最低生存标准应用失当。

　　进一步地,可基于实际基尼系数、最大可行基尼系数测算共同富裕的逆向指标——收入不平等提取率。结果如表 4.8 和图 4.8 所示。

表 4.8　1978—2020 年共同富裕逆向指标:基于基尼系数的不平等提取率(IER_{Gini})

年份	全国收入不平等提取率	农村收入不平等提取率	城镇收入不平等提取率
	G_{actual} / G^*	$G_{actual1} / G_1^*$	$G_{actual2} / G_2^*$
1978	1. 2265	1. 2143	0. 8576
1979	0. 9758	0. 9953	0. 5418
1980	0. 8341	0. 8083	0. 4453
1981	0. 7962	0. 6870	0. 4587
1982	0. 6990	0. 6402	0. 4205

续表

年份	全国收入不平等提取率 G_{actual}/G^*	农村收入不平等提取率 $G_{actual1}/G_1^*$	城镇收入不平等提取率 $G_{actual2}/G_2^*$
1983	0.6418	0.6147	0.4011
1984	0.6101	0.6090	0.3528
1985	0.6325	0.5835	0.4397
1986	0.6220	0.5951	0.3817
1987	0.6097	0.5854	0.3912
1988	0.6030	0.5488	0.4027
1989	0.6274	0.5672	0.4118
1990	0.6245	0.5507	0.3905
1991	0.6403	0.5430	0.4833
1992	0.7021	0.5204	0.4619
1993	0.7153	0.5435	0.4646
1994	0.6869	0.5159	0.4885
1995	0.6441	0.5120	0.4430
1996	0.5892	0.4596	0.4337
1997	0.6433	0.4756	0.5280
1998	0.6325	0.4814	0.5229
1999	0.6301	0.4740	0.4917
2000	0.6399	0.4843	0.5050
2001	0.6293	0.4906	0.4832
2002	0.5992	0.4955	0.4557
2003	0.6506	0.4887	0.4540
2004	0.6271	0.4790	0.4422
2005	0.6607	0.4809	0.4782
2006	0.6431	0.4586	0.4606
2007	0.6220	0.4566	0.4435
2008	0.6330	0.5075	0.4307
2009	0.6162	0.5014	0.4167

续表

年份	全国收入不平等提取率	农村收入不平等提取率	城镇收入不平等提取率
	G_{actual}/G^*	$G_{actual1}/G_1^*$	$G_{actual2}/G_2^*$
2010	0.6156	0.4821	0.4230
2011	0.6278	0.6122	0.4139
2012	0.6072	—	—
2013	0.5934	—	—
2014	0.5779	—	—
2015	0.5607	—	—
2016	0.5579	—	—
2017	0.5529	—	—
2018	0.5476	—	—
2019	0.5391	—	—
2020	0.5409	—	—

注:理论上收入不平等提取率应小于1(100%),详见正文解释。
资料来源:笔者根据前述数据测算。

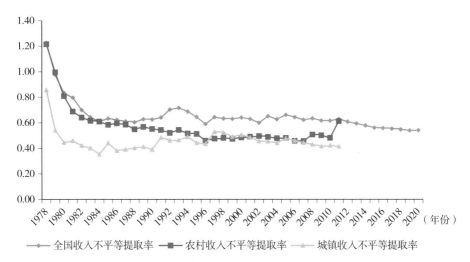

图 4.8　1978—2020 年基于基尼系数的不平等提取率(共同富裕逆向指标)变化趋势
资料来源:根据测算结果绘制。

改革开放以来,随着我国经济快速发展,社会平均收入相对于最低生存标准收入水平的倍差(α)快速提高,收入不平等提取率大体呈下降趋势,这表明我国增长与分享协同的共同富裕程度趋于提高。具体来看:(1)20世纪70年代末至90年代初,全国收入不平等提取率先快速大幅下降后基本稳定——从1978年的1.2265下降至1984年的0.6101,然后保持基本稳定至1990年左右;90年代初期全国不平等提取率出现小幅上升后又缓慢回落,从90年代中后期到2012年党的十八大前始终稳定在稍高于0.6的水平;2012年开始出现进一步下降态势,2020年为0.5409。这表明在增长变迁过程中,经济活力快速释放,共同富裕程度实现较大程度提升。(2)农村收入不平等提取率:70年代末至90年代初,先快速大幅下降后小幅下降——从1978年的1.2143下降至1984年的0.6090、1992年的0.5204;90年代初又进一步缓慢下降,2010年为0.4821,2011年出现跳升主要源于农村贫困线的大幅上调。(3)城镇收入不平等提取率:1978年至80年代末,先大幅下降后基本稳定;整个90年代则出现小幅回升;世纪之交开始又呈缓慢下降趋势。因此,农村和城镇的共同富裕程度也得到一定程度的提升。

总体来看,1978年至20世纪80年代中后期,全国、农村、城镇收入不平等提取率快速下降,这主要是由于经济效率大幅提升,富裕程度快速提高;90年代以后,收入不平等提取率保持缓慢下降趋势,共同富裕提升速度基本稳定,这是因为生产实现快速增长的同时分配差距也快速拉大。改革开放初期,我国实际基尼系数尽管处于较低水平,但其更十分接近不平等可能性边界(IPF),即"提取"了当时社会经济所容许的最大可行不平等的很大一部分;90年代开始实际不平等快速拉大,同时生产增长所能达到的最大可行不平等也快速提高,导致不平等提取率下降相对缓慢。实际上,实际不平等(收入分配)和最大可行不平等(经济增长)都是权利配置的结果。现阶段权利配置要进一步处理好参与权、收入权、保障权的关系,以降低实际不平等,促进共同富裕。

（二）基于塞尔指数的共同富裕分析

接下来，进一步展示基于塞尔指数的共同富裕程度变化情况。首先在图形中直观地展示实际塞尔指数与不平等可能性边界（最大可行塞尔指数）的相对关系，如图4.9所示。

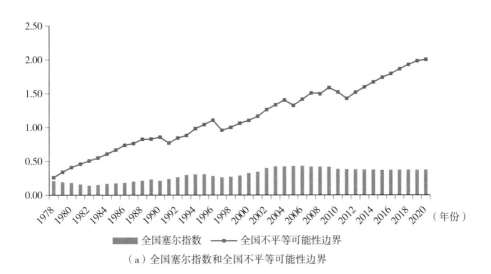

（a）全国塞尔指数和全国不平等可能性边界

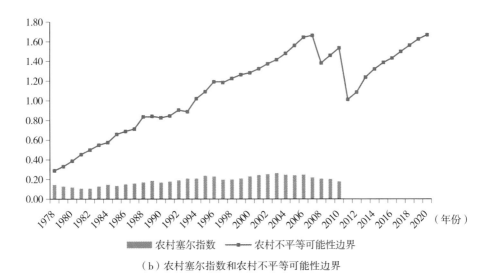

（b）农村塞尔指数和农村不平等可能性边界

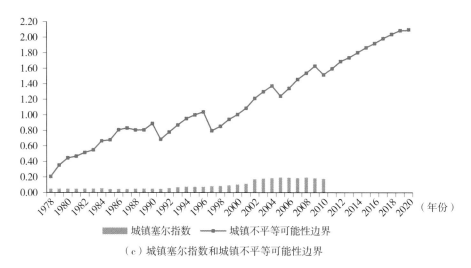

（c）城镇塞尔指数和城镇不平等可能性边界

图4.9 1978—2020年中国收入塞尔指数及不平等可能性边界

资料来源:笔者测算绘制。

　　基于实际塞尔指数、最大可行塞尔指数测算的共同富裕逆向指标(收入不平等提取率)结果如表4.9和图4.10所示。可以发现,这一结果变化趋势与基于基尼系数的收入不平等提取率基本一致;20世纪70年代末至80年代末、90年代至今两个阶段,全国收入不平等提取率分别呈现先大幅下降再缓慢下降的变化过程;农村和城镇收入不平等提取率的结果与基于基尼系数测算结果也基本一致。这再次表明:改革开放以来,增长与分享协同视角下我国共同富裕程度实现较大程度的提高。

表4.9 1978—2020年共同富裕逆向指标:基于塞尔指数的不平等提取率(IER_{Theil})

年份	全国收入不平等提取率	农村收入不平等提取率	城镇收入不平等提取率
	T_{actual}/T^{*}	$T_{actual1}/T_1^{*}$	$T_{actual2}/T_2^{*}$
1978	0.8036	0.5044	0.2421
1979	0.5690	0.3924	0.1418
1980	0.4435	0.3105	0.1123
1981	0.3491	0.2405	0.1070

续表

年份	全国收入不平等提取率	农村收入不平等提取率	城镇收入不平等提取率
	T_{actual}/T^*	$T_{actual1}/T_1^*$	$T_{actual2}/T_2^*$
1982	0.2795	0.2185	0.1010
1983	0.2735	0.2370	0.0948
1984	0.2789	0.2558	0.0826
1985	0.2616	0.2053	0.0663
1986	0.2461	0.2210	0.0569
1987	0.2630	0.2248	0.0554
1988	0.2586	0.2043	0.0620
1989	0.2806	0.2219	0.0644
1990	0.2494	0.2054	0.0562
1991	0.3112	0.2127	0.0699
1992	0.3151	0.2120	0.0744
1993	0.3390	0.2363	0.0804
1994	0.3121	0.2058	0.0798
1995	0.2975	0.2182	0.0740
1996	0.2554	0.1930	0.0713
1997	0.2757	0.1673	0.1029
1998	0.2717	0.1632	0.0997
1999	0.2728	0.1663	0.0998
2000	0.2947	0.1793	0.1036
2001	0.2960	0.1851	0.1041
2002	0.3168	0.1842	0.1420
2003	0.3188	0.1873	0.1387
2004	0.3014	0.1668	0.1363
2005	0.3247	0.1550	0.1571
2006	0.3052	0.1508	0.1433
2007	0.2783	0.1323	0.1285
2008	0.2804	0.1506	0.1270

续表

年份	全国收入不平等提取率	农村收入不平等提取率	城镇收入不平等提取率
	T_{actual}/T^*	$T_{actual1}/T_1^*$	$T_{actual2}/T_2^*$
2009	0.2636	0.1403	0.1135
2010	0.2533	0.1172	0.1175
2011	0.2677	—	—
2012	0.2501	—	—
2013	0.2373	—	—
2014	0.2250	—	—
2015	0.2129	—	—
2016	0.2076	—	—
2017	0.2008	—	—
2018	0.1942	—	—
2019	0.1876	—	—
2020	0.1869	—	—

资料来源:笔者根据前述数据测算。

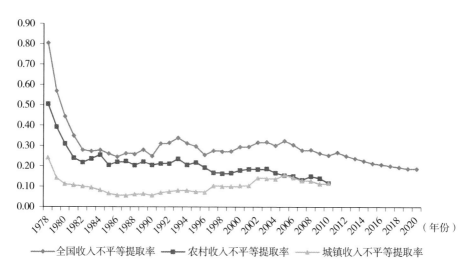

图 4.10 1978—2020 年基于塞尔指数的不平等提取率(共同富裕逆向指标)变化趋势
资料来源:根据测算结果绘制。

实际上,上述结果还能够解释改革开放以来中国经济社会对不平等持续扩大持有一定承受力或容忍度的原因。收入不平等提取率越低,经济体还可"承受"的不平等空间越大。值得强调的是,这里的"承受力"或"容忍度"指的是客观上的"承受",而并非主观上的对不平等的真正"包容"。从社会变迁视角看,在一个快速增长的经济体中,绝大部分民众会受益于社会生产力的提高,即使是最底层群体也可能受到这种快速发展的正外部性或溢出效应的影响,在此背景下,贫富差距在一定程度上的拉大可能会被社会所包容。具体地,可以想象这样一个例子:t_1 时期,整个社会普遍很贫穷,但分配较平等;t_2 时期,社会生产力大幅提高,所有个体的收入水平均实现不同程度的提升,同时贫富差距拉大。在这一情况下,社会民众可能大多倾向于认为收入水平提升的 t_2 时期是更好的(即使收入不平等程度上升),因为他们在 t_1 时期可能"穷怕了",t_2 时期尽管在"分享"层面有一定差距,但在"富裕"程度上较 t_1 时期有了很大改善,这是真正在"迈向"共同富裕,更接近共同富裕目标。这是对改革开放以来中国社会民众对贫富差距扩大持有一定承受度的合理解释。

并且,上述测算结果及其分析印证了以下基本观点:不平等和增长是连带动态变化的。具体来说:(1)当一个国家总体变得更加富有、社会平均收入水平提高时,它的最大可行不平等也会持续扩大。即使实际不平等保持稳定,不平等提取率也可能下降——只要最大可行不平等得到提高;实际不平等上升,收入不平等提取率也可能不会上升——只需最大可行不平等的提高幅度与实际不平等提高程度基本相当。(2)在一个经济持续下滑的社会中,即使实际不平等稳定,不平等提取率也会提高——进而有以下推论:在分子衡量的实际不平等相同且不变的情况下,经济衰退的经济体比经济增长的经济体面临更加严峻的不平等挑战,更难以实现共同富裕。总之,经济增长提供了这样一个积极信息:即使实际测度的不平等保持不变,不平等提取率也会随着人均收入的增长而下降。国际历史经验事实也表明,随着经济发展和人均收入水平的提高(分母最大可行不平等上升),收入不平等提取率呈下降趋势(米兰诺维奇,2011;米兰诺维奇等,2011)。然而,上述测算结果反映的我国的现实情况是,经济实现快速增长,但收入不平等提取率已在较长一段时期仅保持轻微下降(况且,该下降表现是否构成下一步演变态势或长期趋势仍有待观察),这说明目前我国不平等程度依然较大①,共同富裕仍然任重道远。

---

① 实际上,在分母最大可行不平等不断提高的情况下:若分子实际不平等减小,不平等提取率必然下降;实际不平等甚至只需保持不变或提高幅度小于最大可行不平等提高幅度,不平等提取率都会下降。而我国收入不平等提取率曾长期保持稳定而并未下降,可想而知实际不平等的提高幅度以及严重程度。

第五章 中国共同富裕的事实格局：增长与分享协同的权利配置视角

第一章阐述了增长与分享协同的共同富裕本质上由制度框架下的权利配置所决定。第四章则基于增长与分享协同视角对中国共同富裕程度进行了总体测度，展示了中国共同富裕格局演进的整体方向，但未能进行细分维度和区域差异分析。本章进一步基于权利配置视角对中国及各省份共同富裕格局进行测度，从参与权、收入权、保障权维度进行分析，图景式呈现中国共同富裕格局的动态演进及区域差异。这有助于我们从宏观整体和具体维度更好把握共同富裕演化的特征事实，分析不同地区进一步推进共同富裕的薄弱环节及相应的发力点，有助于提高我国推进共同富裕政策的平衡性、协调性和整体性。

第一节 共同富裕的权利配置
指标体系和测度方法

一、权利配置指标体系

习近平总书记明确要求，"抓紧制定促进共同富裕的行动纲领，提出科学可行、符合国情的指标体系和考核评估办法"①。本部分以增长和分享有机协同的共同富裕逻辑为基础,根据决定共同富裕的三大权利内涵,构建共同富裕的指标体系②。具体地,将促进共同富裕的三大权利系统(参与权、收入权、保障权)确定为二级指标,通过最大限度地支撑二级指标的基本内涵并考虑数据可得性来选取三级指标。参与权指标选择从劳动、资本要素参与生产的角度出发,从劳动就业、人力资本、物资资本、民营资本以及农业基础等方面着重考察劳动者参与机会和能力、资本特别是民营资本发展机会、农村农民的农业生产能力,尽可能反映各类要素参与社会生产的程度和水平,确定 8 项表示参与权的三级指标;收入权指标选择强调收入增长和分配公平两方面,通过存款、劳动收入、工资指数、可支配收入以及消费状况来直接或间接反映收入增长,再通过城乡收入、消费对比和三大产业劳动生产率来反映城乡和行业之间的分配公平性,确定 11 项表示收入权的三级指标;保障权指标选取以保障所有公民基本生存和发展的权利为依据,从社会保障和公共服务两方面出发,选取反映人们生活、居住、养老、医疗卫生、文化教育、环境绿化、移动通信等状况的 14 项三级指标。经过上述考量和处理,最终得到由 33 项具体指标构成的共同富裕指标体系(见表 5.1)。相关数据均来源于 Easy Professional Superior (EPS)数据库和国家统计局,考察对象为 31 个省份(未包括港澳台地区),时间年限为 2010—2020 年。

表 5.1 共同富裕的权利配置指标体系

一级指标	二级指标		三级指标	单位	指标方向	指标权重
共同富裕指数	参与权子系统	劳动就业	年末城镇登记失业率	%	−	0.0582
			每万人拥有工会组织数	个	+	0.0396

---

① 习近平:《扎实推动共同富裕》,《求是》2021 年第 20 期。
② 张磊、邓紫琪、张川川、刘培林:《中国共同富裕的基本逻辑、格局测度及区域差异》,《中国人口科学》2023 年第 5 期。

续表

一级指标	二级指标		三级指标	单位	指标方向	指标权重
共同富裕指数	参与权子系统	人力资本	专科及以上文化程度就业人员占比	%	+	0.1270
			研究与试验发展(R&D)人数	人	+	0.2427
		物质资本	全社会固定资产投资占 GDP 比重	%	+	0.0507
			银行业金融机构各项贷款余额	亿元	+	0.1709
		民营资本	私营工业企业平均资产	万元	+	0.1245
		农业基础	农用机械总动力	万千瓦	+	0.1865
	收入权子系统	收入（直接）	劳动报酬占 GDP 比重	%	+	0.0746
			就业人员劳动工资总额指数(上年＝100)	/	−	0.0067
			居民人均可支配收入	元	+	0.1565
			居民人均储蓄存款	元	+	0.2060
			城乡居民收入水平差距(比值)	/	−	0.0498
		消费（间接）	城乡居民人均消费差距(比值)	/	−	0.0418
			城乡居民平均消费倾向差距(比值)	/	−	0.0236
			社会消费品零售总额环比增长率	%	−	0.1160
		劳动生产率	农业全员劳动生产率	元/人	+	0.1082
			工业全员劳动生产率	元/人	+	0.1083
			服务业全员劳动生产率	元/人	+	0.1087
	保障权子系统	社会保障	人均财政性社会保障经费	元	+	0.1179
			城乡居民人均转移性收入差距(比值)	/	−	0.0084
			每千城市居民中最低生活保障人数	人	−	0.0266
			每千农村居民中最低生活保障人数	人	−	0.0242
			人均财政一般预算住房保障支出	元	+	0.1012
			每千城镇居民基本养老保险年末参保人数	人	+	0.0502
			每千城镇居民基本医疗保险年末参保人数	人	+	0.1528

续表

一级指标	二级指标		三级指标	单位	指标方向	指标权重
共同富裕指数	保障权利子系统	公共服务	人均财政性医疗卫生经费	元	+	0.0974
			每千人口卫生技术人员数	人	+	0.0478
			人均财政性教育经费	元	+	0.0901
			普通中小学师生比	/	+	0.0494
			人均拥有公共图书馆藏量	册	+	0.1482
			移动电话普及率	部/百人	+	0.0482
			人均公园绿地面积	平方米	+	0.0376

注:指标权重根据后文公式(5.4)计算得到。为方便观察,前置展示。
资料来源:笔者根据共同富裕的权利配置逻辑构建和整理。

二、测度方法

接下来根据上述指标层次体系及 33 项具体指标构建三大权利子系统指数和共同富裕指数,以便测度 2010—2020 年我国 31 个省(自治区、直辖市)①的共同富裕程度。

(一)共同富裕子系统指数 h_{it}

为避免由于主观不确定性和模糊认识带来的误差,本书采用熵值赋权的逼近理想解排序法(Technique for Order Preference by Similarity to Ideal Solution,简称 TOPSIS 法)与灰色关联度相结合的方法将三级指标合成为二级权利指数。熵权逼近理想解排序法给予较多信息指标较大权重,能够有效避免多指标变量间的信息重叠问题。灰色关联度法则以各方案的统计数列所构成的曲线几何形状与理想方案形状之间的近似度作为评价优劣的依据,本书选取满足灰色关联四公理的邓氏关联度模型。逼近理想解排序法测度各指标

---

① 受数据限制,本书分析未覆盖港澳台地区。

与逼近共同富裕状态理想指标的差距,灰色关联度测度各省(自治区、直辖市)现实状态与逼近理想共同富裕状态的差距,两种方法相结合恰好契合研究目标。进一步地,本书采用基于虚拟最劣解逼近理想解排序法和灰色关联度的动态评价模型,通过设置虚拟最劣解来解决由于评价方案同时接近最优、最劣解而导致的打分误差问题,同时综合考虑评价对象与理想方案之间的位置和形状关系,科学构建共同富裕的子系统权利指数。假设在某一个权利子系统下,x_{ijt} 表示第 i 个省份的第 j 个三级指标在 t 年的值,其中 $1 \leq i \leq m$ ($m = 31$) , $1 \leq j \leq n(n = 33)$, $1 \leq t \leq k(k = 11)$ 。

第一步,对 x_{ijt} 做归一化处理,使各数值具有相同量纲,具有可比性:

$$
正向指标: y_{ijt} = \frac{x_{ijt} - \underset{it}{\min}\, x_{ijt}}{\underset{it}{\max}\, x_{ijt} - \underset{it}{\min}\, x_{ijt}} \tag{5.1}
$$

$$
负向指标: y_{ijt} = \frac{\underset{it}{\max}\, x_{ijt} - x_{ijt}}{\underset{it}{\max}\, x_{ijt} - \underset{it}{\min}\, x_{ijt}} \tag{5.2}
$$

第二步,用熵权法对标准化的指标 j 计算权重 w_j ,其中 $a = \frac{1}{\ln mk}$:

$$
z_j = -a \sum_{i=1}^{m} \sum_{t=1}^{k} \left(\frac{y_{ijt}}{\sum\limits_{i=1}^{m} \sum\limits_{t=1}^{k} y_{ijt}} \ln \frac{y_{ijt}}{\sum\limits_{i=1}^{m} \sum\limits_{t=1}^{k} y_{ijt}} \right) \tag{5.3}
$$

$$
w_j = \frac{1 - z_j}{\sum_{j=1}^{n} (1 - z_j)} \tag{5.4}
$$

第三步,利用得到的三级指标权重计算 i 省份的 j 指标在 t 年的标准化指标加权值 f_{ijt} :

$$
f_{ijt} = w_j y_{ijt} \tag{5.5}
$$

确定各三级指标 f_{ijt} 在全部年份的所有省份中的最优解 f_j^+、最劣解 f_j^- 以及虚拟最劣解 f_j^{*-} :

$$f_j^+ = \underbrace{\max_i}\ \underbrace{\max_t}\ f_{ijt} \tag{5.6}$$

$$f_j^- = \underbrace{\min_i}\ \underbrace{\min_t}\ f_{ijt} \tag{5.7}$$

$$f_j^{*-} = 2f_j^- - f_j^+ \tag{5.8}$$

第四步,计算各省(自治区、直辖市)加权指标 f_{ijt} 与其相应的最优解 f_j^+ 和虚拟最劣解 f_j^{*-} 之间的距离 d_{it}^+、d_{it}^{*-}:

$$d_{it}^+ = \sqrt{\sum_{j=1}^n (f_{ijt} - f_j^+)^2} \tag{5.9}$$

$$d_{it}^{*-} = \sqrt{\sum_{j=1}^n (f_{ijt} - f_j^{*-})^2} \tag{5.10}$$

并获得 i 省(自治区、直辖市)在 t 年的相对贴近度 c_{it}:

$$c_{it} = \frac{d_{it}^{*-}}{d_{it}^{*-} + d_{it}^+} \tag{5.11}$$

第五步,计算 i 省(自治区、直辖市)在 t 年的灰色关联度 r_{it}:

$$\Delta_{ijt}^+ = |f_j^+ - f_{ijt}| \tag{5.12}$$

$$r_{ijt} = \frac{\underbrace{\min_i}\ \underbrace{\min_j}\ \underbrace{\min_t}\ \Delta_{ijt}^+ + \rho\ \underbrace{\max_i}\ \underbrace{\max_j}\ \underbrace{\max_t}\ \Delta_{ijt}^+}{\Delta_{ijt}^+ + \rho\ \underbrace{\max_i}\ \underbrace{\max_j}\ \underbrace{\max_t}\ \Delta_{ijt}^+} \tag{5.13}$$

$$r_{it} = \frac{1}{n} \sum_{j=1}^n r_{ijt} \tag{5.14}$$

其中,ρ 为分辨系数,取值为 0.5。

第六步,将相对贴进度 c_{it} 与灰色关联度 r_{it} 合成为 i 省(自治区、直辖市)在 t 年的子系统指数 h_{it}:

$$h_{it} = \theta c_{it} + (1 - \theta) r_{it} \tag{5.15}$$

其中,θ 反映决策者对位置和形状的偏好程度,θ 越大,表示越偏好位置(理想解法);θ 越小,表示越偏好形状(灰色关联),决策者可根据自己的偏好来确定其数值。由于本书对位置和形状有相同偏好,故令 $\theta = 0.5$。

根据上述步骤,得到参与权子系统、收入权子系统和保障权子系统指数 h_1、h_2、h_3。指数越大,反映各个省份的权利子系统越接近于理想系统,表明各省份要素主体的权利配置状态越优,共同富裕的权利基础越好。由于 $c_{it} \in [0,1]$ 且 $r_{it} \in [0,1]$,故 $h_{it} \in [0,1]$。

(二)共同富裕指数 D

本书基于耦合协调度模型构建共同富裕指数。其中耦合表示两个或两个以上的系统相互影响、相互作用的一种现象。耦合协调分析不用考虑各变量之间的因果关系,具体包括耦合和发展两个方面。共同富裕既是富裕的共享,也是共享的富裕。[1] 共同富裕指数本质上为权利子系统的耦合和发展,这是因为:参与权、收入权、保障权之间相互影响、相互作用[2],存在耦合关系;同时,共同富裕要求三者实现整体发展,最终实现耦合协调。因此,共同富裕指数可借鉴耦合协调度模型表示为:

$$D = \sqrt{CT} \tag{5.16}$$

其中,D 为权利子系统耦合协调的共同富裕指数,C 表示各权利子系统之间的耦合关系,T 表示三大权利子系统的发展程度。

耦合度 C 的测算采用三系统耦合度模型:

$$C = 3 \times \left[\frac{h_1 \times h_2 \times h_3}{(h_1 + h_2 + h_3)^3} \right]^{\frac{1}{3}} \tag{5.17}$$

在此模型中,C 的取值范围在 $[0,1]$ 之间,h_1、h_2、h_3 分别表示参与权、收入权、保障权在各省份每年的子系统指数。

同时,采用综合评价方式得到三权子系统的发展程度公式:

---

① 李实、朱梦冰:《推进收入分配制度改革 促进共同富裕实现》,《管理世界》2022 年第 1 期。

② 参与权是收入权的前提,二者促进生产增长、总体富裕,而总体富裕又为保障权提供财政基础;收入权、保障权涉及居民、企业和政府三部门的分配关系,且影响个体的参与权(禀赋和能力)。

$$T = \alpha h_1 + \beta h_2 + \gamma h_3 \tag{5.18}$$

其中,α、β、γ 为待定系数,是综合评价得分的权重。在实现共同富裕的过程中,三权子系统之间可以相互补偿,收入权系统直接作用于收入增长与公平,相对于参与权、保障权具有更为重要的地位,故将系数确定为 $\alpha = 0.3$,$\beta = 0.4$,$\gamma = 0.3$。

由此,通过 C、T 可以计算出由权利发展和协调程度所决定的共同富裕指数 D。C 值和 T 值的取值范围都位于 $[0,1]$ 区间,故最终的共同富裕指数取值范围也为 $[0,1]$。共同富裕指数越大,表示共同富裕程度越高,当指数值等于 1 时,表示达到完全共同富裕水平①。

三、指标体系效度和信度检验

为评估二、三级指标的可靠性和有效性,我们对共同富裕指标体系进行了效度和信度检验。首先,效度分析主要有内容效度、结构效度、效标关联效度三种方式。我们基于权利视角阐述了共同富裕的生成逻辑,并考虑各层级支撑关系较全面地选择指标,具有良好的内容效度。结构效度检验要求公共因子(权利系统)彼此不相关,主要适用于题项无关联的调查量表信度检验,而共同富裕的权利系统之间紧密相关,意味着本书不适合采用结构效度检验。因此,本书进一步以中国发展指数(RCDI)②为效度标准进行效标关联效度检验,结果显示大部分权利系统及共同富裕评价与中国发展指数的线性关联度

---

① 作为一种目标状态的共同富裕尚未实现,我们仍处于这一进程中,故在当前现实及技术条件下无法知晓各指标在实现共同富裕时的"最优解";本书将加权标准化指标的最大值作为共同富裕状态下的理想逼近,这一做法存在合理性:当前我国部分省份的劳动就业、农业基础、教育和医疗等指标已达到甚至超过发达国家水平。因此,由"最优解"设定导致的共同富裕程度被高估的问题可基本忽略。

② 本书以中国人民大学中国调查与数据中心发布的 2017—2019 年三期中国发展指数为效度标准。该指数以联合国开发计划署的人类发展指数为基础,结合中国具体情况改进而成,涵盖生活水平、健康、教育及社会环境多个方面,它不同于共同富裕指数但又与本书紧密相关,具有较强的权威性,符合效标条件。

在 0.6 以上,具有较高的效标关联效度。其次,本书采用学界常用的 Cronbach'α 系数进行信度检验,反映各权利子系统及共同富裕评价的内部一致性程度。检验发现,参与权、收入权、保障权子系统及共同富裕评价的信度系数分别为 0.614、0.813、0.863 和 0.916,因此共同富裕指标体系具有较高信度。

第二节　中国共同富裕格局的省际分布动态

一、中国共同富裕子系统指数的主要特征

表 5.2 展示了 2010—2020 年全国及 31 个省份的共同富裕权利子系统指数。

表 5.2　2010—2020 年中国各省份共同富裕的权利子系统指数

省份	参与权系统(h_1)		收入权系统(h_2)		保障权系统(h_3)	
	均值	年均增长率（%）	均值	年均增长率（%）	均值	年均增长率（%）
北京	0.647	1.021	0.773	1.378	0.712	1.643
上海	0.607	1.001	0.745	0.726	0.723	1.289
江苏	0.675	1.812	0.704	0.939	0.638	1.399
浙江	0.646	1.528	0.706	1.089	0.651	1.348
广东	0.676	2.131	0.677	1.018	0.642	1.139
山东	0.677	0.860	0.659	0.977	0.625	1.184
天津	0.587	0.610	0.705	0.985	0.657	1.016
内蒙古	0.596	0.752	0.688	0.662	0.649	1.478
辽宁	0.588	0.380	0.679	0.980	0.642	1.265
青海	0.590	0.860	0.646	0.770	0.667	1.596
宁夏	0.580	0.880	0.657	0.924	0.660	1.583

续表

省份	参与权系统(h_1)		收入权系统(h_2)		保障权系统(h_3)	
	均值	年均增长率（%）	均值	年均增长率（%）	均值	年均增长率（%）
福建	0.590	0.844	0.675	0.964	0.623	1.176
湖北	0.606	1.000	0.666	1.318	0.616	1.453
河南	0.646	0.852	0.640	0.954	0.602	1.522
黑龙江	0.584	0.821	0.662	1.264	0.635	1.457
吉林	0.574	0.577	0.664	0.860	0.643	1.470
新疆	0.584	0.697	0.658	0.733	0.638	1.351
河北	0.629	0.598	0.645	0.434	0.609	1.153
陕西	0.595	0.765	0.659	1.209	0.624	1.455
重庆	0.577	0.692	0.655	1.316	0.644	1.491
海南	0.568	0.419	0.660	0.910	0.636	1.356
西藏	0.565	0.443	0.626	0.807	0.688	3.104
湖南	0.605	1.234	0.650	0.955	0.608	1.313
四川	0.599	1.002	0.644	1.147	0.619	1.550
山西	0.589	0.412	0.649	0.847	0.619	1.319
安徽	0.611	0.975	0.639	1.053	0.606	1.453
广西	0.584	0.737	0.647	0.901	0.608	1.499
江西	0.582	0.580	0.637	0.935	0.613	1.425
甘肃	0.575	0.393	0.624	0.812	0.620	1.849
云南	0.577	0.633	0.629	1.170	0.608	1.584
贵州	0.569	0.576	0.633	1.013	0.608	1.941
全国	0.603	0.841	0.665	0.969	0.637	1.479

资料来源:笔者根据 Easy Professional Superior 数据库和国家统计局数据测算。

首先,本书对共同富裕的三大权利子系统指数进行横向比较分析。从全国整体来看,收入权指数较为领先,为 0.665,其次保障权指数为 0.637,而参与权发展滞后于前二者。总体上三大权利发展配置水平都有待进一步提高,三者之间存在轻微不平衡,值得关注的是参与权系统的均值和年均增长率都落后于收入权和保障权系统,表明我国要素市场化配置改革仍有待进一步完善。从各省份来看,除山东、河南、青海、宁夏、西藏五省外,大部分省份主要是收入权最强,参与权、保障权相对滞后,不同省份的权利配置存在不平衡;山东、河南的参与权相对较强,作为人口大省,其丰富的劳动力要素进入生产领域,对实现"人人参与"起到重要作用;青海、宁夏、西藏的保障权相对较强,这主要是西部后发地区获得较大的中央财政转移支付。保障权作为实现共同富裕的重要手段,在提高成果共享程度、保障人民生存和发展权利方面具有重要作用。

其次,本书对各个权利子系统指数进行纵向比较分析。参与权指数的全国均值为 0.603,最高省份山东的均值是 0.677,最低省份西藏的均值是 0.565。收入权指数的全国均值为 0.665,最高省份北京的均值是 0.773,最低省份甘肃的均值是 0.624。保障权指数的全国均值为 0.637,最高省份上海的均值是 0.723,最低省份河南的均值为 0.602。结果表明,一方面,参与权系统的省际差距相对较小,最高和最低地区仅差 0.112,说明我国各地区要素及其所有者参与市场生产的机会和权利相对比较公平。但另一方面,收入权和保障权系统的省际差距相对较大,两极水平之差分别为 0.149 和 0.121,且除上海、江苏、广东、浙江、内蒙古、青海、河北、湖南以外,所有省份的收入权、保障权系统年均增长率都要高于参与权系统,全国整体年均增长率更是分别达到了 0.969% 和 1.479%。随着劳动力供给及人口红利逐渐下降,一方面,要素参与权提升需在更大程度上依靠制度改革,促进规则和机会公平;另一方面,通过提升保障权水平来提升共同富裕程度的潜力相对更大,即保障和改善民生水平有待进一步提高。

二、中国共同富裕总体格局的动态演变

表 5.3 展示了 2010—2020 年全国及 31 个省份的共同富裕水平。

表 5.3 2010—2020 年中国各省份共同富裕指数测算结果

省份	2010 年	2011 年	2012 年	2013 年	2014 年	2015 年	2016 年	2017 年	2018 年	2019 年	2020 年	均值	年均增长率（%）
北京	0.807	0.821	0.827	0.834	0.839	0.845	0.855	0.859	0.869	0.879	0.861	0.845	0.660
上海	0.807	0.814	0.819	0.823	0.824	0.829	0.839	0.846	0.852	0.863	0.846	0.833	0.474
江苏	0.786	0.794	0.802	0.808	0.815	0.822	0.829	0.838	0.845	0.855	0.838	0.821	0.654
浙江	0.783	0.793	0.802	0.809	0.816	0.822	0.827	0.832	0.840	0.850	0.834	0.819	0.638
广东	0.781	0.791	0.800	0.806	0.811	0.816	0.822	0.829	0.838	0.844	0.836	0.816	0.686
山东	0.781	0.788	0.795	0.801	0.807	0.816	0.814	0.819	0.824	0.828	0.821	0.809	0.494
天津	0.784	0.789	0.794	0.800	0.807	0.810	0.817	0.819	0.824	0.826	0.819	0.808	0.435
内蒙古	0.777	0.786	0.793	0.798	0.803	0.808	0.811	0.816	0.819	0.824	0.813	0.805	0.458
辽宁	0.778	0.785	0.791	0.796	0.800	0.804	0.803	0.808	0.814	0.805	0.812	0.800	0.434
青海	0.771	0.783	0.785	0.786	0.792	0.795	0.798	0.807	0.813	0.818	0.812	0.796	0.514
宁夏	0.765	0.772	0.784	0.790	0.796	0.800	0.803	0.807	0.811	0.816	0.808	0.796	0.546
福建	0.770	0.777	0.783	0.787	0.792	0.795	0.800	0.807	0.811	0.819	0.809	0.795	0.488
湖北	0.767	0.772	0.779	0.783	0.791	0.797	0.801	0.809	0.813	0.819	0.816	0.795	0.626
河南	0.769	0.774	0.780	0.785	0.791	0.795	0.796	0.808	0.809	0.814	0.811	0.794	0.541
黑龙江	0.769	0.768	0.773	0.778	0.790	0.796	0.800	0.807	0.811	0.818	0.815	0.793	0.584
吉林	0.771	0.777	0.783	0.787	0.790	0.795	0.797	0.800	0.806	0.810	0.808	0.793	0.474
新疆	0.771	0.776	0.783	0.787	0.792	0.797	0.799	0.802	0.811	0.801	0.805	0.793	0.445
河北	0.774	0.780	0.785	0.788	0.793	0.794	0.798	0.800	0.804	0.807	0.801	0.793	0.343
陕西	0.761	0.768	0.780	0.786	0.793	0.795	0.798	0.802	0.813	0.817	0.805	0.793	0.566
重庆	0.758	0.770	0.781	0.784	0.790	0.795	0.799	0.803	0.809	0.816	0.803	0.792	0.581
海南	0.765	0.775	0.782	0.782	0.787	0.792	0.794	0.797	0.806	0.810	0.799	0.790	0.440
西藏	0.760	0.773	0.773	0.778	0.785	0.791	0.795	0.797	0.811	0.811	0.813	0.790	0.675
湖南	0.763	0.769	0.775	0.778	0.784	0.789	0.793	0.803	0.807	0.814	0.808	0.789	0.567
四川	0.761	0.767	0.773	0.778	0.784	0.788	0.795	0.802	0.808	0.814	0.809	0.789	0.607
山西	0.766	0.772	0.778	0.783	0.787	0.792	0.793	0.797	0.800	0.804	0.799	0.788	0.424
安徽	0.762	0.767	0.774	0.778	0.785	0.789	0.791	0.795	0.805	0.811	0.806	0.787	0.570
广西	0.760	0.766	0.771	0.771	0.779	0.785	0.788	0.800	0.803	0.806	0.800	0.785	0.508
江西	0.762	0.767	0.772	0.773	0.777	0.781	0.785	0.793	0.798	0.804	0.799	0.783	0.482
甘肃	0.755	0.760	0.766	0.771	0.777	0.782	0.783	0.791	0.794	0.798	0.793	0.779	0.491

续表

省份	2010 年	2011 年	2012 年	2013 年	2014 年	2015 年	2016 年	2017 年	2018 年	2019 年	2020 年	均值	年均增长率（%）
云南	0.752	0.760	0.765	0.769	0.774	0.778	0.782	0.793	0.796	0.801	0.795	0.779	0.559
贵州	0.749	0.757	0.763	0.768	0.775	0.780	0.782	0.787	0.800	0.804	0.793	0.778	0.569
全国	0.771	0.778	0.784	0.788	0.794	0.799	0.803	0.809	0.815	0.820	0.813	0.798	0.533

资料来源:笔者根据 Easy Professional Superior 数据库和国家统计局数据测算。

从全国整体来看,2010—2020 年我国共同富裕指数从 0.771 增长到 0.813 左右,年均增长率为 0.533%,在这 11 年间各省份要素主体权利配置改善为促进共同富裕奠定了良好基础。

从各省来看,所有省份共同富裕指数的年均增长率都为正值,说明总体呈现向好趋势。其中,共同富裕指数均值排名前五的省份是北京、上海、江苏、广东、浙江,排名最末的五个省份是广西、江西、云南、甘肃、贵州;年均增长率排名前五的省份是广东、江苏、北京、浙江、西藏,排名最末的五个省份是河北、山西、海南、天津、辽宁。综合来看,共同富裕指数均值排名靠前的省份与相对较高的年均增长率对应,说明共同富裕程度高的省份拥有较为充沛的发展活力,而共同富裕指数均值排名居中、靠后的省份并不与中、低程度的年均增长率相对应。相反,某些共同富裕水平相对较低的省份拥有较高的年均增长率(例如贵州、西藏),这表明此期间贵州和西藏促进共同富裕成效显著。

特别地,受新冠疫情影响,2020 年除辽宁、新疆、西藏外,其他所有省份的共同富裕指数都有所下降。此外,最高值北京比最低值贵州高 0.068。根据贵州在 2010—2020 年共同富裕程度的提升幅度,0.068 的绝对差距意味着贵州的共同富裕水平比北京至少滞后 15 年,这说明现阶段我国省份之间共同富裕水平还存在较为明显的差距。虽然我国省份之间共同富裕系统发展水平差距明显,但部分落后地区(如贵州、西藏)正在形成追赶型态势,预计未来这种差距会逐渐缩小。

第三节　中国共同富裕格局的区域差异分析

一、共同富裕格局及子系统指数的区域动态差异

（一）共同富裕格局的区域动态核密度估计

我们基于 Gaussian 核函数进一步绘制了 2010—2020 年全国及东部地区、中部地区、西部地区和东北地区共同富裕水平的动态核密度分布图①(见图 5.1)。其中,图 5.1(a)是全国共同富裕指数的动态核密度估计图。可以看出,核密度曲线在样本观测期内表现为较明显的"三峰"分布,右侧两处矮峰代表全国层面有共同富裕水平较高的省份涌现,这些省份主要是上海、北京、山东、江苏、广东、浙江等位于上游水平的省份。高峰峰宽经历了"扩大—缩小—扩大"的过程,中峰和矮峰峰宽逐渐扩大,甚至矮峰渐渐消失,总体峰宽有些许扩大且右侧有明显拖尾,说明全国各省份之间共同富裕水平差距有所扩大。并且,峰向呈较为明显的东北方向走势(期末受新冠疫情冲击有小幅回摆),虽每年提升幅度不大,但是增长幅度有长期保持的趋势。

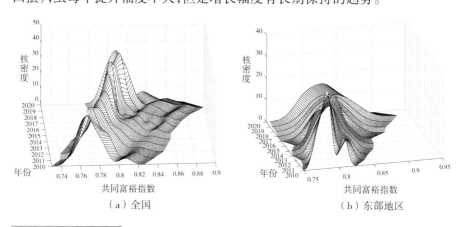

（a）全国　　　　　　　　　（b）东部地区

① 东部(10 个省份):北京、天津、河北、上海、江苏、浙江、福建、山东、广东、海南;中部(6 个省份):山西、安徽、江西、河南、湖北、湖南;西部(12 个省份):内蒙古、广西、重庆、四川、贵州、云南、西藏、陕西、甘肃、青海、宁夏、新疆;东北(3 个省份):辽宁、吉林、黑龙江。

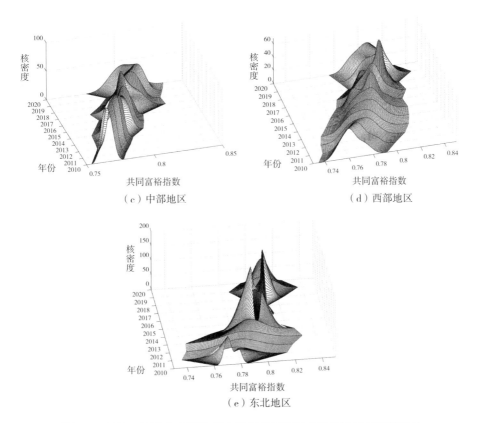

图 5.1　2010—2020 年全国和四大地区共同富裕水平的动态核密度估计

资料来源:根据测算结果利用 Matlab 绘制。

　　图 5.1(b)是东部地区共同富裕水平的动态核密度估计图。可以看出,核密度曲线由一个高峰伴随一个矮峰构成,样本观测期初呈明显极化态势,右侧矮峰代表东部地区内部有共同富裕水平较高的省份崛起。随着时间的推移,矮峰在 2013 年左右消失不见。从总体来看,整体峰宽呈逐年扩大的趋势,且两侧拖尾明显,峰向呈东北走势,向东摆动幅度较大,东部地区共同富裕程度年均增长率为 0.532%,仅高于东北地区水平,说明东部地区共同富裕水平提升后劲相对不足。就各省共同富裕指数来看,北京、上海、江苏、广东、浙江位居东部地区中上游,年均增幅为 0.622%,山东、天津、福建、河北、海南位于东部地区中下游,年均增幅为 0.440%,这说明东部地区内部共同富裕水平的高

增长多分布于高水平省份，低增长多分布于低水平省份，这种"高水平—高增速""低水平—低增速"的匹配特征直接造成东部省份之间共同富裕水平差距的逐年扩大。

图 5.1（c）是中部地区共同富裕水平的动态核密度估计图。可以看出，核密度曲线在样本观测期内始终保持单峰分布，峰向呈东北走势，向东摆动幅度较大。中部地区共同富裕指数年均增长率为 0.535%，仅次于西部地区，说明中部地区共同富裕提升相对具有活力。峰宽逐渐扩大且分布两侧有轻微拖尾。相对于全国和东、西部地区，中部地区各省份之间的共同富裕程度差距较小，但随着时间的推移，差距略有扩大。中部地区共同富裕程度的提升，主要得益于"中部崛起"战略的区域带动作用。

图 5.1（d）是西部地区共同富裕水平的动态核密度估计图。可以看出，核密度曲线在样本观测期内始终保持单峰分布，峰向呈东北走势，西部地区共同富裕指数年均增长率为 0.542%，高于其他三大地区，故西部地区共同富裕水平增长也具有较大活力。峰宽经历了"缩小—扩大"的过程，但总体峰宽有所扩大且分布右侧有些许拖尾，说明现阶段西部地区内部的共同富裕程度差距较大，且呈扩大趋势，表明逐步有发展水平较高的省份崛起，作为四大地区中共同富裕相对滞后的地区，在"先富带后富"支援下，正在形成向东部地区、中部地区、东北地区追赶的态势。

图 5.1（e）是东北地区共同富裕水平的动态核密度估计图。由于东北地区仅有三个省份，动态核密度估计图的山峰起伏无规律，但可大致判断其峰向呈东北走势，峰宽明显缩小，结合东北地区共同富裕指数年均增长率 0.497% 来看，东北地区相对其他地区发展较慢，区域内部差距在逐渐缩小。

综上可知，东部地区共同富裕程度提升活力相对不高，且内部差距在逐年拉大；中部地区在协调发展中迈向共同富裕，其共同富裕程度增长有一定的区域协同性；西部地区虽然开始时落后于其他地区，但近期形成向东部地区、中部地区、东北地区追赶的态势；东北地区虽有较高的共同富裕水平，但发展后劲最小,且区域内部差距有所减小。预计疫情冲击缓解后,总体共同富裕水平逐年小幅增长的趋势将继续保持。

(二)共同富裕格局的区域差异及来源分解

我们使用 Dagum 基尼系数及分解法对中国共同富裕格局的总体差异和区域差异进行测算,并分解其差异来源。从图 5.2 中可以看出,全国共同富裕的总体基尼系数呈现轻微上升趋势,观测期间均值为 0.0102,年均增长率为 1.0142%,说明中国共同富裕的总体区域差距有扩大趋势,2019 年受新冠疫情影响,总体差异达到最大,但随后有一定回落。四大地区中,东部区域内差异最大,基尼系数均值为 0.0116,随后是西部(0.0058)和中部(0.0032),东北地区区域内差异最小(均值为 0.0031)。其中,东部地区、中部地区共同富裕的区域内差距有扩大趋势,而西部地区、东北地区内部差距呈缩小趋势。图 5.3 刻画了共同富裕的区域间差距及变化趋势,可以看出,东部地区与其他三大地区的区域间差异较大,且总体呈上升趋势;中部地区、西部地区、东北地区两两区域间的差距较小,且都基本呈现下降趋势。图 5.4 展示了中国共同富裕区域差异的来源,其中区域间差距的贡献占据高位,平均贡献率约为 66%,说明区域间差异是共同富裕总体格局不协调的主要来源,但区域间差异贡献

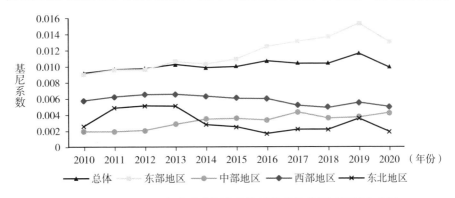

图 5.2　2010—2020 年中国共同富裕格局的总体差异及区域内差异

资料来源:根据测算结果绘制。

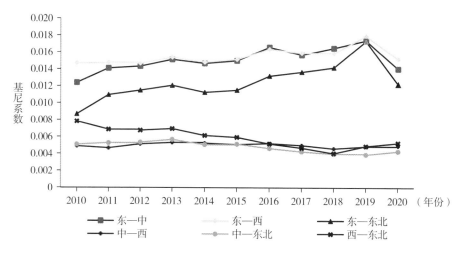

图 5.3　2010—2020 年中国共同富裕格局的区域间差异

资料来源:根据测算结果绘制。

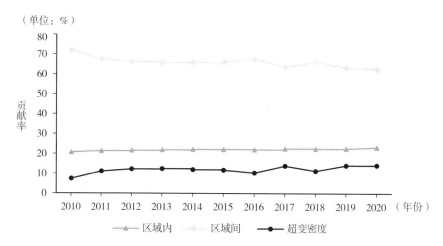

图 5.4　2010—2020 年中国共同富裕格局总体差异的来源分解

资料来源:根据测算结果绘制。

率有下降趋势,说明观测期间我国共同富裕格局总体朝着更加协调平衡的方向发展;区域内差距与超变密度的平均贡献率分别为22%、12%。因此,新时代新征程提升我国共同富裕的平衡性、协调性、整体性,其主要挑战在于区域间差异,尤其是东部地区与其他三大地区之间的差距。

(三)共同富裕区域格局的子系统指数差异

表 5.4 展示了 2010—2020 年全国及四大地区的参与权、收入权、保障权指数值。可以看出,观测期间全国及东部、中部、西部、东北地区三权子系统指数均值都呈现出"收入权>保障权>参与权"的特征。全国及四大地区均存在一定程度的权利配置不平衡问题,保障权指数最高的是东部地区(0.652),但增速最快的是西部地区(1.7%),说明西部地区在完善社会保障和公共服务方面取得显著成效,这主要得益于精准扶贫和兜底性保障等民生政策支持。东部地区参与权、收入权、保障权指数均值分别为 0.630、0.695、0.652,均位居首位,但受制于收入权、保障权的慢速增长,东部地区发展后劲相对不强。参与权指数最低的是东北地区(0.582),其增速也最慢(0.592%),收入权指数最低的是中部、西部地区(0.647),保障权指数最低的是中部地区(0.611),三者对应的年均增长率却不低,分别是 1.012%、0.944% 和 1.410%。地区层面权利子系统指数特征最终将作用于地区整体的共同富裕水平。东部地区和东北地区共同富裕指数较高,而增长率较低,中部地区、西部地区共同富裕指数较低,而增长率均较高,此种"高水平—低增速""低水平—高增速"的发展特征,将有利于地区之间共同富裕程度差距的缩小。

表 5.4　2010—2020 年权利子系统指数的地区差异

	指数	2010 年	2011 年	2012 年	2013 年	2014 年	2015 年	2016 年	2017 年	2018 年	2019 年	2020 年	均值	年均增长率(%)
全国	共同富裕指数	0.771	0.778	0.784	0.788	0.794	0.799	0.803	0.809	0.815	0.820	0.813	0.798	0.533
	参与权指数	0.572	0.583	0.591	0.596	0.602	0.606	0.607	0.611	0.614	0.623	0.623	0.603	0.855
	收入权指数	0.615	0.626	0.638	0.647	0.662	0.672	0.680	0.687	0.700	0.709	0.675	0.665	0.960
	保障权指数	0.590	0.602	0.611	0.616	0.623	0.630	0.639	0.658	0.673	0.678	0.682	0.637	1.473

指数		2010年	2011年	2012年	2013年	2014年	2015年	2016年	2017年	2018年	2019年	2020年	均值	年均增长率（%）
东部	共同富裕指数	0.784	0.792	0.799	0.804	0.809	0.814	0.820	0.825	0.831	0.838	0.826	0.813	0.532
	参与权指数	0.592	0.606	0.615	0.621	0.629	0.633	0.633	0.639	0.646	0.656	0.661	0.630	1.105
	收入权指数	0.638	0.652	0.667	0.677	0.689	0.700	0.712	0.721	0.737	0.754	0.698	0.695	0.943
	保障权指数	0.608	0.619	0.626	0.634	0.639	0.648	0.662	0.672	0.682	0.688	0.690	0.652	1.270
中部	共同富裕指数	0.765	0.770	0.776	0.780	0.786	0.790	0.793	0.801	0.805	0.811	0.807	0.789	0.535
	参与权指数	0.576	0.585	0.595	0.599	0.606	0.612	0.612	0.613	0.618	0.627	0.627	0.606	0.844
	收入权指数	0.602	0.611	0.621	0.629	0.644	0.653	0.660	0.667	0.675	0.689	0.665	0.647	1.012
	保障权指数	0.571	0.578	0.587	0.591	0.596	0.602	0.606	0.636	0.646	0.650	0.657	0.611	1.410
西部	共同富裕指数	0.762	0.770	0.777	0.780	0.787	0.791	0.795	0.801	0.807	0.811	0.804	0.789	0.542
	参与权指数	0.555	0.566	0.573	0.578	0.582	0.587	0.589	0.592	0.593	0.599	0.595	0.583	0.703
	收入权指数	0.600	0.611	0.623	0.631	0.646	0.655	0.662	0.668	0.680	0.684	0.658	0.647	0.944
	保障权指数	0.581	0.597	0.608	0.613	0.622	0.629	0.637	0.658	0.679	0.684	0.688	0.636	1.700
东北	共同富裕指数	0.773	0.777	0.782	0.787	0.794	0.798	0.800	0.805	0.810	0.811	0.812	0.795	0.497
	参与权指数	0.564	0.569	0.575	0.579	0.581	0.585	0.584	0.586	0.586	0.597	0.598	0.582	0.592
	收入权指数	0.622	0.627	0.638	0.649	0.669	0.683	0.686	0.694	0.703	0.694	0.688	0.668	1.014
	保障权指数	0.599	0.608	0.617	0.624	0.629	0.634	0.641	0.653	0.672	0.675	0.687	0.640	1.395

注:全国层面各子系统指数、共同富裕指数由各省份均值得到。

资料来源:笔者根据前文测算结果整理。

二、共同富裕区域差异的空间集聚特征

富裕地区与富裕地区、落后地区与落后地区是否存在空间聚集? 为探寻共同富裕在地区之间的空间相关性,图 5.5 进一步呈现了全国及四大地区各省与其邻省共同富裕指数的联合概率密度立体图及相应的俯视平面图①。

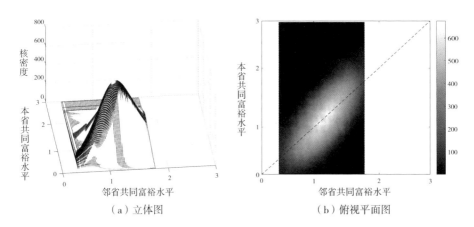

（a）立体图　　　　　　　　（b）俯视平面图

图 5.5　全国层面本省与邻省共同富裕程度的联合密度分布(立体图和俯视平面图)
资料来源:根据测算结果利用 Matlab 绘制。

图 5.5(a)、图 5.5(b)是全国层面各省与其邻省共同富裕指数的联合密度立体图及俯视平面图。图 5.5(b)密度中心(泛白色部分)与正 45 度对角线大致重合,说明共同富裕指数高的省份,其邻省的共同富裕程度也高,共同富裕指数低的省份,其邻省的共同富裕程度也低,全国共同富裕格局总体表现为"高—高""低—低"聚集模式。进一步比较全国与东部地区、中部地区、西部地区、东北部地区共同富裕空间聚集模式的异同,发现东部地区、中部地区、西

① 为使本省和邻省的共同富裕指数水平能够进行直观对比,本书将所有联合密度图的 X、Y 轴坐标范围定义为观测期各省共同富裕指数的实际分布区间 $[0.75,0.88]$,并将此区间划分为三等分,分别用 1、2、3 表示轴标签。其中对一个地区邻省的定义参考沈丽和刘媛(2020)的做法:若 A、B 两省会之间的距离小于 A 省省会与其他各省省会距离均值,则认为 B 省是 A 省的邻省。沈丽、刘媛:《全球政府债务扩张的地区差距及空间分布动态演进研究》,《数量经济技术经济研究》2020 年第 5 期。

部地区、东北部地区共同富裕空间聚集模式与全国特征保持一致,均呈"高—高""低—低"聚集模式。同时,东部地区密度中心明显有上移,偏向45度对角线左上侧,表明东部地区省份共同富裕水平总体领先其邻省。但总的来说,全国及各个地区都表现为"高—高""低—低"空间聚集模式,这为分析区域共同富裕的带动辐射效应提供了依据。

三、地区层面"先富带后富"的特征初判

通过前文对共同富裕的空间聚集模式进行分析,我们发现先富裕的地区可能存在空间辐射效应,能够带动其邻近省份共同富裕起来。为了进一步佐证这一观点,并考虑到各省的共同富裕水平是具有时间趋势的序列数据,通过对时间进行回归,以消除其中的时间趋势,所得残差即为剔除时间趋势的共同富裕波动。图5.6展示了剔除时间趋势的全国共同富裕空间滞后分布关系图,其中 X 轴为邻省当期共同富裕剔除时间趋势的波动水平, Y 轴为本省滞后时期共同富裕剔除时间的波动水平,具体见图5.6(a)、图5.6(b)分别滞后2期和5期。

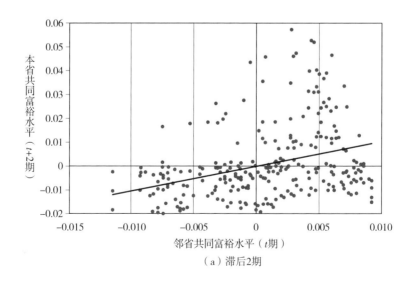

（a）滞后2期

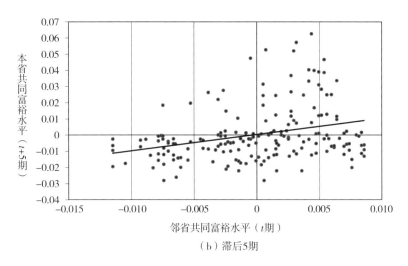

（b）滞后5期

图 5.6　剔除时间趋势的全国共同富裕空间滞后分布关系图

资料来源:根据测算结果绘制。

图 5.6(a)的散点拟合线向右上方倾斜,说明本省 $t+2$ 时期的共同富裕水平与邻省 t 时期的共同富裕水平存在正的空间相关性;图 5.6(b)表明,若将本省共同富裕水平滞后 5 期,依旧能得到向右上方倾斜的拟合直线。因此,结合全国及各个地区共同富裕的空间聚集模式,可以初步判断先富地区存在辐射周围的作用,能够带动邻近地区共同富裕。换言之,中国共同富裕进程存在"先富带后富"的空间带动辐射效应。进一步结合前文的共同富裕的区域差异及来源结果来看,这种辐射效应不应当局限于邻近省份之间,需要在更大空间范围建立健全"先富带后富"的区域协调机制。

最后需指出的是,共同富裕的指标体系和评价标准不是一成不变的,像过去对小康社会的认识持续深化一样,需要对共同富裕的评价体系进行动态调整和优化。目前设计的共同富裕量化指标和方法不一定适合未来的侧重考察领域,因为中国共同富裕是一个在动态中向前发展的过程,尽管它有基本的客观规律,但同时也具有历史性、时代性、阶段性。

第六章　共同富裕视角下社会主义
分配制度的优越性

党的二十大报告指出,"分配制度是促进共同富裕的基础性制度"①,这充分彰显了中国特色社会主义分配制度对推进共同富裕的重要保障功能。历史表明,中国人民生活水平和质量持续提升,一系列阶段性的民生目标逐步实现,人民获得感、幸福感、安全感不断提高,这在相当程度上取决于中国特色社会主义分配制度所形塑的社会分配治理能力②。由此不禁要问,中国特色社会主义分配制度克服了资本主义分配制度的哪些弊病?中国特色社会主义分配制度的优越性主要体现在哪些方面?

第一节　思想基础:马克思分配理论
对西方经济学的超越

一、两种分配制度分别以马克思分配理论和西方经济学为指导

马克思分配理论内涵十分丰富,包含分配的决定、分配的形式及其尺度等

---

① 习近平:《高举中国特色社会主义伟大旗帜　为全面建设社会主义现代化国家而团结奋斗——在中国共产党第二十次全国代表大会上的报告》,人民出版社 2022 年版,第 46—47 页。
② 张磊、毛章勇、龚志民:《中国特色社会主义分配制度的优越性研究》,《福建论坛(人文社会科学版)》2022 年第 12 期。

多方面内容,强调社会生产关系与分配关系的作用和反作用,分析层层深入递进。社会主义公有制决定了社会主义分配原则必然是按劳分配,资本主义生产关系决定了资本主义分配原则必然是按生产要素所有权分配①。劳动是分配的唯一衡量尺度,个人获得社会产品的多寡由其为社会贡献的劳动时间决定。随着公有制成为主导的所有制形式,资产阶级强占劳动者剩余价值的问题逐渐被缓解。在社会主义阶段,劳动仍然是人谋生的手段,并未成为生活的第一需要;当生产力高度发达、社会财富极大丰富时,分配制度由社会主义阶段按劳分配转向共产主义阶段按需分配。中国特色社会主义坚持以公有制为主体,决定了中国特色社会主义分配制度的按劳分配主体地位;同时,现阶段不可避免地还存在着非公有制形式,这意味着按劳分配之外的其他多种分配方式存在的合理性。

马克思在《资本论》中谈及资本主义经济新生产总价值的分配问题时指出,"一部分属于或归于劳动力的所有者,另一部分属于或归于资本的所有者,第三部分属于或归于地产的所有者"②,明确资本主义经济的分配原则实际是"按要素所有权分配"。资本主义分配制度所遵循的当代西方经济学认为,存在一组价格使市场供求相等,通过竞争机制实现一般均衡,包括劳动、资本在内的所有要素均获得边际产品,进而实现"帕累托有效"的分配。

西方经济学各学派的分配思想都存在固有缺陷。古典经济学犯有生产与分配二分法错误,它承认分配关系的历史性质和特殊性质,但认为生产关系具有超历史的性质,将生产视为一般、分配视为特殊;当代西方经济学则表现为实证和规范二分法,认为分配问题属于规范经济学范畴,直接无视分配与所有制及生产之间的密切联系。西方分配理论还错误地认为分配关系是一种"自然的关系,是从一切社会生产的性质,从人类生产本身的各种规律中产生出来

---

① 卫兴华:《中国特色社会主义政治经济学的分配理论创新》,《毛泽东邓小平理论研究》2017 年第 7 期。

② 《资本论》第三卷,人民出版社 2004 年版,第 993 页。

的关系"①,这在古典经济学时代体现为庸俗经济学的"三位一体公式",在当代西方经济理论中体现为要素分配理论或生产力分配理论②。古典经济学和边际学派主要侧重于各种生产要素在生产中的分配,福利经济学则寄希望于通过收入分配调整来缓和资本主义的基本矛盾,它们都忽视了生产关系对分配的决定性影响。

二、马克思分配理论对人与物的关系的规定及公平分配思想的优越性

马克思继承和发展了斯密、李嘉图等的劳动价值理论,更加深刻地阐明了人的劳动要素与非劳动生产要素的区别。西方分配理论则将人的劳动视为与物质生产要素没有本质区别的要素投入,人的劳动与其他要素一起投入生产并产出产品。马克思指出,人的劳动是价值的源泉,劳动者在物质生产和财富创造中是主动的因素,物是被动的因素,非劳动生产要素不是价值源泉。马克思将生产资料所有制视为社会生产关系的基础,谁占有它就可以利用它进行生产经营并获取收入。人有权参与产品分配,而物本身并不参与分配;在资本主义分配关系中,只有物的所有者才参与分配。例如,萨伊在谈及企业家和工人的关系时,片面强调企业家的作用和利益,将工人等同于物、工资等同于物质生产成本,将人之间的分配关系误解为物与物之间、人与物之间的分配关系。

马克思分配理论承认个人天赋和劳动能力带来的合理收入差距,但不认同由阶级差别形成的收入差距,而阶级差别则主要是由生产资料占有的多少(物)来决定的。马克思深刻指出资本家对劳动者的剥削、对剩余价值的攫取会造成严重的社会不公,导致工人阶级陷入贫困。资本家将攫取的剩余价值

① 《马克思恩格斯文集》第 7 卷,人民出版社 2009 年版,第 993 页。
② 刘伟:《中国特色社会主义收入分配问题的政治经济学探索——改革开放以来的收入分配理论与实践进展》,《北京大学学报(哲学社会科学版)》2018 年第 2 期。

用于扩大再生产,产生更多的新的剩余价值,在这个剩余价值转化为资本、产生更多剩余价值的循环过程中,资本不断积累并集中在一小撮人手中,社会贫富差距不断扩大。资本无限积累一方面导致财富高度集中,另一方面加重贫困积累,导致两极分化。

马克思分配理论对人与物的关系的本质规定,充分肯定了劳动者在生产与分配中的主体性、能动性作用,有助于更好处理劳动力要素与物质要素之间的分配关系。这一关系规定与社会主义坚持按劳分配的原则是一致的,有效避免了资本主义由生产资料私人占有多寡决定分配、两极分化风险过大的情况。西方经济学主张根据资本、劳动力等生产要素的边际贡献或边际生产力进行分配,实际是坚持市场原则的分配,就其分配结果而言,势必导致两极分化。福利经济学尽管在一定程度上指出了公平的重要性,认为政府可以采取一些再分配措施调节初始禀赋差异,但牵涉的制度成分很少,主要强调政府尽少干预,以实现所谓"帕累托有效"的分配。然而,"帕累托有效"主要涉及生产和效率,本质上并不涉及分配及公平问题。

西方自由主义市场经济曾被看作是实现资源最优配置和经济公平的最佳方式,甚至衍生出市场分配可以自动实现经济平等的观点,尤其以诺奇克和哈耶克等为代表。然而20世纪70年代"滞胀"之后,西方国家调控减弱、私有化浪潮导致主要资本主义国家收入差距重新扩大,已成为不争的事实。皮凯蒂(Piketty,2014)在《21世纪资本论》中的论证彻底打破了资本主义自由市场经济能够自动实现经济平等的迷梦。正如阿特金森和布吉尼翁(Atkinson 和 Bourguignon,2009)[①]所说,"很难论证一种信息关注点极为狭小、置人类福利和痛苦于不顾的自由主义理论能够提供一个恰当的一般公平理论,特别是一个能够分析不平等和不公平的充分的理论"。

---

① ［英］安东尼·B.阿特金森、［法］弗兰科伊斯·布吉尼翁:《收入分配经济学手册》(第1卷),蔡继明等译,经济科学出版社2009年版,第65页。

第二节　理念遵循：以人民为中心
对以资本为中心的超越

一、两种分配制度分别体现的是人民主体观和资本逻辑

中国特色社会主义分配制度和资本主义分配制度的思想基础迥异，决定了两种分配制度下分配理念的显著区别。马克思将公有制与按劳分配相联系，其实质是强调劳动者作为独立个体，直接拥有的只有劳动力要素本身，而并无其他生产要素。在资本主义社会，"物质的生产条件以资本和地产的形式掌握在非劳动者的手中，而人民大众则只有人身的生产条件，即劳动力。既然生产的要素是这样分配的，那末自然而然地就要产生消费资料的现在这样的分配"。① 换言之，生产资料所有制形式在根本上规定了中国特色社会主义分配制度和资本主义分配制度所各自具有的人民逻辑和资本逻辑。在社会主义市场经济条件下，基本经济制度同时突出了公有制和按劳分配的主体地位，体现了社会主义制度以人民为中心的本质要求。

中国特色社会主义进入新时代，人民主体观得到更加全面的彰显。一方面"一切为了人民"，"始终把人民对美好生活的向往作为我们的奋斗目标"，"不断促进人的全面发展、全体人民共同富裕"；另一方面"一切依靠人民"，"充分激发蕴藏在人民群众中的创造伟力"②。2020年全面建成小康社会，全面开启社会主义现代化强国建设的新征程。中国为世界减贫事业和人类发展事业作出的巨大贡献，在根本上取决于中国共产党始终坚持以人民为中心的发展思想，充分释放中国特色社会主义制度的巨大效能；始终坚持全体人民共同富裕的目标导向，以持续发展的生产力保障经济发展成果的积累和分享，改

---

① 《马克思恩格斯和自拉克通信集（1869—1880年）》，人民出版社1978年版，第25页。
② 习近平：《在庆祝改革开放40周年大会上的讲话》，人民出版社2018年版，第45页。

善人民福祉,社会民生水平得到空前提高。

资本主义坚持与社会主义根本对立的理念:以资本为中心。其资本逻辑能够实现社会生产力的快速增长,但在分配领域则导致劳动与资本收入份额的分化。海尔布罗纳和米尔博格(2012)指出,资本主义时代是一个充满"无限可能性"和不断增长、积累、扩张的时代,人类社会的历史演进反映了资本主义独有的资本积累属性。普遍深入的资本积累动力赋予了资本主义经济特有的"关键能量",资本为寻求利润而表现出对新技术和新市场的无尽探索,同时造就了过去的工业革命、帝国主义时代和经济全球化。然而,西方资本主义国家生产力的"先进性"受到许多诟病:其生产力表面上的"发达"只是生产力的"量"方面的表现,没有表现出资本主义私有制的"质"的弊端①,并不意味着生产力在实质上的"先进",且"量"的增长及成果并未为全体劳动人民所共同享有。20 世纪 70 年代以来,随着资本不断积累(资本/收入比持续上升),各主要资本主义国家的资本收入占国民收入的比重持续上升(见图 6.1)。

（单位：％）

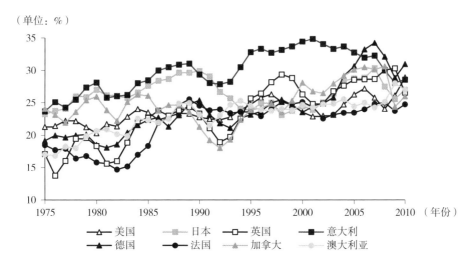

图 6.1 1975—2010 年主要资本主义国家的资本收入份额变化

资料来源:皮凯蒂:《21 世纪资本论》,中信出版社 2014 年版,第 226 页。

---

① 刘化军:《论科学把握"中国优势"的几个视角》,《社会主义研究》2020 年第 6 期。

二、以人民为中心的共享发展、共同富裕之优越性

在公有制或以公有制为主体的经济制度下,"生产将以所有的人富裕为目的"①。当代中国的经济改革本质上是一段"建设以社会公正和共同富裕为目标的市场经济"的改革过程(吴敬琏,2018),持续推进共享发展,充分彰显了国家制度和治理体系"坚持以人民为中心的发展思想,不断保障和改善民生、增进人民福祉,走共同富裕道路的显著优势"②。

共同富裕目标将生产与分配系统地联系起来。"富裕"主要强调生产增长,"共同"强调富裕的基本同步性、成果分配的公平性,共同富裕要求同时解决好生产增长与成果分配两个问题。换言之,共同富裕是社会主义发展的客观要求,而不仅仅是人民对美好生活向往的主观愿望。新时代共享发展理念与共同富裕目标相一致,"共享"强调成果公平分配,"发展"意味着实现共享并不是不要"增长",而是要实现做大"蛋糕"与分好"蛋糕"的有机结合。共同富裕是社会主义经济生产中劳动力价值增长规律的具体表现,是中国特色社会主义分配制度的根本目标和本质要求。

资本主义分配制度无法具备中国特色社会主义分配制度的共同富裕优势,它所追求的目标是使垄断资产阶级获得更多剩余价值和高额利润。其所有制基础决定了资本主义社会财富占有状态的极不均衡性,私有制使资产所有者的收入和财富无限积累,与普通劳动者之间的分配差距持续拉大。资本主义生产方式及相应分配方式下对抗性的劳资矛盾,构成资本主义制度其他一切矛盾的根源,强化了资本主义国家的不稳定因素。

---

① 《马克思恩格斯文集》第 8 卷,人民出版社 2009 年版,第 200 页。
② 《中共中央关于坚持和完善中国特色社会主义制度 推进国家治理体系和治理能力现代化若干重大问题的决定》,人民出版社 2019 年版,第 4 页。

第三节　权利赋予:人民平等参与、平等发展权利对少数人分享权利的超越

一、平等参与和竞争权利塑造中国经济赶超优势

收入获取是以参与社会生产为前提的。在改革开放以前,资源配置实行计划调拨和行政定价,平均主义分配倾向较严重,资源配置效率和分配公平性都受到一定损失。随着市场化改革的推进,这种状况实现根本性转变。生产和分配等经济活动逐渐从等级、命令规则向产权、竞争规则转变。在社会主义市场经济中,劳动者及其他要素主体拥有平等参与经济生产的权利,各同类要素(如劳动者与劳动者之间、相同或不同性质的资本之间)相互竞争,争相获取更多的市场机会,经济发展活力充分涌动。劳动力、资本等各类要素"市场参与—公平竞争—收入激励—进一步扩大市场参与"的良性循环,有力助推了我国产业结构优化和技术升级,形成了中国经济增长的强大势能。中国经济赶超优势在很大程度上得益于中国特色社会主义分配制度赋予各类要素主体的平等参与和竞争权利。

资本主义的生产和分配也强调平等自由竞争,但是一种片面强调个人自由、个人权利优先的个体主义,难以形成社会整体的共同价值观念,无法建构起类似中国特色社会主义的集体性意识,更难以形成一致行动。新自由主义所倡导的完全私有化、自由化和市场化发展模式,进一步强化了劳动者与资本方在市场参与和报酬获取方面的不对等地位。资本主义制度的个体自由逻辑助推了资本在一国范围内的无限扩张,在国际竞争与国家关系中则表现为本国利益优先,本应作为中性概念的"竞争"概念,在经济全球化中逐渐异化为遵循资本逻辑而实现"单方取胜"的霸权主义。相比之下,中国在经济赶超以及全球经济治理变革中始终坚持发展共赢逻辑下的包容性治理机制。

二、中国特色社会主义与资本主义的再分配:社会保障与平等发展权利

各要素主体平等参与生产并获取收入的权利主要体现为初次分配,而社会保障和平等发展权利则取决于再分配制度安排。中国特色社会主义分配制度和资本主义分配制度在再分配方面也呈现出显著差异,不同制度模式下的社会民生保障程度存在明显区别(见表6.1)。

表6.1　不同制度模式国家的社会保障特征及效果

制度模式	典型国家	社会保障理念认识	社保制度特征	运行效果
人民民主的社会主义	中国	让"人民平等参与、平等发展权利得到充分保障"	兜底线、多层次社会保障体系	民生持续改善,人民有获得感、幸福感、安全感
社会民主的资本主义	北欧国家	个人福利是社会的责任,享有普遍的社会福利是公民的基本权利	"从摇篮到坟墓"高福利模式	国家财政负担较严重
自由民主的资本主义	美国	社会福利保障会导致对国家的依赖,反对以平等和福利为目的的再分配政策	社会福利以市场为主、国家为辅	实际运行中国家力量欠缺,有效率而无公平

资料来源:笔者研究整理。

中国特色社会主义分配制度始终坚守社会民生底线,让"人民平等参与、平等发展权利得到充分保障"。2020年已全部实现"两不愁三保障"①,建立起广泛覆盖养老、医疗、住房、失业、工伤以及社会救助、社会福利、慈善事业、优抚安置、低收入群体关爱服务等方面的社会保障制度体系,人民群众的获得感、幸福感、安全感显著增强。持续的经济增长和稳定的财政税收为中国的社会保障制度体系提供了强大支撑。中国特色社会主义分配制度坚持集体主义原则,注重正确处理国家、集体、个人三者利益关系,同时有效规避了不讲求效

---

①　脱贫群体不愁吃、不愁穿,义务教育、基本医疗、住房安全有保障。

率的绝对互助观,在共享发展的道路上迈出坚实步伐。

北欧国家实行社会民主主义政策,强调个人福利是社会的责任,认为享有普遍的社会福利是公民的基本权利。社会民主的资本主义在一定程度上受到社会主义思潮的影响,较为重视宏观调控、社会福利和公益事业,在普遍高税率"劫富济贫"和国家主权财富基金的支持下,将大量公共资源投向教育、养老、医疗和住房保障等领域,实现"从摇篮到坟墓"的高社会福利模式。20世纪70年代以来,北欧国家日益增长的社会福利支出在一定程度上加重了国家财政税收的负担,而高额税收又严重打击了企业生产经营和资本积累的积极性,劳动力需求萎缩,加重失业。福利国家模式暴露的问题本质上反映了当时社会民主的资本主义分配制度超越生产力发展阶段而对生产力发展所造成的制约作用。

在自由民主的资本主义的美国,个人福利改善更加强调市场竞争和个人努力,社会保障是有条件的、有限度的,普遍认为社会福利会加深民众对国家的依赖。其社会保障制度显著特征是市场为主、国家为辅。在里根执政时期,美国大幅压缩政府开支、减少国有事业,克林顿也对"众所周知的福利"进行新自由主义改革。长期以来,一些社会保障项目被视为社会主义计划而遭受排斥。斯蒂格利茨曾直言,美国的失业保险制度是"发达工业化国家里最不慷慨的之一,根本做不到对失业者提供足够的支持"(斯蒂格利茨,2015)①。自由民主的资本主义的社会保障制度实际运行中国家力量和公平性较欠缺,对社会低收入群体的实际生活保障比较有限。

中国特色社会主义制度赋予了要素所有者平等参与社会生产的权利、凭借市场贡献获取收入的权利以及获得基本公共服务和社会保障的权利,以起

---

① 斯蒂格利茨(2015)指出,通常情况下,失业保险只提供6个月。《纽约时报》一项民意测验显示,只有38%的失业者得到失业救济金,而约44%的失业者从未领取过;在那些得到资助的人中,70%的人认为在他们尚未找到工作之前,救济金就极有可能到期了;3/4的人领取的救济金远远少于他们先前的收入。

点公平、过程公平、结果公平促进人人参与、人人尽力、人人享有,有利于实现效率与公平的统筹兼顾,切实保障了全体人民的市场参与和成果分享权利。

第四节　资源配置:有为政府调节分配
对市场主导分配的超越

一、中国特色社会主义分配制度与基本经济制度的关系

党的十九届四中全会以后,社会主义基本经济制度的内涵由过去的"公有制为主体、多种所有制经济共同发展"发展为"公有制为主体、多种所有制经济共同发展,按劳分配为主体、多种分配方式并存,社会主义市场经济体制等"。基本经济制度范畴涵盖了所有制、分配方式、运行机制、资源配置方式等多方面内容。这一基本内涵的扩展,是把社会主义制度和市场经济有机结合起来、不断解放和发展社会生产力的客观需要,也是根据经济社会发展阶段不断适应调整、更好地发挥中国特色社会主义制度显著优势的内在要求。[①]

中国特色社会主义的基本分配制度是基本经济制度整体框架不可或缺的重要组成部分。马克思主义政治经济学的基本原理深刻揭示了在生产、交换、分配和消费等社会再生产过程的社会经济关系。随着党对社会经济基本原理认识的不断深化、中国改革实践的持续深入以及理论与实践的交织融合升华,基本经济制度框架结构不断丰富完善,内部微观制度体系不断健全,逐步形成所有制、经济运行制度和收入分配制度"三位一体"的基本经济制度,推动基本经济制度更加科学完备、更加成熟定型。

在资源配置方式上,中国特色社会主义深刻吸取当代资本主义过度市场化的教训,同时注重扬弃我国计划经济时期政府过度干预经济的思路和做法,

---

① 刘长庚:《坚持和完善社会主义基本经济制度　推动经济高质量发展》,《湖南日报》2019年11月25日。

推动有效市场和有为政府更好结合,充分释放市场活力、制度效力和社会创造力。基本经济制度坚持公有制经济与非公有制经济共同发展,坚持社会主义制度与市场经济相结合,坚持按劳分配与按要素分配并存,有利于不断解放和发展社会生产力,彰显中国特色社会主义制度和国家治理体系的显著优势。

二、有效市场和有为政府更好结合的配置资源方式彰显中国发展优势

20 世纪 80 年代末 90 年代初,国际上出现东欧剧变、苏联解体等政治经济格局变化,社会主义制度遭受到一些挫折和质疑。1992 年邓小平同志南方谈话则彻底打破了将计划经济、市场经济视为社会基本制度范畴的狭隘认识。

我国的成功发展经验表明,中国特色社会主义市场经济既不崇拜"市场完美论",也不迷信"政府万能论",而是善于运用辩证法、两点论,在发展中不断完善市场与政府的关系,实现"无形之手"与"有形之手"的有机结合,有效避免了西方政府在重大危机面前的"政策瘫痪症",成为世界经济运行的重要稳定器。政府在塑造中国经济赶超优势过程中发挥了重要的制度供给功能,集中体现在持续推进要素市场化改革、维护公平有序的市场经济秩序等方面,推动中国特色社会主义市场经济体制不断完善。

中国特色社会主义的配置资源方式也重视效率,它不同于传统政府(计划)作用的自上而下,地方政府也推动了市场的形成和发展,在此基础上发挥中央政府的宏观规划和调控作用。政府与市场有机结合的核心在于:把政府作用从日常的实际经济运行中剥离,保留政府在经济发展中的作用(如长短期规划、制度供给和再分配等),而让市场在资源配置中起决定性作用。市场与政府的有机结合,充分体现了中国特色社会主义制度具有更大的包容性,有利于为国内社会经济发展赢得更多的内在优化空间。这是社会主义市场经济

的重大特色和优势,有助于进一步夯实我国社会主义现代化建设的物质技术基础,加快迈向共同富裕。

三、有为政府调节分配相对于市场主导分配的优越性

市场与政府的有机结合在分配领域主要体现为,政府作为制度供给者,同时参与初次分配和再分配的治理。其中,初次分配治理主要涉及分配规则、分配秩序的塑造和维护,而并不直接干预市场原则的初次分配;再分配治理则以财政税收为基础,通过转移支付和社会保障等形式保障全体人民的生存和发展权益,不断提升保障和改善民生水平。政府发挥再分配职能,本质上仍然是在社会主义价值目标下对社会资源的一种优化配置,能够对初次分配格局进行适当矫正,避免贫富差距的过度分化。

西方资本主义国家的分配制度体现市场效率导向,而再分配政策主要是服从其他宏观经济政策的副产品。分配公平并不是西方政府制定经济政策所考虑的价值标准,而经济增长、通货膨胀、预算赤字和贸易逆差等才是其经济政策的出发点。例如,影响美国税收政策的主要因素是预算目标而并非分配目标,社会保障政策也反对由国家给个人提供平等福利,主张由市场提供社会保险。在市场原则为主的分配导向下,西方国家的资本逻辑使贫富差距持续拉大。正如皮凯蒂(2014)所揭示的,在 $r>g$ 的作用下,资本家的物化劳动反复获得收入,收入差距不断累积、加速扩大。在财富继承日益增多的当前阶段,$r>g$ 逻辑进一步加剧了结构性的分化,最终资本收入份额持续提高,劳动收入份额不断萎缩,陷入财富集中与贫富分化的恶性循环。相反,中国特色社会主义分配制度不会造成收入差距的累积效应。在按劳分配原则下,收入差距主要由人与人之间(劳动者之间)的简单劳动(体力)、复杂劳动(智力)差异所决定,而广大劳动者之间的体力和智力差异又是呈现正态分布的。因此,理论上按劳分配原则下的收入差距也是基本呈现正态分布的,并不会产生由各种资本所有权(财富)所带来的收入差距累积效应。

尽管在我国社会主义初级阶段仍然存在按要素分配等其他分配方式,贫富差距有不断拉大的风险,但我国政府在社会分配治理中努力促进规则公平,维护良好的初次分配秩序,同时有效参与再分配治理,以转移支付和社会保障等形式促进基本公共服务均等化,实现公共资源的优化配置,有力推动人力资本积累的相对平等化,最大限度地确保发展成果的公平共享。

第五节 激励效果:劳动者自我价值实现对高度资本化、金融化发展的超越

一、中国特色社会主义分配制度对劳动者价值的实现

中国特色社会主义分配制度和资本主义分配制度在两种截然不同理论的指导下,产生了两种差异显著的激励效果。根据马克思分配理论,人的劳动在促进生产力发展方面具有主动性、创造性作用。尤其在社会化大生产发展到一定水平的当今时代,社会生产的复杂劳动比重提高、简单劳动比重下降,人们的劳动方式由过去的以体力劳动为主向现在的以脑力劳动为主转变,人的劳动在生产与分配中的作用和地位更加突出,因此倡导解放和保护劳动者。总体上,中国特色社会主义分配制度有助于提升劳动者素质,助推经济高质量发展,同时有助于实现劳动者自身价值,促进人的全面发展。

第一,在直接的作用方式和激励效果上,中国特色社会主义分配制度有利于加速人力资本积累、提升劳动者质量,推动科技创新和经济高质量发展。劳动力(人)是最重要的资源,劳动力的配置是最关键的资源配置,劳动者素质的提升是最核心的资源质量改善。新时代高质量发展要求建设新型劳动者大军,实现知识型、技能型劳动者规模的不断扩大,更加关注劳动力质量而不仅是劳动力数量。中国特色社会主义分配制度的按劳分配和按要素分配都有利

于提高劳动相对于资本的收入分享比重①，赋予劳动者不断提高自身技能和素质的内在动力，从而加速社会整体的人力资本积累，促进科技创新。

第二，在根本的目标导向方面，中国特色社会主义分配制度有利于实现劳动者自身价值和促进人的全面发展。劳动者价值是劳动者在为社会创造物质财富和精神财富的过程中实现的。作为商品的劳动力具有价值和使用价值，劳动者通过就业让渡自己劳动力的使用价值，为社会创造财富，从而实现自己的价值。中国特色社会主义分配制度不断强化劳动者为社会创造财富的动力，同时保障全体人民平等发展权利，从根本上促进人的全面发展。这集中体现为基本公共服务和社会保障等民生水平的持续提高。中国特色社会主义是通往实现"每个人的自由而全面的发展"的共产主义理想社会的直通车。

二、资本主义分配制度助推高度资本化、金融化的发展

资本主义分配制度实现资本家价值，在激励效果上助推了高度资本化、金融化的发展。高度资本化的市场经济就是资本主义市场经济。② 第二次世界大战以后特别是 20 世纪七八十年代以来，西方发达资本主义国家经济发生了深刻变革，逐步形成以金融为主导的资本主义积累体系。资本主义经济重心由生产领域转向金融领域，资源要素由实体经济向虚拟经济汇聚，众多经济部门的利润主要通过金融渠道获得，利润获取越来越独立于生产过程③，最终导致资本主义经济的金融化、虚拟化加速。这根源于资本主义分配制度以资本为中心的基本逻辑，在市场参与、报酬分配等方面都呈现出资本偏向特征。

---

① 从按劳分配、按要素分配与劳动收入份额的关系来看，按劳分配与劳动作为生产要素之一参与分配具有本质区别：按劳分配的主要实现途径是国有企业利润在不同利益主体之间进行分配；中国特色社会主义按要素分配则要求实现劳动和资本分享剩余价值量。

② 习近平：《社会主义市场经济和马克思主义经济学的发展与完善》，《经济学动态》1998年第 7 期。

③ Krippner, G. R. , "The Financialization of the American Economy", *Socio Economic Review* , Vol. 3 , No. 2 , 2005.

根据马克思的理论,金融活动并不创造价值。然而,现实情况是资本主义经济在金融化过程中使金融部门获得巨额利润。20 世纪 70 年代以来,美国金融部门利润率变化呈现明显上升趋势,而非金融部门利润率趋于下降。特别是 80 年代开始,金融部门利润率逐渐超过非金融部门利润率,而且这一差距有扩大趋势;而在此之前,非金融部门的利润率是高于金融部门利润率的。1980—2017 年美国金融部门利润总额及其占国内总利润的份额不断提高:金融部门利润规模由不到 500 亿美元上升至近 5000 亿美元,金融部门利润占国内总利润的份额由 10% 左右上升至 30% 左右。① 在高度资本化的资本主义市场经济中,金融部门与非金融部门存在的显著利润率差异,会驱使资本以及包括劳动力在内的其他要素资源都会流向某些时期"最赚钱的领域"(如金融、房地产),而不一定是聚焦"最需要的领域"(如创新)为社会创造财富、改善民众生活。长期下去,以资本为中心的发展逻辑得到进一步固化,社会分配和经济发展可持续性难以提升。

资本主义制度的资本逻辑及其分配激励,最终塑造了资本主义以金融化为特征的不稳定资本积累体系。这主要是由于资本主义的"资本偏向型分配"动摇了资本主义经济发展的微观基础:金融利润率更加可观,越来越多的资本以及附带其他要素资源不断涌入金融部门,企业趋向虚拟化,实体经济发展受限。然而,金融作为一种生产性服务,本质上应当服从于实体经济的发展,在生产性企业不断减少长期生产投资、实体经济利润率难以恢复的情况下,金融部门的高利润率最终也难以为继。同时,大规模的微观主体负债和过于活跃的金融创新进一步加剧了金融体系的脆弱性,最终导致金融化资本积累体系的不稳定。相应地,资本主义分配制度下社会民众的利益诉求难以得到回应和满足。

---

① 谢富胜、匡晓璐:《金融部门的利润来源探究》,《马克思主义研究》2019 年第 6 期。

第七章　规范资本行为与共同富裕：
理论逻辑和现实堵点

　　现阶段资本过度集中、过度渗透扩张等"资本大鳄"行为给共同富裕造成严重阻碍。资本是把"双刃剑"，它作为生产要素创造物质财富的积极作用占主导，还是无边界渗透、不断集中加剧不平等的野蛮生长之消极作用占主导，关键在于能否正确地规范和引导资本的行为。① 本章旨在厘清新时代中国规范资本行为的现实背景和思想渊源，明确规范资本行为对促进共同富裕的重要意蕴及其逻辑关系，结合资本无序扩张的现实表现及问题提出规范资本行为助推共同富裕的思路。

第一节　规范资本行为的现实背景和思想渊源

一、现实背景：资本集中、资本渗透与共同富裕

　　资本行为及后果直接影响到中国共同富裕的整体进程。不规范的资本行为主要表现为：以资本所有权及收入不平等为代表的资本集中，以及以垄断为

---

　　① 　张磊、徐世盛、刘长庚：《节制资本与共同富裕：逻辑、难点及路径》，《上海财经大学学报》2022 年第 4 期。

代表的资本渗透及无序扩张。

(一)资本所有权及资本收入不平等日趋严重

资本占有集中会加剧资本收入不平等,并且二者存在相互强化的恶性循环。20世纪七八十年代以来,世界大多数国家在全球化浪潮中进行了新一轮的收入与财富分配。[①] 从全球范围来看,贫穷国家得益于发达国家资本与技术的输出,国家之间的收入与财富不平等程度有所降低,但从国家内部观察,大部分国家的内部不平等程度有所加剧,资本不平等是其中的主要原因。具体来看,资本不平等包括资本所有权(财富)不平等以及由其带来的资本收入不平等。资本所有权不平等一定程度上会加剧资本收入不平等,而资本收入不平等通过资本投入再循环反作用于资本所有权的分配,加剧社会贫富分化。在中国经济腾飞过程中,不同社会群体由于要素资源禀赋及运用市场能力的差异,形成了不同的市场势力及相应的分配地位。从中国的宏观分配格局来看,1995—2021年,前10%和前1%人群的财富占比分别从41.38%、16.61%增加到68.03%、30.96%,而中间40%人群的财富占比从42.77%下降至25.65%,后50%群体的财富占比从15.85%下降至6.32%(见图7.1)。两极分化不是社会主义,资本过度集中及贫富差距过大也不符合中国式现代化的表征。

(二)资本过度渗透及垄断行为加速侵占低收入群体利益

过去一段时期,因制度规范不够健全,国内少数资本巨头扩张犹如进入无人之境,渗透于国民经济的众多领域,尤以互联网领域为最。[②] 随着中国互联网进入存量时代,各科技巨头之间的竞争变得更加激烈,在前期发展中积累了数据优势和垄断地位的网络平台实施垄断和无序扩张行为的现象层出不穷。

[①] 李实:《全球化中的财富分配不平等:事实、根源与启示》,《探索与争鸣》2020年第8期。

[②] 王世强:《数字经济中的反垄断:企业行为与政府监管》,《经济学家》2021年第4期。

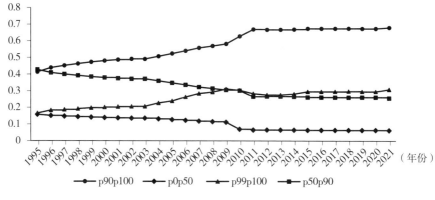

图 7.1　1995—2021 年中国国民财富不平等格局演变

注:p90p100 表示财富最高的 10% 群体的财富占总财富的比重,p0p50 表示财富最少的 50% 群体的财富占总财富的比重,p50p90 表示中间 40% 群体的财富占总财富的比重,p99p100 表示最富有的 1% 群体的财富与总财富的占比重。

资料来源:根据 WID 数据库数据绘制。

从"二选一"站队、粗暴抢占"社区团购"市场到"大数据杀熟",一系列资本渗透无不挤占着广大普通劳动者的利益。国家市场监督管理总局处罚的反垄断案件从 2019 年的 27 起、2020 年的 33 起陡然升至 2021 年的 96 起①,且处罚力度趋于严厉。互联网资本巨头掌握着充分的个人隐私信息和用户流量数据,并有足够能力运用这些数据集合进行盈利。一旦资本行为不受约束而无序扩张,会导致更多资源向资本占有者倾斜,降低资源配置效率,并使低收入人群的利益被侵占,甚至为获取要素资源而产生寻租空间,不利于良好劳资分配格局的形成。

(三)资本无序运动妨碍经济高质量发展和共同富裕实现

第一,资本无序运动不符合更加公平的发展逻辑。当前我国资本和财富不平等已远超单纯的收入不平等,资本和财富不平等所衍生的收入不平等、教育和人力资本不平等、代际传承和收入群体固化等潜在风险对新时代高质量

---

①　数据来源于国家市场监督管理总局。

发展形成较大挑战。第二,资本过度集中和渗透不利于构建全国统一大市场和促进国内经济大循环。在世界经济更加充满不确定性、中美等双边经贸摩擦不断的不利外部环境之下,做大做强国内经济大循环是实现经济健康发展的基本保障。资本无序扩张加剧垄断,不利于劳动力和资本等要素的优化配置,进而对劳动收入份额提升、内需潜力释放构成不利挑战。第三,为应对新冠疫情实施的宽松货币政策导致流动性过剩,亟须扭转流动性过剩的贫富分化效应。为降低疫情冲击导致的经济衰退风险,各国央行不约而同地试图以较宽松的货币政策抵消其不利影响。中国在疫情初期实行的相对宽松货币政策也在一定程度上加剧了流动性泛滥。资本占优者拥有相对多元的资产保值升值手段以规避风险,而资本贫瘠的普通劳动者则面临财富与收入大幅缩减的风险,资本收入不平等通过疫情这一放大镜得以加剧。

二、规范资本行为的思想渊源

规范资本行为具有深厚的思想渊源,充分汲取不同资本观的思想涵养,有助于在新的历史条件下明确中国规范资本行为的逻辑方向。任何资本观都具有历史性、阶级性和时代性,反映着特定的社会生产关系。在不同时代,资本的主要形式、性质特征、地位作用、运行方式都可能存在一定差异,但在对资本的监督管理认识上,不少资本观都深谙资本过度集中与扩张的弊病和危害,提出规范资本行为的重要思想主张。这些思想的提出大多与土地资本集中、商品和货币关系变化紧密相关。

(一)中国古代的规范资本行为思想

我国古代的资本形式主要是土地,规范资本行为思想主要建立在农本观、民本观基础之上,遵循"国以民为本、民以食为天、食以财为上、财以均为要"的"均平"逻辑。西汉董仲舒在《春秋繁露》中指出了贫富分化的严重后果,并表达对"调均"的支持。唐代陆贽在《均节赋税恤百姓六条》中明确了节制田地资本对缓解贫富差距的意义。南宋末年为拯救财政、增加赋税，贾似道主张行"公田法"，强制征购民间土地，防止土地资本过于集中。历代封建王朝在濒临崩溃之际基本都面临土地资本过度集中的问题，农民与地主阶级之间悬殊的贫富差距促使无地农民揭竿而起。在工商业资本方面，早在商朝时期，中国就已有商业资本活动；两汉时期走向发达，盐铁专卖、运输、高利贷以及与西域胡商贸易等经济活动推动商业资本快速发展，且存在大量经营利润；隋唐五代商品经济发展水平大幅提高，商业资本规模增大，并在唐代形成不同行业的"商帮"；宋元时期城市经济和商业资本更加活跃，众多大商人积累了巨额资本财富；明清两代商业资本数量同样可观。中国古代对商业资本、高利贷资本和小资本私有制等所导致的资本集中、贫富分化、国家财力不足等问题，不但主张国家要有所作为进行外在干预（如专卖制度、赋税），还从个体道德修身层面强调"见利思义""灭人欲"进行内在克制。

（二）马克思对资本主义及资本的深刻批判

马克思对资本主义的弊端揭示、矛盾考察和灭亡预言是马克思主义批判的核心内容，而他对资本主义的批判就是从资本开始并围绕其展开的。一方面，马克思深刻指出了资本文明性和剥削性的双重属性，并批判了资本无限扩张的逐利逻辑。他在分析"已经走上资本主义制度的卡夫丁峡谷"的德国情况时指出，"在其他一切方面，我们也同西欧大陆所有其他国家一样，不仅苦于资本主义生产的发展，而且苦于资本主义生产的不发展。除了现代的灾难而外，压迫着我们的还有许多遗留下来的灾难，这些灾难的产生，是由于古老的、陈旧的生产方式以及伴随着它们的过时的社会关系和政治关系还在苟延残喘"①。资本主义生产的发展所带来的"现代的灾难"，深刻揭示了现代资本主义生产方式发展所带来的资本剥削、劳资矛盾激化等消极后果。马克思

---

① 《马克思恩格斯选集》第2卷，人民出版社1995年版，第100页。

还强调,"资本的运动是没有限度的……作为这一运动的有意识的承担者,货币占有者变成了资本家。……他的目的也不是取得一次利润,而只是谋取利润的无休止的运动"①。并指出,"作为资本家,他只是人格化的资本。他的灵魂就是资本的灵魂。而资本只有一种生活本能,这就是增殖自身,创造剩余价值,用自己的不变部分即生产资料吮吸尽可能多的剩余劳动。资本是死劳动,它像吸血鬼一样,只有吮吸活劳动才有生命,吮吸的活劳动越多,它的生命就越旺盛"②。资本攫取剩余价值的无限扩张逻辑对劳动者造成了严重剥削,与劳动者的生存发展逻辑形成对抗。另一方面,马克思还全面阐述了资本积累与贫富差距扩大之间的必然逻辑。他认为,资本不断积累会导致资本积聚和集中,不断强化积累的作用,使资本家的经营规模持续扩张。在这一过程中,资本有机构成不断提高,而可变资本比重趋于减少,生产对劳动力的需求相对降低,越来越多的劳动者被排斥在生产过程之外,造成相对人口过剩,资本家更能对工人的就业和工资施加压力,因而资本积累可能导致财富积累和贫困积累的双重后果。

(三)孙中山的民生主义节制资本思想

孙中山是第一个明确提出"节制资本"的人,"节制资本"是孙中山实现民生主义的两大工具之一。早在 1912 年,孙中山便提出:"产业勃兴,盖可预卜。然不可不防一种流弊……故一面图国家富强,一面当防资本家垄断之流弊。"③孙中山的节制资本思想主要包括两个方面:一是节制私人资本;二是增强国营资本。他认为,单单节制私人资本扩张是不够的,还应靠国有资本发展实业,如铁路、矿业、工业等,并且对私人资本的节制并非是在资本发达后清算,而是主张以防患于未然的手段提前控制资本扩张。孙中山认为,发达的私

---

① 《马克思恩格斯文集》第 5 卷,人民出版社 2009 年版,第 178—179 页。
② 《马克思恩格斯文集》第 5 卷,人民出版社 2009 年版,第 269 页。
③ 《孙中山选集》(上),人民出版社 2011 年版,第 103 页。

人资本一旦形成垄断,则必会危害国民生计甚至把控国家经济命脉,使政府式微。"吾人之所以持民生主义者",是"反对少数人占经济势力,垄断社会之富源",同时,他还主张要扶持小微资本,适当给予鼓励和支持,"使人民共享生产上之自由"。

(四)毛泽东同志的节制资本思想

毛泽东同志继承和发展了孙中山的节制资本思想,并在一定程度上实现了超越。尤其在土地资本的控制方面,毛泽东的土地思想经过井冈山革命、解放战争、抗日战争和新中国成立四个阶段逐渐走向成熟,从没收地主土地到减租减息,再到土地公有制的实践探索,其对待土地资本的态度越发理性,持续推动马克思主义与中国具体实践相结合。对"资本主义"的认识和态度,毛泽东同志在《新民主主义论》中强调,中国的经济,一定要走"节制资本"和"平均地权"的路,决不能是"少数人所得而私",决不能让少数资本家少数地主"操纵国计民生",决不能建立欧美式的资本主义社会,也决不能还是旧的半封建社会。① 在党的七届二中全会上,毛泽东同志也再次肯定了节制资本的思想。他在《论人民民主专政》中进一步指出,"我们现在的方针是节制资本主义,而不是消灭资本主义"。在学习《苏联社会主义经济问题》和《马恩列斯论共产主义社会》后,毛泽东同志提出了关于社会主义公有制和商品经济相结合的新认识,认为"要有计划地大大发展社会主义商品生产",强调商品生产不能与资本主义混为一谈,提出以国家经营和集体经营为主体、一定数量的个体经营甚至资本主义私人经营为补充。毛泽东同志对社会主义商品经济的探索,为后来的社会主义公有制与市场经济相结合奠定了思想基础。

---

① 《毛泽东选集》第二卷,人民出版社 1991 年版,第 678—679 页。

第二节　新时代中国规范资本行为与共同富裕:理论逻辑

一、共同富裕导向的中国特色社会主义资本观

改革开放后,我国注重调动各类资本要素的生产积极性,推动公有资本和非公有资本共同发展,更好地为社会主义市场经济服务,并指向共同富裕的根本目标。这是中国特色社会主义资本观的逻辑主线。各个时期对资本行为、资本作用及其发展认识的演变,构成中国特色社会主义资本观的核心内容。特别是进入中国特色社会主义新时代之后,习近平总书记对资本及其发展的重要论述赋予了新的时代内涵,为规范资本行为指明了方向。

1978—1992 年:利用各类资本发展社会主义并警惕两极分化。1978 年党的十一届三中全会提出解放思想、实事求是的改革开放战略,邓小平同志从中国实际出发,强调发展社会主义也可以"采用资本主义的一些方法(是当作方法来用的)"[1],比如要利用民营资本和外国资本。邓小平同志继承马克思对资本作用的辩证评价,充分吸收列宁新经济政策主张、毛泽东同志让外国投资参与工业化的观点以及 20 世纪 50 年代中国多种所有制经济并存和后来单一公有制的历史经验教训,根据我国处于社会主义初级阶段的现实国情,提出社会主义公有制为主体、非公有制为补充的所有制结构,认为私人资本可以而且应该为社会主义服务,"搞建设要利用外资和发挥原工商业者的作用"[2]。特别是邓小平同志南方谈话之后,资本活力充分激发。同时,他强调社会主义的本质和最大优越性是共同富裕。社会主义初级阶段允许利用私人资本和外资等剥削性资本发展经济,也要警惕两极分化,防止局部的资本主义经济产生

---

① 《邓小平文选》第三卷,人民出版社 1993 年版,第 149 页。
② 《邓小平文选》第二卷,人民出版社 1994 年版,第 156 页。

"新的资产阶级"、引发社会矛盾。可见，这一时期的规范资本行为思想主要是从共同富裕根本目标出发，提出要警惕资本主义矛盾在我国出现。

1992—2012 年：推动资本要素市场化配置、促进公有资本和非公有资本共同发展。这一时期，私人资本和公有资本在社会主义市场经济中实现平等竞争、优胜劣汰、共同发展。1993 年党的十四届三中全会通过的《中共中央关于建立社会主义市场经济体制若干问题的决定》首次明确使用"资本"概念，并要求发展"资本市场"。此后，个体小资本、国有资本、集体资本等非剥削性资本和民族私人资本、外国资本等剥削性资本及上述混合资本，统一在资本市场运营发展，各类资本实现充分竞争。同时，股份制成为公有制的重要实现形式，逐步推进股份制改革和现代企业制度建设。"我们一方面要大胆学习和借鉴资本主义国家的一切好东西，有些东西不仅要学，还要花钱去买；另一方面又要坚决抑制各种腐朽的东西和反映资本主义本质属性的东西。"[1] 自 2002 年党的十六大第一次提出必须坚持"两个毫不动摇"之后，这一方针持续得到深入贯彻落实，各类所有制资本实现良性互动发展。然而随着市场化改革的推进，私人资本的负面效应逐渐蔓延，国有资本管理中人、事、资产管理相脱节，大量资本占优者从快速发展的资本市场获得丰厚回报，社会贫富差距逐渐拉大。在此背景下，党中央充分认识到资本权力集中及收入差距扩大对社会和谐与公平的潜在威胁，强调"在促进发展的同时，把维护社会公平放到更加突出的位置……使全体人民共享改革发展的成果，使全体人民朝着共同富裕的方向稳步前进"[2]。这一时期资本要素市场得到空前发展，资本与其他生产要素共同为推动社会生产发展作出巨大贡献，同时资本行为及扩张也在一定程度上影响了社会公平。

---

[1] 中共中央文献研究室编：《江泽民论有中国特色社会主义（专题摘编）》，中央文献出版社 2002 年版，第 207 页。

[2] 中共中央文献研究室编：《十六大以来重要文献选编》（中），中央文献出版社 2006 年版，第 712 页。

2012 年至今：推动资本法治化营商，更好发挥资本作为生产要素的积极作用，遏制其消极作用。党的十八大以来，习近平总书记在众多场合阐述了公有制经济与非公有制经济的关系问题，并明确了资本发展、规范资本行为和共同富裕之间的紧密联系。"社会主义市场经济本质上是法治经济"①，党中央鲜明提出构建"亲""清"新型政商关系，着力为资本发展建设法治化营商环境。在继续坚持"两个毫不动摇"的基础上，更加强调"推动国有资本做强做优做大"②，坚持和巩固公有资本主体地位。在 2021 年年底的中央经济工作会议上，习近平总书记进一步强调，要承认资本逐利的根本特性，正确认识和把握资本的特性和行为规律，规范资本行为。他对资本发展问题做了新的重要阐述。一方面，充分肯定资本作为生产要素对社会主义市场经济的积极作用，要全面搞活资本，有序配置资本；另一方面，要有效控制资本的消极作用，为资本设置"红绿灯"，加强有效监管以防止资本野蛮生长，支持引导资本规范健康发展③。新时代的资本观高度肯定资本作为重要生产要素推动物质财富增长的积极贡献，并从人民和国家利益的角度阐述了规范资本行为对促进高质量发展和共同富裕的重大意义。针对一些"资本大鳄"的恣意妄为，习近平总书记首次明确提出"有效控制资本的消极作用"，并为新时代规范资本行为提出了具体的实际工作要求，赋予了规范资本行为以共同富裕的历史性、使命性意义。

二、新时代规范资本行为的内涵及其促进共同富裕的作用逻辑

（一）新时代规范资本行为的内涵

如前所述，新时代规范资本行为并不是不要资本、否定资本的积极作用，

---

①　中共中央文献研究室编：《习近平关于全面依法治国论述摘编》，中央文献出版社 2015 年版，第 115 页。

②　习近平：《决胜全面建成小康社会　夺取新时代中国特色社会主义伟大胜利——在中国共产党第十九次全国代表大会上的报告》，人民出版社 2017 年版，第 33 页。

③　《中央经济工作会议在北京举行》，《人民日报》2021 年 12 月 11 日。

其目的是有效控制资本的消极作用。从资本的类型来看,资本按所有制可分为公有资本和私人资本,按是否具有剥削属性可分为剥削性资本和非剥削性资本,按资本形式可分为人力资本、实物资本和金融资本。本书所说应予以规范的资本主要指一些私人资本、剥削性资本、实物资本和金融资本。现阶段党中央提出要"规范资本行为",是针对目前经济发展过程中资本扩张边界泛化等问题而作出的重大战略决断。新时代监督管理资本的现实背景已不同于过去的社会主义经济建设阶段,当前各种所有制资本活力竞相迸发,积极效应得到较大程度的释放,而资本过度集中、无序扩张的消极作用已经不容忽视,规范资本行为的核心旨归无法回避新时代的共同富裕目标。因此,从基本内涵来看,规范资本行为应当包括防止资本过度集中和防止资本无序扩张(过度渗透)两方面的内容。进一步地,规范资本行为的标准是什么? 这很难提出一个客观的程度标准,但有一个基本判断:应当根据社会主义初级阶段坚持公有制的主体地位以及最终实现共同富裕的社会主义根本目标这一准绳来判别,若私人资本存在控制国民经济命脉的风险,或者资本作为财富过度集中而危害共同富裕的消极作用超过资本作为生产要素创造财富的积极作用,则应当对该资本行为予以规范。新时代规范资本行为的目标向度是共同富裕,接下来本书重点阐述规范资本行为作用于共同富裕的理论逻辑。

(二)防止资本过度集中:遏制趋于恶化的财富不平等和促进社会公平

需说明的是,防止资本过度集中,终止趋于恶化的资本(财富)集中及其衍生的资本收入不平等,并不意味着要重新分配财富。历史经验表明,每次财富的极端失衡几乎都是以非常规的手段进行财富(资本)再分配而收尾,最终演变的结果往往是各方利益的重大调整。因此,与其以非常规手段重新分配财富与收入而付出巨大的代价,不如早作预防,以合适手段防控资本过度集中和无序扩张。不同于新中国成立前后为实现"耕者有其田"而"重新彻底平均分配土地"的极端举措,新时代中国规范资本行为并不是无端触动和重新分配有产者的资本和财富,而是期望打破"资本所有权—资本收入"之间恶性的持续循环及强化机制。

防范资本过度集中,是在保障各种所有制资本平等参与社会主义市场经济发展的权利的基础上,让资本所有者基于社会价值观、社会责任感,通过再分配和三次分配等形式进行适当的利益让渡和分享。在当前中国社会生产力仍然不够发达的阶段,我们仍需要坚持公有制为主体、多种所有制经济共同发展,资本要素占优者的资本积累及资本收入仍可能在未来一段时期保持快速增长。尤其是在资本账户逐步开放的背景下,资本及财产信息登记与监控制度不健全,房产税尚未向全国铺开、遗产税收空白等,都不利于我国有效管控各类资本扩张的领域和速度,更难以摸清国民财富和收入的家底。新时代中国在进一步做大经济"蛋糕"的同时缩小财富不平等,不是"劫富济贫",而是以共同富裕为导向,更加注重社会公平。这一方面要求从多层次、全方位统筹,推动实现更加平衡充分的发展,让更多群众享受到改革发展的红利;另一方面要引导社会优势力量积极响应再分配、支持三次分配,分利于民。

(三)防止资本无序扩张:优化资源配置和提升经济效率

资本无序扩张主要体现为资本无边界地向各领域渗透,特别是平台资本依靠其独特的用户信息和交易数据优势,不断强化自身的市场支配地位。2021年政府工作报告指出,要"强化反垄断和防止资本无序扩张,坚决维护公平竞争市场环境",充分体现了我国现阶段规范资本行为在生产领域的直接目的。有效的资源配置方式能在一定程度上预防后期发展的失衡,制约资本的无序扩张,这要求政府与市场相互配合,兼顾公平与效率,引导经济健康可持续发展。短期来看,规范资本行为似是倾向于注重公平、可能损害效率,但在长期中有序的资本扩张有利于维护公平竞争的市场环境,防止要素资源及报酬的过度集中,实现资本要素的优化配置,提升社会经济的整体发展活力,有助于更好地发挥资本作为生产要素的积极作用。

目前我国产业资本扩张主要有两种基本形式,即实体资本扩张与互联网平台资本扩张,并且二者互有交叉,紧密联系。其中,实体资本在积累到一定规模后,往往选择先将其产业链的上下游环节进行整合,强化竞争优势,并逐渐形成垄断。互联网平台资本则一般运用已有的流量或用户优势,通过引流或注资等方式以较低的成本实现快速扩张。在自身行业处于竞争优势地位后,无论是实体资本或是互联网平台资本都将目光投向拥有更高收益率的领域,进一步暴露资本的逐利本性,并更加难以管制。在2021年《反垄断指南》颁布之前,各行业巨头利用监管不严、处理力度不够等低机会成本急速扩张,形成恶意竞争,使部分小微企业和劳动者的生存空间急剧压缩,不利于经济发展活力的长期保持和经济效率的持续提升。防止资本的无边界渗透,有助于进一步激发微观市场主体活力,推动各种所有制经济更好发展,实现财富生产的持续增长。

综上所述,规范资本行为以防止资本过度集中和无序扩张双重作用方式,缓解资本(财富)及其收入不平等,实现要素资源优化配置,一方面推动生产持续增长,另一方面实现成果公平分配,从而加快促进增长与分享有机协同的共同富裕(见图7.2)。

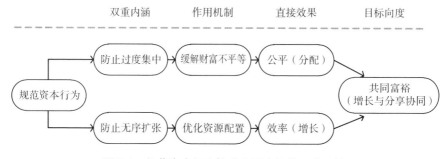

图 7.2 规范资本行为推进共同富裕的理论逻辑

资料来源:笔者研究绘制。

三、新时代规范资本行为的主要政策工具

防止资本过度集中和无序扩张,需要充分发挥中国特色社会主义的制度优势,强化有效制度供给。资本过度集中主要体现为资本所有权及资本收入不平等,核心的有效规制手段是完善资本税收征管框架,而资本无序扩张主要表现为互联网平台资本过度渗透及滥用市场支配地位,核心的政策手段是强化平台资本监管及反垄断。通过这两类主要政策工具,可以有效规范资本行为,实现更有效率、更加公平的发展。

(一)规范资本行为的税收框架

针对资本过度集中、无序扩张所导致的财富差距和经营者集中,税收是重要的管制工具之一。健全资本税收制度体系,是进一步完善社会主义市场经济体制、实现国家治理体系和治理能力现代化的重要内容。在经济发展水平较低阶段,过多的资本税收管制不利于调动资本作为生产要素的积极性和激发市场活力。现阶段我国生产力发展达到一定水平,资本无序扩张的潜在风险对经济高质量发展造成一定威胁,且资本税的应税人群和税基得到大大扩张,现今已成为加快完善资本税征管制度体系的较好时机。通过具体的税收制度安排可引导资本有序流动、健康发展,更好发挥资本作为生产要素的积极作用,避免形成资本主导型的国内市场。

资本的税收制度主要包括两类:一是针对实物财产、金融资产等资本的传统资本税;二是针对平台所掌握的数据资产的"数据税"。其中,平台资本掌握的用户信息、交易流量等数据属于一种隐形资产,其所有权本质上归属于用户,而平台由于具有信息优势往往直接使用这些数据要素为自身带来经济价值。"数据税"可以理解为消费者等用户向平台出让其数据使用权而应得的"数据租"。在资本税收制度安排的总体思路上,一方面要设置形式多样的税收种类,在目前房产税试点并加速推广的基础上,推进遗产税、赠与税等传统

资本税的酝酿、研究和实施，明确数据要素的权益归属及使用原则，研究开征"数据税"，拓展形成种类丰富的资本税收体系；另一方面要坚持累进税制，随着资本总量、有价值数据使用量的上升而提高传统资本税、"数据税"的税率，并辅以征管门槛费用，防止资本所有权及资本收入的过度集中，规范平台资本行为。

（二）平台经济反垄断

遏制资本无序扩张的关键在于明确资本扩张的边界。在我国互联网经济反垄断过程中，资本扩张边界方面存在两个主要表现。第一，平台资本的扩张领域基本未受限制。这些资本可肆无忌惮地将触角深入经济的各个领域，不仅可以继续深耕互联网领域，还可以根据其信息优势进驻实体部门，凭借先行者优势影响甚至把控另一个行业的发展。第二，互联网资本扩张手段难以约束。一些互联网巨头仅凭借其掌握的海量用户流量，就可通过引流或提供大数据服务等方式轻易地占有被投资部门的股份，而不需要真金实银的资本投入。严格来说，海量用户所形成的大数据资源应是用户财产，却被作为信息汇集者的资本巨头用以盈利，这是大数据时代的新型资本垄断形式——数据垄断。数据资源涉及社会公共利益，需进一步加强对互联网资本行为的监管和规制。

第三节　新时代中国规范资本行为促进
共同富裕的堵点及思路

一、共同富裕进程中规范资本行为面临的现实堵点

在扎实推进共同富裕的新阶段，我国规范资本行为面临的现实堵点主要体现在以下六个方面。

(一)资本利益趋向固化导致资本管控阻力加大

改革开放以来,中国经济快速发展造就了一大批资本集中占有者,他们依靠其资本禀赋和利用市场能力的优势获得资本收入,积累的财富规模日益庞大。一方面,在资本管制约束尚不健全的当下,其积累的财富得以在代际之间传承,形成"富豪家族"。资本税收征管和反垄断势必触动这些群体的利益,而这些资本集中占有者和富豪家族往往具有极大的社会影响力,他们的阻挠则可能导致相关改革难以顺利推进。上海试点开征房产税之前的一项调查结果显示,有 53.3%的被调查者并不支持这一政策。① 针对北京城镇居民的调查结果显示,有 26%的城镇居民对开征房产税持明确反对态度,并且拥有住房数量越多的家庭越不支持征收房产税;与此形成鲜明对比的是,中等收入群体和低收入群体对此则持相对温和的态度,例如相对于其他部门人员,国有企业和事业单位等体制内人员对房产税的支持力度更大。② 另一方面,一些"资本大鳄"利用平台经济实施经营者集中,在市场中形成支配性地位。为维持和巩固这一市场支配性地位及既得利益,平台资本追求"强强联合"效应,排除、限制市场竞争行为,进一步加大了资本管控难度。

(二)资本账户开放与遏制资本外逃兼顾难

在进一步扩大开放特别是资本账户持续开放的背景下,资本双向流动越发畅通。经济高质量发展要求国际资本账户收支保持在一个合理区间,尤其对大额资本流动保持客观谨慎的态度。随着资本账户开放程度的加深,资本税收和反垄断等资本管制可能会导致资本外流(外逃)从而产生失业和汇率波动风险。同时,资本外逃还可能导致国家产生巨大的财政税收损失。例如,

---

① 数据源自搜房网数据监控中心。
② 调查结果源自北京大学—林肯研究院城市发展与土地政策研究中心。

2012 年法国宣布对年收入百万欧元以上的高收入群体征收 75% 税率的"特别团结捐税"，导致当年有 3.5 万人定居国外，将财产转移至低税率国家，其中有 587 人是该项"富人税"覆盖群体；迫于资本外流的压力，法国于 2015 年正式取消"富人税"。在实际开征的 2013—2014 年两年间，法国政府仅收取约 4.2 亿欧元的税款，对数十亿欧元的财政赤字而言仅为杯水车薪。此外，"避税天堂"的存在也加剧了国家间的税收竞争。随着我国资本账户的进一步开放，资本外流问题更加突出，中国应吸取其他国家教训，厘清资本外逃动机，有针对性地提前在资本外逃过程中设卡管制，适当"限速限流"，为资本税制改革保驾护航。

（三）资本税制框架的搭建进程较为缓慢

目前我国资本税收制度建设仍存在较大完善空间。从传统的资本税来看，上海和重庆的房产税试点卓有成效，但仍未在全国范围内铺开，遗产税、赠与税等资本税种在社会各界都有不少讨论，但始终未提上政府层面的议事日程；而与平台资本相关的"数据税"也仍处于学术探讨阶段。

现阶段我国节制资本的税收种类并不丰富，建立一套具有中国特色的完备资本税制框架体系更是一项浩大而复杂的工程。首先，在关于中国资本税收制度框架建设的一系列讨论中，社会各界对传统资本税收的种类设置、征管范围及边界等内容至今没有形成一致意见。其中，关于股票债券、古董字画乃至知识产权等资产的产权变更是否应当征收资本税，以及房产、遗产等资产的征税方式与税负水平等都是争论热点。复杂的征管程序亦是建立资本税收制度体系的一大难题。其次，数据要素确权是加强信息数据保护和设置"数据税"的首要工作。设立"数据税"这一新型税收的前提是，根据数据要素来源及其是否具有排他性、竞争性属性来明确其所有权及相应的收益权。由于数据的种类、来源纷繁复杂，数据确权正是设置"数据税"的重难点工作。最后，资本税收征管需要对各类资产进行合理公正的估价。平台用户信息和数据、专利等无形资产以及古董字画等有形资产在估价中极易产生争议,且争议解决程序也较为复杂。若征管程序存在漏洞,还容易引发偷税漏税。上述难题给我国资本税收的政策制定及后期监管执行提出了很大的挑战。

(四)资本扩张边界模糊导致反垄断治理及处罚难

互联网经济管控及反垄断的难点在于明确资本扩张及行为活动的边界。目前我国《反垄断法》在具体实施中仍存在资本活动边界模糊和难以界定的问题,这促使部分互联网巨头钻法律的空子,攫取由普通民众为其买单的大量租金。一方面,资本扩张边界模糊导致反垄断治理和处罚难;另一方面,对资本无序扩张行为的惩治力度本身也有待提高,企业违规成本总体不高。需要从明确资本扩张边界和加大垄断惩治力度两方面强化资本扩张监管,确保资本扩张的边界、路径和速度受到依法规制和合理约束。

(五)互联网资本领域舞弊和腐败乱象高发且监管难

近年来随着互联网平台资本的迅速扩张,流量、资源不断向个别寡头倾斜,导致部分平台企业权力被放大,一些企业过度追求短期效益和规模效应,产生了较大的寻租空间。《2021 互联网反腐反舞弊调查报告》显示,2021 年主动披露或被曝出舞弊案的互联网企业有 22 家,同比增长 29.4%;涉及舞弊案件超过 240 起,同比增长 153%。互联网资本舞弊和腐败的常见行为包括流量劫持、行受贿与职务侵占、诈骗与非法经营、偷逃税等,广泛涉及电商零售、物流配送、社区生鲜、直播电商等众多领域,且不乏一些知名的传统互联网大企业和新兴领域平台。特别是流量劫持、偷逃税问题引起广泛关注。首先,平台之间的流量劫持事件频发、难以禁绝,加剧互联网领域不正当竞争行为。一些平台通过强制捆绑、链接嵌入等方式抢占对方平台用户流量、交易机会,造成被侵权方蒙受经济损失。这一行为尽管被列为互联网领域不正当竞争行为予以规制①,但相关规则在实际适用中的具体技术和细节问题没有明文规定,维权难度和成本较高。其次,带货主播偷逃税问题突出,且涉案企业相对年轻,偷漏税金额巨大。偷逃税案件曝光大多来自税务等监管部门,而目前互联网税务稽查仍然缺乏系统化的大数据调查取证手段,尚未形成体系化的舞弊防控机制。

(六)规范资本行为的相关配套改革未能及时跟上

良好的配套设施和服务是资本管制措施落地生效的有力保障。目前我国规范资本行为的配套建设仍然存在以下几方面问题:第一,居民财产申报与信息登记制度全面落实难。资本税收征管的可行性建立在纳税人财产登记较为完善的基础上,但目前中国财产申报制度主要局限于"体制内"的公共部门单位,尚不足以支持资本税收征管工作的开展。本国居民的国外资产信息更是难以掌握,不同国家之间的税收信息交流和共享机制不够完善。第二,缺乏完备的现金管理制度。虽然我国大部分商业交易通过电子支付完成,但现金交易仍是重要的方式之一。理论上任何大额交易都可以通过现金完成,从税收控制角度来说,有痕迹的交易才能被统计并构成税基;而现金交易几乎没有痕迹,容易造成税源流失。若市场价值高的古董字画等资产采用现金交易,无疑会加大资本税收的征管难度。第三,不同政府部门之间的资本管制协作经验较缺乏。由于资本税收制度框架建设较为滞后,税务、住建、金融机构及相关监管部门之间缺乏良好的协调配合机制以及相应的资本管制协作经验。第四,"排除、限制市场竞争"的识别有赖于法律制度细化和专业人才支持。平台资本的经营者集中本质上是一个中性概念,但判断经营者集中是否合法

---

① 2021年国家市场监管总局发布的《互联网信息服务算法推荐管理规定(征求意见稿)》明确规定"禁止利用技术手段实施妨碍干扰等不正当竞争行为",国家互联网信息办公室关于《禁止网络不正当竞争行为规定(公开征求意见稿)》也指出,算法推荐服务提供者不得"实施流量造假、流量劫持""实施自我优待、不正当竞争、影响网络舆论或者规避监管"。

(或者说是否具有排除、限制市场竞争的效果)是一项高度专业化、技术化的工作,需要综合考虑市场竞争格局、经济技术发展和消费者权益保护等多方面结果,目前仍存在相关法律制度安排不够具体、细化以及专业人才支撑较为薄弱等问题。

二、新时代中国规范资本行为以促进共同富裕的思路

针对我国资本过度集中和无序扩张治理的现实堵点,要全面提升资本治理效能,规范资本行为,让资本更好地为社会主义市场经济发展和共同富裕服务。

(一)加强宣传引导,强化资本富有者的社会责任感

资本的意识决定资本的行为。政府在资本税收征管和反垄断中需要灵活运用多种工具和手段,除强制性制度安排以外,还需要加强宣传教育和规范引导,提高资本富有者的社会责任感。首先,在社会主义核心价值观引领下,营造公平竞争、正义互助的良好社会氛围,提升资本富有者的社会责任感,同时通过经济、行政、教育等手段让社会各界群众充分认识到资本过度集中和无序扩张的严重危害。其次,鼓励勤劳、创新致富,打破"等、靠、要"观念,防范财富过度代际传递和收入群体固化,提升全体公民的奋斗意识、集体意识和奉献意识。再次,在财产申报登记、资本税收征管配合方面,应当尽早宣传以明确社会心理预期,正向引导与必要惩戒相结合。传统资本税从政府机关、事业单位、国有企业等公共部门人员逐步向全社会推广,互联网资本垄断、数据资产管制注重抓典型,强化警示宣传。最后,加强平台反垄断的舆论宣传,强化持续、高压的科技反垄断执法预期,鼓励社会各界广泛讨论和关注平台资本发展过程中的隐私保护、平台责任、"数据税"等治理议题。

(二)审慎开放资本账户,防止资本非常规外流

资本账户逐步开放是我国实现更高水平开放、推动国内国际经济双循环

的应有之义。但是我国仍需对资本账户开放的范围、程度保持包容审慎，尽可能避免资本无规则外流和关键行业命脉被外资所控。国际资本完全自由流动不利于资本税收的征管，为预防资本税收征管引起国内资本非常规外流，应在"引进来"和"走出去"两条路上同时发力，对资本的出入适当引导，用好、用活资本。第一，着重在"走出去"路径上加强监管。及时分辨并防止大额资本流出，必要时依法冻结涉事人财产，对私人资本的流出设立相对紧密严格的法规条例，严惩对社会造成恶劣影响或对国家形成巨大损失的资本流出事件，仿照《反垄断法》对不符条例的资产买卖做无效化处理。第二，把握供给侧结构性改革机遇，发挥中国经济韧性优势，持续优化法治营商环境，不断提高中国对外资的吸引力。第三，将国有资本与私人资本的外流分开管理，形成两套账，便于有关部门对资本非常规流动作出及时反应，更好地进行稳定汇率和防范金融风险等宏观调控。第四，加强中国与"一带一路"等潜在绿地投资国家之间的国民财产信息交流和登记合作，共同维护资本税收等双边国家利益。总之，资本账户开放应当坚持循序渐进、"宽进严出"的原则，更好地处理资本账户开放和遏制资本外逃的关系，以放大资本税收和反垄断的积极经济效应和社会效应。

（三）构建多种类、累进制的完备资本税收体系

完备的资本税收体系可以有效规范资本集中和扩张的速度，并对资本流动起到一定的引导作用。结合我国现阶段发展实际，房产税、遗产税、赠与税等税种是我国资本税收的主要选择，针对平台数据的使用和权益问题，应研究开征"数据税"。

第一，在现有试点基础上加快推广房产税。房产是我国居民的主要财产形式之一。要全面总结上海和重庆两地的试点经验，尽快研究和出台全国层面的推广方案。在房产税推广前期阶段，可以安排从量和从价两种征收方式，供居民自由选择税额相对更低的方式以便更好地推广，并在税制设计上进行

超额累进安排。对从量征收,可针对家庭前两套房屋免税,第三套房及以上按照房屋价值及累进税率征收。对从价征收,即根据房屋总价值征税,在给予每个家庭一定免征额的基础上,对超过部分实行超额累进税。此外,房产税征收应充分考虑国情、因地制宜,特别是从价征收时不同地区房产可实施差别免征额和差别税率,尽可能剔除不同地区房价差异的影响。因此,房产税总体上应坚持累进税率与差别税率相结合的原则。在实施步骤上,可在大城市率先推广,且先期设置较低税率标准,避免产生系统性风险。

第二,在前期准备基础上尽快开征遗产税。遗产税在我国早有讨论和酝酿:早在1950年便将遗产税设为14个税种之一,2004年财政部出台了《中华人民共和国遗产税暂行条例(草案)》,且该条例于2010年进行了修订(简称《新版草案》)。2010年修订的《新版草案》甚至设置了具体的征收起点、各级税率及其计算方法,只是至今仍未施行。因此我国不缺具体的遗产税实施方案,只差一个合适的开征时机。改革开放至今,一批"先富者"积累了巨额财富,构成新时代贫富差距扩大的潜在隐患,若资本节制管控不到位,极有可能引发社会矛盾,现阶段已经是遗产税开征的良机。

第三,尽早研究并适时开征赠与税,加强资产交易管控。赠与发生在行为主体在世期间,赠与税是对遗产税的重要补充,可有效缓解资本无序扩张或资本集中产生的结构性失衡风险。赠与税目前已在绝大部分国家落地生根,但在我国仍处于理论探讨阶段。发达国家实践表明,虽然赠与税难以成为增加国家财政收入的重要手段,但它在调节贫富差距方面具有重要贡献。赠与税实施需要考虑不同的赠与对象和条件,例如对公益或慈善捐赠可以免除赠与税,而对私人赠与则采取类似遗产税的累进税,形成对资产赠与的适当约束。此外,要进一步加强房产、股票债券、古董、艺术藏品、知识产权等各类形式资本的交易管控,特别是对其增值部分予以课征资本利得税,加大违法违规处罚力度,防止房产等个别资本市场过热。

第四,依法明确平台用户而非平台资本对数据要素的所有权,研究开征平台"数据税"。各大平台掌握的用户信息及交易流量等数据本质上归平台用户所有，消费者等平台用户可向平台方让渡数据的使用权。分散的原始信息数据往往不具有经济价值，能够产生经济效应的是由平台掌握的用户数据集合。在现实情况下，单个平台用户难以向数据使用方（平台）索取收益，而"数据税"可以弥补个体私权损失，将数据使用收益转变为公共产品。因此，"数据税"的课税对象是平台方使用并为其自身带来经济价值的数据。在保护公民隐私、维护数据安全的基础上，可探索以供求关系为基础的大数据交易机制，并针对大数据交易服务设置"数据税"，防范数据垄断，将数据使用收益外溢为公共利益，不至于让用户数据成为平台资本增值的工具。

（四）健全资本扩张的负面清单制度，加大反垄断及惩处力度

针对资本扩张边界模糊导致反垄断治理及处罚难、流量劫持、限制竞争识别困难等问题，需要从建立健全资本扩张的负面清单制度和完善《中华人民共和国反垄断法》《禁止网络不正当竞争行为规定》等方面入手。首先，对资本扩张的边界和路径要有更清晰的制度规范。一是对涉及国计民生的重大领域应设计合理的负面清单，保证私人资本无力裹挟国家经济。特别是对掌握平台数据优势的企业，应审慎提高有关行业的准入标准，防止拥有海量用户数据的互联网私人企业掌控国民经济命脉。同时依法保护各类资本要素产权，对负面清单之外的领域，保障各类资本平等参与、平等发展的权利，充分发挥资本作为生产要素的积极作用。二是加强对重点行业、重点企业的监控管理。要及时捕捉有关企业的非正常动态并严加监管，防范数据垄断，有效管控资本违规行为。其次，进一步完善《中华人民共和国反垄断法》《禁止网络不正当竞争行为规定》，加大垄断行为惩处力度。要细化有关"排除、限制市场竞争"的制度安排及条款规定，培养熟悉经济学、法学等多学科专业背景的综合性高素质人才，强化不正当竞争行为识别的制度基础和人才基础。遵循依法从严处置原则，减少"避重就轻、从低不从高"的反垄断惩罚，保证制度反垄断的长

久效力和警示效用。

(五)多渠道完善规范资本行为的配套服务

新时代中国规范资本行为还有赖于相关配套服务的完善。针对前述问题,具体完善以下几方面:一是不断健全公民财产申报和登记制度。利用现代互联网、大数据、云计算技术建立全民财产信息数据库,涵盖房产、汽车、金融资产等各类形式财产,并逐步推进对古董字画、无形资产等特别财产的信息登记,加强财产交易、转移的实时监控,提高监管效率、节省征管成本。同时,适当引入市场化管理办法,大力发展一批专业的价值评估机构,推动财产的评估及申报等工作,并参照现行的公务员财产申报制度对拒绝申报、虚假申报等行为采取惩戒措施,确保信息准确性、可靠性与完整性。二是建立完备的税收保全制度。引入大数据查税技术手段,重点打击电商直播等互联网资本领域的偷漏税行为,推动平台资本新兴领域的税收法治化、规范化。三是建立完备的现金管理制度,让现金交易有迹可循,同时加快推广数字人民币,对一定额度以上的现金流动加强监管,利用大数据等技术手段及时预警,防止税源流失。四是加强不同部门之间的资本管制和反垄断协作,以推进数据共享、互联网监管为重点,完善各部门对传统资本税、"数据税"征管及平台反垄断的合作与衔接机制。

第八章　共同富裕中的政府作用：
公共支出的群体利益归宿

再分配是政府作用于共同富裕的关键环节，其最直接形式就是公共收支。因此，研究以公共支出形式实现利益转移的再分配，对分析政府行为对共同富裕的影响具有重要意义。[①] 传统上评价公共支出绩效的成本—效益分析没有考虑分配权数，无法探讨公共支出配置对不同收入群体的影响。公共支出的利益归宿分析是一种用于评估政府公共支出在不同利益集团、不同家庭等群体或个人中福利分布的工具，它考察的正是公共支出的收入再分配效应，有助于更好地理解政府在共同富裕中的作用。

第一节　政府通过公共收支再
分配实现"富裕共享"

扎实推进共同富裕，需要政府介入和补位。公共财政理论表明，分配不平等与财税体制改革密切相关，不平等问题的缓解在很大程度上依赖于政府的税收和支出政策，其中税收收入是公共支出的前提。公共支出结构对长期经

[①] 张磊、刘长庚：《我国公共支出的群体利益归宿研究——基于马克思主义社会阶级结构的视角》，《财经科学》2021 年第 2 期。

济增长和家庭效用具有重要影响。① 我国共同富裕的实践历程说明,优化公共支出也意味着政府职能和再分配重点的调整。再分配是政府促进共同富裕的关键环节,公共支出以利益转移形式产生再分配效果。

政府职能使其公共支出具有再分配性质。在社会主义市场经济中,政府承担着计划统筹、公共服务、宏观调控、微观管制、国有资产监管等重要经济职能,但在不同历史阶段下由于政府与市场地位、作用和相互关系的不同,政府职能重点及运作方式会有所差别。② 其中公共服务的再分配性质比较好理解,政府为全体居民提供基本的非营利性产品和服务,如国防、公共医疗和教育、环境保护、基础设施建设等,这是一种显而易见的再分配。实际上,宏观调控、微观管制、国有资产监管等职能也存在一定的利益转移,例如外贸企业出口退税、国有企业亏损补贴等都将相应的利益归宿到特定的企业及员工群体,这是一种相对隐蔽的再分配。此外,不少研究认为政府公共支出具有资源配置、收入分配、稳定经济的作用;同理,除了直接的收入分配功能外,公共支出在配置资源、稳定经济的同时,也会存在隐形的利益转移。总的来看,由于公共支出是政府行为,政府职能的履行不可避免地会形成一定的利益转移效应,从而影响共同富裕进程。

理论上,公共支出的转移利益大致可以划分为以下四类:(1)私人物品和利益:直接给个人或地方,但允许任何个人或地方有平等机会获取的利益,例如给政府雇员、学校教师的薪水等;(2)所有人平等获取的公共物品和利益:它来自全国性的、使整个社会福利不断增加的公共服务的供应,例如国防、公检法司、消防、教育、医院、公路、街道照明等;(3)特定群体或地区获取的公共物品和利益:直接给受保障的特定个人、群体或地区,例如社会保障支出、福利项目、产业税收补贴、出口退税等;(4)地理利益:不同于前面三种利益范畴,

---

① 黄少安、陈言、李睿:《福利刚性、公共支出结构与福利陷阱》,《中国社会科学》2018年第1期。

② 卫兴华、张宇:《社会主义经济理论》,高等教育出版社2007年版,第104页。

它给既定地理区域的所有人，且不在个体之间作有意区分，例如城市更新改造、市民公园、给排水设施等。在实际界定和具体测算中，需要根据政府支出的统计口径进一步灵活调整和处理。

长期以来，政府调整和优化公共支出的一个关键考量就是其利益归宿。集中力量办大事，是中国特色社会主义的重要制度优势和独特优越性。正是由于公共支出具有较强的再分配效应，因此我们不仅需要关注政府对财政税收资源的集中汲取和支配控制能力，更要注重分析公共支出背后的结构性利益归宿（即公共支出使哪些人获益以及分别获益多少），进而更好地理解政府在促进共同富裕过程中的作用。

第二节　公共支出的范围界定及规模估算

明确公共支出的具体内涵及覆盖范围，并估算出中国的公共支出规模，是测算公共支出利益归宿的基础。然而，现有研究对公共支出并没有统一的理解。本部分首先在概括几种代表性观点的基础上，根据其各自的侧重点，选择适合共同富裕研究视角的公共支出内涵，再结合支出项目范围估算中国公共支出规模。

一、公共支出的内涵和范围界定

关于公共支出的内涵，主要有三个角度的理解：一是公共产品需要视角的理解，认为公共支出就是满足社会公共产品需要而产生的支出。斯密（1972）关于国家及其职能、财政和税收理论的分析就是典型观点。他认为国家职能主要是三项：保护社会，使其不受其他独立社会的侵犯；保护社会上每个人，使其不受任何其他人的侵害或压迫；建设并维持某些公益事业及公共设施。相应地，公共支出包括国防军备费用、司法行政支出、便利社会商业的（如交通基础设施、防御工事和驻外使馆工程等）和促进教育的（如青年教育设施等）

公共工程及设施支出。这是理论上的纯公共支出标准的理解。二是政府财政和政府规模视角的理解,认为公共支出就是政府的财政支出,即市场经济下政府为实现其职能、取得所需物品和劳务而进行的财政资金的支付。① 从这个角度看,公共支出是政府履行职能的行为成本。不少实证分析中测度政府规模就是采用这一测度指标。三是公共部门视角的理解,认为公共支出是通过公共部门预算提供物品和服务的成本,即在公共部门账户上反映出来的支出总额,这是相对狭义的公共支出。一些学者把由政府颁布法律和规章所引起的私人部门支出也看作是公共支出。例如,政府规定宾馆必须安装消防设施,会增加宾馆所有者的货币支出,广义上这也可以看作公共支出,因为这是由公共部门决策所引致的。若加上引致的私人部门支出部分,则是相对广义的公共支出。② 根据公共部门视角的理解,公共支出重点反映了政府控制或参与经济的程度。

因此,上述三种理解的侧重点各有不同。中国经济增长变迁的客观现实表明,改革开放以来不同利益集团的博弈格局发生深刻变化,在不同历史阶段政府的职能范围和侧重点也有所不同,并且对经济的控制或参与程度都比较深,社会主义市场经济发展始终未能脱离"有为政府"的积极作用。党和政府围绕社会主义经济建设这个总任务开展相关工作,政府与市场的辩证统一关系贯穿于中国共同富裕实践的全过程。据此,本书选择第三种理解,根据政府控制或参与经济的程度来界定公共支出的范围。

公共支出的范围决定于政府职能的范围。在信息和能力有限的条件下,要对大量的公共支出进行分析,选择明确而适当的总量层次非常重要。③ 根据中国的实际情况和支出特点,公共支出除涵盖通常所称的财政支出外,还应

---

① 冯秀华:《公共支出》,中国财政经济出版社 2000 年版,第 82 页。

② 方福前:《公共选择理论——政治的经济学》,中国人民大学出版社 2000 年版,第 92 页。

③ [印]桑贾伊·普拉丹:《公共支出分析的基本方法》,蒋洪译,中国财政经济出版社 2000 年版,第 56 页。

包括企业亏损补贴、外贸企业出口退税、预算外资金支出、国有和私人部门的不良债务、国家对国有银行贷款风险担保和对私人部门的保险担保以及引致的私人部门支出等。[①] 其中,国有和私人部门的不良债务、国家对国有银行贷款风险担保和对私人部门的保险担保都是随机的,理论上可能发生也可能不发生,某个时期可能多也可能少,可能是显性地由法律或契约认同的政府负债,也可能是隐性地反映公众期望而由政府承担的道义责任,属于政府的"或然负债"。[②] 基于上述分析,公共支出的范围可以由以下公式界定:

$$公共支出 = 财政支出 + 企业亏损补贴 + 外贸企业出口退税 + 预算外资金支出$$
$$+ 不良债务 + 对国有银行贷款和私人部门的风险担保$$
$$+ 引致的私人部门支出 \qquad (8.1)$$

在我国财政预决算中,企业亏损补贴和外贸企业出口退税都列在财政收入项,作为负方冲减收入处理,而实际上二者都属于财政支出项,应作为支出处理。预算外资金支出则是政府各部门自主决定、支配和安排的支出资源。[③]

式(8.1)是广义的公共支出范围。实际上,公共部门决策引致的私人部门支出几乎无法统计,因此我们采用狭义的公共支出范围进行估算。进一步地,由于受到或然负债数据可得性的限制,具体估计时也不包括国有和私人部门的不良债务、国家对国有银行贷款风险担保和对私人部门的保险担保。本书的公共支出规模估计采用以下口径:

$$公共支出 = 财政支出 + 企业亏损补贴 + 外贸企业出口退税$$
$$+ 预算外资金支出 \qquad (8.2)$$

式(8.2)计算口径得到曹景林(2006)等研究的支持。总的来看,这一口径充分考虑了我国共同富裕实践中政府以公共支出管理形式参与经济管理、

[①] 曹景林:《中国政府在收入分配中的作用:1978—2001 年》,见蔡昉、万广华主编:《中国转型时期收入差距与贫困》,社会科学文献出版社 2006 年版,第 96—112 页。

[②] 平新乔:《道德风险与政府的或然负债》,《财贸经济》2000 年第 11 期。

[③] 从 2011 年开始,除教育收费纳入财政专户管理外,我国其他预算外资金全部纳入预算管理。参见《财政部关于将按预算外资金管理的收入纳入预算管理的通知》要求。

实现利益转移的基本情况,同时又立足于相关统计资料可得性受限的客观现实,其计算具有一定的科学性和可行性。

二、中国公共支出的规模估算

在清晰界定公共支出范围的基础上,可以对其规模进行估算。根据中国公共支出的实际情况以及《中国财政 50 年》和历年《中国财政年鉴》《中国统计年鉴》等统计资料,对我国公共支出的具体项目作几点说明。

第一,财政支出。财政支出指国家为满足经济建设和各项事业需要而将筹集起来的财政资金进行分配使用。根据政府在经济和社会活动中的不同职权,可分为中央和地方财政支出。由于 2007 年财政收支科目实施较大改革,因此与之前年份相比,2007 年开始财政支出项目口径发生较大变化。① 从这一年开始,财政支出采用新的分类项目,包括一般公共服务、外交、国防、公共安全、教育、科学技术、文化体育与传媒、社会保障和就业、医疗卫生、环境保护、城乡社区事务、农林水事务、交通运输、资源勘探电力信息等事务、商业服务等事务、金融监管支出、国土气象等事务、住房保障支出、粮油物资储备管理等事务、国债付息支出等方面的支出,个别年份列示地震灾后恢复重建、债务发行费等支出。

第二,企业亏损补贴。企业亏损补贴指国家为了让企业生产和经营一些社会需要,但这些企业由于某些因素在生产经营产品过程中出现亏损,而由国家向这些企业拨付一定的财政补贴。值得强调的是,这些补贴受益企业主要是国有企业。从统计口径来看,我国企业亏损补贴具体包括按规定从预算收入中退库拨补的工业企业、农林水产气象企业、交通企业、邮电企业、商业企

---

① 2006 年及之前,财政支出项目主要包括国内基本建设、增拨企业流动资金、企业挖潜改造和科技三项、地质勘探、工交商业部门事业、支援农村生产和各项农业事业、城市维护建设、文教科学卫生事业、抚恤和社会福利救济、社会保障补助、国防、行政管理、外交外事、对外援助、支援不发达地区、政策性补贴等方面的支出。部分年份还有其他多种项目。

业、粮食企业、文教卫生企业、外贸企业及其他企业的亏损补贴。然而，出于某些考虑，从 2010 年开始相关部门及统计资料都不再公布企业亏损补贴。

第三，外贸企业出口退税。我国从 1985 年开始实行出口退税制度①，并多次对出口退税政策特别是出口退税率进行适时调整。基于现有公开资料，对我国外贸企业出口退税额度的统计暂时只能追溯至 1994 年。

第四，预算外资金支出。在不同阶段，其支出功能分类和统计口径稍有区别。1982—1995 年预算外资金支出分为固定资产投资、城市维护支出、行政事业支出、其他支出等 4 个科目。1996—2006 年预算外资金支出范围有所调整，分为基本建设支出、专项支出②、行政事业费支出、城市维护费支出③、乡镇自筹统筹支出、其他支出等 6 个科目，且与以前各年不可比；1997 年起预算外资金支出不包括纳入预算内管理的政府性基金（收费）；2004 年起预算外资金支出为财政预算外专户支出。从 2007 年开始，预算外资金又按新的支出功能分类科目反映，调整为一般公共服务资金支出、教育资金支出、社会保障和就业资金支出、交通运输资金支出、城乡社区事务资金支出、其他资金支出 6个科目。自 2011 年开始，除教育收费纳入财政专户管理外，我国其他预算外资金全部纳入预算管理，这意味着预算外资金支出成为历史，财政管理迈入全面综合预算管理的新阶段。

改革开放以来，我国公共支出规模及相关指标估算结果如表 8.1 和图8.1 所示。可以发现，我国公共支出规模要远大于一般的财政支出规模。改革开放以来，我国公共支出保持较高的增长率。将 20 世纪 90 年代之前企业亏损补贴、外贸出口退税等数据缺失的情况考虑在内，我国公共支出占 GDP

---

① 1985 年 3 月，国务院同意财政部《关于对进出口产品征、退产品税或增值税的报告》和《关于对进出口产品征、退产品税或增值税的规定》，规定从 1985 年 4 月 1 日起实行对进口产品征税、对出口产品退税的管理办法，由此形成我国出口退税制度的第一个带有基本法性质的文件。因此，一般认为我国从 1985 年开始实施出口退税制度。

② 1999 年开始不再出现此科目。

③ 1996—1998 年和 2005—2006 年均未出现此科目。

的比重大致呈"U"型变化,且在 1994 年分税制改革前后达到谷底。

表 8.1 **1978—2017 年中国公共支出规模及相关指标估计**

(单位:亿元;%)

年份	财政支出	企业亏损补贴	外贸企业出口退税	预算外资金支出	公共支出合计	公共支出占GDP比重	公共支出增长率	公共支出弹性
1978	1110.95	—	—	—	1110.95	30.20	—	—
1979	1273.94	—	—	—	1273.94	31.07	14.67	1.280
1980	1212.73	—	—	—	1212.73	26.43	-4.80	—
1981	1114.97	—	—	—	1114.97	22.59	-8.06	—
1982	1153.31	—	—	734.53	1887.84	35.13	69.32	7.819
1983	1292.45	—	—	875.81	2168.26	36.01	14.85	1.233
1984	1546.40	—	—	1114.74	2661.14	36.56	22.73	1.088
1985	1844.78	507.02	—	1375.03	3726.83	40.96	40.05	1.601
1986	2330.81	324.78	—	1578.37	4233.96	40.80	13.61	0.969
1987	2448.49	376.43	—	1840.75	4665.67	38.32	10.20	0.588
1988	2706.57	446.46	—	2145.27	5298.30	34.90	13.56	0.549
1989	3040.20	598.88	—	2503.10	6142.18	35.75	15.93	1.209
1990	3452.20	578.88	—	2707.06	6738.14	35.70	9.70	0.984
1991	3813.55	510.24	—	3092.26	7416.05	33.70	10.06	0.606
1992	3951.11	444.96	265.87	3649.90	8311.84	30.56	12.08	0.512
1993	4951.20	411.29	299.65	1314.30	6976.44	19.56	-16.07	—
1994	5729.62	366.22	450.10	1710.39	8256.33	16.98	18.35	0.505
1995	6823.72	327.77	549.84	2331.26	10032.59	16.36	21.51	0.824
1996	7937.55	337.40	827.68	3838.32	12940.95	18.02	28.99	1.698
1997	9233.56	368.49	555.00	2685.54	12842.59	16.11	-0.76	—
1998	10798.18	333.49	436.24	2918.31	14486.22	17.00	12.80	1.862
1999	13187.67	290.03	626.69	3139.14	17243.53	19.04	19.03	3.020
2000	15886.50	278.78	1050.00	3529.01	20744.29	20.69	20.30	1.892
2001	18902.58	300.04	1080.00	3850.00	24132.62	21.77	16.33	1.548
2002	22053.15	259.60	1150.00	3831.00	27293.75	22.42	13.10	1.338
2003	24649.95	226.38	1988.59	4156.36	31021.28	22.57	13.66	1.058

续表

年份	财政支出	企业亏损补贴	外贸企业出口退税	预算外资金支出	公共支出合计	公共支出占GDP比重	公共支出增长率	公共支出弹性
2004	28486.89	217.93	3484.08	4351.73	36540.63	22.58	17.79	1.001
2005	33930.28	193.26	4048.94	5242.48	43414.96	23.18	18.81	1.195
2006	40422.73	180.22	4877.15	5866.95	51347.05	23.40	18.27	1.066
2007	49781.35	277.54	5635.00	6112.42	61806.31	22.87	20.37	0.880
2008	62592.66	157.17	5865.93	6346.36	74962.12	23.46	21.29	1.167
2009	76299.93	148.32	6486.61	6228.29	89163.15	25.54	18.94	2.047
2010	89874.16	—	7327.31	5754.69	102956.16	24.93	15.47	0.844
2011	109247.08	—	9204.75	—	118451.83	24.21	15.05	0.815
2012	125952.97	—	10428.89	—	136381.86	25.24	15.14	1.450
2013	140212.10	—	10518.85	—	150730.95	25.32	10.52	1.036
2014	151785.56	—	11356.46	—	163142.02	25.33	8.23	1.006
2015	175877.77	—	12867.19	—	188744.96	27.39	15.69	2.242
2016	187755.21	—	12154.48	—	199909.69	26.88	5.92	0.748
2017	203085.49	—	13870.37	—	216955.86	26.23	8.53	0.759

注:2010年起未公布企业亏损补贴;2011年起预算外资金纳入预算管理。公共支出弹性为公共支出增长率与GDP增长率的比值,该项负值用"—"表示。

资料来源:根据《中国财政50年》和历年《中国财政年鉴》《中国统计年鉴》计算整理。

（单位：%）

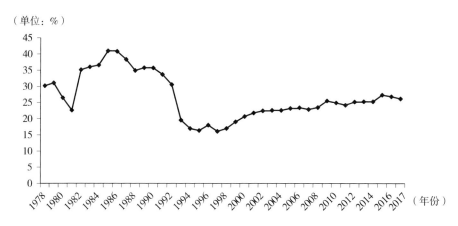

图 8.1　1978—2017 年中国公共支出占 GDP 比重变化

资料来源:根据计算结果绘制。

第三节　受益群体的划分及群体规模估计

公共支出受益归宿的划分标准较为多样,其中基于人口群体的划分具有更为丰富的政策含义。本部分基于马克思主义社会阶级结构和西方社会分层理论,对我国人口进行就业或职业群体划分,并估计其规模及占比变化。

一、利益归宿群体划分的选择:就业或职业群体

利益归宿群体可以根据地区、城乡、收入、职业等方面的差异进行划分。现有的公共支出利益归宿研究主要是基于地区和城乡标准进行群体划分[1],这是因为地区或城乡的界线划分较为清晰、利益归宿测算较为简便。此外,刘穷志(2007、2008)[2]研究了公共支出在贫困人口、富裕人口之间的利益分配,但实际上也是以发达和不发达省份人口来指代富裕和贫困群体,仍是地区归宿分析。汪崇金和许建标(2012)[3]以不同收入家庭为划分标准研究利益归宿,但只是公共教育支出的短时期分析。与职业群体标准较接近的是曾军平(2013)[4]的研究,他将行政支出的受益群体分为公职人员和社会公众两类,发现行政支出归属于人口比重较小的公职人员的特殊利益高达40%,而人口比重较大的社会公众享受的普遍

---

① 曲创、许真臻:《我国公共教育支出受益归宿的地区分布研究》,《山东大学学报(哲学社会科学版)》2009年第6期;王杰茹、岳军:《政府高等教育支出受益的地区差异分析——基于泰尔指数分解效应》,《当代财经》2017年第8期。

② 刘穷志:《公共支出归宿:中国政府公共服务落实到贫困人口手中了吗?》,《管理世界》2007年第4期;刘穷志:《促进经济增长与社会公平的公共支出归宿机制研究——兼论中国公共支出均等化的政策选择》,《经济评论》2008年第5期。

③ 汪崇金、许建标:《我国公共教育支出受益,孰多孰寡?——基于"服务成本方法"的受益归宿分析》,《财经研究》2012年第2期。

④ 曾军平:《普遍利益、特殊利益与行政支出的利益归宿》,《财经研究》2013年第8期。

利益仅为 60%；曹景林（2006）也以不同职业群体为归宿分析公共支出利益分配，但在时间范围上结束于 2001 年。总的来看，基于不同职业群体的公共支出利益归宿研究仍较为少见，且缺乏长时间、延伸至近年的跟踪分析。

实际上，基于不同职业群体的公共支出利益归宿分析更有意义，它能够区分出公共支出的利益到底在哪些职业群体之间分配，各个职业群体分别受益多少，而不是相对笼统地测算各个地区的获益份额。因此，本书选择就业或职业标准进行群体划分。

本书将不同群体作以下划分：首先，将总人口分为农村人口和城镇人口。其次，农村人口划分为乡镇企业和私营个体就业、农户就业、非就业三大群体类型；城镇人口划分为工人（含服务从业人员）、知识分子、干部和非就业人员四个群体类型。具体地：（1）农村人口指农村常住人口[①]，包括具备自我供养能力的就业者和没有自我供养能力的非就业者。其中，农村就业人员指 16 周岁及以上实际参加生产经营活动并取得实物或货币收入的人员。根据就业单位性质，农村就业者可进一步划分为"乡镇企业、私营企业和个体从业人员"以及"农户"两类。加上农村非就业人员，农村人口共分为三类群体。（2）城镇常住人口的四类群体的具体范围包括：第一，知识分子指文教、科技、卫生等需具备较高学历部门的城镇从业者。根据国民经济行业分类标准的分行业从业人员数计算：以教育、文化艺术和广播电影电视业，科学研究和综合技术服务业，卫生体育和社会福利事业的就业人口表示知识分子人数；由于国民经济行业分类标准变化，2003 年开始数据口径微调为教育，文化、体育和娱乐业，科学研究和技术服务业，卫生和社会工作。第二，干部指国家机关、党政机关和社会团体的城镇从业人员。同样根据国民经济行业分类标准的分行业从业人员数计算。2003 年开始该类项微调为公共管理、社会保障和社会组织，具

---

① 1978—1981 年城乡人口数据按户籍划分，之后年份均按常住人口计算。

体涵盖中国共产党机关,国家机构,人民政协、民主党派,群众团体、社会团体和其他成员组织,基层群众自治组织。第三,工人(含服务从业人员)指除知识分子、干部之外的其他城镇就业人员(含现役军人),具体计算方式为城镇就业人口与知识分子、干部对应行业从业人数之差。第四,城镇非就业人员主要包括没有工作收入或需政府补贴的城镇人口,如失业人员、离退休人员、老人、儿童及各学习阶段的学生等,具体计算方式为城镇(常住)人口与城镇就业人口之差。

本书的不同职业群体划分与曹景林(2006)的主要区别是,后者包括农民、工人、干部、知识分子、个体私营业主和其他共六类群体[1],且其干部统计口径为官员和国企经理。由于曹景林(2006)没有明确其不同职业群体规模测度的数据来源,故无法判断其划分的合理性及其规模测算的难易性,而本书的划分满足互斥性和穷尽性,且根据公开数据完全可以实现不同职业群体规模的测算。

二、中国不同职业群体规模估计

根据上述划分口径和计算方式,可以对改革开放以来我国不同职业群体规模及人口比重进行大致估计。

根据《中国劳动工资统计资料:1978—1987》《新中国60年统计资料汇编》和历年《中国统计年鉴》《中国人口和就业统计年鉴》的相关数据资料,不同职业群体的绝对规模和相对占比的估算结果分别如表8.2和表8.3所示。

---

① 该文没有交代其数据来源。根据城镇就业者的所有制类型,可以找到城镇个体私营从业人员(非业主)数据;根据本书划分口径,若再将其纳入单独作为一类群体,则与一般工人(含服务从业人员)存在重叠。

表 8.2　1978—2017 年中国不同职业群体规模估计

（单位:万人）

年份	总人口	农村常住人口						城镇常住人口			
		农村就业				农户	农村非就业	城镇就业			城镇非就业
		乡镇企业	乡镇私营	乡村个体	三项小计			工人	知识分子	干部	
1978	96259	2827	—	—	2827	27811	48376	7499	1548	467	7731
1979	97542	—	—	—	—	31025	48022	7877	1617	505	8496
1980	98705	3000	—	—	3000	28836	47729	8349	1649	527	8615
1981	100072	—	—	—	—	32672	47229	8900	1597	556	9118
1982	101654	—	—	—	—	33867	46307	9158	1659	611	10052
1983	103008	—	—	—	—	34690	46044	9401	1699	646	10528
1984	104357	—	—	—	—	35968	44372	9710	1776	743	11788
1985	105851	6979	—	—	6979	30086	43692	10125	1884	799	12286
1986	107507	—	—	—	—	37990	43151	10461	1958	873	13074
1987	109300	8805	—	—	8805	30195	42626	10829	2029	925	13891
1988	111026	9545	—	—	9545	30522	42298	11224	2072	971	14394
1989	112704	9367	—	—	9367	31572	42225	11259	2109	1022	15150
1990	114333	9265	113	1491	10869	36839	36430	13796	2166	1079	13154
1991	115823	9609	116	1616	11341	36685	36594	14100	2229	1136	13738
1992	117171	10625	134	1728	12487	35804	36705	14445	2268	1148	14314
1993	118517	12345	187	2010	14542	34004	36798	15433	1799	1030	14911
1994	119850	12017	316	2551	14884	33918	36879	15572	2048	1033	15516
1995	121121	12862	471	3054	16387	32638	36922	15896	2102	1042	16134
1996	122389	13508	551	3308	17367	31661	36057	16675	2154	1093	17382
1997	123626	9158	600	3522	13280	35759	35138	17474	2214	1093	18668
1998	124761	12537	737	3855	17129	31892	34132	18290	2229	1097	19992

续表

年份	总人口	农村常住人口						城镇常住人口			
		农村就业					农村非就业	城镇就业			城镇非就业
		乡镇私营个体				农户		工人	知识分子	干部	
		乡镇企业	乡村私营	乡村个体	三项小计						
1999	125786	12704	969	3827	17500	31482	33056	19087	2223	1102	21336
2000	126743	12820	1139	2934	16893	32041	31903	19820	2227	1104	22755
2001	127627	13086	1187	2629	16902	32183	30478	20613	2226	1101	24124
2002	128453	13288	1411	2474	17173	31787	29281	21484	2221	1075	25432
2003	129227	13573	1754	2260	17587	31206	28058	22190	2278	1171	26737
2004	129988	13866	2024	2066	17956	30768	26981	22970	2307	1199	27807
2005	130756	14272	2366	2123	18761	29733	26050	23748	2342	1241	28881
2006	131448	14680	2632	2147	19459	28631	25070	24657	2388	1266	29978
2007	132129	15090	2672	2187	19949	27691	23856	25627	2432	1291	31283
2008	132802	15451	2780	2167	20398	23063	26938	28287	2481	1335	30300
2009	133450	15588	3063	2341	20992	21514	26432	29380	2548	1394	31190
2010	134091	15893	3347	2540	21780	19638	25695	30621	2638	1429	32291
2011	134735	—	3442	2718	6160	34346	25150	31716	2730	1468	33165
2012	135404	—	3739	2986	6725	32877	24620	32719	2841	1542	34080
2013	136072	—	4279	3193	7472	31265	24224	33681	2992	1567	34871
2014	136782	—	4533	3575	8108	29835	23923	34620	3091	1599	35606
2015	137462	—	5215	3882	9097	27944	23305	35634	3138	1638	36706
2016	138271	—	5914	4235	10149	26026	22798	36589	3167	1673	37870
2017	139008	—	6554	4878	11432	23746	22483	37535	3201	1726	38885

注:一表示数据缺失,该项数据实际转计入农户。
资料来源:根据《中国劳动工资统计资料:1978—1987》《新中国60年统计资料汇编》和历年《中国统计年鉴》《中国人口和就业统计年鉴》计算整理。

表 8.3　1978—2017 年中国不同职业群体人口比重　　（单位:%）

年份	农村				城镇			
	总计	乡镇私营个体就业	农户就业	农村非就业	工人	知识分子	干部	城镇非就业
1978	82.08	2.94	28.89	50.26	7.79	1.61	0.49	8.03
1979	81.04	—	31.81	49.23	8.08	1.66	0.52	8.71
1980	80.61	3.04	29.21	48.36	8.46	1.67	0.53	8.73
1981	79.84	—	32.65	47.20	8.89	1.60	0.56	9.11
1982	78.87	—	33.32	45.55	9.01	1.63	0.60	9.89
1983	78.38	—	33.68	44.70	9.13	1.65	0.63	10.22
1984	76.99	—	34.47	42.52	9.30	1.70	0.71	11.30
1985	76.29	6.59	28.42	41.28	9.57	1.78	0.75	11.61
1986	75.48	—	35.34	40.14	9.73	1.82	0.81	12.16
1987	74.68	8.06	27.63	39.00	9.91	1.86	0.85	12.71
1988	74.19	8.60	27.49	38.10	10.11	1.87	0.87	12.96
1989	73.79	8.31	28.01	37.47	9.99	1.87	0.91	13.44
1990	73.59	9.51	32.22	31.86	12.07	1.89	0.94	11.50
1991	73.06	9.79	31.67	31.59	12.17	1.92	0.98	11.86
1992	72.54	10.66	30.56	31.33	12.33	1.94	0.98	12.22
1993	72.01	12.27	28.69	31.05	13.02	1.52	0.87	12.58
1994	71.49	12.42	28.30	30.77	12.99	1.71	0.86	12.95
1995	70.96	13.53	26.95	30.48	13.12	1.74	0.86	13.32
1996	69.52	14.19	25.87	29.46	13.62	1.76	0.89	14.20
1997	68.09	10.74	28.93	28.42	14.13	1.79	0.88	15.10
1998	66.65	13.73	25.56	27.36	14.66	1.79	0.88	16.02
1999	65.22	13.91	25.03	26.28	15.17	1.77	0.88	16.96
2000	63.78	13.33	25.28	25.17	15.64	1.76	0.87	17.95
2001	62.34	13.24	25.22	23.88	16.15	1.74	0.86	18.90
2002	60.91	13.37	24.75	22.80	16.73	1.73	0.84	19.80
2003	59.47	13.61	24.15	21.71	17.17	1.76	0.91	20.69
2004	58.24	13.81	23.67	20.76	17.67	1.77	0.92	21.39
2005	57.01	14.35	22.74	19.92	18.16	1.79	0.95	22.09

续表

年份	农村				城镇			
	总计	乡镇私营个体就业	农户就业	农村非就业	工人	知识分子	干部	城镇非就业
2006	55.66	14.80	21.78	19.07	18.76	1.82	0.96	22.81
2007	54.11	15.10	20.96	18.06	19.40	1.84	0.98	23.68
2008	53.01	15.36	17.37	20.28	21.30	1.87	1.01	22.82
2009	51.66	15.73	16.12	19.81	22.02	1.91	1.04	23.37
2010	50.05	16.24	14.65	19.16	22.84	1.97	1.07	24.08
2011	48.73	(4.57)	(25.49)	18.67	23.54	2.03	1.09	24.61
2012	47.43	(4.97)	(24.28)	18.18	24.16	2.10	1.14	25.17
2013	46.27	(5.49)	(22.98)	17.80	24.75	2.20	1.15	25.63
2014	45.23	(5.93)	(21.81)	17.49	25.31	2.26	1.17	26.03
2015	43.90	(6.62)	(20.33)	16.95	25.92	2.28	1.19	26.70
2016	42.65	(7.34)	(18.82)	16.49	26.46	2.29	1.21	27.39
2017	41.48	(8.22)	(17.08)	16.17	27.00	2.30	1.24	27.97

注:加( )表示2011年起农村乡镇企业就业数据缺失,这部分人口转计至农户就业。
资料来源:根据《中国劳动工资统计资料:1978—1987》《新中国60年统计资料汇编》和历年《中国统计年鉴》《中国人口和就业统计年鉴》计算整理。

可以发现,改革开放以来,中国不同职业群体结构发生巨大变化。其良性发展主要体现在农民人数大幅减少,以专业技术和人力资本为导向的中等收入群体规模实现较大幅度提高。表8.3结果显示,考虑2011年开始乡镇企业和私营个体从业者数据缺失、该项就业者转计至农户这一情况,1978年至今,乡镇企业和私营个体就业群体占比从2.94%上升至目前的16%—20%(2010年为16.24%),农户占比从28.89%降至10%—15%(2010年为14.65%);农村非就业群体占比从1978年的50.26%下降至2017年的16.17%。整个农村居民群体占比则从82.08%下降到41.48%。城镇工人群体占比则由7.79%大幅增加至27.00%。

然而,按照市场经济发展和社会主义现代化的要求,我国就业群体结构仍有待优化,一些群体规模该缩小的还没减小,该扩大的还没扩大(吴敬琏,

2018)。根据刘易斯第二拐点,若农业劳动生产率达到城市劳动生产率一半水平时的城镇化率即较合理,那么现阶段我国农业劳动力仅需占到全部人口的 5.61%;假定赡养系数为 2.50①,届时农业可负担 19383 万人生活;农村需转移出的人口加上城镇常住人口,我国合理的城镇化率将达到 86% 左右的水平。② 可见,我国农业劳动者阶层规模仍然过大,中等收入群体规模还较小③。

值得庆幸的是,现阶段我国社会群体结构优化迎来新的重大机遇。一方面,农地"三权"分置改革加快推进,在土地自然条件允许的情况下,以现有农业技术水平完全有能力实现适度规模经营,推动农业现代化,进一步释放农村劳动力;另一方面,在新一轮科技革命和产业革命浪潮中,经济高质量发展对经济结构优化及其人才技能匹配度提升提出了新的要求,人才需求导向更加明确。目前,关键的任务在于,要加快提升包括农业转移劳动力在内的普通劳动者的技能和素质,让劳动者更加适应产业变革中的人才需求导向,推动就业结构优化、就业质量提升,进而实现社会就业结构的持续改善。

一般来说,不同职业群体对收入分配制度改革及相应的制度安排持有不同的态度,在既定的制度框架下各自分享利益的多寡也不一样。接下来将重点分析改革开放以来我国公共支出在不同职业群体之间的利益分配情况。

第四节　中国公共支出的群体利益归宿测算及分析

本部分主要对中国公共支出利益的不同职业群体归宿进行测算和分析。但在具体测算之前,需明确公共支出利益的归并原则和方式,即如何将公共支

---

① 即每个就业者除负担自身外,还可额外负担 1.50 个无其他经济来源、完全依靠就业者供养的人口。
② 刘长庚、张磊:《稳步推进新时代城镇化》,《中国社会科学报》2018 年 3 月 21 日。
③ 陆学艺:《当代中国社会阶层研究报告》,社会科学文献出版社 2002 年版,第 8 页。

出分配至不同职业群体。

一、公共支出利益的归并原则和方式

一般来说,现有文献对公共支出的利益归宿测算主要有以下几种标准或原则:一是效用评价法,即根据每个家庭获得的公共支出的边际效用来评价,将利益归宿分析方法与消费者行为和福利模型结合在一起。[1] 二是偏好观测法,即利用需求价格和边际替代率信息,观测受益者初始状态和接受公共支出利益后的偏好选择变化,衡量出"实际"受益价值。[2] 三是支付意愿估计法,即通过私人支付意愿来衡量不同群体的公共支出利益。四是根据受益者或受益群体本身的相关特征对公共支出进行归并,例如根据受益者(群体)的收入比例、财产比例、人口或家庭比例、职业类型等来分配。前面三种原则存在较大的局限性,例如,效用、偏好和支付意愿等都缺乏真实的表露机制,往往难以获取,即便获得也存在较强的主观武断性,再加上缺乏合适的数据资料,因此这三种方式在实践运用中受到很大限制(普拉丹,2000)。第四种标准较为客观,但按不同职业群体划分的真实收入、财产数据估计存在较大困难,而根据人口或家庭比例进行公共支出利益分配,成为中国一些研究的通常做法(曹景林,2006)。加之公共支出本身就是服务于公众利益的,大多数公共支出科目都具有群体普遍受益性,因此,本书主要根据不同职业群体人口比例分析公共支出的群体利益归宿,个别支出科目直接根据支出额度的特定比例分配。[3]

---

① Aaron,H.,Mcguire,M.,"Public Goods and Income Distribution",*Econometrica*,Vol.38,No.6,1970.

② 郭庆旺、鲁昕、赵志耘:《公共经济学大辞典》,经济科学出版社1999年版,第36页。

③ 例如,一般公共服务支出包括人大、政协、政府办公厅(室)及相关机构的行政运行、一般行政管理事务、专项业务活动等支出。理论上全体居民都受益于一般公共服务,但由于该支出科目包括行政单位职工的"人头费",干部受益不小,不适合直接按各群体人口比例分配(干部人口比例较小),而大致假定干部分配30%、其他群体分配70%。

如前所述,不同职业群体分为农村的乡镇企业及私营个体就业者、农户、非就业者以及城镇的工人、知识分子、干部、非就业者。从公共支出细项来看,不少科目主要是某类或某几类群体受益,而非全体居民获益。那么,各项公共支出科目的分配方式是什么,即各公共支出科目分配给哪些群体?

具体地,各支出科目按以下方式分配给特定的职业群体:(1)财政支出。第一,鉴于以下科目支出的全民受益性或群体不可分割性,按人口比例归并至不同职业群体:2007年之前出现的国防、行政管理费、公检法司、武装警察部队、外交外事、对外援助、其他支出和2007年起出现的外交、国防、公共安全、医疗卫生、城乡社区事务、地震灾后恢复重建、国土资源气象等事务①、援助其他地区、其他支出。第二,国内基本建设②、环境保护(节能环保)、交通运输③、外汇价差补贴、国债付息、债务发行费用等科目支出归并至工人、知识分子、干部等城镇就业群体。这是因为国内基本建设支出由干部支配,所投向的生产性和非生产性领域的受益者主要是工人、知识分子和干部等城镇就业群体;环境保护(节能环保)支出主要由城市工业部门生产所引致,摊派至城市就业群体;外汇、国债等主要为城镇就业群体所购买,因此外汇价差补贴、国债付息、债务发行费用支出归并至城镇就业者。第三,工交商业部门事业费(工业商业金融等事务、商业服务业等事务)、其他(税务等)部门事业费、行政事业单位离退休经费、粮油物资储备管理事务支出归并至干部群体,因为这些事业经费主要是人头费,即干部的工资或福利。第四,2007年之前的科技三项费用、文教科学卫生事业费和2007年开始的科学技术、文化体育与传媒等科

---

① 用于国土资源、海洋、测绘、地震、气象等公益服务事业方面的支出。
② 按资金投向分为生产性支出和非生产性支出。前者包括工业建设、建筑业建设、农林水利气象建设、地区资料勘探建设、运输邮电建设、商业和物资供应建设等支出;后者包括住宅、文教卫生、科学研究和综合技术服务事业,公用、生活服务事业,以及机关、团体等房屋建设的支出。该项为2007年之前科目。
③ 反映政府在公路、水路、铁路、民用航空交通运输和邮政业等方面的支出。

目支出利益归并至知识分子群体。第五,2007 年之前的教育费附加支出①和2007 年开始的教育支出②的受益者为知识分子、城乡非就业群体(学生)。第六,增拨企业流动资金、企业挖潜改造资金、地质勘探费用③(资源勘探电力信息等事务支出)由干部支配,且前二者主要分配给国有企业,这些支出受益者主要是工人、干部群体。第七,城市维护建设费、金融事务、住房保障等支出归并至城镇四类群体。金融事务支出主要为金融部门监管、金融发展、金融调控等支出,住房保障支出是保障性住房、住房改革等方面的支出,它们的主要涉及范围在城市,受益者是城镇居民群体。第八,其他支出科目利益归并。2007年之前有:支援农村生产支出和各项农业事业费归入农户、干部;抚恤和社会福利救济费④归入城镇和农村的非就业者;城市知识青年安置费主要是知青返城后的补助,归入城镇非就业者;社会保障补助支出归入城镇和农村非就业群体、干部;支援不发达地区支出⑤归入农村居民(三类群体)和城镇非就业群体;政策性补贴支出(财政价格补贴)是政府为弥补因价格体制或政策原因造成价格过低给生产经营带来损失而进行的补贴,包括生产资料价格补贴、生活资料价格补贴和进口商品价格补贴等,受益者主要是农户和城镇居民群体。2007 年起有:一般公共服务支出主要包括人大、政协、政府办公厅(室)及相关

---

①　教育附加支出是加快教育事业发展,扩大教育经费来源的教育专项资金,主要用于教育资源布局调整,改善学校办学条件,补充完善学校教育教学设施和师资培训等。

②　它具体包括教育行政管理、学前教育、小学教育、初中教育、普通高中教育、普通高等教育、职业教育、特殊教育、干部继续教育、教育机关服务等支出。

③　在进行石油天然气地质勘探过程中所发生的探矿权使用费、地质调查、物理化学勘探各项支出和非成功探井等支出。

④　包括由民政部门开支的烈士家属和牺牲病残人员家属的一次性、定期抚恤金,革命伤残人员的抚恤金,各种伤残补助费,烈军属、复员退伍军人生活补助费,退伍军人安置费,优抚事业单位经费,烈士纪念建筑物管理、维修费,自然灾害救济事业费和特大自然灾害灾后重建补助费等。

⑤　该科目是专门用于经济不发达的老、少、边、穷地区改变落后面貌,加快经济和社会发展的专项资金。使用范围是改善老、少、边、穷地区农牧业基础设施建设;发展种植业、养殖业;利用当地资源带动地区经济发展,有利于老、少、边、穷地区群众脱贫致富的项目;修建乡村道路、桥梁;发展农村文化教育卫生事业;开展农民实用技术培训;防治地方病等。

机构的行政运行、一般行政管理事务、专项业务活动等支出,大致由于干部人头费占一定比例,按干部30%、其他群体70%分配;社会保障和就业支出①受益者主要是干部、城镇和农村的非就业群体;农林水事务支出包括农业、林业、水利、农业综合开发等支出,受益者为农户。(2)预算外支出。一般公共服务、基本建设、城乡社区事务、专项、其他资金等支出归并至所有社会群体;固定资产投资归为农村就业和城镇就业的五类群体;城市维护支出归为城镇居民四类群体;乡镇自筹、统筹支出归入农村居民三类群体;教育资金支出归为知识分子;社会保障和就业支出归为干部、城镇和农村非就业群体;交通运输支出归为工人、知识分子、干部三类就业群体。(3)企业亏损补贴对象为国有企业,受益者是工人、知识分子、干部群体。(4)出口退税归并到乡镇私营个体从业者、工人、知识分子和干部群体。

二、中国公共支出的群体受益测算及分析

根据上述归并原则和方式,结合公共支出和不同职业群体划分情况,可将中国公共支出的各细项科目分配至农村乡镇企业及私营个体从业者、农户、农村非就业者、工人、知识分子、干部、城镇非就业者七类群体。

不同职业群体的受益总额如表8.4所示。结果显示,从公共支出的群体利益归宿总额来看,在改革伊始,我国公共支出受益总额最大的是工人阶级,其次是知识分子、农户(包括真正的农民)、农村非就业人员,而干部和城镇就业人员受益总额相对较低。在中国改革开放40多年变迁中,随着公共支出规模不断扩大,不同职业群体的受益总额均实现大幅度增长。更为重要的是,公共支出的受益群体发生结构性变化。目前,工人和城镇非就业居民群体分享着

---

① 它具体包括社会保障和就业管理、民政管理、财政对社会保险基金的补助、补充全国社会保障基金、行政事业单位离退休、企业改革补助、就业补助、抚恤、退役安置、社会福利、残疾人事业、城市居民最低生活保障、其他城镇社会救济、农村社会救济、自然灾害生活救助、红十字事务等支出。

公共支出的最大额度,农户和农村非就业者次之,随后是知识分子和干部群体。

表8.4 1978—2017年中国公共支出的不同职业群体利益归宿总额

(单位:亿元)

年份	乡镇私营个体	农户	农村非就业	工人	知识分子	干部	城镇非就业
1978	7.98	161.00	152.81	479.68	233.93	20.52	26.32
1979	—	246.45	186.41	484.33	256.70	24.93	46.57
1980	9.95	247.03	175.53	411.61	265.67	27.33	52.83
1981	—	268.15	158.66	330.60	253.72	28.28	58.12
1982	—	648.85	279.13	453.74	303.20	80.36	103.30
1983	—	725.16	338.38	531.78	347.19	81.12	127.36
1984	—	871.30	403.43	668.55	424.50	94.82	164.41
1985	152.91	900.61	481.57	1209.07	577.78	155.98	207.65
1986	—	1273.03	677.48	1152.73	641.00	169.42	273.05
1987	269.53	1207.82	734.65	1203.98	672.45	204.52	329.64
1988	326.11	1359.70	841.22	1312.06	781.64	248.68	385.90
1989	362.39	1605.39	1010.40	1472.46	880.16	294.76	472.29
1990	435.14	1899.04	977.32	1678.42	933.98	327.21	442.91
1991	510.96	2091.17	1108.44	1730.78	1044.34	373.39	508.91
1992	703.11	2132.16	1065.71	2098.14	1213.63	463.97	574.46
1993	474.47	1264.23	785.47	2123.54	1313.57	436.09	506.63
1994	661.11	1595.72	916.99	2064.12	1666.21	755.83	602.85
1995	896.69	1872.03	1091.41	2466.40	1933.01	960.26	742.94
1996	1194.14	2175.62	1823.71	2818.07	2220.45	1509.80	1122.40
1997	776.30	2314.80	1635.51	2902.80	2465.14	1541.28	1125.57
1998	859.09	2154.46	1590.56	3137.06	2731.38	2658.59	1255.33
1999	1003.64	2258.02	1756.27	4254.07	3181.60	3107.69	1532.61
2000	1213.62	2631.41	1953.80	5419.18	3629.05	3784.50	1928.31
2001	1339.05	2884.37	2266.65	6056.34	4378.90	4713.78	2292.35
2002	1498.89	3220.01	2576.00	6855.47	5093.34	5033.23	2801.91
2003	1998.34	3434.34	2884.84	7700.31	5719.55	5659.91	3386.01
2004	2794.39	4294.41	3218.65	8821.25	6521.69	6514.98	4144.56
2005	3431.60	4891.91	3801.35	10386.91	7750.57	7694.42	5190.38

续表

年份	乡镇私营个体	农户	农村非就业	工人	知识分子	干部	城镇非就业
2006	4200.37	5785.38	4381.23	12122.13	9398.13	8662.94	6507.67
2007	5916.98	8453.15	9712.52	11133.00	6235.24	7376.58	12734.91
2008	6698.57	9542.24	13127.38	13711.01	7129.34	9817.13	14771.54
2009	7616.68	11956.79	14505.64	22200.35	8632.10	5863.13	17903.90
2010	8727.32	13453.89	16309.90	25921.73	9770.70	6421.42	21950.71
2011	3128.82	19876.18	18751.83	33060.02	8980.85	7279.36	26863.49
2012	3774.62	22591.60	21589.85	36992.02	10551.97	8052.23	32255.59
2013	4464.57	24841.03	23269.72	40998.16	11917.62	8768.52	35823.05
2014	5203.09	26166.26	24669.61	45224.64	12755.17	9047.47	39351.04
2015	6490.91	30049.69	27447.50	52590.24	14364.25	10503.24	46452.22
2016	7322.52	31229.91	29000.05	53660.15	15284.19	10562.22	52027.63
2017	9060.58	31803.47	31305.88	58129.43	16694.03	11196.62	57832.38

注:本表分配至各群体后的公共支出加总与表8.1的公共支出合计存在误差,系公共支出归并计算所致。
资料来源:笔者根据前文数据测算。

不同职业群体受益占比则能反映出更多信息。值得说明的是,2007年开始财政支出口径发生变化,在一定程度上影响了这一年份前后利益归宿分析的可比性,故可以此为依据大致分两个阶段来分析。并且,2007年之前的财政支出科目划分较细,而2007年功能性支出科目改革后划分口径更为粗糙,因此前一阶段的利益归宿测算更为准确。

我国公共支出的不同职业群体利益归宿占比测算结果如表8.5和图8.2所示。可以发现,有的职业群体受益占比变化呈现出特定趋势,有的则没有规律性变化。首先,1978—2006年,我国农户获得的公共支出利益占比不断减小,这主要是由于工业化、城镇化加快了农业剩余劳动力转移,农民数量大幅减少。其次,1978—2006年,干部、城镇非就业人员、农村乡镇企业及私营个体从业人员的获益占比实现大幅度提高。最后,其他群体的公共支出受益占比则没有明显的规律性变化。

表 8.5 **1978—2017 年中国公共支出的不同职业群体利益归宿占比**

(单位:%)

年份	乡镇私营个体	农户	农村非就业	工人	知识分子	干部	城镇非就业
1978	0.72	14.49	13.75	43.18	21.06	1.85	2.37
1979	—	19.35	14.63	38.02	20.15	1.96	3.66
1980	0.82	20.37	14.47	33.94	21.91	2.25	4.36
1981	—	24.05	14.23	29.65	22.76	2.54	5.21
1982	—	34.37	14.79	24.04	16.06	4.26	5.47
1983	—	33.44	15.61	24.53	16.01	3.74	5.87
1984	—	32.74	15.16	25.12	15.95	3.56	6.18
1985	4.10	24.17	12.92	32.44	15.50	4.19	5.57
1986	—	30.07	16.00	27.23	15.14	4.00	6.45
1987	5.78	25.89	15.75	25.81	14.41	4.38	7.07
1988	6.16	25.66	15.88	24.76	14.75	4.69	7.28
1989	5.90	26.14	16.45	23.97	14.33	4.80	7.69
1990	6.46	28.18	14.50	24.91	13.86	4.86	6.57
1991	6.89	28.20	14.95	23.34	14.08	5.03	6.86
1992	8.46	25.65	12.82	25.24	14.60	5.58	6.91
1993	6.80	18.12	11.26	30.44	18.83	6.25	7.26
1994	8.01	19.33	11.11	25.00	20.18	9.15	7.30
1995	8.94	18.66	10.88	24.58	19.27	9.57	7.41
1996	9.23	16.81	14.09	21.78	17.16	11.67	8.67
1997	6.04	18.02	12.74	22.60	19.20	12.00	8.76
1998	5.93	14.87	10.98	21.66	18.86	18.35	8.67
1999	5.82	13.09	10.19	24.67	18.45	18.02	8.89
2000	5.85	12.68	9.42	26.12	17.49	18.24	9.30
2001	5.55	11.95	9.39	25.10	18.15	19.53	9.50
2002	5.49	11.80	9.44	25.12	18.66	18.44	10.27
2003	6.44	11.07	9.30	24.82	18.44	18.25	10.92
2004	7.65	11.75	8.81	24.14	17.85	17.83	11.34
2005	7.90	11.27	8.76	23.92	17.85	17.72	11.96
2006	8.18	11.27	8.53	23.61	18.30	16.87	12.67

续表

年份	乡镇私营个体	农户	农村非就业	工人	知识分子	干部	城镇非就业
2007	9.57	13.68	15.71	18.01	10.09	11.94	20.60
2008	8.94	12.73	17.51	18.29	9.51	13.10	19.71
2009	8.54	13.41	16.27	24.90	9.68	6.58	20.08
2010	8.48	13.07	15.84	25.18	9.49	6.24	21.32
2011	2.64	16.78	15.83	27.91	7.58	6.15	22.68
2012	2.77	16.56	15.83	27.12	7.74	5.90	23.65
2013	2.96	16.48	15.44	27.20	7.91	5.82	23.77
2014	3.19	16.04	15.12	27.72	7.82	5.55	24.12
2015	3.44	15.92	14.54	27.86	7.61	5.56	24.61
2016	3.66	15.62	14.51	26.84	7.65	5.28	26.03
2017	4.18	14.66	14.43	26.79	7.69	5.16	26.66

注：由于存在归并误差，每行各项加总不一定等于100%，但均接近100%。

资料来源：笔者根据前文数据测算。

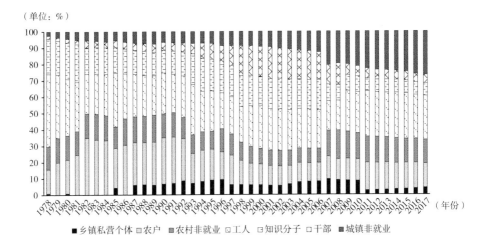

图8.2　1978—2017年中国公共支出的不同职业群体利益归宿占比变化

资料来源：笔者根据测算结果绘制。

此外，2007年之后由于支出划分口径粗糙，单个群体的利益归宿误差较大（但城镇—农村居民大群体之间的利益归宿比较仍具有时间延续性），尤其是干部、知识分子受益占比存在较大程度的低估。例如，一般公共服务支出主要用于保障机关事业单位正常运转，支持各机关单位履行职能，保障各机关部门的项目支出需要等，本书假定干部仅分享一般公共服务支出的 30%，而实际获益比重可能更大；支出科目改革后的教育支出按人口比例归并至知识分子、城乡非就业者（学生），而该项支出中有较大部分为教育单位机构及其工作者所支配、受益，由于知识分子人口比例较小，直接按人口比例分配至知识分子、城乡非就业者，可能人为地降低了知识分子受益权重（即便如此，这两类群体公共支出的人均受益额仍不断提高，见表8.6）。

表8.6 1978—2017 年中国不同职业群体的公共支出人均受益额

（单位：元）

年份	乡镇私营个体	农户	农村非就业	工人	知识分子	干部	城镇非就业
1978	28.24	57.89	31.59	639.66	1511.19	439.42	34.05
1979	—	79.44	38.82	614.86	1587.51	493.64	54.81
1980	33.18	85.67	36.78	493.01	1611.10	518.64	61.32
1981	—	82.07	33.59	371.46	1588.70	508.62	63.74
1982	—	191.59	60.28	495.46	1827.63	1315.16	102.77
1983	—	209.04	73.49	565.66	2043.51	1255.70	120.97
1984	—	242.24	90.92	688.52	2390.19	1276.22	139.47
1985	219.10	299.34	110.22	1194.14	3066.78	1952.22	169.02
1986	—	335.10	157.00	1101.93	3273.73	1940.61	208.85
1987	306.11	400.01	172.35	1111.81	3314.19	2210.98	237.30
1988	341.66	445.48	198.88	1168.97	3772.39	2561.11	268.09
1989	386.88	508.48	239.29	1307.81	4173.35	2884.18	311.74
1990	400.35	515.50	268.27	1216.60	4311.99	3032.58	336.71
1991	450.55	570.04	302.90	1227.50	4685.24	3286.92	370.44
1992	563.08	595.51	290.34	1452.50	5351.10	4041.58	401.33
1993	326.28	371.79	213.45	1375.97	7301.65	4233.88	339.77
1994	444.18	470.46	248.65	1325.53	8135.80	7316.86	388.54
1995	547.19	573.57	295.60	1551.58	9196.07	9215.59	460.48
1996	687.59	687.16	505.78	1689.99	10308.50	13813.35	645.73

续表

年份	乡镇私营个体	农户	农村非就业	工人	知识分子	干部	城镇非就业
1997	584.56	647.33	465.45	1661.21	11134.34	14101.34	602.94
1998	501.54	675.55	466.00	1715.17	12253.86	24235.11	627.92
1999	573.51	717.24	531.30	2228.78	14312.20	28200.48	718.32
2000	718.42	821.26	612.42	2734.20	16295.70	34279.88	847.42
2001	792.24	896.24	743.70	2938.12	19671.60	42813.65	950.24
2002	872.82	1013.00	879.75	3190.96	22932.62	46820.73	1101.73
2003	1136.26	1100.54	1028.17	3470.17	25107.78	48334.03	1266.41
2004	1556.24	1395.74	1192.93	3840.34	28269.12	54336.81	1490.47
2005	1829.12	1645.28	1459.25	4373.80	33093.81	62001.75	1797.16
2006	2158.58	2020.67	1747.60	4916.30	39355.67	68427.62	2170.82
2007	2966.05	3052.67	4071.31	4344.24	25638.31	57138.52	4070.87
2008	3283.93	4137.46	4873.18	4847.11	28735.75	73536.55	4875.09
2009	3628.37	5557.68	5487.91	7556.28	33877.96	42059.76	5740.27
2010	4007.03	6850.94	6347.50	8465.34	37038.27	44936.48	6797.78
2011	5079.26	5787.04	7456.00	10423.77	32896.90	49586.89	8099.95
2012	5612.82	6871.55	8769.23	11305.98	37141.76	52219.41	9464.67
2013	5975.07	7945.32	9606.06	12172.49	39831.63	55957.39	10273.02
2014	6417.23	8770.32	10312.09	13063.15	41265.51	56582.07	11051.80
2015	7135.22	10753.54	11777.52	14758.44	45775.19	64122.37	12655.21
2016	7215.02	11999.50	12720.43	14665.65	48260.78	63133.41	13738.48
2017	7925.63	13393.19	13924.24	15486.73	52152.55	64870.34	14872.67

资料来源：笔者根据前文数据测算。

从城镇居民和农村居民两类大群体划分来看，如图 8.2 所示，我国整个农村居民群体的公共支出利益归宿占比（乡镇私营个体、农户、农村非就业三项占比之和）经历了上升（1978—1991 年）、下降（1992—2002 年）、再上升（2003年之后）的变化，这与我国经济体制改革及共同富裕实践的历程是基本相符的。其中，1978—1991 年农村居民群体的公共支出受益占比实现较大程度提高，与家庭联产承包责任制的快速推广紧密相关；1992—2002 年城市部门经济快速发展，吸引和挤占了大量公共支出；2003 年之后"三农"工作得到进一步重视,"城乡统筹"成为发展战略亮点,农村社会保障和公共服务加快完善,一定程度上提升了农村居民群体的公共支出受益程度。

结合不同职业群体的人口规模和受益总额,可进一步分析不同职业群体对公共支出的人均受益额(见表8.6)。主要有三点发现:第一,与公共支出群体利益归宿总额的变化类似,公共支出人均受益额的职业群体结构也发生重大变化。在改革初期,我国知识分子对公共支出的人均受益额最大,其次是工人、干部,再次是农户、城乡非就业者、乡镇企业及私营个体从业者。发展至目前,干部成为公共支出人均受益额最高的群体——在一定程度上是由于干部本身的工作收入就来源于公共支出,紧接着是知识分子,上述两类群体人均受益额最大这一发现与曹景林(2006)的结论一致;随后是工人、城镇非就业群体;最后才是农民、农村非就业者等农村居民群体。由此,有第二点发现,即农村居民的公共支出人均受益额要普遍低于城镇居民的人均受益额,并且,即使对同属某一类型的城乡居民(如城镇非就业者、农村非就业者),其人均受益额也始终存在一定的差别。换句话说,公共支出的利益归宿具有典型的城乡"二元"分割特征,即城市偏向明显、农村群体获益少,这与前述公共支出利益城乡归宿占比的分析相互印证。第三,公共支出利益在一定程度上落到农村居民等群体手中,但从整个演变过程来看,不同职业群体之间的人均利益归宿差距不断拉大,亟须警惕和防范——这一结论也得到其他众多研究的支持①。

上述结论表明,在共同富裕进程中,由政府公共支出导致的利益再分配在不同职业群体之间、城乡之间都存在较大差异。尽管政府通过公共支出及利益转移的形式让居民"分享"到了"增长"带来的好处,为促进共同富裕发挥了重要作用,但成果分享的公平性仍有待进一步提高。

---

① 林伯强:《中国的政府公共支出与减贫政策》,《经济研究》2005 年第 1 期;Ravallion, M., Chen, S., "China's (Uneven) Progress against Poverty", *Journal of Development Economics*, Vol. 82, No. 1, 2007.

第九章 共同富裕中的地区机会
不平等与劳动力迁移决策

　　地区之间的机会不平等不利于在全国市场范围内实现要素资源优化配置和共同富裕。地区优势溢价是一种由地区环境因素所决定而非由个人特征和个人努力所能解释的地域性特殊优势溢价（溢价为负则称作地域性劣势损失）。中国幅员辽阔、人口众多，地区差异较大，而这些地区差异的存在可能导致出生在不同省份的个体拥有不同的地区优势溢价——本质上是一种机会不平等。这种地区优势溢价的产生与倡导勤劳创新致富的共同富裕进路背道而驰。本章探讨中国各地区优势溢价的存在性及大小，并从流出地视角分析地区优势溢价对劳动力迁移决策的影响，这对促进区域协调的共同富裕具有重要的理论意义和现实意义。

第一节　地区机会不平等的测算：地区优势溢价

一、地区优势溢价的存在性

　　根据米兰诺维奇（2019）的研究，不平等的群组分解可以直接反映地区优势溢价的存在，因此本部分对中国收入不平等进行分解，观测收入不平等的省份间贡献以验证各省份地区优势溢价的存在性。

(一)分解方法和数据

使用较为广泛的不平等分解方法包括两类:要素子成分分解(分项收入分解)和人口分组分解(子样本分解),前者可适用于基尼系数,后者可适用于广义熵(Generalized Entropy,GE)指数[①]。由于基尼系数分解过程包含一个与组内不平等重叠的余项,无法准确分解成组内不平等和组间不平等两个部分[②],因此本书参照万广华(2009),采用广义熵指数形式的泰尔指数对全国收入不平等进行群组分解。考虑到要分析组间贡献的变化趋势,以及测算结果可比和可信的双重约束,在微观调查平衡面板数据和样本选择无偏差条件难以满足的情况下,本书遵循现有文献的一般做法,采用泰尔指数的分组数据计算公式。进一步地,计算泰尔指数时选择的样本单元范围越大,忽略的信息越多[③],结合数据可得性,本书选择县(市、区)为样本单元。按人口分组后,泰尔指数权重有组人口比重和组收入比重两种形式,本书采用以收入为权重的泰尔 T 指数[④],其分组数据计算公式为:

$$T = \sum_i \sum_j \left[\frac{Y_{ij}}{Y} \ln\left(\frac{\frac{Y_{ij}}{Y}}{\frac{N_{ij}}{N}} \right) \right] = \sum_i \sum_j \left[\frac{\bar{Y}_{ij}}{\bar{Y}} \frac{N_{ij}}{N} \ln\left(\frac{\bar{Y}_{ij}}{\bar{Y}} \right) \right] \tag{9.1}$$

---

① 万广华:《不平等的度量与分解》,《经济学(季刊)》2009 年第 1 期。

② Milanovic, B., "True World Income Distribution, 1988 and 1993", *Economic Journal*, Vol.112, No.476, 2002.

③ 在省级分组下可选取的样本单元有地级市、县(市、区)、乡镇等。考虑到泰尔指数的测算特征:当某组的收入构成比与人口构成比比值为 1 时,该组对不平等的贡献为 0。试想一种极端情况,所有组具有相同的人口和收入规模,那么所有组的收入构成比与人口构成比比值均为 1,此时泰尔指数为 0,表示总体完全公平。这显然存在问题,即使存在这样的分组结构也不可能完全公平,关键在于采用分组数据计算泰尔指数会忽略掉一些信息(如组内收入分布结构),故需选择适当的样本单元范围。

④ 广义熵指数包括泰尔 T 指数(泰尔第一指数)和泰尔 L 指数(泰尔第二指数)等形式,前者以收入为权重,后者以人口为权重,两者均满足零阶齐次性,即指标值不受度量单位的影响。

$$T_w = \sum_i \left\{ \frac{Y_i}{Y} \sum_j \left[\frac{Y_{ij}}{Y_i} \ln \left(\frac{\frac{Y_{ij}}{Y_i}}{\frac{N_{ij}}{N_i}} \right) \right] \right\} = \sum_i \left\{ \frac{\bar{Y_i}}{\bar{Y}} \frac{N_i}{N} \sum_j \left[\frac{\bar{Y_{ij}}}{\bar{Y_i}} \frac{N_{ij}}{N_i} \ln \left(\frac{\bar{Y_{ij}}}{\bar{Y_i}} \right) \right] \right\} \quad (9.2)$$

$$T_b = \sum_i \left[\frac{Y_i}{Y} \ln \left(\frac{\frac{Y_i}{Y}}{\frac{N_i}{N}} \right) \right] = \sum_i \left[\frac{\bar{Y_i}}{\bar{Y}} \frac{N_i}{N} \ln \left(\frac{\bar{Y_i}}{\bar{Y}} \right) \right] \quad (9.3)$$

$$T = T_w + T_b \quad (9.4)$$

其中,式(9.1)为全国总体泰尔 T 指数,下标 i、j 分别表示省份、县(市、区), Y、$\bar{Y}$ 分别表示全国总收入和人均收入, Y_{ij}、$\bar{Y_{ij}}$ 分别代表 i 省 j 县(市、区) 总收入和人均收入, N_{ij} 和 N 分别代表 i 省 j 县(市、区)总人口和全国人口;式 (9.2)为度量省内不平等的泰尔指数 T_w,其中新出现变量 Y_i、$\bar{Y_i}$ 分别代表 i 省 总收入和人均收入, N_i 代表 i 省总人口;式(9.3)为度量省份间不平等的泰尔 指数 T_b。从式(9.4)可以看出,全国总收入不平等可以被分解为省内不平等 和省间不平等。

有关收入和人口的数据来源于 2001—2020 年《中国县域统计年鉴》。其 中,收入变量选择城镇居民人均可支配收入与农村居民人均可支配收入,全国 人均可支配收入通过城、乡人均可支配收入的人口加权得到,全国人口为城乡 年末总人口。少量缺失值采用自回归移动平均模型(Autoregressive Integrated Moving Average Model,ARIMA)补充。截至 2020 年年底,全国共有 2847 个区 县级行政单位,由于部分区县数据缺失,本书测算全国、城镇、农村泰尔 T 指 数的区县级行政区样本数量占分别占总体的 87.1%、81.9% 和 87.9%,样本覆 盖面较好;由于区县合并、设立等原因,20 年间三组数据样本量变动的极差分 别为 16、99 和 7,相对于总体样本规模来说其变动较小,故可对不同时间的泰 尔指数进行对比分析。

（二）分解结果：不平等的地区间贡献

本书接下来使用泰尔 T 指数基于区县数据对 2000—2019 年全国、城镇以及农村的收入不平等进行测算分解，具体结果如图 9.1 所示。

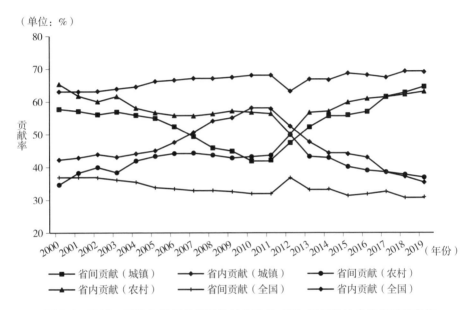

图 9.1　2000—2019 年地区优势溢价的存在性：泰尔 T 指数的省份间贡献变化

资料来源：笔者根据《中国县域统计年鉴》数据测算绘制。

结果表明，样本期间我国总体收入不平等尽管由地区（省份）内部不平等解释 60% 以上，但地区（省份）间贡献仍占到 30% 以上，平均贡献率为 33.63%。2000—2019 年全国收入不平等的省间贡献率呈现在波动中下降的变化趋势，年均变化率为 -0.815%，这主要源于 21 世纪以来我国区域发展战略的深入实施，在一定程度上缩小了地区发展差距。从城镇收入不平等的群组分解结果来看，样本期间城镇收入不平等的省间贡献率占到 40% 以上，最高年份甚至达到 64.60%，平均贡献率为 53.64%，年均变化率为 0.73%，说明城镇收入差异中有一半以上的不平等能够被省份之间的差异所解释，特别是

2010 年以来不同省份之间的城镇差距快速拉大。从农村收入不平等的群组分解结果来看,样本期间农村收入不平等的省间贡献率也占到 30% 以上,平均贡献率为 41.36%,这说明农村收入不平等由 2/5 的地区间差异所解释;时间趋势上以 2012 年为界,此前在波动中上升、之后逐渐下降,近些年省间贡献率的减小主要源于我国精准扶贫和乡村振兴战略的实施,缩小了不同地区之间的农村发展差距。结合城镇和农村分解结果还可以发现,我国城镇不平等的省间贡献率要大于农村不平等的省间贡献率。总的来看,尽管全国总体收入不平等的地区(省份)间贡献呈下降趋势,但仍占到 1/3,城镇和农村收入不平等的省间差异则相对更大,地区间差异仍不可忽视。

以上分析通过区县收入数据对不平等进行省际分解,说明省份间差异对收入不平等具有十分重要的贡献,这从侧面反映了地区优势溢价的存在(米兰诺维奇,2019)。在地区发展不平衡且出生地或居住地构成收入影响因素的当下,我们有理由相信不同省份会存在不同的地区优势溢价。需要说明的是,本书从区县数据层面对不平等进行测算和分解,旨在从其省份间贡献说明我国地区优势溢价存在。尽管米兰诺维奇(2019)指出不平等的群组分解是验证地区优势溢价存在的一种较好的方式,但更为准确的地区优势溢价大小还需要结合微观家户或个体数据进行分析。因此,本书接下来进一步利用微观家户数据测算各省份的地区优势溢价水平。

二、地区优势溢价水平:基于家户数据的测算

地区优势溢价意味着个体收入会在一定程度上取决于出生(居住)地,居住在发展较好的省份拥有"地区优势溢价",居住在发展较差的省份则需承担"地区劣势损失"。那么我国不同省份的地区优势溢价究竟有多大?不同群体的地区优势溢价有何差异?接下来进一步利用微观调查数据对不同省份个体的地区优势溢价水平进行测算。

（一）基准模型

出生（居住）在某一地区的某一个体的收入函数可表示为：

$$y_{ij} = f(X_j, Z_{ij}, e_{ij}, u_{ij}) \tag{9.5}$$

其中，下标 i 表示个人，j 表示所在地区（省份），y_{ij} 为第 j 个省第 i 个人的收入，X_j 为 j 省的省份特征向量，Z_{ij} 为第 j 个省第 i 个人的个体特征向量，e_{ij} 为第 j 个省第 i 个人的自身努力程度，u_{ij} 是随机扰动项。观察这一函数发现，Z_{ij} 与 e_{ij} 之间存在相关性，例如在教育机会较为公平的环境下，越上进努力的人往往受教育程度（个体特征）越高，并且个人特征变量与个人努力均无法影响到一个省份的宏观特征。

由于本书的目的不是为收入建立一个准确的计量模型，而是回答收入不平等可以被省份的地区因素解释多少，并测算省份层面平均而言的地区优势溢价。因此，本书借鉴米兰诺维奇（2015）考察国家之间公民身份溢价的做法[1]，试图建立一个只有省份虚拟变量的极简模型：

$$\ln y_{ij} = \beta_0 + \beta_j province_j + \varepsilon_{ij} \tag{9.6}$$

式（9.6）中的下标 i 表示各省按收入高低排序后的百分位个人，j 表示省份，$\ln y_{ij}$ 为第 j 个省第 i 百分位个人的家庭人均年收入对数，且 $i \in (1,100)$，$j \in (1,25)$[2]；$province_j$ 为省份虚拟变量，表示在第 j 个省份取值为 1，否则取值为 0，在测算地区优势溢价时将北京作为基准组[3]。

由于省份层面的地区优势溢价测算需使用个体工作后的收入数据，因此

---

[1] Milanovic, B., "Global Inequality of Opportunity: How Much of Our Income Is Determined by Where We Live?", *Review of Economics and Statistics*, Vol.97, No.2, 2015.

[2] 地区优势溢价测算所使用的 CFPS 数据覆盖 25 个省（自治区、市）。

[3] 测算地区优势溢价时，一般取潜在的地区优势溢价最高或地区劣势损失最大的省为基准组，这两种设定基准组的方式在本质上没有区别。当基准组为地区优势溢价最高的省份时，其他省份都存在相对意义上的劣势损失；当基准组为地区劣势损失最大的省份时，其他省份都存在相对意义上的优势溢价。

这里需要排除跨省流动(迁移)的样本。一般来说,某一个体可能向其自身评判地区优势溢价更高的省份迁移。因此,为了排除个人对居住地的选择行为,地区优势溢价测算需采用非跨省流动的人口(包含非流动人口与省内流动人口)作为观测样本。由于省份虚拟变量系数可表示为 $\beta_j \approx \dfrac{\widetilde{y}_j - \widetilde{y}_{京}}{\widetilde{y}_j}$,其中 $\widetilde{y}_j$ 和

$\widetilde{y}_{京}$ 分别表示 j 省和北京的人均收入,故回归系数 β_j 的数学含义为 j 省相对于北京市人均收入的变动率,即省份层面平均的地区优势溢价。当 $\beta_j < 0$ 时,表示 j 省人口相对于北京人口的平均"地区劣势损失"为 $|\beta_j| \times 100\%$,其经济含义为出生(居住)在北京将获得一个额外的收入溢价,该溢价与个人努力无关,仅仅由于出生(居住)地的不同就可导致 $1 + |\beta_j|$ 倍的收入差距。进一步地,β_j 实际为各省平均优势溢价相较基准组的相对水平,那么根据 β_j 的数学表达式计算出的 $\widetilde{y}_j$ [①]则为绝对平均优势溢价。各省的平均优势溢价实际上测度了个人收入受到来自出生(居住)地与个人特征、努力和运气无关的宏观环境因素直接影响的相对大小(相对于基准组而言)。

需说明的是,本书测算的地区优势溢价是从省份层面对该省人口平均而言的。尽管理论上的地区优势溢价是两个在智商、能力等特征方面无差异的个体分别出生(居住)在两个不同地区的收入差异,但很难说不同省份居民在出生时的智商、能力及其分布存在系统性的显著差异。另外,由于地理知识所限,某一省份居民对外省有哪些地级市或区县难以有全面了解,对人口流动(迁移)地的认知主要在省级层面[②]。因此,本书从省份层面考察地区平均优势溢价是合理的。

---

① $\widetilde{y}_j \approx \dfrac{\widetilde{y}_{京}}{1 - \beta_j}$。

② Shen, G., Zhang, C., "Economic Development and Social Integration of Migrants in China", *China & World Economy*, Vol.32, No.1, 2024.

（二）数据处理和样本说明

本书数据来源于中国家庭追踪调查（CFPS）2012 年、2014 年、2016 年和 2018 年的四期数据。该调查由北京大学中国社会科学调查中心组织实施，是一项全国性、大规模的社会跟踪调查项目，采用城乡一体的抽样调查框架，在 2008 年和 2009 年于北京、上海、广东三地开展测试调查的基础上，2010 年在 25 个省（自治区、直辖市）正式实施基线调查，后续调查每两年开展一轮，且所有中国家庭追踪调查基因成员均成为永久追踪对象。中国家庭追踪调查数据库样本覆盖全国 25 个省（自治区、直辖市）的城镇和农村地区，与包括中国家庭收入调查（CHIP）数据在内的多个微观调查项目相比，中国家庭追踪调查数据的覆盖省份较为广泛①，更适合于本书的地区优势溢价测算，有助于更全面地了解我国不同省份的地区优势溢价水平。

在测算地区优势溢价之前，需要对跨省流动人口进行识别和剔除，以排除个体对居住地的选择行为。然而，大多数流动人口采集数据都属于流入地调查，这一抽样方式难以捕捉居住在工地工棚、临时住宅、集体宿舍的流动人口，从而会在整体上低估流动人口的规模。中国家庭追踪调查数据的优势在于，从流入地和流出地双重视角对流动人口进行识别，能够更干净地剔除跨省流动人口。由于本书以家户为单位，采用家庭人均纯收入来表征个体年收入，为确保家庭收入均来自省内，本书采用严格剔除流动个人及其所在家庭的做法来排除人口迁移干扰，也就是说，即使家庭中只有一个跨省流动人口，也将此家庭从总样本中剔除②。样本结构如表 9.1 所示，可以发现，这四期的非跨省流动家户占比均在 80% 以上，仅剔除了不到 20% 的跨省流动家户，且非跨省

---

① 研究收入问题使用较广泛的中国家庭收入调查数据只覆盖 15 个省份。这里使用的中国家庭追踪调查数据仅未涉及新疆、西藏、青海、宁夏、内蒙古、海南 6 个省份及港澳台地区。

② 跨省流动识别取以下两种方式的并集：一是家庭成员问卷中关于家庭主要成员（父母、配偶及子女）是否离家及去向（省市县），若去向地与原家庭所在地的省份不一致则视为流动；二是个人问卷中户籍所在地与调查时点居住地的省份不一致则视为流动。

流动家户绝对数量均在 10000 个以上，意味着测算地区优势溢价的样本规模较大。进一步地，考虑到城乡二元制结构导致的城乡差距，应分别有足够多的城乡样本数。在非跨省流动家户中，除 2014 年城乡家户数之比大致为 1∶2 外，其余三期基本保持在 1∶1 左右①，总体上样本并未过于向城镇或农村倾斜，具有较好的代表性。

表 9.1　家户总样本结构

年份	总家户数（个）	是否跨省流动			非跨省流动家户的城乡结构		
		非跨省流动家户数（个）	非跨省流动家户占比（％）	跨省流动家户占比（％）	城镇家户数（个）	城镇家户占比（％）	农村家户占比（％）
2012	12839	10725	83.53	16.47	5220	48.67	50.33
2014	12701	10319	81.25	18.75	3337	32.34	67.64
2016	13982	12079	86.39	13.61	6251	51.75	45.91
2018	14218	12609	88.68	11.32	6694	53.09	45.29

资料来源：笔者根据中国家庭追踪调查数据计算整理。

对样本进行筛选后，我们拥有了 25 个省份非跨省流动家户的家庭人均收入数据。为便于分析，还需将各省家庭人均收入数据归并至相应的百分位收入分布中，具体做法是：对各省家庭人均收入进行排序，取其百分位收入点，将各省份观测对象分为与 100 个收入分位点相对应的群体。本质上可将每个百分位理解为不同收入群体，不同收入群体从 1 到 100，其中 100 表示最富裕群体（米兰诺维奇，2015）。这种做法有助于对不同省份之间的各收入群体进行对比，例如统计结果显示，浙江第 20 个百分位收入与贵州第 67 个百分位收入是相当的。为了更清楚地展示这一点，本书绘制了浙江、湖南、福建、江西和

---

① 在非跨省流动家户的四期样本中，分别有 1.00％、0.02％、2.34％ 和 1.62％ 的家庭所在城乡分类为"不知道"或"缺失"。

贵州五省的百分位收入分布图(见图9.2),其中横轴为按收入排序的百分位人口,纵轴为各省的百分位收入,水平辅助线表示浙江第50个百分位收入水平。从图中可以看出,浙江作为一个较富裕的省份,百分位收入曲线基本保持在高位,而贵州相对贫困,百分位收入曲线基本保持在低位;五省最贫困人口百分位收入大致相同,而最富裕人口百分位收入却有很大差异,其中富裕人口百分位收入最高的是湖南,最低的是江西,说明五个省份中,湖南省内贫富差距较大,江西不平等程度较低。以浙江第50个百分位收入水平为基准,湖南、福建、江西和贵州分别仅有35.6%、18%、6.9%和9.9%的人口达到了这一水平,这在一定程度上反映出五省的相对地区发展差距。

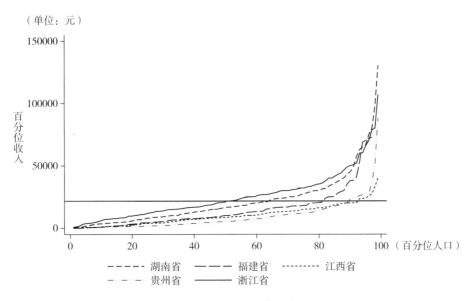

图9.2　五省百分位收入曲线图

资料来源:笔者根据中国家庭追踪调查数据计算绘制。

(三)回归测算结果

前文根据米兰诺维奇(2015)思路设定了家庭人均百分位收入的方程(9.6),接下来本书分别利用2012年、2014年、2016年和2018年25个省份的样本数据进行回归分析。基于全样本的关键回归系数 β_j 为各省相对于北京的平均地区优势溢价,各省份的相对优势溢价和绝对优势溢价水平结果如图9.3 所示①。地区平均优势溢价意味着该省任何收入群体的居民相对北京居民的溢价或损失都是相同的,但实际上不同收入群体的地区优势溢价可能是存在差异。因此本书进一步采用国家统计局的五等份收入分组,将收入最低 20% 人口和收入最高 20% 人口分别定义为低收入群体和高收入群体,将中间 60% 人口定义为中间收入群体,以 2018 年数据为例进一步对各收入群体子样本进行回归,测得各收入群体的地区优势溢价结果如图9.4所示。

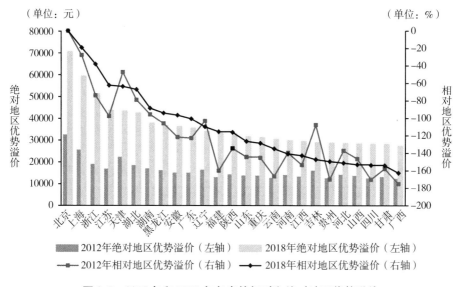

图 9.3 2012 年和 2018 年各省的相对和绝对地区优势溢价

注:以北京为基准组,故其相对地区优势溢价为0%;相对优势溢价、绝对优势溢价分别为回归中的 β_j
和 $\hat{\gamma}_j$,且均在 1% 水平上显著;回归采用聚类标准误。
资料来源:根据中国家庭追踪调查数据测算和绘制。

---

① 为便于直观理解,本书采用图形展示各省份的相对和绝对地区身份租金水平。

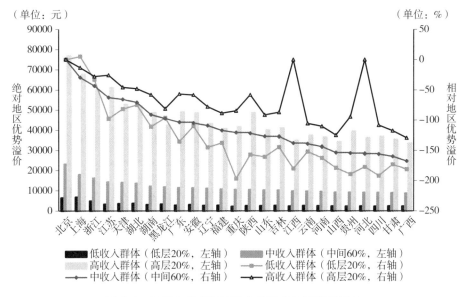

图 9.4　2018 年各省不同收入群体的地区优势溢价

注：以北京为基准组，故其相对地区优势溢价为 0%；相对优势溢价、绝对优势溢价分别为回归中的 β_j

　　和 $\tilde{y}_j$，且均在 1% 水平上显著；回归采用聚类标准误。

资料来源：根据中国家庭追踪调查数据测算和绘制。

　　图 9.3 是对全样本回归的省际平均地区优势溢价。2012—2018 年四期回归中，各省平均优势溢价均在 1% 水平上显著①，由于基准组北京相对于自身的平均收入没有差异，故北京的相对优势溢价为 0，绝对优势溢价为 $\tilde{y}_{京}$。四期数据回归的拟合优度反映地区因素对非跨省流动家户人均收入的解释力度分别为 11%、17%、18% 和 18%，这一变化趋势表明地区因素的重要程度逐渐上升。具体来看，除北京外，各省份相对优势溢价 β_1 均为负，意味着北京的地区优势溢价最高，各省居民相对于北京居民均表现为"地区劣势损失"。第一，以 2018 年为例，平均优势溢价最高的五个省份为北京、上海、浙江、江苏和天津，最低的五个省份为广西、甘肃、四川、山西和河北，其中排名最末的广西居民相对于北京居民的地区劣势损失为 162.6%，两个省份的绝对平均地区

━━━━━━━━━━━━━━━━

　　①　为简洁起见，图 9.3 仅展示了 2012 年和 2018 年两期结果。

优势溢价也存在 2.63 倍的差距。第二，将四期的地区优势溢价进行对比可以发现，地区优势溢价较高的省份长期保持高溢价优势地位，如北京、上海、天津、浙江等，说明这些地区的高溢价地域优势已经形成，地区环境因素是导致不同省份居民机会不平等的原因之一；相反地，地区优势溢价较低的省份有所变动，例如贵州、云南、福建、河南、河北和吉林的排名变动都在五位及以上，说明地区优势溢价并非一成不变，不少相对落后省份正积极追赶以弥补地域发展劣势，而位于这些后发省份的个人可通过所在地区的发展来提升自身的收入水平。第三，四期的绝对优势溢价极差分别为 20189.8 元、31752.6 元、33972 元和 43524.8 元，地区优势溢价与地区劣势损失呈现出扩大趋势，这表明我国不同省份之间的地区优势与地区劣势在拉大，要着力消除由地区环境因素所导致的地区间不平等，创造更加公平的地区发展环境。

图 9.4 是各收入群体子样本回归的省际地区优势溢价。各省份三类收入群体的地区优势溢价均在 1% 水平上显著，且不同收入群体确实存在不同的优势溢价，这表明同一地区环境因素对不同收入群体的溢价影响存在显著差异，这实际上是省内不平等的重要来源之一。进一步观察发现，北京、上海、江苏、浙江和天津三类收入群体的地区优势溢价水平相对于其他省份均较高，而重庆、四川、贵州、江西低收入群体的地区优势溢价最小，广西、甘肃、四川、河北、贵州中间收入群体的地区优势溢价最小。从同一收入群体来看，不同省份的低收入群体 20% 人口之间、中间 60% 人口之间、上层 20% 人口之间的绝对地区优势溢价的极值差距分别达到 3.12 倍、2.67 倍、2.29 倍，这表明地区环境因素造成各省同一收入群体的优势溢价差异较大，共同富裕进程中的"提低扩中"仍然任重道远。

上述回归测算结果表明，不同省份之间确实存在较大的相对地区优势或地区劣势。2012—2018 年不同省份之间地区优势溢价的极差持续拉大，同一省份不同收入群体之间以及不同省份同一收入群体之间特别是各省份低收入群体（20% 人口）之间的优势溢价也存在较大的差异。米兰诺维奇（2019）曾提出国别之间公民身份溢价的存在可能会引发移民的猜想,但囿于跨国流动阻力较大及移民数据缺失的限制而未实施验证。本书在借鉴其思路测算中国地区优势溢价的基础上,接下来利用中国劳动力跨区域流动较为自由且数据可得的优势,进一步检验地区优势溢价对劳动力迁移决策的影响。

第二节　地区优势溢价影响劳动力
迁移决策:研究设计

不同于米兰诺维奇(2019)的猜想及从流入地视角考察人口流动的文献,本书从流出地视角考察个体 14 岁时居住省份的地区优势溢价对劳动力迁移决策的影响,以识别地域性特殊优势对劳动力特别是高素质劳动力的空间绑定效应。

一、模型构建

由于数据结构存在宏微观层次的嵌套特征,本书采用多层线性模型(Hierarchical Linear Model,后文简称"多层模型")来分析"流出地"的地区优势溢价对劳动力迁移决策的影响。多层线性模型又称多水平模型,因其数据的嵌套结构特征和模型的多级结构特征而得名。[①] 我们所处的社会是一个具有分级结构的整体,较低层次单元往往嵌套于较高层次单元中,如社区嵌套于城市、家庭嵌套于社区。然而,分级结构数据通常存在"组内观察相关"(又称"组内同质""组内观察不相互独立")的问题,即同一组内的个体较不同组的个体而言,在观念、行为等诸多方面更为相似,这种数据特征破坏了传统线性

---

① 在其他一些文献中又被称为分级模型(Hierarchical Model)、随机效应模型(Random-effect Model)、随机系数模型(Random Coefficient Model)、混合效应模型(Mixed-effects Model)、经验贝叶斯模型(Empirical Bayes Model)等(王济川等,2009)。这里的"随机效应"一词由英文翻译而来,与传统面板模型的随机效应具有不同含义;对应到中文语境中,多层线性模型中的"随机效应""固定效应"分别可理解为"不确定影响""确定性影响"。

回归的观察独立性假设,会导致模型参数标准误估计出现偏倚,从而犯第Ⅰ类错误的可能性较大。近年兴起的多层模型正好可以有效缓解这一问题,它允许数据存在组内观察不相互独立问题,并对标准误进行修正。这一模型也在国内外不少研究中得到应用。[1]

本书采用一般化情形的可变截距多层模型[2]进行研究。在此之前,需要对建立多层模型的必要性或数据适用条件进行判断,也即通过运行不包含任何解释变量的空模型(或称无条件均值模型)来计算组内相关系数(Intra-class Correlation Coefficient,ICC)[3],以识别分级结构数据的组内观察非独立性[4]。当组内相关系数趋近于 1 时,组内个体之间的相关性强,有必要采用多层模型[5];当组内相关系数趋近于 0 时,组内个体之间趋于相互独立,模型可简化为传统的固定效应模型。鉴于被解释变量劳动力迁移决策是二元离散变量,因此需将传统多层线性模型扩展为广义线性多层模型(Generalized Linear Mixed Models,GLMM),将被解释变量的期望值(或发生概率)通过连接函数与线性回归方程相联系,我们基于 Logit 连接函数建立相应的空模型为:

$$
微观层:logit[P_{ij}(migrant_{ij} = 1)] = log\left(\frac{P_{ij}}{1 - P_{ij}}\right) = \beta_{0j} \tag{9.7a}
$$

---

[1] 祁毓、卢洪友:《污染、健康与不平等——跨越"环境健康贫困"陷阱》,《管理世界》2015 年第 9 期;Rothstein, J., "Inequality of Educational Opportunity? Schools as Mediators of the Intergenerational Transmission of Income", *Journal of Labor Economics*, Vol.37, No.S1, 2019.

[2] 根据设定结构,多层模型包括三种类型:可变截距模型(Varying-interpret Model,又称随机截距模型)、可变斜率模型(Varying-slope Model,又称随机斜率模型)和可变截距—斜率模型(Varying-interpret and Varying-slope Model,又称随机系数模型)。按照既有文献做法,本书采用可变截距模型进行研究。

[3] 组内相关系数为组间方差与总方差(组间方差与组内方差之和)之比,即 $ICC = \frac{\sigma^2_{u_0}}{\sigma^2_{u_0} + \sigma^2}$。

[4] 王济川、谢海义、费舍余:《多层统计分析模型:SAS 与应用》,高等教育出版社 2009 年版,第 167 页。

[5] 根据科恩(1988)的判断准则,$0.01 \leqslant ICC < 0.059$ 为低度关联;$0.059 \leqslant ICC < 0.138$ 为中度关联;$0.138 \leqslant ICC$ 为高度关联,一般出现中度关联即考虑采用分层模型。Cohen, J., *Statistical Power Analysis for the Behavioral Sciences*, New York: Routledge Press, 1988.

$$\text{宏观层：}\beta_{0j} = r_{00} + u_{0j} \tag{9.7b}$$

$$\text{组合模型：}\log\left(\frac{P_{ij}}{1-P_{ij}}\right) = r_{00} + u_{0j} \tag{9.7c}$$

其中,式(9.7a)为微观层回归,式(9.7b)为宏观层回归,式(9.7c)为前面两式的组合模型。微观个人为低层单元,下标 i 表示个人;宏观省份为高层单元,j 表示流出地省份①,若未跨省流动,则 j 表示调查时点所在省份(本地)。被解释变量 $migrant_{ij}$ 为劳动力迁移决策,衡量 j 省个体 i 是否跨省流动,跨省流动取 1,留在本省取 0,P_{ij} 为跨省流动的概率。

为研究流出地(本地)省份的地区优势溢价对劳动力迁移决策的影响,需在空模型基础上分别纳入宏微观解释变量建立以下模型:

$$\text{微观层：}\log\left[\frac{P_{ij}}{1-P_{ij}}\right] = \beta_{0j} + \beta_1 X_{ij} \tag{9.8a}$$

$$\text{宏观层：}\beta_{0j} = r_{00} + r_{01}\,\mathrm{ln}prem_j + u_{0j} \tag{9.8b}$$

$$\text{组合模型：}\log\left[\frac{P_{ij}}{1-P_{ij}}\right] = r_{00} + r_{01}\,\mathrm{ln}prem_j + \beta_1 X_{ij} + u_{0j} \tag{9.8c}$$

其中,关键解释变量 $\mathrm{ln}prem_j$ 为流出地(本地)省绝对优势溢价的对数,若其系数 r_{01} 显著,表明流出地(本地)优势溢价对劳动力迁移决策确实存在影响;其具体含义为,当其他变量保持不变时,绝对优势溢价变动 1%,劳动力跨省流动的机会比(Obs)将变为原来的 $e^{\frac{r_{01}}{100}}$ 倍,或变动 $100 \times (e^{\frac{r_{01}}{100}} - 1)$ %,且跨省流动的概率将变动 $\frac{r_{01}}{100} \times p_{ij}(1-p_{ij})$。此外,$X_{ij}$ 为微观个体控制变量;r_{00}、r_{01}、β_1 为模型的"固定效应"(确定性影响),u_{0j} 为"随机效应"(不确定影响)。我们预期,本地优势溢价越高,劳动者越可能留在本地而非流出。

进一步地,内生增长理论显示人力资本积累和技术进步有助于实现经济

---

① 严格来说,仅是"流出地"意义上的省份,后文用个体 14 岁时居住地省份优势溢价表征"本地"的地区优势溢价;若未迁移流出,则谈不上"流出地",实指调查时点所在省份("本地")。

增长与赶超,而人才聚集显著影响地区经济发展。为分析个体受教育程度对本地优势溢价的"留在故乡"效应的调节作用,我们在组合模型(9.8c)中引入受教育程度及其与本地省份绝对优势溢价对数的交互项:

$$\log\left[\frac{P_{ij}}{1 - P_{ij}}\right] = r_{00} + r_{01}\text{ln}prem_j + r_{10}edu_{ij} + r_{11}\text{ln}prem_j \times edu_{ij} + \beta_2 X_{ij} + u_{0j}$$

$$(9.9)$$

其中,edu_{ij}为个体受教育程度,关键解释变量为交互项$\text{ln}prem_j \times edu_{ij}$,若其系数$r_{11}$显著,表明本地省份优势溢价和个体受教育程度对劳动力迁移决策均存在明显影响,且系数大小体现二者之间的调节效应。若系数r_{01}和r_{11}均为负,则表明本地省份优势溢价越高,跨省流动的概率就越低,且受教育程度高劳动者的地区优势溢价的"留在故乡"意愿更强,高学历劳动者对地区优势溢价的本地绑定效应更为敏感。

二、变量和数据

本书根据上述模型分析j省地区优势溢价对j省i个体是否跨省流动的影响,进一步对有关变量和数据说明为:

(一)被解释变量:劳动力是否跨省流动

被解释变量为j省的劳动者i是否跨省流动($migrant$),其界定的关键在于地区识别,即需要判定调查年份劳动力的居住地省份与其户籍地(或出生地、14岁时居住地)省份是否一致。一方面由于户籍可能会随工作而发生跨省变动,从而高估户籍地优势溢价对劳动力流动的影响,另一方面出生时点与调查时点存在较大时间跨度,可能会出现样本16岁前发生流动干扰研究结果的问题,因此,本书选择14岁时居住地作为流出地(原居住地)。换言之,若调查年份劳动力的工作居住地与其14岁时居住地省份不一致,则认为是跨省流动;否则认为是非跨省流动。同时,本书将14岁后发生的因家属随迁、拆迁搬家、婚姻迁入等非工作迁移的居住地也纳入流出地范畴,最终的劳动力跨省流动仅与工作相关。另外,本书对劳动力的年龄界定同时采用国际一般标准(男性女性均为15—64岁)和中国常用标准(女性16—55岁、男性16—60岁)两类样本,两种样本界定方式均剔除在校学生。

(二)解释变量:地区优势溢价

解释变量为 j 省的地区优势溢价($\ln prem$),用各省绝对优势溢价的对数来度量。地区优势溢价的省份 j 与个体14岁时居住地省份 j 是一致的。本书将地区优势溢价数据前定为2012—2016年的平均值,具体包括2012—2016年的流出地(本地)省份平均优势溢价、高收入群体平均优势溢价、中等收入群体平均优势溢价和低收入群体平均优势溢价,均为本书第二部分基于中国家庭追踪调查数据非跨省流动家庭样本测算的结果。

(三)控制变量

本书的回归进一步控制了劳动者的受教育年限[1]、性别、年龄、婚姻状况以及家中土地面积、家人健康状况(健康状况较差的家人数)及孩子个数。

本书使用的地区优势溢价由前文测算所得,其他数据来源于2018年中国劳动力动态调查(CLDS)。为避免多重共线性导致参数估计困难的问题,在回归过程中,我们将所有连续变量作总均数中心化处理[2]。上述变量的具体含义以及两类定义劳动力样本在中心化处理前的变量描述性统计结果如表9.2所示。

---

[1]　2018年中国劳动力动态调查问卷询问了被访者的受教育程度,为了便于估计,将受教育程度转化为受教育年限,对应关系为:未上过学=0;小学/私塾=6;初中=9;普通高中、职业高中、技校、中专=12;大学专科=14;大学本科=16;硕士研究生=19;博士研究生=22。

[2]　多层模型变量中心化处理法有两种:总均数中心化和组均数中心化。总均数中心化将原始测量值减去总体样本均值,与原模型等价;组均数中心化将原始测量值减去各组内均值,与原模型不等效。

表 9.2　变量的描述性统计

微观层次							
变量	含义	劳动力定义一(国际标准:15—64 岁)			劳动力定义二(中国标准:女性 16—55 岁、男性 16—60 岁)		
		样本个体	均值	标准差	样本个体	均值	标准差
迁移决策	劳动力跨省流动 = 1,不跨省流动 = 0	8014	0.054	0.227	7927	0.055	0.228
受教育年限	受教育年限(年)	8014	9.368	4.008	7927	9.379	4.022
性别	男性 = 1,女性 = 0	8014	0.449	0.497	7927	0.449	0.497
年龄	年龄(岁)	8014	38.715	9.605	7927	38.922	9.331
婚姻状况	未婚 = 1,其他 = 0	8014	0.144	0.351	7927	0.136	0.342
家中土地面积	包括耕地、果园、林地、草场、池塘、菜地之总和(亩)	8014	6.425	22.707	7927	6.344	22.100
家人健康状况	健康状况较差的家人数(个)	8014	0.374	0.773	7927	0.370	0.769
孩子数	拥有小孩个数(个)	8014	1.443	1.026	7927	1.457	1.021

宏观层次				
变量	含义	样本省份	均值	标准差
地区平均优势溢价	2012 年、2014 年和 2016 年流出地省份绝对优势溢价均值的对数	25	9.991	0.264
高收入群体平均优势溢价	2012 年、2014 年和 2016 年高收入群体流出地省份绝对优势溢价均值的对数	25	10.166	0.238
中等收入群体平均优势溢价	2012 年、2014 年和 2016 年中等收入群体流出地省份绝对优势溢价均值的对数	25	8.799	0.251
低收入群体平均优势溢价	2012 年、2014 年和 2016 年低收入群体流出地省份绝对优势溢价均值的对数	25	7.220	0.335

资料来源:笔者根据中国家庭追踪调查数据及测算结果统计。

第三节　地区优势溢价影响劳动力
迁移决策:结果及分析

一、基准结果及分析

我们首先对数据结构的模型适用性进行检验。由于个体层次误差服从 logistic 分布,组内方差 σ^2 值被限定为 3.29,通过运行方程(9.7)的空模型得到组间方差 $\sigma^2_{u_0}$ 为 1.17,根据 $ICC = \dfrac{\sigma^2_{u_0}}{\sigma^2_{u_0} + \sigma^2}$,故关于劳动力跨省流动研究的组内相关系数约为 26.24%,根据科恩(Cohen,1988)的判断准则,本书数据结构存在组内高度关联,因此有必要建立多层模型。

接下来根据方程(9.8)和方程(9.9)检验地区优势溢价对劳动力迁移决策的影响,结果如表 9.3 所示。其中,列(1)、列(2)和列(3)、列(4)分别是国际一般标准和中国常用标准定义的劳动力样本的回归结果。列(1)、列(3)为未加入个体受教育年限与流出地省份优势溢价交互项的回归结果,两组回归中关键解释变量流出地优势溢价的系数分别为 -3.120 和 -3.115,且均在 1% 水平上显著。这表明,在其他变量保持不变且流动与不流动概率相当时(即跨省流动与不跨省流动概率均为 50%),流出地(本地)的地区优势溢价每增加 1%,劳动力跨省流动到外省工作的概率将下降 0.78%,跨省流动相对不跨省流动的机会比变为原来的 0.97 倍[①]。这意味着若劳动力的工作地选择遵循收入最大化动机下的经济驱动理性决策,那么优势溢价越大的地区给予劳动力与其个人特征、努力及运气无关的收入溢价会更高,高优势溢价地区对原

---

① 影响概率和机会比的计算: $\dfrac{-3.120}{100} \times 0.5 \times 0.5 = -0.78\%$, $\dfrac{-3.115}{100} \times 0.5 \times 0.5 \approx -0.78\%$; $e^{\frac{-3.120}{100}} \approx 0.97$; $e^{\frac{-3.115}{100}} \approx 0.97$ 。

本居住在此地的劳动力具有较强的捆绑效应,使其越愿意留在本省而不愿意到地区优势溢价更低的其他省份工作。此外,列(1)、列(3)的个体受教育年限系数分别为 0.063 和 0.061,且在 1%水平上显著。这表明在其他条件保持不变且流动与不流动概率相当时,劳动力受教育年限每增加一年,跨省流动到外省工作的概率将上升 1.58%(1.53%),迁移决策机会比将变为原来的 1.07 倍(1.06 倍)①。由于高学历劳动者获取和处理信息的能力更强,在工作搜寻中能突破地理界限而更有机会获得省外的好工作,且外出工作适应外部环境的能力更强、心理成本更低②,加之就业落户渠道普遍向高素质群体倾斜,使高学历劳动力跨省流动的制度成本更低,因此在其他条件不变的情况下,受教育水平越高的劳动力跨省流动的概率越大。

表 9.3　基准回归

变量	劳动力定义一		劳动力定义二	
	(1)	(2)	(3)	(4)
固定效应结果				
地区平均优势溢价	-3.120*** (1.163)	-2.630** (1.192)	-3.115*** (1.163)	-2.619** (1.193)
个体受教育年限	0.063*** (0.016)	0.060*** (0.016)	0.061*** (0.016)	0.057*** (0.016)
个体受教育年限×地区优势溢价		-0.182** (0.084)		-0.184** (0.084)
性别	0.242** (0.106)	0.241** (0.107)	0.245** (0.107)	0.244** (0.107)
年龄	-0.025*** (0.007)	-0.026*** (0.007)	-0.027*** (0.007)	-0.027*** (0.007)

① 　$0.063 \times 0.5 \times 0.5 \approx 1.58\%$,$0.061 \times 0.5 \times 0.5 \approx 1.53\%$;$e^{0.063} \approx 1.07$,$e^{0.061} \approx 1.06$。

② 　周皓:《中国人口迁移的家庭化趋势及影响因素分析》,《人口研究》2004 年第 6 期;赵耀辉:《中国农村劳动力流动及教育在其中的作用——以四川省为基础的研究》,《经济研究》1997 年第 2 期。

续表

变量	劳动力定义一		劳动力定义二	
	（1）	（2）	（3）	（4）
婚姻状况	−0.641 *** (0.211)	−0.638 *** (0.211)	−0.608 *** (0.210)	−0.602 *** (0.210)
家中土地面积	−0.200 *** (0.024)	−0.199 *** (0.024)	−0.200 *** (0.024)	−0.199 *** (0.024)
家人健康状况	−0.476 *** (0.111)	−0.478 *** (0.111)	−0.472 *** (0.111)	−0.474 *** (0.111)
孩子个数	0.042 (0.072)	0.053 (0.072)	0.040 (0.072)	0.051 (0.072)
常数项	−4.094 *** (0.282)	−4.055 *** (0.282)	−4.076 *** (0.282)	−4.037 *** (0.282)
截距随机效应检验				
$Var(u_{0j})$	1.300 *** (0.432)	1.300 *** (0.430)	1.302 *** (0.433)	1.302 *** (0.431)
似然比（LR）检验卡方值	382.00 ***	386.04 ***	380.26 ***	384.39 ***
样本量	8014	8014	7927	7927

注：括号内数据为标准误，* $p<0.1$，** $p<0.05$，*** $p<0.01$。
资料来源：笔者利用 Stata 软件回归整理。

　　我们还关心高学历劳动者的迁移决策是否更容易受到流出地优势溢价的影响，以及居住在不同优势溢价省份的劳动力的迁移决策如何受到其个体受教育程度的影响，因此在列（2）、列（4）回归中加入受教育年限与流出地优势溢价的交互项，两组回归的交互项系数分别为−0.182 和−0.184，均在 5% 水平上显著。列（2）流出地优势溢价系数和个体受教育年限系数分别为−2.630 和 0.060，这表明当其他条件保持不变且流动与不流动概率相当时，若劳动者个体受教育程度处于样本平均受教育水平[①]，流出地（本省）优势溢价每上升1%，劳动力跨省流动到外省工作的概率下降 0.66%；若某省份优势溢价处于

———————

　　① 即个体受教育年限与样本平均受教育年限之差等于 0，由于回归变量经过中心化处理，此时交互项影响整体为 0，仅关注低次项系数即可。

样本平均地区优势溢价水平,则劳动力受教育年限每提高一年,跨省流动的概率就上升 1.5%①。以上结论与不加入交互项时的回归分析基本一致,而此处更关心流出地(本地)优势溢价与个体受教育程度二者的交互影响。

进一步地,我们将高于和低于样本平均受教育年限一个标准差(4.008)分别定义为高学历者和低学历者,将高于和低于样本平均地区优势溢价一个标准差(0.264)分别定义为高地区优势溢价和低地区优势溢价。于是有:一方面,在其他条件保持不变且流动与不流动概率相当时,流出地(本地)优势溢价每增加 1%,高学历劳动者跨省流动的概率下降 0.84%,而低学历劳动者下降 0.48%②,说明虽然高学历者更有可能跨省流动,但随着本省地区优势溢价的上升,受教育程度越高的个人流动到外省工作的概率下降得更多,或者说高学历劳动者对地区优势溢价的变动更为敏感,这主要是由于流出地优势溢价的提升给高学历者带来的教育回报增值要大于低学历者。这意味着地区优势溢价越高的省份,越容易留住或"绑定"高学历人才,形成人才聚集效应,通过人才聚集效应进一步提升地区发展优势、抬升地区身份溢价,从而形成"地区优势溢价高—人才聚集—地区发展优势强化—地区优势溢价进一步提升"的循环,这也为先发地区人才资源不会自发地向后发地区流动提供了经验证据。另一方面,在其他条件保持不变且流动与不流动概率相当时,劳动者受教育年限每增加一年,高优势溢价地区劳动力跨省流动的概率上升 0.3%,而在低优势溢价地区上升 2.7%③,这也说明高溢价地区比低溢价地区更可能留住人才。一般地,人力资本具有流动性,凝结在高素质人力资本中的经济绩效会随着人才流动而在区域间配置,而根据地区优势溢价较高省份对高素质劳动

---

① $\dfrac{-2.63}{100} \times 0.5 \times 0.5 \approx -0.66\%$;$0.06 \times 0.5 \times 0.5 = 1.5\%$。

② $\dfrac{(-0.182 \times 4.008 - 2.63)}{100} \times 0.5 \times 0.5 \approx -0.84\%$;$\dfrac{[-0.182 \times (0 - 4.008) - 2.63]}{100} \times 0.5 \times 0.5 \approx -0.48\%$。

③ $(-0.182 \times 0.264 + 0.06) \times 0.5 \times 0.5 \approx 0.3\%$;$[-0.182 \times (0 - 0.264) + 0.06] \times 0.5 \times 0.5 \approx 2.7\%$。

者的"绑定"效应,在不考虑引导干预的情况下,地区间的发展差距依旧有扩大的可能。

此外,劳动力迁移决策还受到性别、年龄、婚姻状况、家中土地面积和家人健康状况等控制变量的影响。与女性、年龄更大、未婚的个体相比,男性、年龄更小、已婚的劳动力流动到外省务工的可能性更大,这主要是由于女性留在本省承担更多家庭照料的责任,年轻劳动力有更强的接受外部新信息和新生事物的能力,已婚者由于需承担更多的家庭经济责任而外出务工。同时,家中土地面积、健康较差家人数越多,劳动力留在本省工作的可能性越大。

随机效应检验是多层模型的重要检验之一,若不存在多级结构,多层模型将退化为传统的固定效应模型。我们对每列回归的截距随机效应(u_{0j})进行了 Wald-z 检验,结果显示,各回归的截距随机效应的方差 $Var(u_{0j})$ 均在 1% 水平上显著,从而拒绝了 u_{0j} 等于 0 的原假设[①],这意味着在加入宏微观解释变量及交互项后,模型的多层结构依旧稳健。进一步地,王济川等(2009)提出 Wald 检验相对于似然比(LR)检验更为保守,故 LR 检验更可信,本书提供了多层 Logit 模型与传统 Logit 模型的 LR 检验结果,同样显示模型的多层结构保持稳健。

二、稳健性检验

(一)各省截距随机效应(u_{0j})检验

在上述基准回归中,基于全样本对截距随机效应进行了 Wald 检验和似然比检验,本书接下来进一步基于省份分组,利用回归结果中各省信息,分别检验 25 个省份的截距随机效应,并绘制了两类劳动力定义样本的各省截距随

[①] 随机效应检验为单侧检验,而 Stata 软件报告双侧检验结果;若双侧检验通过,则单侧检验也能通过。

机效应(u_{0j})在95%置信区间的标准误条形图(见图9.5),以检验各个省份的截距随机效应是否显著异于0。从图9.5左右两图均可以看出,有一半以上(约15个)省份的截距随机效应估计值显著偏离0,由此可以判断,跨省流动决策存在显著的省际变异,这再次印证了基准回归模型的多级结构是稳健的。

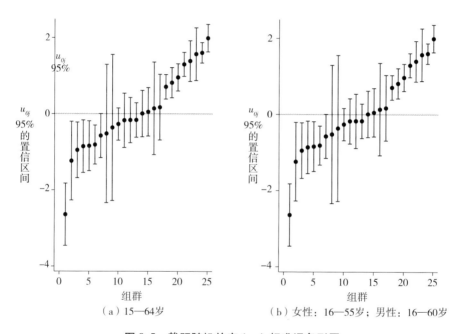

（a）15—64岁　　　　（b）女性：16—55岁；男性：16—60岁

图9.5　截距随机效应(u_{0j})标准误条形图

资料来源:笔者利用 Stata 软件研究绘制。

(二)良好统计功效下的组群数

统计检验的统计功效指拒绝一个假的零假设的概率,即不犯第Ⅰ类错误的概率。[①] 若在一个较低的统计功效下拒绝了零假设,那么估计系数的显著性检验是无效的(科恩,1988)。一般来说,多层模型的统计功效随所选定的

---

① 在统计学上,当零假设为真时,错误地拒绝该零假设称为犯第Ⅰ类错误。

显著性水平、样本量及效应量绝对值（$|r_{01}|$）的增大而增大（王济川等，2009），而宏观层解释变量的统计功效更多地依赖于组群数而非总样本量，因此，多层模型中较小的组群数将会极大影响统计检验的可信度。在使用多层模型的既有研究中，此问题常被忽视，例如郭熙保和周强（2016）仅用城乡 2 个组群就建立了多层随机截距模型，而并未对检验的统计功效进行说明[1]。鉴于足够的组群数对本书宏观层解释变量流出地优势溢价的统计功效至关重要，为保证结果的可信性，我们基于表 9.3 列（1）回归结果，在给定良好的统计功效下来确定本书应选取的最小组群数，并与实际组群数进行对比。

根据效应量（r_{01}）为正时的随机截距模型统计功效与样本量确定公式，我们进一步推导了效应量（地区优势溢价系数 r_{01}）为负时的模型样本量确定公式：

$$\frac{r_{01}}{se(\widehat{r_{01}})} \approx z_{\frac{\alpha}{2}} - z_{\beta} \tag{9.10}$$

其中，r_{01} 和 $se(\widehat{r_{01}})$ 分别为流出地优势溢价变量的系数和标准差；α 为显著性水平，一般选择 $\alpha = 5\%$，β 为统计功效，由于统计功效大于或等于 0.8 为社会学研究中普遍认可的统计功效值（科恩，1988），故令 $\beta = 0.8$，z 服从标准正态分布。根据标准正态分布表，等式右边 $z_{\frac{\alpha}{2}} - z_{\beta} = -1.96 - 0.84 = -2.8$，随后将 $se(\widehat{r_{01}})$ 的表达式 $\sqrt{\dfrac{n\varphi + \theta}{Jn\, s^2}}$[2] 及各参数值代入式（9.10）中，解得所需最小组群数 J 约等于 15.2。本书的实际组群数为 25，远大于最小组群数，因此研究结论在良好的统计功效下依旧保持稳健。

---

① 郭熙保、周强：《长期多维贫困、不平等与致贫因素》，《经济研究》2016 年第 6 期。
② n 为各省平均样本量，φ 为随机截距的组间方差 $Var(u_{0j})$，θ 为组内方差（约等于 3.29），J 为组群数，s^2 为地区优势溢价的方差。

三、进一步分析

由于不同收入群体劳动者的迁移决策受到其地区优势溢价影响的大小可能存在差异,本书进一步分析了不同收入群体的地区优势溢价对其劳动力迁移决策的影响(见表9.4)①。

表9.4列(1)、列(3)、列(5)是未加入个体受教育年限与地区优势溢价交互项的回归结果,列(2)、列(4)、列(6)则是加入交互项的回归结果。从固定效应(确定性影响)可以看出,加入交互项的各列回归交互项系数均不显著,主要解释是低、中、高收入群体往往与低、中、高学历水平有较强的相关性,而学历水平在各子样本内部的变异不大,因此难以捕捉个体受教育年限对流出地优势溢价系数的调节效应,故我们仅关注不加入交互项回归的关键系数。可以看出,低收入群体的地区优势溢价系数不显著,中、高收入群体的地区优势溢价系数分别为-3.255和-5.459,分别在5%和1%水平上显著,这说明在其他变量保持不变且流动与不流动概率相当时,各收入群体流出地优势溢价每增加1%,对低收入群体迁移决策没有显著影响,但使中、高收入群体跨省流动务工的概率分别下降0.81%和1.36%②。换言之,相同比例的本地优势溢价增加对低、中、高收入群体留在本省概率的影响不断增强,中、高收入群体劳动力迁移决策对本地区优势溢价水平的变动更敏感,更愿意留在地区优势溢价更高的本省,这主要是因为中高收入者留在本省能获得更高的地区优势溢价,本省的低收入者流动至外省则不一定仍停留在低收入群体。此外,随机效应检验结果表明,各列回归的截距随机效应均通过了 Wald 检验和似然比(LR)检验,即各列回归的多层模型结构均保持稳健。

---

① 根据李强和徐玲(2017)对中等收入群体的界定,将年收入低于3.5万元、在3.5万—12万元之间以及高于12万元的劳动力分别定义为低、中、高收入群体。本回归使用15—64岁劳动力定义的样本。李强、徐玲:《怎样界定中等收入群体》,《北京社会科学》2017年第7期。

② $\dfrac{-3.255}{100} \times 0.5 \times 0.5 \approx -0.81\%$; $\dfrac{-5.459}{100} \times 0.5 \times 0.5 \approx -1.36\%$。

表9.4　不同收入群体的影响差异

变量	低收入群体		中等收入群体		高收入群体	
	（1）	（2）	（3）	（4）	（5）	（6）
固定效应结果						
低收入群体优势溢价	−1.404 （1.544）	−1.423 （1.551）				
中等收入群体优势溢价			−3.255 ** （1.324）	−2.862 ** （1.367）		
高收入群体优势溢价					−5.459 *** （1.512）	−4.602 ** （2.128）
个体受教育年限	−0.026 （0.036）	−0.024 （0.038）	−0.047 ** （0.024）	−0.049 ** （0.024）	0.121 ** （0.054）	0.122 ** （0.054）
个体受教育年限×地区优势溢价		0.021 （0.165）		−0.173 （0.124）		−0.175 （0.314）
性别	−0.355 （0.258）	−0.355 （0.258）	0.209 （0.158）	0.198 （0.158）	−0.282 （0.378）	−0.287 （0.379）
年龄	−0.061 *** （0.016）	−0.061 *** （0.016）	−0.030 *** （0.011）	−0.031 *** （0.011）	−0.041 （0.027）	−0.042 （0.027）
婚姻状况	−1.333 *** （0.511）	−1.338 *** （0.512）	0.134 （0.292）	0.161 （0.294）	0.710 （0.692）	0.698 （0.692）
家中土地面积	−0.248 *** （0.054）	−0.248 *** （0.054）	−0.124 *** （0.027）	−0.123 *** （0.027）	−0.110 ** （0.056）	−0.105 * （0.056）
家人健康状况	−0.443 ** （0.209）	−0.443 ** （0.209）	−0.316 ** （0.160）	−0.308 * （0.160）	−0.133 （0.501）	−0.112 （0.498）
孩子个数	−0.273 （0.167）	−0.274 * （0.167）	0.079 （0.119）	0.099 （0.120）	0.669 ** （0.300）	0.669 ** （0.300）
常数项	−5.088 *** （0.495）	−5.091 *** （0.496）	−3.174 *** （0.320）	−3.146 *** （0.321）	−2.050 *** （0.536）	−2.010 *** （0.536）
截距随机效应检验						
$Var(u_{0j})$	2.176 ** （0.998）	2.176 ** （0.998）	1.463 *** （0.505）	1.476 *** （0.507）	0.817 ** （0.423）	0.807 ** （0.419）
似然比（LR）检验卡方值	81.40 ***	81.07 ***	221.66 ***	223.60 ***	22.05 ***	21.80 ***
样本量	3219	3219	2576	2576	335	335

注：括号内数据为标准误，* p<0.1，** p<0.05，*** p<0.01。

资料来源：笔者利用 Stata 软件回归整理。

四、主要结论和启示

生活在不同地区的个体可能由于地区环境因素的差异而存在不同的地区优势溢价，这种地区优势溢价由地区环境因素或地域性特殊优势所决定而并非取决于个人特征或后天努力，本质上是一种机会不平等，不利于共同富裕的实现。本章沿袭米兰诺维奇（2015）分析国别之间公民优势溢价的思路，验证了中国各省份地区优势溢价的存在性并对溢价水平进行了估算，在此基础上利用多层线性模型进一步考察了劳动力个体所在省份的优势溢价对其迁移决策的影响。这项研究为地区优势溢价、机会不平等及人口流动领域文献提供了新视角的补充证据，为我国促进区域协调发展和劳动力要素特别是人才资源的流动配置提供了有益启示。

主要研究发现为：（1）中国总体收入不平等中有 1/3 左右来自省份间贡献，生活在两个不同省份的居民个体之间存在由地区差异导致的机会不平等，从而形成地区优势溢价，这意味着个体出生在一个"好"的省份将获得更高的地区优势溢价。进一步的测算结果表明，我国不同省份个体拥有的相对溢价水平和绝对溢价水平均呈现出较大差异，北京、上海、浙江、江苏、天津五省居民的地区优势溢价最高，并且不同收入群体所掌握的地区优势溢价也具有较大差异。地区优势溢价水平的高低体现了不同省份居民的地域性优势或劣势的差异，这为加大对地域性劣势省份的政策扶持从而缓解机会不平等提供了经验依据。（2）劳动力所在省份的地区优势溢价对劳动力迁移决策具有显著影响。在其他条件保持不变且流动与不流动概率相当时，本省份地区优势溢价每增加 1%，劳动力跨省流动到外省工作的概率将下降 0.78%，跨省流动相对不跨省流动的机会比变为原来的 0.97 倍，这意味着地区优势溢价较高省份的劳动力越愿意留在本省而不愿意到地区优势溢价更低的其他省份工作，地区优势溢价较高省份对原本居住在此地的劳动力具有较强的空间捆绑效应。进一步地，将中心化处理后的个体受教育年限与地区优势溢价的交互项加入回归发现,当劳动者个体受教育程度处于样本平均受教育水平时,本省的地区优势溢价每上升1%,劳动力跨省流动到外省工作的概率将下降0.66%。依据标准差划分高、低学历劳动者及高、低地区优势溢价的分析表明,本地优势溢价每提高1%,则导致高学历劳动者跨省流动可能性降低0.84%、低学历劳动者跨省流动可能性降低0.48%,这意味着与低学历劳动者相比,高学历劳动者对地区优势溢价的变动更加敏感。这进一步印证了地区优势溢价较高省份对本地人才资源的绑定效应,地区优势溢价导致的机会不平等不利于先发地区劳动力要素的流动配置。(3)针对不同收入群体的分析表明,各收入群体本地优势溢价每增加1%,对低收入劳动者的迁移决策没有显著影响,但使中、高收入群体劳动力跨省流动务工的概率分别下降0.81%和1.36%,中、高收入群体劳动力更愿意留在地区优势溢价更高的本省,低收入群体劳动力则由于本身所能获取的地区优势溢价较低而并没有留在本省工作的显著意愿。

地域性差异会造成地区之间个体的机会不平等,政府应通过公共政策干预努力消解这种由地域性优势而非个体特征或努力程度所决定的地区优势溢价,促进共同富裕。当个体不可控的环境因素影响到个人成就时,机会平等就要求补偿人们在环境上的差异①,而干预补偿主要靠政府的制度供给,这意味着区域协调的共同富裕离不开政府作用的发挥。第一,要从区域协调发展、促进共同富裕的全局来考虑有关政策安排,转移支付政策或其他补偿性优惠政策的实施应更加注重向地区优势溢价较低水平的后发省份倾斜,着力通过基本公共服务和社会保障的倾斜性政策逐步缓解或抵消由地区环境因素给个体造成的机会不平等,防范化解由地区优势溢价衍生的地域歧视等问题,为促进区域协调和共同富裕营造一个更加公平的发展环境。第二,由于地区优势溢价高的省份对本地劳动力和人才资源具有绑定效应,一方面可通过完善中国特色的对口支援机制,以政策引导的方式鼓励先发地区的人才资源向地域

---

① Roemer,J.E.,*Equality of Opportunity*,Cambridge:Harvard University Press,1998.

性劣势省份流动,进一步织牢织密对口支援结对网络,另一方面以逆向思维鼓励地域性劣势(地区优势溢价低)省份的劳动力向先发地区流动,更好地妥善解决劳动力转移及基本公共服务均等化享受的体制机制障碍,因为均衡发展并非是 GDP 或人口在空间上的均等分布,而是经济与人口的协调均衡。第三,由于高学历人才更愿意留在地区优势溢价更高的本省份,因此地区优势溢价较低的地域性劣势省份更加需要因地制宜地制定人才政策,突出政策特色,擦亮城市名片,实施更有针对性的人才引进措施。总而言之,要着力消除地区优势溢价,促进更加公平的发展,同时努力实现劳动力及人才资源在更大市场范围内的流动配置,才有利于推动全国统一大市场建设和促进共同富裕。

第十章　共同富裕的惯常测度：富裕性、
共享性与可持续性

　　既有研究惯常从富裕性、共享性和可持续性三个维度测算共同富裕程度，这是因为这三个维度得到众多学者的支持。本章采用与既有研究相一致的考察维度，从富裕性、共享性与可持续性三大维度构建共同富裕评价体系，利用熵权逼近理想解排序法测算 2010—2020 年中国共同富裕水平，分析其动态演进、区域差异及来源，并利用障碍度模型识别现阶段共同富裕的主要障碍因子。这是本书的一项补充性工作，本章的测度结果可与同样从这三个维度测算共同富裕程度的其他文献结果进行比较。

第一节　指标体系、数据来源和测度方法

一、指标体系

　　结合党的二十大报告和既有研究，我们简要阐述富裕、共享、可持续与共同富裕的内在联系①。第一，富裕是共同富裕的基础性逻辑。"富裕"属于生

---

① 张磊、黄世玉、刘长庚：《中国共同富裕的理论逻辑、事实格局及突破路径》，《经济学家》2023 年第 9 期。

产力范畴,是"共享"的关键前提,为成果共享提供坚实的物质基础。共同富裕是对生产力发展水平的更高要求。社会主义优越于资本主义的根本表现就在于:社会主义生产力可以以旧社会所没有的速度发展。按照党中央设定的2035年和2050年远景目标,我国人均收入水平需先追赶上中等发达国家、推进共同富裕取得实质性进展,再追赶上发达国家水平、基本实现共同富裕,其中就包含了对富裕的更高水平、更高层次要求。第二,共享是共同富裕的主导性逻辑。有别于私有制的资本主义体制,以公有制为主体的社会主义市场经济体制始终坚持人民主体观。中国特色社会主义坚持以人民为中心的发展思想,推进高质量发展,同时确保发展成果由人民共享,促进全体人民共同富裕。与此形成鲜明对比的是,资本主义坚持以资本为中心,所追求的目标是使垄断资产阶级获得更多剩余价值和高额利润,其资本逻辑尽管能够实现社会生产力的快速增长,但在分配层面则存在劳动与资本分配关系的严重对立,加剧社会分化。共享意味着共同富裕必须实现生产增长与公平分配的有机结合。同时,共享必须统筹需要和可能,坚持尽力而为、量力而行,避免落入高福利陷阱。总之,共享是中国特色社会主义富裕与资本主义富裕的重要区别。第三,可持续是共同富裕的决定性逻辑。共同富裕本质上要求实现可持续的高质量发展。一是生产方式的可持续发展。共同富裕不仅是代内富裕,也是代际富裕。绿色发展要求考虑代际之间的生存环境福利,将生态文明纳入共同富裕的框架是实现可持续的生态富裕的基本要求。空间生产方式要求实现是城乡、区域等空间范围的均衡富裕,这意味着共同富裕必须注重提高协调性、平衡性、包容性。二是生产关系的可持续发展。从社会治理的角度看,国家能力的增强会促进更加可持续的发展模式的形成。社会成员通过社会组织的充分协商能够建立维持互利性妥协和相对稳定的机制,并逐渐形成一种"合作型"社会生产关系,实现社会长期稳定发展。

遵循维度科学性、数据可得性以及指标可比性的原则,我们从富裕性、共享性与可持续性维度构建共同富裕水平评价指标体系(李金昌和余卫,2022)。(1)富裕性维度:以收入、消费、投资、效率、开放与创新等六个二级指标衡量富裕水平。其中,收入直接反映富裕程度,消费间接刻画富裕水平,二者可以共同反映居民生活质量提高情况;过去一段时期投资对中国经济增长起到重要贡献;开放和创新是推动经济增长、创造更多社会财富的两个重要驱动力,共同富裕要求提高中国在国际市场上的获利能力,而科技创新可以提高全要素生产率和劳动生产率,为国民财富增长提供内在动力。(2)共享性维度:围绕共享主体的全民性和共享领域的全面性,选取基本公共服务、基础设施建设以及社会保障三个二级指标衡量共享水平。人力资本是一个国家经济能否可持续增长的一个基本因素,也是一国财富状况的最终决定因素之一。根据新古典增长理论,学校受教育年限可作为人力资本的代表,人力资本对人均 GDP 的贡献与资本和劳动数量同等重要,内生增长理论也表明技术进步取决于储蓄,特别是致力于对人力资本的储蓄。(3)可持续性维度:参考陈丽君等(2021)选取绿色发展、协调发展与社会治理三类二级指标衡量可持续性水平。有研究发现,城乡收入差距与经济增长之间存在明显的负相关关系,城乡收入差距过大会导致财富水平较低的农村居民无法进行人力资本投资,从而制约人力资本的提高,影响长期经济增长。① 城镇登记失业率影响社会稳定;经济结案数与收案数之比可衡量各地区的法治水平,一套好的法律制度可以限制政府官僚化,形成良好的制度和政策供给,塑造优良的经济发展环境,这些因素影响着个人和企业的生产性活动,对可持续发展至关重要。具体指标体系见表10.1。

---

① 钞小静、沈坤荣:《城乡收入差距、劳动力质量与中国经济增长》,《经济研究》2014 年第 6 期。

表 10.1 共同富裕测度指标体系

一级指标	二级指标	三级指标	指标属性	指标权重
富裕性	居民收入	人均 GDP(元/人)	+	0.0405
		居民人均可支配收入(元/人)	+	0.0411
		城镇单位就业人员平均工资(元)	+	0.0412
	居民消费	居民消费水平指数(%)	+	0.0383
		食品支出总额占个人消费支出总额的比重(%)	−	0.0326
	社会投资	全社会固定资产投资占 GDP 比重(%)	+	0.0331
	经济效率	全员劳动生产率(元/人)	+	0.0412
	对外开放	外商直接投资占 GDP 比重(%)	+	0.0424
	科技创新	研发经费支出占 GDP 比重(%)	+	0.0418
共享性	基本公共服务	人均受教育年限(年)	+	0.0387
		每万人口卫生技术人员数(张)	+	0.0397
		人均拥有公共图书馆藏书量(册)	+	0.0411
		人均财政住房保障支出(元)	+	0.0420
	社会保障	城镇职工基本医疗保险参保人数(万人)	+	0.0421
		城镇职工基本养老保险参保人数(万人)	+	0.0408
		失业保险参保人数(万人)	+	0.0431
	基础设施建设	人均互联网宽带接入端口数(个)	+	0.0362
		人均邮政网点处(处)	+	0.0426
可持续性	绿色发展	森林覆盖率(%)	+	0.0379
		生活垃圾无害化处理率(%)	+	0.0335
	协调发展	劳动者报酬占 GDP 比重(%)	+	0.0312
		第三产业增加值占 GDP 比重(%)	+	0.0386
		城乡收入倍差(%)	−	0.0263
	社会治理	城镇登记失业率(%)	−	0.0361
		每万人拥有登记社会组织数(个)	+	0.0387
		结案数与收案数之比(%)	+	0.0391

注:指标属性+(−)表示在设定衡量方式下该测度指标为正(负)向指标,越大(小)越优。指标权重通过后文介绍的方法赋予。

资料来源:笔者根据共同富裕的富裕性、共享性、可持续性逻辑整理。

二、数据和方法

本书的数据主要来源于《中国统计年鉴》和各省份统计年鉴。我们剔除数据缺失较严重的西藏及港澳台地区,最终收集了 2010—2020 年我国 30 个省级行政区①的相关数据,个别年份数据缺失用线性插值法补齐。

本书采用熵权逼近理想解排序法来测度共同富裕水平。熵权法能够反映同一指标之间的大小程度以及排序水平,其大小取决于数据本身的离散程度,使评价结果更加客观。熵权法虽然可以克服主观赋权法存在的缺陷,但不能解决因某个指标的数值离散程度较大导致的指标权重偏误问题,容易造成评价结果过于依赖指标选取与数据准确性。故本书在熵权法的基础上,通过引入欧式距离测量各指标方案与最优(劣)解之间的相对距离得到评价指数,充分利用数据信息、减小数据信息的损失,并降低样本容量限制与参考序列选择对结果的干扰,以更准确地测度中国共同富裕水平的变动趋势与地区差异。

第二节　共同富裕的动态演进及区域差异

一、中国共同富裕总体水平及子维度分析

(一)全国共同富裕总体水平及子维度水平

2010—2020 年我国 30 个省份的共同富裕水平测算结果如表 10.2 所示。图 10.1 是 2010—2020 年中国共同富裕总体水平以及三个子维度水平的变化趋势。观测期间中国共同富裕总体水平由 2010 年的 0.698 上升至 2020 年的 0.809,年均增长率为 1.487%,说明我国共同富裕总体上呈现良好的发展态势。从富裕性、共享性以及可持续性三个子维度层面来看,三者走势基本相

---

①　由于数据限制,未覆盖西藏和港澳台地区。

同,均呈现稳定上升态势。具体来看,富裕性维度由 2010 年的 0.680 上升到 2020 年的 0.781,年均增长 1.394%,表明这些年来伴随中国经济的快速发展,居民收入及生活水平基本实现同步富裕;共享性维度处于较低水平,由 2010 年的 0.630 增长到 2020 年的 0.774,考察期内年均上升 2.080%,这意味着我国共享不充分问题较为突出但在改善;可持续性维度在考察期内始终处于较高水平,由 2010 年的 0.802 上升到 2020 年的 0.881,年均增长 0.944%,呈现小幅增长态势,显示中国经济发展的可持续性表现向好。

表 10.2　2010—2020 年中国各省份共同富裕水平

省份	2010 年	2011 年	2012 年	2013 年	2014 年	2015 年	2016 年	2017 年	2018 年	2019 年	2020 年	均值	排名
北京	0.859	0.861	0.867	0.881	0.880	0.892	0.911	0.909	0.912	0.921	0.918	0.892	1
上海	0.807	0.818	0.830	0.843	0.844	0.860	0.874	0.897	0.892	0.896	0.901	0.860	2
广东	0.792	0.796	0.814	0.836	0.843	0.856	0.870	0.881	0.885	0.893	0.900	0.851	3
浙江	0.767	0.779	0.799	0.820	0.825	0.847	0.853	0.876	0.886	0.899	0.901	0.841	4
江苏	0.756	0.769	0.786	0.812	0.825	0.836	0.847	0.859	0.870	0.882	0.888	0.830	5
辽宁	0.736	0.749	0.766	0.779	0.784	0.788	0.791	0.793	0.798	0.801	0.801	0.781	6
山东	0.715	0.725	0.741	0.761	0.770	0.781	0.792	0.809	0.816	0.827	0.835	0.779	7
天津	0.731	0.742	0.749	0.767	0.760	0.776	0.792	0.796	0.807	0.809	0.820	0.777	8
福建	0.710	0.724	0.743	0.751	0.761	0.776	0.786	0.801	0.809	0.813	0.817	0.772	9
海南	0.669	0.704	0.732	0.723	0.726	0.747	0.755	0.762	0.774	0.783	0.783	0.742	14
广西	0.675	0.677	0.693	0.701	0.719	0.738	0.750	0.765	0.771	0.783	0.791	0.733	20
河北	0.675	0.677	0.687	0.701	0.723	0.733	0.743	0.750	0.765	0.776	0.774	0.728	23
东部地区	0.741	0.752	0.767	0.781	0.788	0.803	0.814	0.825	0.832	0.840	0.844	0.799	—
湖北	0.687	0.696	0.710	0.734	0.747	0.767	0.783	0.794	0.804	0.809	0.808	0.758	10
山西	0.662	0.675	0.689	0.706	0.715	0.743	0.746	0.746	0.760	0.773	0.780	0.727	24
河南	0.672	0.684	0.698	0.710	0.730	0.747	0.757	0.768	0.780	0.787	0.796	0.739	15
湖南	0.671	0.683	0.697	0.710	0.723	0.740	0.752	0.768	0.780	0.798	0.807	0.739	16
吉林	0.678	0.686	0.695	0.727	0.725	0.747	0.755	0.765	0.771	0.783	0.784	0.738	17
内蒙古	0.685	0.695	0.706	0.718	0.731	0.742	0.754	0.763	0.765	0.772	0.778	0.737	18

续表

省份	2010年	2011年	2012年	2013年	2014年	2015年	2016年	2017年	2018年	2019年	2020年	均值	排名
黑龙江	0.674	0.683	0.699	0.709	0.715	0.737	0.754	0.766	0.776	0.785	0.804	0.737	19
安徽	0.652	0.673	0.690	0.700	0.717	0.736	0.741	0.758	0.771	0.784	0.793	0.729	22
江西	0.685	0.701	0.692	0.707	0.707	0.732	0.739	0.754	0.760	0.777	0.786	0.731	21
中部地区	0.674	0.686	0.697	0.714	0.723	0.743	0.754	0.765	0.774	0.785	0.793	0.737	—
四川	0.679	0.689	0.706	0.718	0.732	0.745	0.757	0.778	0.796	0.811	0.819	0.748	11
陕西	0.683	0.692	0.710	0.725	0.736	0.753	0.766	0.775	0.785	0.797	0.801	0.747	13
重庆	0.683	0.698	0.714	0.719	0.737	0.746	0.761	0.778	0.787	0.803	0.799	0.748	12
宁夏	0.663	0.660	0.677	0.705	0.725	0.733	0.755	0.761	0.760	0.762	0.769	0.725	25
新疆	0.669	0.674	0.698	0.703	0.716	0.732	0.743	0.752	0.755	0.753	0.755	0.723	26
青海	0.662	0.676	0.689	0.694	0.711	0.718	0.731	0.745	0.757	0.762	0.770	0.720	27
云南	0.645	0.654	0.672	0.687	0.692	0.710	0.729	0.744	0.757	0.766	0.768	0.711	28
贵州	0.627	0.645	0.661	0.677	0.696	0.711	0.721	0.738	0.748	0.756	0.750	0.703	29
甘肃	0.641	0.648	0.649	0.665	0.686	0.716	0.728	0.736	0.743	0.748	0.751	0.701	30
西部地区	0.661	0.671	0.686	0.699	0.714	0.729	0.743	0.756	0.765	0.773	0.776	0.725	—
全国	0.698	0.708	0.723	0.737	0.747	0.763	0.775	0.787	0.795	0.804	0.809	0.759	—

资料来源:笔者根据《中国统计年鉴》和各省份统计年鉴数据进行测算整理。

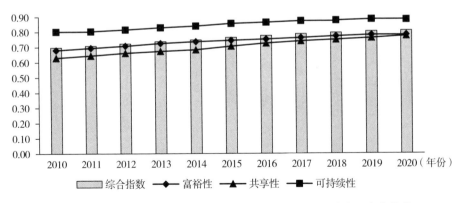

图10.1　2010—2020年中国共同富裕综合水平及子维度水平变化趋势

资料来源:根据测算结果绘制。

（二）各区域共同富裕水平的变化趋势

图 10.2 显示了三大区域 2010—2020 年共同富裕水平的变化趋势。东部地区、中部地区、西部地区共同富裕的走势基本相同,均呈现稳步上升态势,年均增长率依次为 1.310%、1.622%、1.617%,东部地区年均增速比中西部稍慢,而中部地区与西部地区几乎同步增长,说明区域间共同富裕水平有收敛趋势。其主要原因是,改革开放以来"先富地区"集中于东部地区,其经济、社会、文化与生态文明等发展具有相对优势;而西部地区由于自然地理条件和经济社会环境限制,地区发展缓慢,但随着西部大开发、"一带一路"倡议等区域协调发展战略的实施,其共同富裕水平稳定攀升。从区域差异看,2010—2020年东部地区共同富裕水平由 0.741 提升至 0.844,始终高于中西部地区;中部地区共同富裕水平略高于西部地区,但与东部地区相比还有较大差距。三大区域的共同富裕水平呈现出"东部>中部>西部"的格局。这表明我国确实存在长期历史开发过程中所形成的由沿海向内地、由东部地区向中西部地区的发展递降差,需通过区域协调促进各地区共同发展,进一步提高共同富裕的平衡性、协调性和整体性。

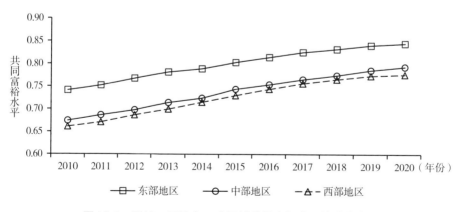

图 10.2 2010—2020 年三大区域共同富裕水平的演变态势

资料来源:根据测算结果绘制。

接下来我们分析三大区域在富裕性、共享性以及可持续性三个子维度发展中存在的差异,从而发现区域共同富裕推进过程中的问题和短板,有利于扬长避短。图 10.3 显示了东部地区、中部地区、西部地区三大区域共同富裕推进过程子维度的发展特征。东部地区、中部地区、西部地区共同富裕水平的三个一级指标走势存在很强的相似性:其一,可持续性水平均值属三个指数中最高、位于最外圈,富裕性次之,共享性最小则位于最内圈,这意味着三大区域都

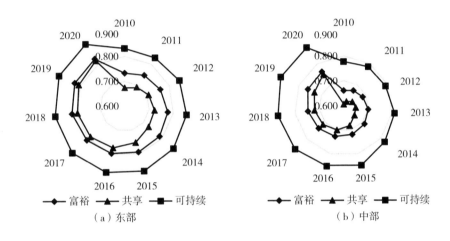

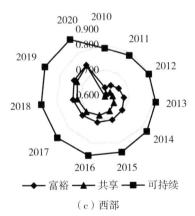

图 10.3　2010—2020 年各区域共同富裕水平子维度特征

资料来源:根据测算结果绘制。

存在共享不充分问题；其二，在时间趋势上，富裕性、共享性、可持续性指数都呈向外扩展趋势，并且东部地区、中部地区、西部地区均是可持续性扩展幅度最小、共享性扩展幅度最大；其三，可持续性水平变化最为平稳，东部地区、中部地区、西部地区数值分别为维持在 0.832—0.896、0.778—0.878、0.786—0.863。

东部地区在三大区域中共同富裕水平三个一级指标的分布较为均匀，中部地区、西部地区则均有明显的分层，表明中部地区、西部地区的富裕性和共享性指数相对于可持续性水平来说存在显著的差距，需着重促进全体人民共创共建共享。

（三）各省份共同富裕水平分析

根据表 10.2，2010—2020 年各省均值波动范围在［0.701，0.892］，且多集中于 0.7 附近，存在显著的区域差异。值得注意的是，样本考察期间共同富裕水平均值全国排名前 5 的省份与靠后的 25 个省份之间的差距逐渐增大，全国及各区域内部省份之间共同富裕水平的两极分化现象突出。进一步地，图 10.4 展示了 2020 年中国 30 个省份共同富裕水平及排名，可以发现 2020 年中国共同富裕综合指数介于 0.750—0.918，均值（E）为 0.808，标准差（SD）为 0.002。根据魏敏和李书昊（2018）[①]的研究，将综合水平大于 E+0.5SD 即 0.809 的省份称为领先省份；将综合水平小于 E−0.5SD 即 0.806 的省份称为落后省份；将综合水平大于等于 0.808 小于 0.809 的省份称为进步省份；将综合水平小于 0.808 大于 0.806 的省份称为追赶省份，表 10.3 为四种类型省份的区域分布。

---

① 魏敏、李书昊：《新时代中国经济高质量发展水平的测度研究》，《数量经济技术经济研究》2018 年第 11 期。

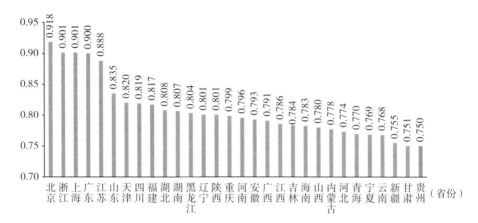

图 10.4　2020 年各省份共同富裕水平及排名

资料来源:根据测算结果绘制。

表 10.3　2020 年共同富裕水平四种类型省份的区域分布

类型	东部地区	中部地区	西部地区
领先省份	北京、上海、浙江、广东、江苏、山东、天津、福建	—	四川
进步省份	—	湖北	—
追赶省份	—	湖南	—
落后省份	辽宁、海南、河北	黑龙江、河南、安徽、江西、吉林、山西、内蒙古	陕西、重庆、广西、青海、宁夏、云南、新疆、甘肃、贵州

资料来源:根据测算结果整理。

　　共同富裕水平达到均值 0.808 以上的领先省份有 9 个,从高到低分别是北京(0.918)、上海(0.901)、浙江(0.901)、广东(0.900)、江苏(0.888)、山东(0.835)、天津(0.820)、四川(0.819)、福建(0.817)。这些省份在追求富裕的同时,可持续的均衡发展、充分共享方面成绩也比较亮眼。共同富裕水平达到 0.808 的进步省份有 1 个,即湖北。共同富裕水平大于 0.806 的追赶省份有 1 个，即湖南。其他 19 个落后省份共同富裕水平小于 0.806，占考察省份总数的 63.333%，这些省份的共同富裕水平与其他地区差距较大，仍有很大的提升空间。此外，还可以发现，高达 88.889% 的领先省份位于东部地区，占东部省份数量的 72.727%；中部除湖北属于进步型、湖南属于追赶型，其他 7 省均属于落后型；西部地区除四川属于领先型，其他 9 省均属于落后地区。因此，当前中国共同富裕水平存在显著的区域不平衡，东部地区进程较好，中西部地区进程落后。缩小区域间和区域内省份共同富裕水平差异，是中国整体迈向共同富裕所面对的严峻挑战。

进一步对比分析各省共同富裕水平子维度指数，能够发现各省份在共同富裕进程中的优势和短板，从而为各地区进一步推动共同富裕提供科学指导。表 10.4 汇报了全国 30 个省份 2020 年共同富裕子维度水平的测算结果。（1）富裕性。2020 年全国富裕水平均值为 0.781，低于共同富裕水平均值，其中位于均值以上的省份有 11 个，其余 19 个省份共同富裕水平位于均值以下。富裕水平最高的北京与最低的甘肃之间的倍差为 1.342，根据考察期内甘肃和北京富裕指数年均增长率的相对差别，甘肃大概仍需 48 年即半个世纪左右的时间才能追赶上北京，这说明我国地区间富裕进程存在较大差距。北京和上海作为中国的经济文化交流中心，其富裕水平较高。但地区间存在较为明显的分层现象，相比于京沪粤苏浙津，其他地区相对贫穷。（2）共享性。2020 年全国共享水平均值为 0.774，低于富裕水平均值。具体来看，共享水平位于均值以上的省份有 9 个，分别是广东、江苏、上海、浙江、北京、四川、山东、辽宁、天津，占比只有 30%，其余省份经济发展成果有待更多地共享。共享水平最高的广东与最低的贵州之间的倍差为 1.302，根据考察期内贵州和广东共享指数年均增长率的相对差别，贵州仍需大概 35 年的时间才能追赶上广东。（3）可持续性。2020 年全国可持续水平均值为 0.881，高于全国共同富裕综合水平均值，这意味着在中国实现共同富裕进程中，可持续发展水平相对较好。具体来看，13 个省份可持续发展水平指数位于均值以上，占比 43.333%。

可持续水平最高的海南与最低的河北之间的倍差为 1.149,根据考察期内河北和海南可持续指数年均增长率的相对差别,河北很难追赶上海南。相对于富裕性、共享性水平指数,可持续发展的地区差异相对较小。

表 10.4　2020 年各省份共同富裕子维度水平排名

排名	富裕性		共享性		可持续性	
1	北京	0.938	广东	0.901	海南	0.943
2	上海	0.927	江苏	0.897	浙江	0.943
3	江苏	0.881	上海	0.887	北京	0.940
4	浙江	0.881	浙江	0.886	广东	0.926
5	广东	0.878	北京	0.881	广西	0.921
6	天津	0.828	四川	0.818	黑龙江	0.916
7	山东	0.827	山东	0.812	福建	0.911
8	福建	0.803	辽宁	0.811	湖南	0.903
9	陕西	0.791	天津	0.800	安徽	0.887
10	湖北	0.789	黑龙江	0.771	江西	0.886
11	湖南	0.786	重庆	0.769	江苏	0.884
12	重庆	0.781	内蒙古	0.768	湖北	0.884
13	河南	0.778	湖北	0.765	上海	0.882
14	安徽	0.776	陕西	0.763	云南	0.879
15	四川	0.776	吉林	0.757	青海	0.878
16	河北	0.769	河南	0.757	山东	0.877
17	山西	0.769	福建	0.749	吉林	0.873
18	江西	0.762	湖南	0.746	四川	0.872
19	广西	0.739	山西	0.744	甘肃	0.867
20	云南	0.738	河北	0.742	河南	0.867
21	吉林	0.738	宁夏	0.738	辽宁	0.863
22	辽宁	0.737	安徽	0.733	陕西	0.862
23	宁夏	0.736	青海	0.731	重庆	0.861
24	内蒙古	0.734	新疆	0.727	贵州	0.854
25	黑龙江	0.734	广西	0.727	宁夏	0.850
26	贵州	0.725	江西	0.724	新疆	0.848

排名	富裕性		共享性		可持续性	
27	青海	0. 716	海南	0. 714	内蒙古	0. 844
28	新疆	0. 706	云南	0. 704	山西	0. 843
29	海南	0. 702	甘肃	0. 704	天津	0. 839
30	甘肃	0. 699	贵州	0. 692	河北	0. 821

资料来源:根据《中国统计年鉴》和各省份统计年鉴数据进行测算和整理。

二、中国及各区域共同富裕水平的动态核密度估计

图 10. 5 是 2010—2020 年全国及三大区域内部共同富裕水平的动态核密度图,表 10. 5 概括了相应的动态演变特征。根据图 10. 5(a),从波峰的移动来看,全国共同富裕水平分布曲线的主峰位置不断右移,说明全国共同富裕水平不断提升;主峰高度不断提高,宽度收窄,右拖尾延展扩宽,说明共同富裕推进过程中发展不平衡程度正在缩小;且只存在一个主峰,说明没有极化情况。根据图 10. 5(b),从波峰的演变来看,东部地区共同富裕水平的分布曲线主峰位置右移,主峰高度上升,说明东部地区共同富裕水平总体上升。但考察期内主峰形态由"扁而平"变得"尖而窄",且 2014 年后始终存在一个小侧峰,说明东部地区共同富裕两极化趋势越来越明显,但侧峰高度升高、宽度收窄,说明东部地区共同富裕存在区域差异且绝对差异有扩大趋势。根据图 10. 5(c),中部地区共同富裕水平分布曲线主峰位置不断右移,主峰宽度及右拖尾无较大变化,只有一个主峰,不存在区域极化。这与前文对基尼系数的分析一致,说明中部地区共同富裕水平整体上在提高,且绝对差异有缩小的趋势。根据图 10. 5(d),西部地区共同富裕水平分布曲线的主峰先右移、再左移,但总体趋势为右移,且主峰高度不断升高,分布曲线始终存在右拖尾且延展性扩宽,只存在一个主峰,不存在区域极化现象。这说明西部地区共同富裕水平整体提升,绝对差异呈缩小态势。

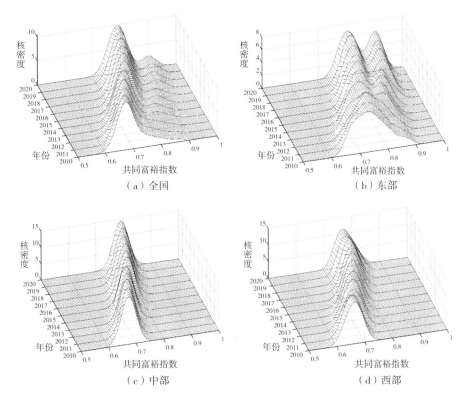

图 10.5 2010—2020 年全国及三大区域共同富裕水平的动态核密度图
资料来源:根据测算结果绘制。

表 10.5 2010—2020 年全国及三大区域共同富裕水平综合指数的动态演变特征

地区	分布位置	主峰分布态势	分布延展性	极化情况
全国	右移	峰值上升,宽度不变	右拖尾,延展扩宽	无极化情况
东部	右移	峰值上升,宽度变窄	右拖尾,延展扩宽	两极分化
中部	右移	峰值上升,宽度不变	右拖尾,延展不变	无极化情况
西部	右移	峰值上升,宽度不变	右拖尾,延展不变	无极化情况

资料来源:根据测算结果整理。

三、中国共同富裕水平差异的空间分解

共同富裕水平差异不仅体现在地区之间,也存在于区域内部。接下来按

照基尼系数及其分解方法对共同富裕程度差异进行分解,分析中国共同富裕空间差异来源。

（一）中国共同富裕水平总体差异测度

为了刻画中国共同富裕水平的总体差异,我们测度了中国共同富裕程度的基尼系数(见图 10.6)。可以看出,中国共同富裕水平的总体基尼系数介于 0.0298—0.0378,均值为 0.0332;总体差异在波动中呈现下降趋势,年均降低 2.25%。这说明中国共同富裕水平存在均衡化趋势。值得注意的是,尽管中国共同富裕水平地区差异呈缩小态势,但近年来该态势日益趋缓,在均衡和充分双重目标下共同富裕仍然任重道远。基于区域和结构双重视角对中国共同富裕水平差异的来源进行剖析,有助于把握当前推进共同富裕的痛点难点,从重点领域精准施策,增强共同富裕的可持续性。

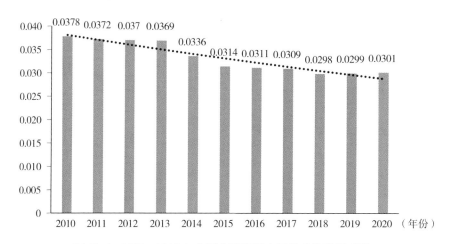

图 10.6　2010—2020 年中国共同富裕水平的总体基尼系数

资料来源:笔者测算绘制。

（二）区域内和区域间差异

表 10.6 和图 10.7 反映了 2010—2020 年中国东部地区、中部地区、西部地区区域内和区域间共同富裕程度差异的演变态势。可以看出,三大地区共

同富裕水平的基尼系数存在一定的差别。样本期内东部地区共同富裕的基尼系数一直处于最高水平,均值高达 0.0373;其次为西部地区与中部地区,后者一直处于最低水平,均值分别为 0.0140、0.0077。就变化态势来说,东部地区、中部地区共同富裕的基尼系数呈波动下降态势,年均下降率分别为 2.13%、1.31%,而西部地区区域内差异在波动中有所增长,年均增长 0.31%。由此可见,共同富裕水平的不平衡问题在东部地区尤为突出,而西部地区共同富裕程度不高且内部差异存在扩大倾向。东部地区的基尼系数较大的主要原因在于,北京、上海、广东、浙江、江苏 5 个省份的共同富裕水平远大于其他东部 7 省。

表 10.6　2010—2020 年中国区域内和区域间共同富裕基尼系数的演变态势

年份	东部	中部	西部	东—中部	东—西部	中—西部
2010	0.0423	0.0089	0.0159	0.0492	0.0578	0.0148
2011	0.0402	0.0073	0.0158	0.0479	0.0583	0.0157
2012	0.0382	0.0053	0.0178	0.0495	0.0575	0.0147
2013	0.0405	0.0077	0.0155	0.0484	0.0571	0.0146
2014	0.0371	0.0084	0.0084	0.0446	0.0506	0.0132
2015	0.0359	0.0065	0.0118	0.0403	0.0487	0.0127
2016	0.0365	0.0080	0.0119	0.0406	0.0466	0.0121
2017	0.0369	0.0083	0.0119	0.0405	0.0454	0.0122
2018	0.0344	0.0086	0.0126	0.0384	0.0438	0.0130
2019	0.0341	0.0077	0.0156	0.0360	0.0442	0.0160
2020	0.0341	0.0078	0.0164	0.0351	0.0448	0.0172
均值	0.0373	0.0077	0.0140	0.0428	0.0504	0.0142

资料来源:笔者根据《中国统计年鉴》和各省份统计年鉴数据进行测算。

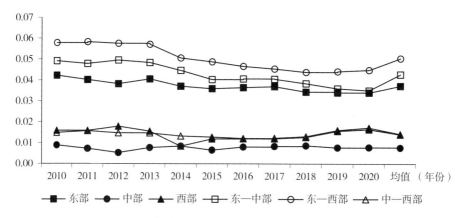

图 10.7　2010—2020 年中国区域内和区域间共同富裕基尼系数的演变态势

资料来源:根据测算结果绘制。

区域间共同富裕程度的基尼系数呈现较为明显的分层状态。具体分析,东—西部地区共同富裕水平的区域间基尼系数最大,均值为 0.0504;其次为东—中部地区,均值为 0.0428;中—西部地区共同富裕的区域间基尼系数最低,均值仅为 0.0142。在变化态势上,仅东—中部地区和东—西部地区共同富裕的区域间基尼系数在波动中呈明显下降趋势,但速度有所不同。东—中部地区共同富裕的基尼系数下降速度稍快,年均递减 3.32%;东—西部地区次之,递减率为 2.52%。可以看出,东部地区和中部地区、西部地区之间的差异均较大,但差异在波动中均不断下降,意味着东部地区与中西部地区共同富裕发展的均衡性虽较弱但在增强。而中—西部地区共同富裕的基尼系数呈现不规则的 N 型波动趋势,年均增长 1.51%;2016—2020 年继续上升达到顶峰为 0.0172,表明中—西部地区共同富裕水平的均衡性在弱化。结合前文可知,东部地区共同富裕水平始终显著高于中部地区、西部地区,这说明我国共同富裕格局差异主要在于中部地区、西部地区与东部地区的差距过大,因此稳步提升中部地区、西部地区共同富裕水平是强化我国整体共同富裕的平衡性、协调性的关键。

(三)共同富裕水平差异空间来源分解

表10.7和图10.8展示了2010—2020年中国共同富裕水平空间差异来源的分解结果。样本考察期内,区域间差异贡献一直处于最高水平,均值高达69.06%;其次为区域内差异,均值为24.78%;超变密度的贡献水平最低,均值仅为6.16%。就变化态势而言,区域间的贡献率在波动中呈小幅递减趋势,年均递减0.85%;区域内差异和超变密度的贡献率均在波动中提高,后者尤为明显,年均增长率7.57%。因此,中国共同富裕程度差异主要来源于区域间差异,但区域内差异和超变密度对共同富裕均衡化的挑战也需引起重视。

表10.7 2010—2020年中国共同富裕水平差异来源分解

年份	区域内	贡献率(%)	区域间	贡献率(%)	超变密度	贡献率(%)
2010	0.0093	24.64	0.0269	71.09	0.0016	4.27
2011	0.0088	23.67	0.0268	72.06	0.0016	4.27
2012	0.0085	22.95	0.0265	71.62	0.0020	5.42
2013	0.0089	24.02	0.0262	70.79	0.0019	5.19
2014	0.0083	24.57	0.0234	69.54	0.0020	5.89
2015	0.0076	24.34	0.0225	71.57	0.0013	4.09
2016	0.0079	25.30	0.0214	68.81	0.0018	5.89
2017	0.0080	25.80	0.0206	66.73	0.0023	7.47
2018	0.0076	25.59	0.0198	66.63	0.0023	7.77
2019	0.0077	25.85	0.0196	65.55	0.0026	8.60
2020	0.0078	25.90	0.0196	65.25	0.0027	8.86
均值	0.0082	24.78	0.0230	69.06	0.0020	6.16

资料来源:笔者根据《中国统计年鉴》和各省份统计年鉴数据进行测算。

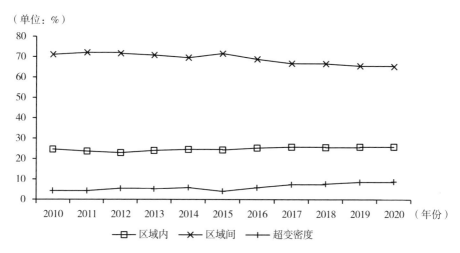

（单位：%）

图 10.8　2010—2020 年中国共同富裕程度空间差异贡献来源

资料来源:根据测算结果绘制。

为进一步将中国共同富裕程度非均衡的空间来源归到三大地区层面,我们进一步分解了共同富裕的区域内和区域间差异贡献(见表 10.8 和图 10.9)。在区域内差异中,东部地区共同富裕程度差异对全国总体非均衡的贡献最大,均值达到 15.68%;其次为西部地区和中部地区,均值依次为 5.84%、3.26%。三大地区的区域内差异贡献均比较稳定,变化幅度不大。在区域间差异中,东—西部地区共同富裕程度的地区差异对全国总体非均衡的贡献最大,均值高达为 32.41%;其次为东—中部地区,贡献率均值为 27.48%;中—西部地区共同富裕程度的地区间差异贡献最小,贡献率均值仅为 9.17%。其中,东—中部地区和东—西部地区共同富裕程度差异贡献率呈递减趋势,年均递减率依次为 1.95%、1.13%;中—西部地区共同富裕程度差异存在提高态势,年均增长率为 2.95%。综合来看,中国共同富裕程度的非均衡性主要来源于区域间,其中东—西部地区区域间差异贡献度最高,其次为东—中部地区,区域内非均衡性在东部地区最大。

表 10.8　2010—2020 年中国共同富裕水平区域内及区域间差异贡献的演变态势

年份	东部	中部	西部	东—中部	东—西部	中—西部
2010	15.54	3.27	5.83	28.69	33.75	8.65
2011	15.03	2.72	5.92	28.32	34.47	9.28
2012	14.30	1.97	6.68	29.14	33.84	8.64
2013	15.28	2.90	5.84	28.51	33.65	8.64
2014	16.91	3.83	3.83	28.63	32.44	8.48
2015	16.11	2.92	5.31	28.33	34.29	8.95
2016	16.36	3.59	5.35	28.15	32.28	8.38
2017	16.67	3.74	5.39	27.54	30.88	8.31
2018	15.81	3.97	5.81	26.87	30.67	9.10
2019	15.36	3.47	7.02	24.55	30.10	10.90
2020	15.13	3.47	7.30	23.56	30.12	11.57
均值	15.68	3.26	5.84	27.48	32.41	9.17

资料来源:笔者根据《中国统计年鉴》和各省份统计年鉴数据进行测算。

（单位：%）

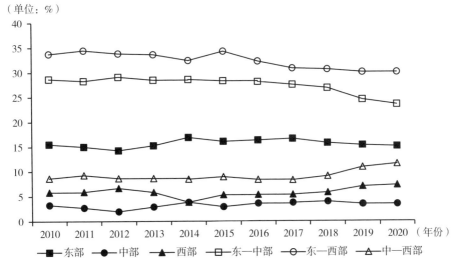

图 10.9　2010—2020 年中国共同富裕程度区域内及区域间差异贡献来源

资料来源:根据测算结果绘制。

总的来说,中国共同富裕程度的非均衡性主要来自区域间差异,但存在小幅递减趋势,其中东—西部地区区域间差异的贡献率最高,其次为东—中部地区。区域内差异对共同富裕程度非均衡性的贡献仅次于区域间,其中东部地区区域内差异的贡献度最大。超变密度对共同富裕程度非均衡性的贡献也呈提高态势。中国共同富裕程度存在明显的地区异质性。

第三节　共同富裕的障碍度分析

本部分参考徐浩等(2022)[①]的方法,采用障碍度法分析制约我国共同富裕进程的障碍因素,并按照障碍度大小对障碍因子进行排序,将各年份排名第一位的障碍因子界定为核心障碍因素,排名第二位的称为主要障碍因素,排名第三位的称为次要障碍因素。

一、中国共同富裕总体进程的障碍度诊断

图 10.10(a)显示了 2010—2020 年我国共同富裕进程障碍度诊断结果。从静态角度看,共享性障碍度均值为 39.25%,是制约我国共同富裕进程的核心障碍因素;富裕性障碍度均值为 36.28%,是制约我国共同富裕进程的主要障碍因素;可持续性障碍度均值为 24.25%,是制约我国共同富裕进程的次要障碍因素。这表明我国共同富裕在共享性与富裕性两方面都存在着明显短板。从动态角度看,富裕性障碍度呈上升趋势;共享性障碍度和可持续性障碍度都呈下降趋势。这表明长期来看我国推动共同富裕的关键挑战仍是要保持经济持续稳定增长。

---

① 徐浩、祝志勇、张皓成、郭志茹:《中国数字营商环境评价的理论逻辑、比较分析及政策建议》,《经济学家》2022 年第 12 期。

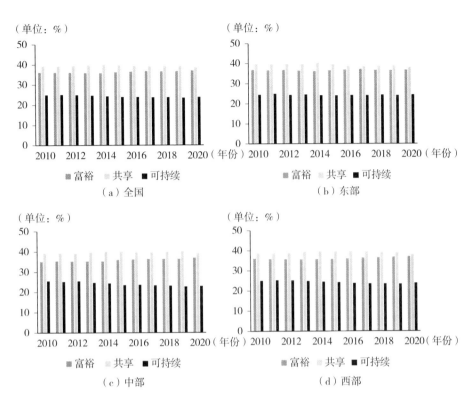

图 10.10 2010—2020 年全国整体及三大区域共同富裕进程障碍度诊断结果

资料来源:笔者测算绘制。

二、中国三大区域共同富裕进程的障碍度诊断

图 10.10(b)—(d)分别为我国东部地区、中部地区和西部地区共同富裕进程的障碍度诊断结果。三大区域共同富裕进程障碍度的结构来源存在地区异质性:东部地区共同富裕进程的富裕性、共享性、可持续性障碍度三个来源贡献均变化不大,其贡献均值分别为 36.64%、39.15%、24.37%。中部地区共同富裕进程中富裕性障碍度较大且呈上升趋势,年均增长率为 0.52%;可持续性障碍度较小且呈下降趋势,年均下降 1.06%;共享性障碍度最大但无明显变化。西部地区共同富裕进程中共享性障碍度最大而可持续性障碍度最小,但两者都呈轻微下降趋势,分别年均下降 0.14%、0.43%;富裕性障碍度较

大且呈上升趋势，年均增长 0.31%。

此外，东部地区、中部地区和西部地区共同富裕进程的障碍度还存在一定共性：在三大区域共同富裕进程障碍度的结构来源中，共享性障碍度贡献和富裕性障碍度贡献的总和均占了绝大部分，是制约三大地区共同富裕进程的核心和主要障碍要素；可持续发展障碍度的贡献份额在三个地区都较小，是制约三大地区共同富裕进程的次要障碍因素。

三、中国省际共同富裕进程的障碍度诊断

接下来进一步对我国各省份共同富裕进程进行障碍度诊断，结果如表10.9所示。

表 10.9　2010—2020 年中国各省份共同富裕进程的障碍度诊断结果

（单位:%）

省份	2010 年			2015 年			2020 年		
	富裕性	共享性	可持续性	富裕性	共享性	可持续性	富裕性	共享性	可持续性
上海	34.45	36.23	30.65	36.89	35.27	31.24	30.10	37.10	32.30
云南	36.47	40.86	22.54	35.53	40.10	24.45	37.15	40.49	22.04
内蒙古	36.19	38.89	24.67	34.67	39.19	26.12	37.88	36.10	25.61
北京	31.04	41.77	24.57	35.60	45.02	19.78	24.75	43.31	27.25
吉林	35.17	40.14	24.06	34.61	38.93	26.54	38.39	37.87	23.10
四川	36.85	37.78	24.50	35.75	38.89	24.72	38.14	35.43	25.10
天津	32.08	40.91	26.93	34.78	39.29	26.94	36.63	36.74	27.57
宁夏	35.05	39.49	25.21	36.92	39.90	23.10	36.90	37.64	24.47
安徽	35.67	40.48	22.78	33.84	39.95	25.76	35.69	40.30	22.55
山东	33.51	38.37	27.27	34.58	38.74	26.76	35.88	37.95	25.25
山西	35.34	39.82	24.39	34.91	37.91	26.91	34.96	38.32	26.12
广东	40.68	34.43	26.49	40.99	37.24	24.97	40.40	32.82	26.30
广西	39.07	42.04	19.26	38.97	40.83	20.33	40.52	41.22	18.69
新疆	37.00	37.90	25.28	36.96	37.08	26.46	39.49	37.58	23.25

续表

省份	2010 年			2015 年			2020 年		
	富裕性	共享性	可持续性	富裕性	共享性	可持续性	富裕性	共享性	可持续性
江苏	35.12	38.89	25.68	35.39	39.04	26.81	36.24	34.28	28.23
江西	36.98	40.31	22.57	37.38	41.54	21.04	36.66	40.46	22.05
河北	34.33	40.17	24.97	35.00	39.15	25.87	34.60	38.23	26.19
河南	35.55	40.69	23.38	35.00	39.09	25.53	35.89	39.59	23.54
浙江	39.17	39.27	21.53	37.37	41.50	22.14	39.98	37.97	21.27
海南	42.22	41.61	16.85	39.36	40.54	20.97	43.15	40.64	16.48
湖北	36.36	40.44	22.00	35.45	39.37	24.40	35.75	39.62	22.89
湖南	36.25	39.79	23.13	35.69	39.20	24.57	35.92	40.84	21.85
甘肃	34.85	39.85	24.72	35.67	38.64	25.48	37.59	38.48	23.18
福建	38.20	41.46	20.69	38.30	41.20	21.46	38.04	41.59	19.96
贵州	36.89	40.52	22.53	36.81	39.33	23.69	36.09	39.67	23.69
辽宁	38.15	37.97	24.08	34.74	38.97	26.58	40.26	34.70	24.19
重庆	36.64	40.46	22.78	36.87	39.41	23.24	36.56	37.55	25.06
陕西	33.95	39.15	25.54	32.74	39.08	26.93	33.96	38.05	26.35
青海	34.83	39.83	25.32	36.98	35.88	26.89	38.55	38.68	22.33
黑龙江	36.44	38.97	24.01	34.24	37.30	28.49	41.39	39.55	18.59

资料来源：笔者根据《中国统计年鉴》和各省份统计年鉴数据进行测算。

首先，不同省份、不同年份核心障碍因素均有变化，但是能在一定程度上反映出共同富裕进程的核心障碍因素。比如，发达地区上海在 2010 年障碍因素排序为共享性＞富裕性＞可持续性，到 2015 年变为富裕性＞共享性＞可持续性，2020 年却演化为共享性＞可持续性＞富裕性；欠发达地区甘肃在 2010 年、2015 年和 2020 年障碍因素排序均为共享性＞富裕性＞可持续性。说明核心或主次障碍因素并非一成不变，而是随着共同富裕进程不断调整的。因此，不同省份在不同发展阶段应当注重根据实际情况动态调整促进共同富裕的政策导向。

　　其次，通过障碍因素出现频次可以归纳出共同富裕进程的核心障碍因素。11 年考察期内 30 个考察对象共有 330 个组合，符合共享性>富裕性>可持续性排序的组合有 280 个，符合富裕性>共享性>可持续性排序的组合有 48 个，符合共享性>可持续性>富裕性排序的组合有 2 个。这表明，考察期内我国多数省份的共同富裕进程核心障碍因素是共享性。其中，广东是唯一在所考察年限内富裕性始终是核心障碍因素的省份，这符合作为人口流入大省，其劳动力成本优势逐步弱化、由"以量取胜"转向"高质量发展"的现实情况。另外，只有北京和上海这两个发达省份在 2020 年出现可持续性障碍度大于富裕性障碍度成为制约共同富裕进程主要障碍因素的情况，说明经济发展到一定程度时可持续性可能会成为共同富裕的重要话题。富裕性障碍度呈现上升趋势的省份占比为 18/30，可持续性障碍度呈上升趋势的省份占比为 9/30，共享性障碍度呈上升趋势的省份占比为 3/30。这表明，富裕性仍是未来较长一段时期我国多数省份推进共同富裕的基础性瓶颈。其中，云南、内蒙古、宁夏、吉林、四川等中西部省份的富裕性障碍度在 2017 年后均呈上升趋势，这再次验证了全国总体和区域分析结果。这符合富裕性是共同富裕重要前提的基础逻辑，符合大部分省份经济不够发达、不够富裕的客观现实，也符合中国社会主义仍然处于并将长期处于社会主义初级阶段的基本国情。

第十一章 新时代新征程扎实推动
共同富裕的路径选择

新中国成立特别是改革开放以来,我国社会主义现代化建设持续深入,走出了一条有中国特色的共同富裕道路。在这一过程中,公平与效率、增长与分享实现较好的协调和平衡,社会民生持续改善。特别是党的十八大以来,党中央把逐步实现共同富裕摆在更加突出的位置,共同富裕实践取得前所未有的成就。在中国特色社会主义新时代的新征程,我们比以往任何一个时刻、比当今任何一个国家都更加接近共同富裕的宏伟目标。但同时需深刻认识到,中国不同地区在实现共同富裕的时间、速度和程度等方面都存在一定差异,共同富裕道路上仍然存在一些梗阻障碍和薄弱环节。基于前述章节的理论和现实分析,本章从完善权利配置视角,较系统地阐述新时代新征程扎实推进共同富裕的基本思路,为促进全体人民共同富裕提供相关政策参考和路径选择。

第一节 扎实推进共同富裕的原则和思路

实现共同富裕是一项复杂的系统性工程。它不但牵涉面大、涉及利益群体多,还具有典型的路径依赖特征。随着改革进入"深水区",推进共同富裕不但需要壮士断腕的勇气和决心,更需要踏石留印、抓铁有痕的劲头,推动市场激励、政府调节、社会规范三重制度逻辑的融合，始终坚持以人民为中心的根本标准。具体到参与权、收入权、保障权的相关政策建议，需要多角度全面发力。在阐述具体的权利配置优化路径之前，有必要明确推进共同富裕的基本原则和总体思路。

一、基本原则

共同富裕是社会主义的本质要求，是中国式现代化的重要特征。但必须认识到，我国正处于并将长期处于社会主义初级阶段，这是当代中国的最大国情、最大实际。发展仍是解决一切问题的前提，共同富裕不应以牺牲经济效率和总量增长为代价。但同时，扎实推进共同富裕必然要求进一步体现社会公平正义和社会主义制度优越性。还应指出，制度改革"不惜一切代价"并非理性。我们认为，新时代新征程扎实推进共同富裕应重点把握以下三个原则：

第一，坚持生产增长与成果分享相统一。这一点在前文中已经提及，核心就是要处理好生产增长（做大蛋糕）与成果分享（分好蛋糕）的关系。效率、竞争、激励是市场经济的重要特征。改革开放40多年的经验表明，中国增长奇迹主要得益于市场化改革所带来的效率提升，正因为如此，这40多年中国才有能力使约8亿贫困人口全部实现脱贫。历史教训也表明，平均不等于平等、公平或公正，平均主义行不通，也不符合马克思主义的要求。平等的参与权是实现收入权公平的基础，充分的保障权则可以适当缓解由市场原则带来的过大不平等问题。

第二，体现社会主义制度优越性。不断强化的资本积累、偏向自由化的市场协调是资本主义私有制的主要属性。中国特色社会主义坚持以人民为中心，在所有制上实现公有制经济与非公有制经济协同发展，在经济发展上注重发挥市场和政府两方面积极性，在核心价值上遵循自由、平等、公正、法治的社会共同理念，注重个人、集体和国家利益的统一，在分配上强调劳动价值和劳动激励，既不认同高福利负担的北欧模式，也不赞同社会保障环节政府力量缺失的美国模式。优化权利配置、深化制度改革,要坚持社会主义市场经济改革方向,以促进社会公平正义、改善民生福祉为出发点,推进全体人民共同富裕。

第三,兼顾制度改革成本问题。当前,在谈及中国的改革和发展问题时,我们经常听到一种"不惜一切代价"做某事的呼声或口号。我们认为,这有悖于科学研究应当具备的冷静、客观的观察态度,更不符合经济学的"理性人"基本假设;更重要的是,"不惜一切代价"本身会带来沉重的代价。实际上,任何一项制度改革都是有成本的,制度变迁在很大程度上取决于制度变革的收益和成本对比,只有制度变革的收益大于成本,它才可能顺利推进(林毅夫,2014;诺思,2014)。因此,扎实推进共同富裕应兼顾改革成本问题,尽力而为、量力而行,包括处理好当前与长远的关系。这在一定程度上还意味着,应当避免完全由"拍脑袋"决定的"跳跃式"制度变迁,在制度变迁方式上需将自发演化与顶层设计相结合。

二、总体思路

本书较为科学地构建了"制度逻辑—权利配置—共同富裕"的理论逻辑,并将其应用于中国共同富裕实践的解释,系统化地总结了中国共同富裕的历史经验。这是致力于推动构建中国共同富裕自主知识体系的一次初步探索。共同富裕的经验研究表明,我国共同富裕程度总体上不断提高,但存在较大的区域差异;现阶段资本无序扩张、公共支出群体利益分配不公、地区机会不平等都不利于共同富裕的顺利推进。上述分析对当前我国进一步完善共同富裕的有关制度安排、优化权利配置具有重要的启发意义。

在扎实推进共同富裕的新阶段,我国共同富裕改革需要实现从"先富"到"共富"的转变。在高质量发展的新时代,"先富者"与"后富者"之间的较大差距及其对经济发展、社会稳定造成的负面影响,已经构成当前我国推进共同富裕的最大"问题导向"。同时,"人民群众不断增长的美好生活需要"的满足以及"不平衡不充分的发展"问题的解决，都在很大程度上取决于从"先富"到"共富"的转变。新时代由"先富"走向"共富"，比以往任何时候都更加迫切，同时也迎来全局性契机。

总的来说，要继续深化改革，以有效制度供给带动权利配置优化。新时代新征程扎实推进共同富裕，要协同发挥市场激励、政府调节、社会规范三重逻辑的导向功能，以社会共同价值观为规范准绳，完善市场参与、收入获取、公共品供给等方面的制度安排和政策设计，发挥好市场和政府两个方面的积极性，赋予或推动要素所有者和社会群体形成平等的参与权、公平的收入权、充分的保障权，促进人人参与、人人尽力、人人享有，实现生产增长和成果分享的有机协同，加快迈向共同富裕。

第二节　完善权利配置促进共同富裕的政策建议

党的十九大报告指出，让"人民平等参与、平等发展权利得到充分保障"；党的二十大报告进一步强调，到 2035 年"人的全面发展、全体人民共同富裕取得更为明显的实质性进展"。新时代制定促进共同富裕的行动纲领，需要坚持因地制宜、因地施策，精准识别不同地区共同富裕的相对薄弱环节和主要发力点，更加注重不同地区之间共同富裕的平衡性、协调性、整体性。在推进共同富裕过程中，要将自由、平等、公正、法治的社会价值逻辑融入各方面，充分发挥市场在资源配置中的决定性作用和更好地发挥政府作用，从增长与分享有机协同视角，进一步理顺促进共同富裕的体制机制，要在继续深化要素市场化改革、促进市场参与机会平等的基础上，不断深化收入分配制度改革，进一步提升保障和改善民生水平，促进基本公共服务均等化，促进参与权更加平等、收入权更加公平、保障权更加充分，实现共同富裕。

一、以平等的参与权促进人人参与

促进共同富裕,一个重要方面就是需进一步提升要素资源占有量较少、竞争能力相对较弱群体的收入,而参与到社会经济系统从事经济生产,是要素及其所有者获得报酬的基础。因此,提升各要素所有者收入,首先需赋予其平等的市场参与权。具体地,平等的参与权主要是从要素及其所有者的角度来谈的,它涉及要素占有(禀赋)、市场参与(准入)、体制规则等一系列问题。其核心是要完善市场环境和产权保护制度,建立自由、平等、公正、法治的市场参与机制,确保各主体在公平统一的市场竞争规则下,对劳动力、资本、技术、管理等要素享有生产和投资的自由选择权,加快构建全国统一大市场,为实现初次分配公平奠定良好的资源配置基础。

(一)推进劳动力要素市场化配置

健全劳动力市场体系,完善劳动就业与创业机制、议价与权益保护机制,实现更加充分和更高质量的就业。

一是要建立城乡统一的公平就业市场。就业是民生之本、财富之源,是劳动者获取工资的前提,要大力实施就业优先政策。加快城乡户籍制度改革,逐渐消除导致城乡劳动力市场分割的制度性障碍,让劳动者能够自由流动、宽松落户、自主择业。有效保护劳动者平等就业权利,深化公共部门单位公开招考制度改革,确保不同背景劳动者在党政机关、国有企业和事业单位等体制内单位就业的机会平等。研究制定《反就业歧视法》,消除劳动力市场的性别、高校、残障、地域、户籍、外貌歧视,实现平等就业。

二是完善劳动者权益保护机制,提高劳动者议价能力。目前,我国工会组织仅起到发放单位福利、组织团体活动等作用,其劳动者权益保护功能并未充分发挥。政府要以完善最低工资制度、加强工会组织建设等形式适当干预和调节扭曲的劳动力市场,引导劳工谈判。全面建立工会、雇主和政府等多方协商的议价机制,矫正劳资博弈相对势能。督促完善职工权益保护法律法规,健全劳动报酬保障机制,促进劳资关系和谐。另外,可借鉴西班牙蒙特拉贡、以色列基布兹、德国共决制等形式的资本劳动管理型、劳动管理型企业模式,以劳动者参与管理和决策的形式提高其话语权。

三是健全大众创业体制机制,以创业带动就业。创业活动是市场经济充满活力的直接体现,在经济高质量发展的新时代,蕴含着大量的创业机遇和空间。要积极开展创业就业技能培训,培育多元创业主体,强化资金融通、税收优惠等配套政策支持,完善创新创业平台建设,鼓励探索创业新模式,努力开创大众创业新局面。以创业带动就业,有利于实现更加充分、更高质量的就业。

(二)促进各类资本公平健康发展

坚持和完善基本经济制度,促进民营资本与国有资本协同发展。或者更广泛地说,实现公有制经济与非公有制经济共同发展。公有制为主体、多种所有制经济共同发展的基本经济制度,是中国特色社会主义制度的重要支柱,也是社会主义市场经济体制的根基。市场在资源配置中的决定性作用不单体现在劳动力市场,更集中体现在资本及其他要素市场。关键是要消除体制性垄断和行政垄断,减少市场主体行为的制度性交易成本,为各类所有制资本的自由参与提供更多公平竞争机会,充分发掘其市场价值与发展潜力。

一是加快推进国有企业改革,做大做强做优国有企业。理论上,强化国有资本收益的再分配作用,需要继续发挥国有经济主导作用,提高国有企业的现代化治理水平和经营效率。在杨瑞龙等(2017)的产品—行业特性二维分析框架下,不同国有企业应倾向于不同的所有权和经营权改革模式:垄断性公共产品行业企业需国有国营(II1);垄断性私人产品行业企业可国有国控(III1);而竞争性私人产品则原则上应产权多元化或非国有,由市场供给(IV1)[①]。我们在

[①] 杨瑞龙等:《国有企业分类改革的逻辑、路径与实施》,中国社会科学出版社 2017 年版,第 37—50 页。

此基础上提出产品—行业—市场特性三维分析框架(见图 11.1),认为应鼓励支持有条件的国有企业"走出去",打造中国参与世界经济竞争的"航空母舰"。同时,要避免政府既当"裁判员"又当"运动员",适当限制垄断行业国有资本过度放大的参与权,加快国有企业混合所有制改革,处理好国有资本与民营资本等其他资本的行业准入关系问题。

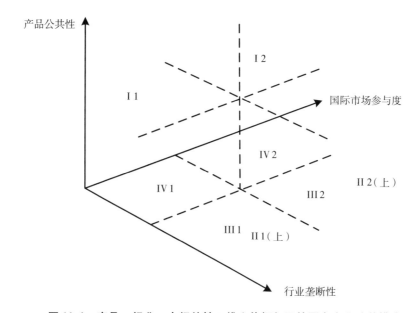

图 11.1　产品—行业—市场特性三维立体框架下的国有企业改革模式

注:坐标原点与三条坐标轴对应,表示私人产品、竞争行业、国内市场参与。8 个象限中,带有数字 1 的象限对应杨瑞龙等(2017)的 4 个象限分析;带有数字 2 的象限进一步考虑了国内国际市场参与维度。带有"(上)"的标号实际指代的是视觉底层位置的上方。

资料来源:根据杨瑞龙等(2017)进行拓展整理。

二是促进非公有制经济健康发展。鼓励民营企业建立健全现代企业制度和职业经理人制度,鼓励和支持有条件的企业改制上市,进一步提高非公有制经济的发展能力;落实国家关于税费减免等优惠政策,改善企业融资环境,加大对中小微企业的扶持力度;培育和发展大型民营企业集团,加大对主业突出、市场影响力大、技术研发能力强的大型企业和企业集团的政策支持力度,形成大型企业集团的示范带动效应;加快构建和完善"亲清"新型政商关系,促进非公有制经济健康发展和非公有制人士健康成长。加快构建开放型经济新体制,放宽投资准入,尤其是加快推进金融、教育文化、健康医疗、电子商务等服务业领域有序开放。

三是规范资本行为,防止资本无序扩张。关键是要明确资本扩张的边界,健全资本扩张的负面清单制度,加大反垄断力度。这一点在规范资本行为与共同富裕关系的研究中有专门详细讨论,这里不再赘述。

(三)提升农民的市场参与能力和机会

强化涉农及民生政策安排,增强居民参与竞争的能力。前文的分析表明,农民是我国市场参与和公共利益分配中的"较少受惠者",这一方面是受其自身要素禀赋和能力条件的限制,另一方面他们在特定历史的发展战略和政策下为我国社会主义经济建设作出了巨大牺牲。

一是完善农村土地制度和农业经济组织制度改革。随着工业化、城镇化的推进及进城务工人员的增加,农村土地承包权和经营权分离的现象越来越普遍。积极推进农地"三权"分置和农村集体资产折股量化改革,探索适应发展需要的农村土地管理新制度,有利于进一步将农村剩余劳动力从土地上和农村中解放出来,促进农业规模经营。当前,农村政经合一体制普遍难以适应农村集体经济的发展。要鼓励经济发达地区的村组建立集体经济组织,明确区分农民的集体经济组织成员和村组社区成员的身份及权利,提高集体经济组织化程度;探索农民有偿退出集体经济组织的条件及程序,允许其将股份或资产权益转让给其他成员。这样,赋予农民较大的自由选择权,有利于进一步发挥市场配置资源的决定性作用。

二是进一步完善惠农政策设计,加大基本与非基本(公共)服务及设施供给,提高农民市场参与能力。进一步提高财政支农支出规模,加大农业直接补贴力度,加快农业供给侧结构性改革,促进农业结构调整,推动农业供给质量提升,促进农民群众持续增收;完善农业和农村基础设施,大力扶持农村金融发展,提高农户信贷可得性,实现"农村存款主要用于农业农村",推动乡村产业振兴,实现农户自力更生谋发展。新型城镇化要着力推进农业转移人口市民化,更好实现农民举家迁入,解决农村留守儿童和留守老人的问题。另外,社会成员自身能力的培育和提升,对其经济参与、收入获取至关重要。因此,需加快实现基本公共服务均等化,着重提升居民特别是农村居民、底层劳动者的教育和健康人力资本素质,进而提高其参与社会竞争的能力,这是起点公平的内在要求之一。

二、以公平的收入权激励人人尽力

初次分配收入权关乎最终分配格局的"过程公平"。参与到经济生产过程的每一个要素所有者或市场主体都有获得公平的报酬和收入的权利。公平的收入权要求适当拓宽低收入群体和普通劳动者的收入渠道。同时,对一些由寻租腐败产生的违法收入和由体制性缺陷导致的灰色收入,要坚决予以取缔和规范,确保实现国民收入初次分配公平。初次分配环节对最终分配结果和共同富裕格局的塑造起到不可估量的作用。一旦初次分配机制设计发生较大偏差,导致初次分配差距出现严重的不平等或不公正,那么再分配环节也将难以扭转这种局面。

(一)完善新时代劳动致富的体制机制

新时代鼓励勤劳守法致富。相比于以资源占有、机遇把握甚至规则操作的"优势"致富,凭借劳动和才能致富得到社会更大程度的推崇和鼓励。[1] 劳动收入是绝大多数居民的最主要收入形式,"按劳分配为主体"应当在实际收入分配中得到进一步体现。微观上增加居民个体劳动收入、宏观上提高劳动

---

[1]　这里并不否认占有资源、把握机遇的重要性。但运气不应该成为致富的重要因素。一项好的收入分配制度应当打造这样的机制:即便没有运气、不占有任何物质资源,每个劳动者都有机会凭借自己的劳动和才能施展全部潜力。

收入占比,都需要合理确定要素贡献,建立健全科学的工资决定机制和有弹性的工资正常增长机制;坚持以增加知识价值为导向,健全知识、技术、管理等由要素市场决定的报酬及其增长机制。

此外,一个更加值得探索的方向是,以劳动参与管理、构建联合产权为基础,进一步完善劳动与资本的分配关系,即赋予劳动者对利润的收益权。西班牙蒙特拉贡、以色列基布兹、日本员工分享制等企业管理和分配模式,都为社会主义的中国提供了很好的参考借鉴。劳动者利润收益权应是现代企业产权制度改革的重要内容,它能够平等地保护物质资本产权和人力资本产权,使劳动者逐步摆脱雇佣劳动的局限,发挥更加主动的作用,这既可以提高劳动者收入,遏制初次分配中劳动收入占比不断降低的趋势,又可以提高企业自主创新能力,而这二者是推动我国经济社会持续发展需要重点解决的两个问题。[1]并且,在员工与雇主之间形成一种"利益攸关"的关系,有助于形成长期高就业的基础,避免自我破坏式的通货膨胀式工资压力(海尔布罗纳和米尔博格,2012)。若探索实施这一改革,那么我国现行的公司法、会计法和财务通则等均应配套修改完善。总之,中国特色社会主义坚持以人民为中心的发展思想,要求收入分配更加突出对"人权"的侧重。相较于"物质资本权",劳动者"人权"发挥着更为重要的能动性作用。

(二)扩展居民财产性收入渠道

拓展居民财产性收入渠道,加速扩大中等收入群体。一般认为,中等收入群体主要由有进取心态、有固定职业、有一定财产的"三有"中产者构成[2]。当前,财产和资本收入的不平等程度要普遍超过单纯的收入不平等程度,要在强化对顶层群体资本税征管的基础上,赋予广大农民和低收入者

---

① 刘长庚、韩雷:《现代企业应赋予劳动者对利润的收益权》,《红旗文稿》2011 年第 2 期。

② 张磊、刘长庚:《供给侧改革背景下服务业新业态与消费升级》,《经济学家》2017 年第 11 期。

更多的财产权利,拓宽其财产性收入渠道,这对扩大中等收入群体规模至关重要。

一是继续深化农村土地制度改革,建立健全农村产权交易市场,落实农村承包地、宅基地、集体经营性建设用地的用益物权,稳步推进农民住房财产权抵押、担保和转让,完善城镇居民住宅建设用地土地使用权到期之后的法制设计及处理措施。

二是大力发展农村集体经济,推进农民股份制合作,保障农民对集体资产股份的占有、收益、有偿退出及抵押、担保、继承等权益。

三是在国有企业混合所有制改革以及其他企业治理现代化推进过程中,鼓励有条件的各类企业推行研发人员、经营管理人员和业务骨干等员工持股制度。

四是稳步推进金融供给侧结构性改革,加大金融产品供给创新力度,增加居民投资渠道,让广大居民更多分享金融产品的增值收益。值得强调的是住房投资问题,从国家层面看,住房投机现象严重,不但不利于房地产市场的健康发展,还可能进一步恶化社会经济不平等状况。况且,党中央明确提出房子"只住不炒"的定位,为楼市长期发展趋势给出了关键信号,广大居民不应再把房产作为家庭投资的主要渠道。

(三)处理好资本收入及分配关系问题

资本收入权主要涉及以下两个问题:不同所有制资本权益的保护以及企业与政府分配关系的处理。

第一,关于不同所有制资本权益保护。中国经济发展的长期历史经验表明,各种所有制资本共同发展,有利于激发经济活力,它们都是我国社会主义市场经济的重要组成部分。公有制经济财产权不可侵犯,非公有制经济财产权同样不可侵犯。要在各种所有制经济中平等使用生产要素、公平参与市场竞争的基础上,保护各种所有制经济的任何合法经营收益。让广大民营企业家凭借其资本优势，充分发挥企业家才能，光明正大搞经营、赚大钱；让境外和国外资本"进得来"，赚了钱"出得去"。

第二，进一步优化调整政府与企业的分配关系，主要指税收或资本收益上缴问题——既需要"做加法"，也需要"做减法"。其中加法指要加大国有资本收益上缴及其进入公共财政比例，后文保障权部分将进一步阐述。这里主要谈减法，即为企业适当减负。过重的税收负担严重威胁中小企业生存，也不利于创新创业；劳动密集型企业吸引了大量劳动者，为增加社会就业做了较大贡献。因此，要加快推进供给侧结构性改革，适当为劳动密集型企业、中小企业特别是小微企业减负。另外，为促进企业加大研发创新力度，在企业税收征管上，要进一步提高企业技术开发费用加计扣除倍数，并适当扩大加计扣除费用范围①。

（四）促进法治建设和秩序公平

强化法治建设、促进规则公平，清理和取缔黑色收入，规范灰色收入。广泛的收入权是合法、合理意义上的收入权。腐败是社会毒瘤，权力寻租和不法行为所牟取的黑色收入往往数额巨大，造成极大的社会不公；而现行制度偏差或漏洞则导致一些难以依法追究的灰色收入空间，这种"心照不宣""打擦边球"的分配尽管暂时合法，但不合理。对权钱交易、走私贩毒、偷漏税款等违法行为，要坚决予以打击和惩处，从制度建设这一源头铲除腐败违法行径的滋生土壤。对现行制度偏差和漏洞所造成的潜规则收入，需全面深化改革，推动工作机制规范化、分配机制合理化，必要时强化再分配对灰色收入的调节力

---

① 例如，针对《关于完善研究开发费用税前加计扣除政策的通知》，将"社会科学、艺术或人文学方面的研究"列为"不适用税前加计扣除政策的活动"的规定有待商榷，企业以协议形式委托高校、科研院所人文社会科学进行的横向课题研究也应视为研究开发费用范畴；建议取消"企业委托境外研发所发生的费用不得加计扣除"的规定，或另行规定企业委托自身在境外建立的研发机构或并购的企业的研发费用可以加计扣除；企业为配套政府资助研发项目投入的经费也应计入研发费用，用以加计扣除。

度。总的来说,要始终保持制度理性、政策理性,以规则公平促进初次分配公平。

三、以充分的保障权实现人人享有

共同富裕离不开政府的调节作用。保障权强调政府对居民基本生存和发展权益的保障,它主要以公共服务、社会保障和转移支付等形式体现,而财税收入是政府行使再分配职能的前提。因此,保障权实际上包括财税收入和公共支出两条线。税收政策并不是要对"先富者"伤筋动骨,而是让其适当让渡一部分物质利益,帮助"后富者"发展,实现"共富"。当前,我国居民在公共教育、社会医疗、社会养老等方面的保障权益基本实现全覆盖,住房保障和社会救济制度也更加完善,但是其充分性仍有待提高,即普遍而不够充分。中国特色社会主义发展坚持以人民为中心,"取之于民、用之于民"的保障权有利于强化对收入差距的正向调节,促进共同富裕。

(一)夯实成果分享的财税收入基础

财税收入方面,主要包括优化税制结构、完善国有资本收益上缴和利润共享机制两大问题。

一是优化税制结构,健全税收制度体系。完善税收制度,应当着眼于经济社会发展的整体和长远,强化整体思维、系统思维,防止税收立法的碎片化,建立一个科学、公平、有效的税收制度体系。现代税制结构优化的基本方向是提高直接税比重,即直接取决于纳税人收入和资本的税收应占据主导,以强化政府对不平等的调节功能。主要涉及两点:(1)进一步完善个人所得税制度,不能"与民争利"。目前,针对自然人的个人所得税在很大程度上沦为工薪税,使普通工薪群体的税负过重。我们认为,免征额调整应当全面考量居民收入水平、物价变动以及下一轮调整时间等周期因素。我国现行个税免征额可考虑进一步提升至人均 GDP 的 12% 左右①，同时优化级距和税率结构，适当加大超高薪的调节力度，对每月应纳税所得额超过 20 万元的部分，可实行 60% 的最高边际税率。（2）强化资本税收征管，适当提高财富集中者的税收贡献。这一点在前述第七章规范资本行为与共同富裕关系的启示中有专门讨论，在此不再赘述。

二是健全国有资本收益征缴和利润全民共享机制，更好发挥公有制经济的有效再分配作用。我国巨大的公有资产规模存在巨大的收益，尤其是经营性资产利润丰厚。1993—2007 年我国国有企业并不需要上缴利润，2007 年以后上缴利润的企业数量和范围有所增加，但仍未实现全覆盖②。特别是资产规模巨大的金融类国有企业，仅按其出资人分别向财政部、中投公司和中国人民银行等上缴利润，而并未纳入国有资本经营预算管理。目前国有资本收益占国有企业净利润的比重仍处于 15% 左右的较低水平，并且国有企业上缴利润的九成以上在国有企业内部循环（贾康等，2018），国有资本收益调入公共财政预算用于民生方面的支出比例较低。因此，要加快完善国有资本经营预算制度，将全部国有企业（尤其是国有金融企业）均纳入利润上缴范围；进一步提高国有企业上缴利润比例，并积极稳妥推进划转部分国有资本充实社保基金，更多用于保障和改善民生。结合图 11.1 的三维分析框架，对国内市场收益，国有企业特别是垄断性国企适合从高征缴原则，其利润全民共享程度要进一步强化，而竞争性国有企业适合从中原则；对国际市场收益，垄断性国有企业适合从中征缴原则，竞争性国有企业适合从低征收原则，以加快培育世界一流企业。

---

① 2018 年 6 月 19 日个人所得税法修正案草案提请十三届全国人大常委会第三次会议审议，涉及四项劳动性所得实行综合征税、个税免征额提高至每月 5000 元、增加专项附加扣除、优化调整税率结构等内容。实际上，每月 5000 元的免征额仍有进一步提升的空间。

② 根据财政部《关于 2018 年中央国有资本经营预算的说明》，2018 年中央国有资本经营预算编制范围的一级企业共计 844 户，纳入预算实施范围的中央企业还没有实现全覆盖。

（二）优化转移支付安排和公共品供给

保障支出方面,主要涉及优化转移支付制度、健全社会保障和基本公共服务体系两大内容。

一是进一步优化转移支付结构,并适当向农村地区和民生领域倾斜。在厘清中央和地方政府间财权、事权和收入划分的基础上,转移支付制度是平衡各地区财力、促进基本公共服务均等化的重要手段和措施。就其结构来说,转移支付分为一般性转移支付和专项转移支付。过高的专项转移支付比重,导致大量的"跑部钱进"现象。党的十八大以来,我国政府预算管理制度尽管得到完善,但转移支付仍存在不少问题。例如,一般性转移支付中有大量资金指定了用途,加上专项转移支付,地方无法统筹使用的资金占比达到60%;部分转移支付安排出现交叉重叠,对同类事项或支出通过多个渠道安排资金①。下一步改革中:(1)要进一步提高一般性转移支付比重、压缩专项转移支付比重,严格规范专项转移支付的设置。建立以均衡性转移支付为主体,以革命老区、民族地区、边疆地区和生态功能区等特殊地区转移支付为补充的一般性转移支付体系;规范资金分配,一般性转移支付应科学考虑经济体量、人口、面积等客观因素,专项转移支付需采取目的法或因素法分配,努力做到一个专项一个资金管理办法。(2)可考虑以"对口支援"为基础,探索建立中国特色的地区间横向转移支付机制,推动"先富地区"帮带"后富地区"。目前,世界上仅有瑞典、德国、比利时等少数国家建立纵横混合的转移支付模式。中国"对口支援""生态补偿"等实践模式也具有重要的启发意义,可探索建立地区间横向转移支付机制,进一步提高转移支付的灵活性。(3)转移支付资金的具体使用应重点向农村地区和民生领域倾斜。前文的分析表明,农村地区和农民都是我国公共支出的较少受

---

① 本刊编辑部:《努力发挥常态化"经济体检"作用　图解 2019 年度中央预算执行和其他财政收支的审计工作报告》,《审计观察》2020 年第 7 期。

益者。加大对农村地区和民生领域的转移支付,有利于进一步强化居民获得感。总之,要充分发挥中国特色社会主义制度优势,建立健全"先富带后富"的区域协调机制,更好地利用对口支援和结对帮扶、产业转移及配套税收优惠、中央财政转移支付、交通和互联网等基础设施建设等传统特色和优势,创新共同富裕的区域协调联动机制和举措,进一步发挥"先后带后富"的空间辐射效应。

二是健全社会保障和基本公共服务体系,优化公共品供给。在普通百姓看来,"我"和"我生的人""生我的人"生活得好,才会有"看得见""摸得着"的获得感和幸福感,才会有真真切切的共同富裕体会。当前,我国大多数居民普遍面临教育、医疗、养老和住房等压力。因此,亟须完善政策安排,加快补齐社会保障和基本公共服务等民生短板。(1)要进一步提高财政教育支出,促进教育公平。近年来,我国财政教育支出占 GDP 比重得到提高,但仍低于美国、法国、英国等 4%—6%以及巴西、南非和北欧国家 6%—9%的水平。为适应新时期发展,应在加大财政教育投入的基础上,适时将高中教育纳入义务教育阶段。全面深化教育领域改革,促进教育公平发展、高质量发展。(2)深入推进和实施健康中国战略。深化医药卫生体制改革,理顺医药价格,取消以药补医。进一步完善基本医疗保险制度,提高医保报销水平,健全全民医保体系,尤其是创新推广大病医保制度。发挥社会主义制度优越性,全面建立中国特色基本医疗卫生制度和医疗保障制度。(3)完善基本养老保险制度。加快实现城镇职工基本养老保险和城乡居民基本养老保险全国统筹,建立参保缴费激励约束机制,适当降低缴费率,优化基本养老金合理调整机制,进一步提高养老金支付待遇。(4)健全住房保障和供应体系,加快建立多主体供给、多渠道保障、租购并举的住房制度,让居民有所"居"。(5)推进政府救助和社会救助相结合。健全城乡最低生活保障制度,统筹城乡社会救济体系。弘扬社会主义核心价值观,形成关注贫困、帮扶弱者的和谐社会氛围,鼓励有条件的个人和企业分利于民,促进"三次分配",实现包容性发展。(6)通过加强城乡科技、文化场馆建设等多种渠道,优化公共文化服务供给,促进精神富裕。总之,要加快建成更加公平、更可持续的多层次社会保障体系,进一步提升保障和改善民生水平,让全体人民更好地分享经济增长的成果,实现增长与分享有机协同的共同富裕。

参考文献

［1］曹景林：《中国政府在收入分配中的作用：1978—2001年》，见蔡昉、万广华主编：《中国转型时期收入差距与贫困》，社会科学文献出版社2006年版。

［2］钞小静、沈坤荣：《城乡收入差距、劳动力质量与中国经济增长》，《经济研究》2014年第6期。

［3］陈丽君、郁建兴、徐铱娜：《共同富裕指数模型的构建》，《治理研究》2021年第4期。

［4］陈宗胜、杨希雷：《共同富裕视角下全面综合测度城乡真实差别研究》，《财经科学》2023年第1期。

［5］陈宗胜、于涛：《中国城镇贫困线、贫困率及存在的问题》，《经济社会体制比较》2017年第6期。

［6］陈宗胜：《公有经济中减低贫困的理论与实践》，《南开经济研究》1993年第6期。

［7］陈宗胜：《试论从普遍贫穷迈向共同富裕的中国道路与经验——改革开放以来分配激励体制改革与收入差别轨迹及分配格局变动》，《南开经济研究》2020年第6期。

［8］程永宏：《改革以来全国总体基尼系数的演变及其城乡分解》，《中国社会科学》2007年第4期。

［9］戴木才：《全人类"共同价值"与社会主义核心价值观》，《光明日报》2015年10月28日。

［10］党国英：《当前中国农村改革的再认识》，《学术月刊》2017年第4期。

［11］樊杰、王亚飞、梁博：《中国区域发展格局演变过程与调控》，《地理学报》2019

年第 12 期。

[12]樊杰、赵浩、郭锐:《我国区域发展差距变化的新趋势与应对策略》,《经济地理》2022 年第 1 期。

[13]范恒山:《现阶段社会保障体制改革的政策取向》,《中国党政干部论坛》2004年第 7 期。

[14]方福前:《公共选择理论——政治的经济学》,中国人民大学出版社 2000年版。

[15]冯金华:《以人民为中心和以资本为中心:两种发展道路的比较——基于劳动价值论的若干思考》,《学术研究》2020 年第 12 期。

[16]冯秀华:《公共支出》,中国财政经济出版社 2000 年版。

[17]高质量发展研究课题组:《中国经济共享发展评价指数研究》,《行政管理改革》2020 年第 7 期。

[18]龚云:《论邓小平共同富裕理论》,《马克思主义研究》2012 年第 1 期。

[19]龚志民、熊唯伊:《收入不平等测度方法选择研究与基于中国数据的检验》,《湘潭大学学报(哲学社会科学版)》2016 年第 4 期。

[20]郭庆旺、鲁昕、赵志耘:《公共经济学大辞典》,经济科学出版社 1999 年版。

[21]郭熙保、周强:《长期多维贫困、不平等与致贫因素》,《经济研究》2016 年第6 期。

[22]洪兴建:《一个新的基尼系数子群分解公式——兼论中国总体基尼系数的城乡分解》,《经济学(季刊)》2009 年第 1 期。

[23]洪银兴:《进入新时代的中国特色社会主义政治经济学》,《管理世界》2020 年第 9 期。

[24]洪银兴:《以包容效率与公平的改革促进共同富裕》,《经济学家》2022 年第2 期。

[25]胡志军、刘宗明、龚志民:《中国总体收入基尼系数的估计:1985—2008》,《经济学(季刊)》2011 年第 4 期。

[26]黄少安、陈言、李睿:《福利刚性、公共支出结构与福利陷阱》,《中国社会科学》2018 年第 1 期。

[27]黄少安:《改革开放 40 年中国农村发展战略的阶段性演变及其理论总结》,《经济研究》2018 年第 12 期。

[28]黄祖辉、叶海键、胡伟斌:《推进共同富裕:重点、难题与破解》,《中国人口科学》2021 年第 6 期。

[29]贾康、程瑜、于长革:《优化收入分配的认知框架、思路、原则与建议》,《财贸经济》2018 年第 2 期。

[30]金观涛、刘青峰:《中国现代思想的起源:超稳定结构与中国政治文化的演变》(第一卷),法律出版社 2011 年版。

[31]金观涛:《历史的巨镜》,法律出版社 2017 年版。

[32]黎贵才、王碧英:《制度变迁是自然无序的还是历史必然?——论演化思潮的复兴对马克思主义经济学发展的意义》,《当代财经》2011 年第 1 期。

[33]李海舰、杜爽:《推进共同富裕若干问题探析》,《改革》2021 年第 12 期。

[34]李金昌、余卫:《共同富裕统计监测评价探讨》,《统计研究》2022 年第 3 期。

[35]李军鹏:《共同富裕:概念辨析、百年探索与现代化目标》,《改革》2021 年第 10 期。

[36]李强、徐玲:《怎样界定中等收入群体》,《北京社会科学》2017 年第 7 期。

[37]李实、罗楚亮:《我国居民收入差距的短期变动与长期趋势》,《经济社会体制比较》2012 年第 4 期。

[38]李实、魏众、丁赛:《中国居民财产分布不均等及其原因的经验分析》,《经济研究》2005 年第 6 期。

[39]李实、杨一心:《面向共同富裕的基本公共服务均等化:行动逻辑与路径选择》,《中国工业经济》2022 年第 2 期。

[40]李实、朱梦冰:《推进收入分配制度改革 促进共同富裕实现》,《管理世界》2022 年第 1 期。

[41]李实:《共同富裕的目标和实现路径选择》,《经济研究》2021 年第 11 期。

[42]李实:《全球化中的财富分配不平等:事实、根源与启示》,《探索与争鸣》2020 年第 8 期。

[43]李实:《中国收入分配制度改革四十年》,《China Economist》2018 年第 4 期。

[44]林伯强:《中国的政府公共支出与减贫政策》,《经济研究》2005 年第 1 期。

[45]林芳、蔡翼飞、高文书:《城乡居民财富持有不平等的折射效应:收入差距的再解释》,《劳动经济研究》2014 年第 6 期。

[46]林岗:《论马克思理论的有效性》,《政治经济学评论》2017 年第 3 期。

[47]林毅夫:《关于制度变迁的经济学理论:诱致性变迁与强制性变迁》,见[英]罗纳德·H.科斯等主编《财产权利与制度变迁——产权学派与新制度学派译文集》,格致出版社、上海三联书店、上海人民出版社 2014 年版。

[48]刘国光:《向实行"效率与公平并重"的分配原则过渡》,《中国特色社会主义

研究》2003 年第 5 期。

[49]刘化军:《论科学把握"中国优势"的几个视角》,《社会主义研究》2020 年第 6 期。

[50]刘培林、钱滔、黄先海、董雪兵:《共同富裕的内涵、实现路径与测度方法》,《管理世界》2021 年第 8 期。

[51]刘穷志:《促进经济增长与社会公平的公共支出归宿机制研究——兼论中国公共支出均等化的政策选择》,《经济评论》2008 年第 5 期。

[52]刘穷志:《公共支出归宿:中国政府公共服务落实到贫困人口手中了吗?》,《管理世界》2007 年第 4 期。

[53]刘尚希:《论促进共同富裕的社会体制基础》,《行政管理改革》2021 年第 12 期。

[54]刘文勇:《城乡居民收入分配格局和谐演进的制度分析》,《经济评论》2007 年第 1 期。

[55]刘伟:《当代中国马克思主义政治经济学新境界——学习习近平新时代中国特色社会主义政治经济学》,《政治经济学评论》2021 年第 1 期。

[56]刘伟:《中国特色社会主义收入分配问题的政治经济学探索——改革开放以来的收入分配理论与实践进展》,《北京大学学报(哲学社会科学版)》2018 年第 2 期。

[57]刘长庚、韩雷:《现代企业应赋予劳动者对利润的收益权》,《红旗文稿》2011 年第 2 期。

[58]刘长庚、张磊:《符合社会共同价值观的收入分配才合理》,《中国社会科学报》2015 年 5 月 8 日。

[59]刘长庚、张磊:《稳步推进新时代城镇化》,《中国社会科学报》2018 年 3 月 21 日。

[60]刘长庚:《坚持和完善社会主义基本经济制度 推动经济高质量发展》,《湖南日报》2019 年 11 月 25 日。

[61]陆学艺:《当代中国社会阶层研究报告》,社会科学文献出版社 2002 年版。

[62]罗楚亮、曹思未:《地区差距与中国居民收入差距(2002—2013)》,《产业经济评论》2018 年第 3 期。

[63]罗楚亮、李实:《中国住户调查数据收入变量的比较》,《管理世界》2019 年第 1 期。

[64]罗蓉、何黄琪、陈爽:《原连片特困地区共同富裕能力评价及其演变跃迁》,《经济地理》2022 年第 8 期。

[65]吕冰洋、毛捷、马光荣:《分税与转移支付结构:专项转移支付为什么越来越多?》,《管理世界》2018 年第 4 期。

[66]逄锦聚、盛斌:《在改革与发展中探索收入差别变动的制度基础》,《经济社会体制比较》2019 年第 5 期。

[67]平新乔:《道德风险与政府的或然负债》,《财贸经济》2000 年第 11 期。

[68]祁毓、卢洪友:《污染、健康与不平等——跨越"环境健康贫困"陷阱》,《管理世界》2015 年第 9 期。

[69]秦晓:《追问中国的现代性方案》,社会科学文献出版社 2010 年版。

[70]曲创、许真臻:《我国公共教育支出受益归宿的地区分布研究》,《山东大学学报(哲学社会科学版)》2009 年第 6 期。

[71]权衡:《收入分配经济学》,上海人民出版社 2017 年版。

[72]沈丽、刘媛:《全球政府债务扩张的地区差距及空间分布动态演进研究》,《数量经济技术经济研究》2020 年第 5 期。

[73]世界银行:《贫困与共享繁荣 2018:拼出贫困的拼图》,世界银行研究报告 2018 年。

[74]世界银行:《贫困与共享繁荣 2020:形势逆转》,世界银行研究报告 2020 年。

[75]谭燕芝、王超、陈铭仕、海霞、姚海琼:《中国农民共同富裕水平测度及时空分异演变》,《经济地理》2022 年第 8 期。

[76]唐任伍、李楚翘:《共同富裕的实现逻辑:基于市场、政府与社会"三轮驱动"的考察》,《新疆师范大学学报(哲学社会科学版)》2022 年第 1 期。

[77]田国强:《和谐社会构建与现代市场体系完善》,《经济研究》2007 年第 3 期。

[78]田雅娟、甄力:《迈向共同富裕:收入视角下的演进分析》,《统计学报》2020 年第 5 期。

[79]万广华:《不平等的度量与分解》,《经济学(季刊)》2009 年第 1 期。

[80]万广华:《城镇化与不均等:分析方法和中国案例》,《经济研究》2013 年第 5 期。

[81]万海远、陈基平:《共同富裕的理论内涵与量化方法》,《财贸经济》2021 年第 12 期。

[82]万海远:《新发展阶段推进共同富裕的若干理论问题》,《东南学术》2022 年第 1 期。

[83]汪崇金、许建标:《我国公共教育支出受益,孰多孰寡?——基于"服务成本方法"的受益归宿分析》,《财经研究》2012 年第 2 期。

［84］王济川、谢海义、费舍余:《多层统计分析模型:SAS 与应用》,高等教育出版社 2009 年版。

［85］王杰茹、岳军:《政府高等教育支出受益的地区差异分析——基于泰尔指数分解效应》,《当代财经》2017 年第 8 期。

［86］王萍萍、方湖柳、李兴平:《中国贫困标准与国际贫困标准的比较》,《中国农村经济》2006 年第 12 期。

［87］王萍萍、徐鑫、郝彦宏:《中国农村贫困标准问题研究》,《调研世界》2015 年第 8 期。

［88］王世强:《数字经济中的反垄断:企业行为与政府监管》,《经济学家》2021 年第 4 期。

［89］王涛、陈金亮:《双元制度逻辑的共生演化与动态平衡》,《当代经济科学》2018 年第 7 期。

［90］王有捐:《对城市居民最低生活保障政策执行情况的评价》,《统计研究》2006 年第 10 期。

［91］卫兴华、张宇:《社会主义经济理论》,高等教育出版社 2007 年版。

［92］卫兴华:《改革开放 40 年的成就与反思》,《政治经济学评论》2018 年第 6 期。

［93］卫兴华:《中国特色社会主义政治经济学的分配理论创新》,《毛泽东邓小平理论研究》2017 年第 7 期。

［94］卫兴华:《做大蛋糕与分好蛋糕是辩证统一的》,《人民日报》2011 年 10 月 11 日。

［95］魏敏、李书昊:《新时代中国经济高质量发展水平的测度研究》,《数量经济技术经济研究》2018 年第 11 期。

［96］魏伟、陈骁:《从全球视角探索共同富裕的实现路径与成效》,平安证券研究报告 2021 年。

［97］魏众、王琼:《按劳分配原则中国化的探索历程——经济思想史视角的分析》,《经济研究》2016 年第 11 期。

［98］吴敬琏:《当代中国经济改革教程》,上海远东出版社 2018 年版。

［99］吴忠民:《论"共同富裕社会"的主要依据及内涵》,《马克思主义研究》2021 年第 6 期。

［100］习近平:《社会主义市场经济和马克思主义经济学的发展与完善》,《经济学动态》1998 年第 7 期。

［101］习近平:《扎实推动共同富裕》,《求是》2021 年第 20 期。

[102]席恒、王睿、祝毅、余澍:《共同富裕指数:中国现状与推进路径》,《海南大学学报(人文社会科学版)》2022年第5期。

[103]谢富胜、匡晓璐:《金融部门的利润来源探究》,《马克思主义研究》2019年第6期。

[104]徐浩、祝志勇、张皓成、郭志茹:《中国数字营商环境评价的理论逻辑、比较分析及政策建议》,《经济学家》2022年第12期。

[105]徐映梅、张学新:《中国基尼系数警戒线的一个估计》,《统计研究》2011年第1期。

[106]许宪春、郑正喜、张钟文:《中国平衡发展状况及对策研究——基于"清华大学中国平衡发展指数"的综合分析》,《管理世界》2019年第5期。

[107]杨瑞龙:《论我国制度变迁方式与制度选择目标的冲突及其协调》,《经济研究》1994年第5期。

[108]杨瑞龙:《论制度供给》,《经济研究》1993年第8期。

[109]杨瑞龙:《我国制度变迁方式转换的三阶段论——兼论地方政府的制度创新行为》,《经济研究》1998年第1期。

[110]杨瑞龙等:《国有企业分类改革的逻辑、路径与实施》,中国社会科学出版社2017年版。

[111]杨胜群:《邓小平对中国特色社会主义理论与实践的开创性贡献》,《党的文献》2021年第4期。

[112]杨尧忠:《转型与发展对收入分配的必然要求:效率优先兼顾公平——兼议范恒山"效率与公平并重"的主张》,《长江大学学报(社会科学版)》2005年第1期。

[113]曾军平:《普遍利益、特殊利益与行政支出的利益归宿》,《财经研究》2013年第8期。

[114]张海丰:《回到凡勃伦制度主义:诺思的制度理论是演化的吗?》,《社会科学》2018年第8期。

[115]张来明、李建伟:《促进共同富裕的内涵、战略目标与政策措施》,《改革》2021年第9期。

[116]张磊、邓紫琪、张川川、刘培林:《中国共同富裕的基本逻辑、格局测度及区域差异》,《中国人口科学》2023年第5期。

[117]张磊、韩雷、刘长庚:《中国收入不平等可能性边界及不平等提取率:1978—2017年》,《数量经济技术经济研究》2019年第11期。

[118]张磊、黄世玉、刘长庚:《中国共同富裕的理论逻辑、事实格局及突破路径》,

《经济学家》2023 年第 9 期。

［119］张磊、刘长庚：《供给侧改革背景下服务业新业态与消费升级》，《经济学家》2017 年第 11 期。

［120］张磊、刘长庚：《我国公共支出的群体利益归宿研究——基于马克思主义社会阶级结构的视角》，《财经科学》2021 年第 2 期。

［121］张磊、毛章勇、龚志民：《中国特色社会主义分配制度的优越性研究》，《福建论坛（人文社会科学版）》2022 年第 12 期。

［122］张磊、徐世盛、刘长庚：《节制资本与共同富裕：逻辑、难点及路径》，《上海财经大学学报》2022 年第 4 期。

［123］张文彬、李国平：《中国区域经济增长及可持续性研究——基于脱钩指数分析》，《经济地理》2015 年第 11 期。

［124］张占斌：《中国式现代化的共同富裕：内涵、理论与路径》，《当代世界与社会主义》2021 年第 6 期。

［125］赵学清：《在收入初次分配上市场和政府两手都要硬》，《中国社会科学报》2015 年 2 月 4 日。

［126］赵耀辉：《中国农村劳动力流动及教育在其中的作用——以四川省为基础的研究》，《经济研究》1997 年第 2 期。

［127］中共中央宣传部：《习近平总书记系列重要讲话读本》（2016 年版），学习出版社、人民出版社 2016 年版。

［128］中国社会科学院课题组：《努力构建社会主义和谐社会》，《中国社会科学》2005 年第 3 期。

［129］周皓：《中国人口迁移的家庭化趋势及影响因素分析》，《人口研究》2004 年第 6 期。

［130］周新城：《论毛泽东分配思想的现实意义——学习〈毛泽东读社会主义政治经济学批注和谈话〉》，《马克思主义研究》2013 年第 11 期。

［131］朱诗娥、杨汝岱、吴比：《中国农村家庭收入流动：1986—2017 年》，《管理世界》2018 年第 10 期。

［132］［德］马克斯·韦伯：《新教伦理与资本主义精神》，马奇炎、陈婧译，北京大学出版社 2012 年版。

［133］［法］潘鸣啸：《失落的一代：中国的上山下乡运动（1968—1980）》，欧阳因译，中国大百科全书出版社 2013 年版。

［134］［加］亨利·明茨伯格：《社会再平衡》，陆维东、鲁强译，东方出版社 2015

年版。

　　[135][美]阿瑟·奥肯:《平等与效率——重大的抉择》,王奔洲译,华夏出版社1987年版。

　　[136][美]安格斯·迪顿:《逃离不平等:健康、财富及不平等的起源》,崔传刚译,中信出版社2014年版。

　　[137][美]布兰科·米兰诺维奇:《全球不平等》,熊金武、刘宣佑译,中信出版社2019年版。

　　[138][美]道格拉斯·C.诺思:《经济史中的结构与变迁》,陈郁、罗华平译,上海三联书店、上海人民出版社1994年版。

　　[139][美]道格拉斯·C.诺思:《理解经济变迁的过程》,钟正生、邢华译,中国人民大学出版社2013年版。

　　[140][美]道格拉斯·C.诺思:《制度、制度变迁与经济绩效》,杭行译,格致出版社、上海三联书店、上海人民出版社2014年版。

　　[141][美]罗伯特·L.海尔布罗纳、[美]威廉·米尔博格:《经济社会的起源》,李陈华、许敏兰译,格致出版社2012年版。

　　[142][美]罗伯特·诺奇克:《无政府、国家和乌托邦》,姚大志译,中国社会科学出版社2008年版。

　　[143][美]罗纳德·德沃金:《至上的美德:平等的理论与实践》,冯克利译,江苏人民出版社2003年版。

　　[144][美]塞缪尔·鲍尔斯、[美]赫伯特·金蒂斯:《民主与资本主义——财产、共同体以及现代社会思想的矛盾》,韩水法译,商务印书馆2013年版。

　　[145][美]托斯丹·邦德·凡勃伦:《有闲阶级论:关于制度的经济研究》,李华夏译,中央编译出版社2012年版。

　　[146][美]沃尔特·沙伊德尔:《不平等社会:从石器时代到21世纪,人类如何应对不平等》,颜鹏飞、李酣、王今朝、曾召国、甘鸿鸣、刘和旺译,中信出版社2019年版。

　　[147][美]约翰·罗尔斯:《作为公平的正义——正义新论》,姚大志译,上海三联书店2002年版。

　　[148][美]约翰·洛克斯·康芒斯:《制度经济学》,于树生译,商务印书馆1997年版。

　　[149][美]约瑟夫·E.斯蒂格利茨:《不平等的代价》,张子源译,机械工业出版社2015年版。

　　[150][日]青木昌彦、[日]奥野正宽:《经济体制的比较制度分析》,魏加宁译,中

国发展出版社 1999 年版。

[151] [印] 阿马蒂亚·森：《论经济不平等：不平等之再考察》，王利文、于占杰译，社会科学文献出版社 2006 年版。

[152] [印] 阿马蒂亚·森：《贫困与饥荒》，王宇、王文玉译，商务印书馆 2012a 年版。

[153] [印] 阿马蒂亚·森：《以自由看待发展》，任赜、于真译，中国人民大学出版社 2012b 年版。

[154] [印] 桑贾伊·普拉丹：《公共支出分析的基本方法》，蒋洪译，中国财政经济出版社 2000 年版。

[155] [英] T.H. 马歇尔、[英] 安东尼·吉登斯：《公民身份与社会阶级》，郭忠华、刘训练译，江苏人民出版社 2008 年版。

[156] [英] 安东尼·B. 阿特金森、[法] 弗兰科伊斯·布吉尼翁：《收入分配经济学手册》(第 1 卷)，蔡继明等译，经济科学出版社 2009 年版。

[157] [英] 弗里德里希·冯·哈耶克：《通往奴役之路》，王明毅、冯兴元译，中国社会科学出版社 1997a 年版。

[158] [英] 弗里德里希·冯·哈耶克：《致命的自负》，冯克利、胡晋华译，中国社会科学出版社 2000 年版。

[159] [英] 弗里德里希·冯·哈耶克：《自由秩序原理》(上)，邓正来译，生活·读书·新知三联书店 1997b 年版。

[160] [英] 亚当·斯密：《国民财富的性质和原因的研究》，王亚南译，商务印书馆 1972 年版。

[161] Aaron, H., Mcguire, M., "Public Goods and Income Distribution", *Econometrica*, Vol.38, No.6, 1970.

[162] Acemoglu, D., " Matching, Heterogeneity, and the Evolution of Income Distribution", *Journal of Economic Growth*, Vol.2, No.1, 1997.

[163] Ahmad, E., Wang, Y., "Inequality and Poverty in China: Institutional Change and Public Policy, 1978 to 1988", *World Bank Economic Review*, Vol.5, No.2, 1991.

[164] Alesina, A., Perotti, R., " Income Distribution, Political Instability, and Investment", *European Economic Review*, Vol.40, No.6, 1996.

[165] Alesina, A., Rodrik, D., "Distributive Politics and Economic Growth", *Quarterly Journal of Economics*, Vol.109, No.2, 1994.

[166] Bathelt, H., " Clusters and Regional Development: Critical Reflections and

Explorations", *Journal of Regional Science*, Vol.45, No.1, 2010.

[167] Behrma, J. N., " Ideology and National Competitiveness: An Analysis of Nine Countries", *Journal of International Business Studies*, Vol.19, No.1, 1988.

[168] Brewer, M.B., "The Social Self: On Being the Same and Different at the Same Time", *Personality & Social Psychology Bulletin*, Vol.17, No.5, 1991.

[169] Coase, R.H., "The Problem of Social Cost", *Journal of Law and Economics*, Vol.3, 1960.

[170] Cohen, G.A., "If You're an Egalitarian, How Come You're so Rich", *Journal of Ethics*, Vol.4, No.1, 2000.

[171] Cohen, J., *Statistical Power Analysis for the Behavioral Sciences*, New York: Routledge Press, 1988.

[172] Downs, A., *An Economic Theory of Democracy*, New York: Harper and Row, 1957.

[173] European Union (EU), *Quality of Life Indicators-Measuring Quality of Life*, Research Report, 2020.

[174] Fochesato, M., Bowles, S., " Nordic Exceptionalism? Social Democratic Egalitarianism in World-historic Perspective", *Journal of Public Economics*, Vol.127, 2015.

[175] Hamlin, A., Sugden, R., *The Economics of Rights, Co-operation, and Welfare*, London: Palgrave Macmillan, 1986.

[176] Hart, O., Moore, J., " Contracts as Reference Points ", *Quarterly Journal of Economics*, Vol.123, No.1, 2008.

[177] Huang, Z., Li, L., Ma, G., et al., "Hayek, Local Information, and Commanding Heights: Decentralizing State-Owned Enterprises in China", *American Economic Review*, Vol.107, No.8, 2017.

[178] Hussain, A., " Urban Poverty in China: Measurement, Patterns and Policies", *International Labour Organization*, 2003.

[179] Kakwani, N., Wang, X., Xue, N., Zhan, P., "Growth and Common Prosperity in China", *China & World Economy*, Vol.30, No.1, 2022.

[180] Karabarbounis, L, Neiman, B., " The Global Decline of the Labor Share ", *Quarterly Journal of Economics*, Vol.129, No.1, 2013.

[181] Karabarbounis, L., Neiman, B., "Capital Depreciation and Labor Shares Around the World: Measurement and Implications", *NBER Working Paper*, No.w20606, 2014.

[182] Kehrig, M., Vincent, N., "The Micro-level Anatomy of the Labor Share Decline",

The Quarterly Journal of Economics, Vol.136, 2021.

[183] Kornai, J., *Socialist System: The Political Economy of Communism*, Princeton: Princeton University Press, 1992.

[184] Krippner, G. R., "The Financialization of the American Economy", *Socio Economic Review*, Vol.3, No.2, 2005.

[185] Lin, J., "Rural Reforms and Agricultural Growth in China", *American Economic Review*, Vol.82, No.1, 1992.

[186] Lodge, G.C., *The New American Ideology*, New York: New York University Press, 1986.

[187] Milanovic, B., Lindert, P. H., Williamson, J. G., "Pre-industrial Inequality", *The Economic Journal*, Vol.121, No.551, 2011.

[188] Milanovic, B., "A Short History of Global Inequality: The Past Two Centuries", *Explorations in Economic History*, Vol.48, No.4, 2011.

[189] Milanovic, B., "An Estimate of Average Income and Inequality in Byzantium around Year 1000", *Review of Income and Wealth*, Vol.52, No.3, 2006.

[190] Milanovic, B., "Global Inequality of Opportunity: How Much of Our Income Is Determined by Where We Live?", *Review of Economics and Statistics*, Vol.97, No.2, 2015.

[191] Milanovic, B., "True World Income Distribution, 1988 and 1993", *Economic Journal*, Vol.112, No.476, 2002.

[192] Murphy, K.M., Shleifer, A., Vishny, R., "Income Distribution, Market Size, and Industrialization", *Quarterly Journal of Economics*, Vol.104, No.3, 1989.

[193] North, D.C., Thomas, R.P., *The Rise of the Western World: A New Economic History*, Cambridge: Cambridge University Press, 1973.

[194] OECD, *How's Life? 2020: Measuring Well-being*, Research Report, 2020.

[195] Perotti, R., "Growth, Income Distribution, and Democracy: What the Data Say", *Journal of Economic Growth*, Vol.1, No.2, 1996.

[196] Perotti, R., "Political Equilibrium, Income Distribution, and Growth", *Review of Economic Studies*, Vol.60, No.4, 1993.

[197] Piketty, T., *Capital in the Twenty-first Century*, Cambridge: Harvard University Press, 2014.

[198] Ravallion, M., Chen, S., "China's (Uneven) Progress against Poverty", *Journal of Development Economics*, Vol.82, No.1, 2007.

［199］Rey,S.J.,Janikas,M.V.,"Regional Convergence,Inequality,and Space",*Journal of Economic Geography*,Vol.5,No.2,2005.

［200］Roemer,J. E.,*Equality of Opportunity*,Cambridge：Harvard University Press,1998.

［201］Rothstein,J.,"Inequality of Educational Opportunity? Schools as Mediators of the Intergenerational Transmission of Income",*Journal of Labor Economics*,Vol.37,No.S1,2019.

［202］Schultz,T.W.,"Institutions and the Rising Economic Value of Man",*American Journal of Agricultural Economics*,Vol.50,No.5,1968.

［203］Shen,G.,Zhang,C.,"Economic Development and Social Integration of Migrants in China",*China & World Economy*,Vol.32,No.1,2024.

［204］Shore,L.M.,Randel,A.E.,Chung,B.G.,et al.,"Inclusion and Diversity in Work Groups：A Review and Model for Future Research",*Journal of Management*,Vol.37,No.4,2011.

［205］Shorrocks A.,Wan G.,*Ungrouping Income Distributions：Synthesising Samples for Inequality and Poverty Analysis*,UNU-WIDER of United Nations University(UNU),2008.

［206］Stiglitz,J.E.,Sen,A.,Fitoussi,J-P.,*Report by the Commission on the Measurement of Economic Measurement and Social Progress*(CMEPSP),New York：The New Press,2009.

［207］Sweezy,P.M.,"Toward a Critique of Economics",*Review of Radical Political Economics*,Vol.2,No.1,1970.

后　记

本书从增长与分享协同视角对中国共同富裕的理论逻辑、实践逻辑、历史逻辑、事实格局及难点堵点进行了较为系统的研究,并提出了扎实推进共同富裕的政策路径。这项研究有助于我们更好地理解共同富裕的生成逻辑,全面认识各地区促进共同富裕的薄弱环节及发力点,从而有助于制定和完善促进共同富裕的行动纲领和具体方案,提高我国共同富裕政策的平衡性、协调性和整体性。

本书的撰写得到多位师友的指导和帮助。感谢湘潭大学刘长庚教授及课题组对我研究工作的倾力指导。刘老师引领我进入收入分配与共同富裕研究领域,指导我申报立项并顺利完成国家社会科学基金青年项目"增长与分享有机协同推动共同富裕的逻辑及路径研究"(21CJL008)。在本书撰写过程中,刘长庚教授、韩雷教授、杨巨教授、江剑平副教授提供了诸多思想和启发。正是有刘老师的指导,该课题结项成果才得以被鉴定为"优秀"等级。感谢浙江大学张川川研究员、刘培林研究员和南京大学范从来教授对本书部分章节提出的建设性意见,特别是与前两位老师的科研合作经历给予了我极大鼓舞。感谢邓紫琪、黄世玉、徐世盛三位硕士研究生分别为本书第五章和第九章、第十章、第七章内容提供的助研支持。特别感谢复旦大学马克思主义经济学中国化中心主任周文教授在书稿付梓之际,欣然应邀为本书作序。

　　本书的出版得到国家社会科学基金青年项目"增长与分享有机协同推动共同富裕的逻辑及路径研究"(21CJL008)、湖南省重点学科"理论经济学"、湘潭大学商学院和湘潭大学社会主义经济理论研究中心的资助。人民出版社经济与管理编辑部主任郑海燕编审为著作出版倾注了大量心血,耐心指导书稿打磨完善,在此向她专业、负责、细致的编校工作致敬。

　　由于笔者的知识结构限制,书中可能还存在不少纰漏,恳请学界同人不吝赐教。特别是当前全球流动社会出现、人工智能快速发展、新经济崛起等变化,使资源配置和福利分布更加复杂化,它们都是与共同富裕密切相关的选题,也亟须深化研究。这些新趋势对共同富裕的制度设计提出了新的更高要求,期待学界共同努力,为扎实推进共同富裕贡献新的智慧。

2023 年 11 月于湘潭大学